本书出版得到国家重点文物保护

专项补助经费资助

后 太 平

——东辽河下游右岸以青铜时代遗存为主的调查与发掘

吉 林 省 文 物 考 古 研 究 所
四平市文物管理委员会办公室
双 辽 市 文 物 管 理 所　编著
双 辽 市 郑 家 屯 博 物 馆

主　编：金旭东
副主编：梁会丽　赵殿坤

文物出版社

封面设计　周小玮

责任印制　张道奇

责任编辑　陈　峰

图书在版编目（CIP）数据

后太平／吉林省文物考古研究所等编著．—北京：文物出版社，2011.11

ISBN 978 - 7 - 5010 - 3316 - 4

Ⅰ.①后…　Ⅱ.①吉…　Ⅲ.①考古发掘 - 发掘报告 - 双辽市　Ⅳ.①K872.343.5

中国版本图书馆 CIP 数据核字（2011）第 223585 号

后　太　平

—— 东辽河下游右岸以青铜时代遗存为主的调查与发掘

吉 林 省 文 物 考 古 研 究 所

四平市文物管理委员会办公室

双 辽 市 文 物 管 理 所　　编著

双 辽 市 郑 家 屯 博 物 馆

文 物 出 版 社 出 版 发 行

（北京市东直门内北小街 2 号楼　邮政编码 100007）

http://www.wenwu.com

E-mail：web@wenwu.com

北京达利天成印刷装订有限责任公司印刷

新 华 书 店 经 销

889×1194　1/16　印张：28.75

2011 年 11 月第 1 版　2011 年 11 月第 1 次印刷

ISBN 978 - 7 - 5010 - 3316 - 4　定价：360.00 元

凡　例

一　编号

1. 器物编号构成为：年度＋遗址名缩写＋单位号（＋层位号）＋序列号。如："07SHⅠT0301①：2"表示2007年双辽后太平遗址Ⅰ区T0301第一层出土的第二件器物；"07SPH2∶1"表示2007年双辽盘山遗址2号灰坑出土的第一件器物。

2. 器物编号中出现"标"字样的，为大部分已残缺、无法复原的标本；器物编号中出现"采"字样的，为地表采集文物；器物编号中出现"征"字样的，为在当地村民家中征集到的文物。

3. 附录各项报告中个体编号方法与出土器物同，编号均自成体系。

二　遗迹方向

1. 本报告所测方向均为磁北方向。

2. 墓葬方向以一次葬个体的头部所处一端为准，若多人葬墓内人骨有头向相反的，或墓内人骨凌乱无方向可循的，该墓墓向一律统一为最小角度，即以顺时针方向所测最接近0度的角度；椭圆形灰坑方向以长径的最小角度为准，圆形灰坑无方向；房址以门道方向为准，无门道的圆形房址无方向。

三　本报告按单位发材料，对于晚期地层和遗迹单位中夹杂的早期遗物，本报告为求客观，仍按其出土单位进行叙述。

四　本报告系此次考古调查发掘工作所获材料全部整理完毕后形成的最终报告，之前所发材料与该报告相违之处，以本报告为准。

目　录

前　言 ………………………………………………………………………（ 1 ）

第一部分　考古调查

第一章　地理环境与遗址分布 ……………………………………………（ 2 ）

第二章　重点遗址的调查与试掘 …………………………………………（ 5 ）

　　第一节　后太平遗址 ………………………………………………（ 6 ）

　　　　一　后太平遗址第一地点 ……………………………………（ 6 ）

　　　　二　后太平遗址第二地点 ……………………………………（ 10 ）

　　第二节　大金山遗址 ………………………………………………（ 17 ）

　　　　一　遗址概况 …………………………………………………（ 17 ）

　　　　二　地层堆积 …………………………………………………（ 19 ）

　　　　三　遗物 ………………………………………………………（ 19 ）

　　第三节　盘山遗址 …………………………………………………（ 24 ）

　　　　一　遗址概况 …………………………………………………（ 24 ）

　　　　二　地层堆积 …………………………………………………（ 25 ）

　　　　三　新石器时代晚期遗存 ……………………………………（ 27 ）

　　　　四　青铜时代遗存 ……………………………………………（ 32 ）

　　　　五　辽金遗存 …………………………………………………（ 34 ）

　　　　六　其他 ………………………………………………………（ 36 ）

　　第四节　东岗遗址 …………………………………………………（ 38 ）

　　　　一　遗址概况 …………………………………………………（ 38 ）

　　　　二　地层堆积 …………………………………………………（ 39 ）

　　　　三　青铜时代遗存 ……………………………………………（ 40 ）

　　　　四　汉以后遗存 ………………………………………………（ 42 ）

　　第五节　仕家东坨遗址 ……………………………………………（ 42 ）

　　　　一　遗址概况 …………………………………………………（ 43 ）

　　　　二　地层堆积 …………………………………………………（ 44 ）

　　　　　三　遗迹 ……………………………………………………………………（44）

　　　　　四　遗物 ……………………………………………………………………（44）

第三章　其他遗址的调查 ……………………………………………………………（48）

　　　　　一　白牛墓地 …………………………………………………………………（48）

　　　　　二　西山湾子遗址 ……………………………………………………………（48）

　　　　　三　七棵树遗址 ………………………………………………………………（50）

　　　　　四　黄土坑遗址 ………………………………………………………………（51）

　　　　　五　孤家子遗址 ………………………………………………………………（51）

　　　　　六　东贤良遗址 ………………………………………………………………（51）

　　　　　七　勃山屯遗址 ………………………………………………………………（53）

　　　　　八　勃山屯砖厂墓地 …………………………………………………………（53）

第四章　结语 …………………………………………………………………………（55）

第二部分　后太平遗址的发掘

第一章　发掘概况 ……………………………………………………………………（58）

第二章　地层堆积 ……………………………………………………………………（62）

　第一节　Ⅰ区地层堆积 ……………………………………………………………（62）

　第二节　Ⅱ区地层堆积 ……………………………………………………………（63）

第三章　青铜时代遗存 ………………………………………………………………（65）

　第一节　遗存概述 …………………………………………………………………（65）

　　　　　一　地层 ……………………………………………………………………（66）

　　　　　二　遗迹 ……………………………………………………………………（67）

　　　　　三　遗物 ……………………………………………………………………（68）

　第二节　墓葬 ………………………………………………………………………（79）

　　　　　一　单人一次葬 ……………………………………………………………（79）

　　　　　二　多人一次葬 ……………………………………………………………（82）

　　　　　三　单人二次葬 ……………………………………………………………（95）

　　　　　四　多人二次葬 ……………………………………………………………（110）

　第三节　房址 ………………………………………………………………………（188）

　第四节　灰坑 ………………………………………………………………………（194）

　　　　　一　Ⅰ区灰坑 ………………………………………………………………（194）

　　　　　二　Ⅱ区灰坑 ………………………………………………………………（213）

　第五节　灰沟 ………………………………………………………………………（217）

　第六节　地层出土遗物 ……………………………………………………………（231）

　　　　一　地层第 4 层出土遗物 ……………………………………………………（231）

　　　　二　地层第 3 层出土遗物 ……………………………………………………（232）

第四章　其他时期遗存 ………………………………………………………………（236）

　第一节　新石器时代晚期遗存 ……………………………………………………（236）

　第二节　汉代遗存 …………………………………………………………………（236）

　第三节　辽金遗存 …………………………………………………………………（238）

　　　　一　房址 ……………………………………………………………………（239）

　　　　二　灰坑 ……………………………………………………………………（244）

　　　　三　灰沟 ……………………………………………………………………（252）

　　　　四　地层出土遗物 …………………………………………………………（253）

　第四节　其他出土遗物 ……………………………………………………………（255）

　　　　一　Ⅰ区表土层出土遗物 …………………………………………………（255）

　　　　二　Ⅱ区表土层出土遗物 …………………………………………………（258）

第五章　后太平遗址青铜时代遗存相关问题探讨 …………………………………（262）

　第一节　文化因素分析 ……………………………………………………………（262）

　第二节　年代学认识 ………………………………………………………………（265）

　第三节　葬俗分析 …………………………………………………………………（267）

　第四节　经济形态与社会性质 ……………………………………………………（269）

第三部分　总结

第一章　东辽河下游右岸考古工作收获与认识 ……………………………………（272）

　第一节　分期与年代 ………………………………………………………………（272）

　第二节　青铜时代文化与周邻地区的关系 ………………………………………（273）

　　　　一　与下辽河右岸地区文化的关系 ………………………………………（273）

　　　　二　与辽东北部地区诸文化的关系 ………………………………………（274）

　　　　三　与西辽河流域文化的关系 ……………………………………………（274）

　　　　四　与嫩江流域文化的关系 ………………………………………………（275）

　　　　五　与第二松花江流域文化的关系 ………………………………………（276）

第二章　学术意义与工作展望 ………………………………………………………（278）

附表一　加速器质谱（AMS）碳十四测试报告 ……………………………………（279）

附表二　后太平遗址人骨性别和年龄鉴定表 ………………………………………（282）

附表三　后太平遗址墓葬登记表 ……………………………………………………（284）

附表四　后太平遗址墓葬出土遗物统计表 …………………………………………（286）

附表五　后太平遗址墓葬出土动物骨骼统计表 ……………………………………（289）

附　录

附录一　吉林省双辽市后太平遗址遗骸的人类学研究 ……………………………………（300）

　　　一　性别与年龄鉴定 ………………………………………………（300）

　　　二　颅骨形态特征的观察 …………………………………………（302）

　　　三　颅骨测量特征的分析 …………………………………………（305）

　　　四　种族类型的初步分析 …………………………………………（309）

附录二　东辽河下游三处遗址的动物遗存研究 ……………………………………………（313）

　　　一　后太平遗址第二地点 …………………………………………（314）

　　　二　后太平遗址第一地点 …………………………………………（320）

　　　三　盘山遗址 ………………………………………………………（331）

　　　四　大金山遗址 ……………………………………………………（335）

　　　五　结语 ……………………………………………………………（340）

附录三　双辽后太平遗址出土青铜器金相学研究 …………………………………………（342）

　　　一　引言 ……………………………………………………………（342）

　　　二　金相检测结果 …………………………………………………（342）

　　　三　扫描电镜－X射线能谱仪检测结果 …………………………（344）

　　　四　讨论 ……………………………………………………………（356）

　　　五　结论 ……………………………………………………………（358）

英文提要 ……………………………………………………………………………………（359）

后　记 ………………………………………………………………………………………（360）

图　版

插图目录

图一　东辽河下游右岸地形及遗址分布图（局部）……………………………………（3）

图二　东辽河下游右岸遗址分布图 ……………………………………………………（5）

图三　后太平遗址第一地点采集陶器 …………………………………………………（7）

图四　后太平遗址第一地点采集陶器、石器 …………………………………………（8）

图五　后太平遗址第一地点陶片拓片 …………………………………………………（9）

图六　后太平遗址第二地点采集、征集的石器、陶器 ………………………………（11）

图七　后太平遗址第二地点采集、征集陶器 …………………………………………（13）

图八　后太平遗址第二地点征集陶器拓片 ……………………………………………（14）

图九　后太平遗址第二地点陶片拓片 …………………………………………………（15）

图一〇　后太平遗址第二地点采集、征集青铜器 ……………………………………（16）

图一一　大金山遗址发掘区位置示意图 ………………………………………………（18）

图一二　大金山遗址 T1 北壁剖面图 …………………………………………………（19）

图一三　大金山遗址石器 ………………………………………………………………（20）

图一四　大金山遗址陶器（一） ………………………………………………………（21）

图一五　大金山遗址陶器（二） ………………………………………………………（22）

图一六　大金山遗址骨角器 ……………………………………………………………（23）

图一七　盘山遗址地形及发掘区位置图 ………………………………………………（25）

图一八　盘山遗址布方平面图 …………………………………………………………（26）

图一九　盘山遗址 T2 南壁剖面图 ……………………………………………………（27）

图二〇　盘山遗址 H1 平、剖面图 ……………………………………………………（28）

图二一　盘山遗址 H1 出土遗物 ………………………………………………………（29）

图二二　盘山遗址 H2 平、剖面图 ……………………………………………………（29）

图二三　盘山遗址 H2 出土遗物 ………………………………………………………（30）

图二四　盘山遗址 H1、H2 部分陶片拓片 ……………………………………………（31）

图二五　盘山遗址 G3 平、剖面图 ……………………………………………………（32）

图二六　盘山遗址地表采集遗物 ………………………………………………………（33）

图二七　盘山遗址地表采集陶片拓片 …………………………………………………（34）

图二八　盘山遗址 F1 平、剖面图 ……………………………………………………（35）

图二九　盘山遗址 G1 平、剖面图 ……………………………………………………（36）

图三〇　盘山遗址 G2 平、剖面图 ……………………………………………（36）

图三一　盘山遗址辽金及表土层出土遗物 …………………………………（37）

图三二　东岗遗址发掘区位置示意图 ………………………………………（39）

图三三　东岗遗址 T1 西壁剖面图 …………………………………………（40）

图三四　东岗遗址遗物 ………………………………………………………（41）

图三五　东岗遗址出土遗物拓片 ……………………………………………（42）

图三六　仕家东坨遗址发掘区位置示意图 …………………………………（43）

图三七　仕家东坨遗址 T1 南壁剖面图 ……………………………………（44）

图三八　仕家东坨遗址 T1 平面图 …………………………………………（45）

图三九　仕家东坨遗址遗物 …………………………………………………（46）

图四〇　仕家东坨遗址陶器耳 ………………………………………………（47）

图四一　西山湾子遗址采集遗物 ……………………………………………（49）

图四二　西山湾子遗址陶片拓片 ……………………………………………（50）

图四三　东贤良遗址采集遗物 ………………………………………………（52）

图四四　勃山屯遗址及墓地采集遗物 ………………………………………（54）

图四五　后太平遗址地形及发掘区位置图 …………………………………（58）

图四六　后太平遗址总平面图 ………………………………………………（59）

图四七　后太平墓地地形及发掘区位置图 …………………………………（60）

图四八　后太平遗址 II 区总平面图 …………………………………………（61）

图四九　后太平遗址 I 区 T0402 北壁剖面图 ………………………………（62）

图五〇　后太平遗址 I 区 T0301 西壁剖面图 ………………………………（63）

图五一　后太平遗址 II 区 T19 南壁剖面图 …………………………………（64）

图五二　后太平遗址 II 区 T24 南壁剖面图 …………………………………（64）

图五三　I 区青铜时代遗迹分布图 …………………………………………（65）

图五四　II 区青铜时代遗迹分布图 …………………………………………（66）

图五五　后太平遗址出土陶器、石器 ………………………………………（69）

图五六　后太平遗址出土陶壶（一）………………………………………（70）

图五七　后太平遗址出土陶壶（二）………………………………………（72）

图五八　后太平遗址出土陶壶（三）………………………………………（73）

图五九　后太平遗址出土陶器（一）………………………………………（74）

图六〇　后太平遗址出土陶器（二）………………………………………（74）

图六一　后太平遗址出土青铜器 ……………………………………………（76）

图六二　后太平遗址出土骨角器 ……………………………………………（78）

图六三　M13 平、剖面图 …………………………………………………（80）

图六四　M30 平、剖面图 …………………………………………………（81）

图六五　M30 出土遗物 ……………………………………………………（82）

图六六　M14 平、剖面图 ……………………………………………………（ 83 ）

图六七　后太平墓地 M14 平、剖面图 ……………………………………（ 84 ）

图六八　M17 平、剖面图 …………………………………………………（ 85 ）

图六九　M17 出土石器、陶器、青铜器、骨角器 ………………………（ 86 ）

图七〇　M17 出土陶器 ……………………………………………………（ 87 ）

图七一　M17 出土角镞 ……………………………………………………（ 88 ）

图七二　M27 平、剖面图 …………………………………………………（ 90 ）

图七三　M27 出土陶器 ……………………………………………………（ 91 ）

图七四　M27 出土遗物 ……………………………………………………（ 92 ）

图七五　M32 平、剖面图 …………………………………………………（ 93 ）

图七六　M32 出土遗物 ……………………………………………………（ 94 ）

图七七　M7 平、剖面图 …………………………………………………（ 95 ）

图七八　M7 出土遗物 ……………………………………………………（ 96 ）

图七九　M10 平、剖面图 …………………………………………………（ 97 ）

图八〇　M10 出土遗物 ……………………………………………………（ 98 ）

图八一　M11 平、剖面图 …………………………………………………（ 99 ）

图八二　M11 出土遗物 ……………………………………………………（ 99 ）

图八三　M20 平、剖面图 …………………………………………………（100）

图八四　M20 出土遗物 ……………………………………………………（101）

图八五　M23 平、剖面图 …………………………………………………（102）

图八六　M23 出土遗物 ……………………………………………………（102）

图八七　M25 平、剖面图 …………………………………………………（103）

图八八　M25 出土遗物 ……………………………………………………（104）

图八九　M31 平、剖面图 …………………………………………………（106）

图九〇　M31 出土陶器 ……………………………………………………（107）

图九一　M31 出土石器、青铜器 …………………………………………（108）

图九二　M37 平、剖面图及出土遗物 ……………………………………（109）

图九三　M1 平、剖面图 …………………………………………………（110）

图九四　M1 出土筒形罐 …………………………………………………（111）

图九五　M1 出土陶钵、陶壶 ……………………………………………（112）

图九六　M1 出土石器、青铜器、骨角器 ………………………………（113）

图九七　M2 平、剖面图 …………………………………………………（115）

图九八　M2 出土陶器 ……………………………………………………（116）

图九九　M2 出土遗物 ……………………………………………………（117）

图一〇〇　M3 平、剖面图 ………………………………………………（118）

图一〇一　M3 出土遗物 …………………………………………………（119）

图一〇二　M4 平、剖面图 ……………………………………………………………（120）

图一〇三　M4 出土陶壶 ……………………………………………………………（121）

图一〇四　M4 出土遗物 ……………………………………………………………（122）

图一〇五　M5 平、剖面图 ……………………………………………………………（123）

图一〇六　M5 出土遗物 ……………………………………………………………（124）

图一〇七　M6 平、剖面图 ……………………………………………………………（126）

图一〇八　M6 出土陶器 ……………………………………………………………（127）

图一〇九　M6 出土遗物 ……………………………………………………………（128）

图一一〇　M6 出土陶片拓片 ………………………………………………………（129）

图一一一　M8 平、剖面图 ……………………………………………………………（130）

图一一二　M8 出土遗物 ……………………………………………………………（131）

图一一三　M9 平、剖面图 ……………………………………………………………（132）

图一一四　M9 出土陶器 ……………………………………………………………（133）

图一一五　M9 出土遗物 ……………………………………………………………（134）

图一一六　M12 平、剖面图 …………………………………………………………（136）

图一一七　M12 出土陶器 ……………………………………………………………（137）

图一一八　M12 出土遗物 ……………………………………………………………（138）

图一一九　M15 平、剖面图 …………………………………………………………（140）

图一二〇　M15 出土陶器 ……………………………………………………………（141）

图一二一　M15 出土遗物 ……………………………………………………………（142）

图一二二　M15 出土角镞 ……………………………………………………………（144）

图一二三　M15 出土陶片拓片 ………………………………………………………（145）

图一二四　M16 平、剖面图 …………………………………………………………（146）

图一二五　M16 出土遗物 ……………………………………………………………（147）

图一二六　M18 平、剖面图 …………………………………………………………（148）

图一二七　M18 出土遗物 ……………………………………………………………（149）

图一二八　M18 出土陶器 ……………………………………………………………（150）

图一二九　M19 平、剖面图 …………………………………………………………（151）

图一三〇　M19 出土遗物 ……………………………………………………………（152）

图一三一　M19 出土陶片 ……………………………………………………………（153）

图一三二　M19 出土陶片拓片 ………………………………………………………（154）

图一三三　M21 平、剖面图及出土遗物 ……………………………………………（155）

图一三四　M22 平、剖面图 …………………………………………………………（156）

图一三五　M22 出土遗物 ……………………………………………………………（157）

图一三六　M22 出土陶片拓片 ………………………………………………………（158）

图一三七　M24 平、剖面图 …………………………………………………………（160）

图一三八　M24 出土陶器 ……………………………………………………………（161）

图一三九　M24 出土遗物 ……………………………………………………………（162）

图一四〇　M26 平、剖面图 …………………………………………………………（164）

图一四一　M26 出土遗物 ……………………………………………………………（165）

图一四二　M26 出土陶片 ……………………………………………………………（167）

图一四三　M26 出土角镞 ……………………………………………………………（169）

图一四四　M26 出土陶片拓片 ………………………………………………………（170）

图一四五　M28 平、剖面图 …………………………………………………………（171）

图一四六　M28 出土遗物 ……………………………………………………………（172）

图一四七　M29 平、剖面图 …………………………………………………………（174）

图一四八　M29 出土遗物 ……………………………………………………………（175）

图一四九　M33 平、剖面图 …………………………………………………………（176）

图一五〇　M33 出土陶器 ……………………………………………………………（177）

图一五一　M33 出土石器、角镞 ……………………………………………………（178）

图一五二　M33 出土陶片 ……………………………………………………………（179）

图一五三　M33 出土陶片拓片 ………………………………………………………（179）

图一五四　M34 平、剖面图 …………………………………………………………（181）

图一五五　M34 出土遗物 ……………………………………………………………（182）

图一五六　M35 平、剖面图 …………………………………………………………（183）

图一五七　M35 出土陶器 ……………………………………………………………（184）

图一五八　M35 出土遗物 ……………………………………………………………（185）

图一五九　M36 平、剖面图 …………………………………………………………（186）

图一六〇　M36 出土遗物 ……………………………………………………………（187）

图一六一　ⅠF2 平、剖面图 …………………………………………………………（189）

图一六二　ⅠF2 出土石器、陶器 ……………………………………………………（190）

图一六三　ⅠF2 出土陶器 ……………………………………………………………（191）

图一六四　ⅠF2 出土陶器拓片 ………………………………………………………（192）

图一六五　ⅠF2 出土骨角器 …………………………………………………………（193）

图一六六　ⅠH1 平、剖面图 …………………………………………………………（195）

图一六七　ⅠH2 平、剖面图 …………………………………………………………（195）

图一六八　ⅠH2 出土石器、骨角器 …………………………………………………（196）

图一六九　ⅠH2 出土陶器 ……………………………………………………………（197）

图一七〇　ⅠH3 平、剖面图 …………………………………………………………（198）

图一七一　ⅠH3 出土石器、陶器 ……………………………………………………（199）

图一七二　ⅠH3 出土骨角器 …………………………………………………………（201）

图一七三　ⅠH5 平、剖面图 …………………………………………………………（202）

图一七四　　ⅠH5 出土遗物 …………………………………………………（203）

图一七五　　ⅠH6 平、剖面图 ……………………………………………（204）

图一七六　　ⅠH8 平、剖面图 ……………………………………………（204）

图一七七　　ⅠH9 平、剖面图 ……………………………………………（205）

图一七八　　ⅠH8、ⅠH9 出土遗物 ……………………………………（205）

图一七九　　ⅠH11 平、剖面图 …………………………………………（206）

图一八〇　　ⅠH11 出土遗物 ……………………………………………（206）

图一八一　　ⅠH12 平、剖面图 …………………………………………（207）

图一八二　　ⅠH12 出土遗物 ……………………………………………（208）

图一八三　　ⅠH15 平、剖面图 …………………………………………（209）

图一八四　　ⅠH7 平、剖面图 ……………………………………………（210）

图一八五　　ⅠH7 出土石器、陶器 ……………………………………（211）

图一八六　　ⅠH7 出土骨角器 …………………………………………（212）

图一八七　　Ⅰ区青铜时代灰坑出土陶片拓片 ………………………（213）

图一八八　　ⅡH8 平、剖面图 ……………………………………………（214）

图一八九　　ⅡH8 出土遗物 ………………………………………………（215）

图一九〇　　ⅡH9 平、剖面图 ……………………………………………（216）

图一九一　　ⅡH9 出土遗物 ………………………………………………（216）

图一九二　　ⅡH3 平、剖面图 ……………………………………………（217）

图一九三　　ⅡH6 平、剖面图 ……………………………………………（217）

图一九四　　ⅠG6 平、剖面图 ……………………………………………（218）

图一九五　　ⅠG6 出土遗物 ………………………………………………（218）

图一九六　　ⅠG7 平、剖面图 ……………………………………………（220）

图一九七　　ⅠG7 出土陶器 ………………………………………………（221）

图一九八　　ⅠG7 出土石器、骨角器 …………………………………（222）

图一九九　　ⅠG8 平、剖面图 ……………………………………………（223）

图二〇〇　　ⅠG8 出土石器、陶器 ……………………………………（224）

图二〇一　　ⅠG8 出土陶器 ………………………………………………（225）

图二〇二　　ⅠG8 出土纹饰陶片 ………………………………………（227）

图二〇三　　ⅠG8 出土陶片拓片 ………………………………………（228）

图二〇四　　ⅠG8 出土骨角器 …………………………………………（230）

图二〇五　　Ⅱ区第 4 层出土遗物 ……………………………………（232）

图二〇六　　Ⅱ区第 3 层出土遗物 ……………………………………（233）

图二〇七　　Ⅱ区第 3 层出土陶片拓片 ………………………………（234）

图二〇八　　Ⅱ区第 5 层出土陶片 ……………………………………（236）

图二〇九　　Ⅰ区汉代遗址分布图 ……………………………………（237）

图二一〇　Ⅰ H14 平、剖面图 …………………………………………………………（237）

图二一一　Ⅰ H14 出土遗物 ……………………………………………………………（237）

图二一二　Ⅰ区辽金遗迹分布图 ………………………………………………………（238）

图二一三　Ⅱ区辽金遗迹分布图 ………………………………………………………（239）

图二一四　Ⅰ F1 平、剖面图 ……………………………………………………………（240）

图二一五　Ⅰ F3 平、剖面图 ……………………………………………………………（241）

图二一六　Ⅱ F1 平、剖面图 ……………………………………………………………（242）

图二一七　辽金房址出土遗物 …………………………………………………………（243）

图二一八　Ⅰ H4 平、剖面图 ……………………………………………………………（244）

图二一九　Ⅰ H10 平、剖面图 …………………………………………………………（245）

图二二〇　Ⅰ H13 平、剖面图 …………………………………………………………（246）

图二二一　Ⅱ H1 平、剖面图 ……………………………………………………………（247）

图二二二　Ⅱ H2 平、剖面图 ……………………………………………………………（248）

图二二三　Ⅱ H4 平、剖面图 ……………………………………………………………（249）

图二二四　Ⅱ H5 平、剖面图 ……………………………………………………………（250）

图二二五　Ⅱ H7 平、剖面图 ……………………………………………………………（250）

图二二六　辽金灰坑、灰沟出土遗物 …………………………………………………（251）

图二二七　辽金灰坑出土陶片拓片 ……………………………………………………（251）

图二二八　辽金灰坑出土铜钱拓片 ……………………………………………………（252）

图二二九　Ⅱ G1 平、剖面图 ……………………………………………………………（253）

图二三〇　Ⅱ区第 2 层出土遗物 ………………………………………………………（254）

图二三一　Ⅱ区第 2 层出土陶片拓片 …………………………………………………（255）

图二三二　Ⅰ区第 1 层出土遗物 ………………………………………………………（256）

图二三三　Ⅰ区第 1 层出土遗物拓片 …………………………………………………（257）

图二三四　Ⅱ区第 1 层出土石器、铜器、铁器 ………………………………………（258）

图二三五　Ⅱ区第 1 层出土陶器 ………………………………………………………（259）

图二三六　Ⅱ区第 1 层出土遗物拓片 …………………………………………………（259）

图版目录

图版一　东辽河下游卫星影像

图版二　后太平遗址远景照

图版三　调查采集陶器

图版四　调查采集陶器

图版五　调查采集陶器

图版六　调查采集陶器、青铜器

图版七　调查采集石器

图版八　大金山遗址出土骨角器

图版九　盘山遗址辽金时期房址

图版一〇　采集、出土辽金时期陶器、铁器

图版一一　后太平遗址发掘区全景照

图版一二　后太平遗址Ⅱ区墓葬

图版一三　后太平遗址Ⅱ区墓葬

图版一四　后太平遗址Ⅱ区墓葬

图版一五　后太平遗址Ⅱ区墓葬

图版一六　后太平遗址Ⅱ区墓葬

图版一七　后太平遗址Ⅱ区墓葬

图版一八　后太平遗址Ⅱ区墓葬

图版一九　后太平遗址Ⅱ区墓葬

图版二〇　后太平遗址青铜时代房址及灰坑

图版二一　后太平遗址青铜时代灰坑

图版二二　后太平遗址青铜时代灰坑及墓葬出土陶壶

图版二三　后太平遗址出土 Aa 型平底纹饰壶

图版二四　后太平遗址出土平底纹饰壶

图版二五　后太平遗址出土平底纹饰壶

图版二六　后太平遗址出土陶壶

图版二七　后太平遗址出土 Aa 型长颈壶

图版二八　后太平遗址出土 Aa 型长颈壶

图版二九　后太平遗址出土 Aa 型长颈壶

图版三〇　　后太平遗址出土 Aa 型长颈壶

图版三一　　后太平遗址出土 Aa 型长颈壶

图版三二　　后太平遗址出土 Aa 型长颈壶

图版三三　　后太平遗址出土长颈壶

图版三四　　后太平遗址出土长颈壶

图版三五　　后太平遗址出土长颈壶

图版三六　　后太平遗址出土陶壶

图版三七　　后太平遗址出土钵口壶

图版三八　　后太平遗址出土粗颈壶

图版三九　　后太平遗址出土粗颈壶

图版四〇　　后太平遗址出土陶壶、陶罐

图版四一　　后太平遗址出土筒形罐

图版四二　　后太平遗址出土壶形鼎、鬲

图版四三　　后太平遗址出土单耳杯

图版四四　　后太平遗址出土陶钵

图版四五　　后太平遗址出土陶钵、陶豆

图版四六　　后太平遗址出土陶器

图版四七　　后太平遗址出土石器

图版四八　　后太平遗址出土铜镞

图版四九　　后太平遗址出土铜刀

图版五〇　　后太平遗址出土青铜器

图版五一　　后太平遗址出土青铜器

图版五二　　后太平遗址出土骨角器

图版五三　　后太平遗址出土骨角器

图版五四　　后太平遗址出土骨角器

图版五五　　后太平遗址出土角镞

图版五六　　后太平遗址出土角镞

图版五七　　后太平遗址辽金时期房址

图版五八　　后太平遗址辽金时期灰坑

图版五九　　后太平遗址辽金时期灰坑

图版六〇　　后太平遗址出土汉代、辽金时期遗物

图版六一　　后太平遗址第二地点动物遗存

图版六二　　后太平遗址第二地点动物遗存

图版六三　　后太平遗址第一地点动物遗存

图版六四　　后太平遗址第一地点动物遗存

图版六五　　后太平遗址第一地点动物遗存

图版六六　　盘山遗址动物遗存

图版六七　　盘山遗址动物遗存

图版六八　　大金山遗址动物遗存

图版六九　　青铜器金相

图版七〇　　青铜器金相

图版七一　　青铜器金相

图版七二　　青铜器金相

前　言

东辽河位于吉林省中西部，为辽河东侧一大支流，发源于东辽县辽河源镇安乐村小葱顶子山东南，自南向北流经吉林省的东丰县、东辽县、梨树县、公主岭市等地，为梨树县和公主岭市的界河，自公主岭向西转变流向，自东北向西南方向流经吉林省双辽市、梨树县，为两县及辽宁省昌图县的界河，至辽宁省康平县三门郭家与西辽河汇合，下称辽河。学术界对于东辽河流域的区域划分，通常自源头起至二龙山水库为上游，自二龙山起至双辽市新立乡为中游，新立乡以下为下游。

东辽河下游右岸地区的田野考古起步早，但工作较少，且侧重于中小型辽墓的清理发掘。对先秦遗迹的文化类型、编年序列、谱系关系等课题研究，近年才刚刚起步。1932 年日本学者水野清一调查了郑家屯镇西郊的沙丘地带①，发现了以玛瑙和玉髓制作的刮削器，碧玉质石核、石片，以及黑褐色粗砂陶片等遗物。1957 年 5 月，吉林省博物馆李莲、陈奉廉、聂俊馥等人调查了桑树乡韦坨子、北坨子、南坨子、官井子屯的西坨、后坨子，吉兴乡西坨子等遗址②。在后坨子采集到褐色素面手制粗砂陶片、圆锥状鬲足残段和桥状残耳，同时采集到细石器和彩陶片。此时人们对该地区早期遗存认识不清，多将这些与细石器伴出的素面夹砂陶器归入新石器时代，而未单独划分出青铜时代。1984 年文物普查，顾铁民、段新澍、王柏泉、郭法鲁等人先后调查了柳条乡西山湾子、种羊场义合永、郑家屯镇西坨子、茂林镇小王家屯和孤坨子、红旗街道办桑树后坨子、王奔镇仕家东坨子、东明镇后太平、新立乡大金山等 33 处先秦遗址③。调查人员发现东辽河沿岸与西辽河沿岸的新石器时代遗址文化内涵既有联系，又有明显差别：二者都有夹砂褐陶和细石器，都有之字纹、刻划纹、附加堆纹等纹饰；但东辽河类型的陶质夹细砂者多，夹粗砂者少，纹饰以压印弧线之字纹为主，陶色以黑褐为主、黄褐较少，器皿上多有钻孔，细石器少见。西辽河类型的陶器，以黄褐色夹粗砂者为多见，以刻划纹为主，少见压印之字纹，器皿上钻孔少，细石器较多。二者所代表的文化类型，不仅有地域上的差别，而且似有早晚之分。青铜文化遗址，亦可分为两种类型：一种以大金山遗址为代表，其特点是以夹砂红褐陶为主，较少有纹饰，仅在器耳、器足和豆柄上饰有少量戳刺纹；另一种以仕家东坨遗址为代表，多为夹粗砂褐陶，器表粗糙，未经打磨，亦有少量夹细砂红陶，器表磨光，多三足器和豆类，纹饰亦较少，仅见少量刻划纹陶片。普查者认为，古代该地区属南、北文化的交汇区。先秦不同时段的考古学文化，在这里既受下辽河和西拉木伦河文化影响，又受嫩江下游和东辽河上游文化影响。

① 水野清一：《郑家屯西北沙丘地带的遗址》，《人类学杂志》1932 年 47 卷 8 号，第 300～301 页。
② 李莲、陈奉廉、聂俊馥：《吉林省双辽县考古调查报告》，《吉林省文物工作通讯》，1959 年版，第 9～16 页。
③ 吉林省文物志编委会：《双辽县文物志》，第 145～147 页，内部资料。

　　2006 年 7 月，双辽市东明镇后太平村医生李长民到双辽市郑家屯博物馆参观，见该馆陈列的陶器与本村四队（原名北山根）村民建房取土时于地下掘出的陶器十分相似。不久李长民携几件从村民手中收集的陶器，再次来到博物馆求专业人员鉴定。此事引起当地文物管理部门的关注。这些陶器出土于后太平村北部的沙坨子之上，此处距第二次文物普查著录的后太平遗址中心区域约 1 公里，处于东辽河右岸二级台地之上，以往未发现有古遗址存在。时任双辽市文体局副局长的郭泽辉闻讯赶到博物馆，详细了解文物出土地点和出土经过。并会同博物馆馆长宫运学、副馆长王保和等人到后太平村，考察文物出土地点的相关情况，向当地村民宣传文物保护法规，同时征集散失在村民手中的陶壶、陶罐、青铜刀、青铜扣、白石管等出土遗物。2007 年 2 月初，四平市文物管理委员会办公室工作人员隽成军、赵殿坤、侯长春等到双辽市检查文物安全工作，见到了现藏于郑家屯博物馆的后太平村四村队出土的 12 件陶器，有筒形罐、多耳罐、束颈壶、单耳杯等，另有一类三足器，足以上部位形似陶壶，这类器物以往未曾见过，为新发现的器形，将其命名为壶形鼎。其中筒形罐、束颈壶为砂质黄褐陶，器表磨光，饰压印篦点几何纹，主体纹饰为勾连纹、波折纹和变形鹿纹。壶形鼎为夹砂红褐陶，器表磨光，素面或饰之字雷纹。单耳杯为砂质陶，素面，器表磨光。多耳罐为夹砂红褐陶，素面，器表磨光，施红陶衣。从器形和纹饰上看，这些陶器均为青铜时代晚期遗物，具有繁缛压印篦点纹饰的陶壶和筒形罐，以及口沿处有一竖向环耳的素面单耳杯以往在嫩江下游地区的白金宝文化遗址中多见；素面束颈陶壶口沿为内侧斜抹尖唇，颈部较长，似有下辽河流域文化因素，但又具有自身特色；壶形鼎这一新发现器形在其他地区和考古学文化中未曾谋面。以往在东辽河下游地区从未进行过大规模的专题考古调查和发掘工作，因而对该地区各时段尤其先秦时期的文化面貌缺乏系统的认识。文管会工作人员认为后太平村四队出土的这批陶器意义重大：白金宝文化遗存在该地区的发现使我们对其分布南缘有了重新认识；而以素面束颈陶壶、壶形鼎为代表的陶器群可能代表一种新的考古学文化类型，这对我们确认东辽河下游右岸地区青铜时代文化属性提供了重要的线索。

　　为了解这一文化类型的具体情况和分布范围，2007 年 3 月，四平市文物管理委员会办公室带领双辽市文物管理所、双辽市郑家屯博物馆对双辽市境内的东辽河及其与西辽河交汇处沿岸的二级台地进行了区域性专题考古调查。此次调查主要面向青铜时代遗存，以 20 世纪 80 年代全国第二次文物普查工作中已被发现并著录于《双辽市文物志》上的青铜时代遗址为基础，结合新发现的多处遗址，力求全面了解这一区域青铜时代遗存的分布情况、保存现状及文化面貌。参加调查工作的人员有四平市文物管理委员会办公室赵殿坤、隽成军、侯长春、崔志，双辽市文物管理所孙殿文，双辽市郑家屯博物馆宫运学。此次调查自大哈拉巴山脚下的双山镇开始，沿东辽河右岸二级阶地由东北向西南先后调查并确认了新立乡大金山遗址，柳条乡白牛墓地、农阁村西山湾子遗址，东明镇七棵树遗址、盘山遗址、后太平遗址、黄土坑遗址、孤家子遗址，王奔镇东岗遗址，由东岗遗址折向西北，沿西辽河左岸二级阶地由东南向西北先后调查并确认了王奔镇仕家东坨遗址，红旗街道办东贤良遗址、勃山屯遗址及勃山屯砖厂墓地。此次工作复查并确认了 11 处青铜时代遗址和 3 处青铜时代墓地，这些遗址及墓地沿东、西辽河汇流三角区边缘二级阶地呈"V"字形分布，在两个河曲弧湾（俗称山湾子）之间伸向河边的蛇头形台地（俗称山咀子）之上，除中部的部分遗址地表见有白金宝文化遗存外，所见多数素面陶片显示出相同或相似的特征，初步将其确认为一处具有相同文化因素的遗址群，并以处于其中心位置、遗存丰富且典型的后太平遗址所在地后太平村命名，称作"后太平遗址群"。

2007 年 5 月 31 日，吉林省人民政府将"后太平遗址群"核定公布为省级文物保护单位。2007 年 5 月~11 月，吉林省文物考古研究所会同四平市文物管理委员会办公室、双辽市文物管理所、双辽市郑家屯博物馆等单位，对因气候和人为因素而遭破坏较为严重的后太平遗址进行了抢救性发掘。此次发掘在"保护为主，抢救第一"的原则下，旨在破解考古调查中发现但无法解决的学术问题，即确认白金宝文化在该地区的存在情况和地位，以及它与在该地区所见其他文化因素间的关系等。经过发掘，我们对后太平遗址的文化内涵有了较为清晰的认识。为了更进一步搞清整个东辽河下游右岸地区青铜时代的整体文化面貌及发展脉络，验证"后太平遗址群"的可靠性，在充分调查、勘探的基础上，我们又对分布于该区域的其他部分遗址进行了有选择的试掘。

此次发掘是吉林省西部沙化、半沙化地区大面积青铜时代文化遗存的又一次重要发现和发掘。发掘面积共计 1500 余平方米，清理遗迹单位 75 个，出土陶器、青铜器、骨角器、蚌器、玉石器等各类遗物 1500 余件。先后参加此次调查发掘工作的人员有：吉林省文物考古研究所金旭东（领队）、梁会丽、李丹、贾莹、马洪、王昭、赵昕、杨春、程建民、张立新、包显斌、杜运发；四平市文物管理委员会办公室赵殿坤（执行领队）、隽成军、侯长春、崔志；双辽市文体局郭泽辉；双辽市文物管理所孙殿文；双辽市郑家屯博物馆宫运学、邵海波；吉林大学考古学系硕士研究生洪猛、陈超，本科生李锋、代玉彪、崔跃忠，博士研究生张敬雷（现就职于南京大学历史系）。

此次发掘工作具体程序和参与人员如下：

4 月，对后太平遗址进行全面钻探。了解地层堆积、遗迹性质及规模、密度，遗址分布范围等遗存基本情况。参加此项工作的人员有：程建民、赵殿坤、隽成军、侯长春、宫运学、孙殿文、杜运发。

5 月~8 月，发掘后太平遗址第二地点，即墓葬区。了解后太平遗址的墓葬文化内涵，认识其文化属性，并通过掌握该地区地层堆积情况，了解古代人类在此的活动情况。选取经钻探确认的遗迹分布最为密集的区域依正南北向布方，编号"Ⅱ区"，发掘面积初步计划 750 平方米，后扩至 837 平方米。参加田野发掘工作的人员有：赵殿坤、梁会丽、隽成军、邵海波、李丹、宫运学、崔志、孙殿文、侯长春、洪猛、陈超、李锋、代玉彪、崔跃忠。

8 月~9 月，发掘后太平遗址第一地点，即居住区。确认其与第二地点之间的联系。选取经钻探确认的遗迹较深且地表就可见丰富遗迹的区域依正南北向布方，编号"Ⅰ区"，发掘面积初步计划 200 平方米，后扩方至 370 平方米。参加田野发掘工作的人员有：梁会丽、隽成军、崔志。

9 月，发掘距后太平遗址最近且遭破坏非常严重的盘山遗址。发掘面积初步计划 100 平方米，后扩方至 200 平方米。首先清理挂于坨子断崖上的两处残半的灰坑，再在坨子东侧向阳处布方，了解地层堆积和每层中的包含物。参加田野发掘工作的人员有：邵海波、李丹、宫运学。

9 月~10 月，先后发掘了孤家子遗址（田野工作人员：梁会丽、隽成军、侯长春）、东岗遗址（田野工作人员：梁会丽、隽成军）、七棵树遗址（田野工作人员：邵海波、宫运学）、大金山遗址（田野工作人员：梁会丽、隽成军、李丹、侯长春）、仕家东坨遗址（田野工作人员：赵殿坤、隽成军、侯长春）。选取试掘遗址本着最近和最远原则，选择遗址群最东端的大金山遗址和处于河流二级台地最西端的仕家东坨遗址，以及孤家子、东岗、七棵树等处于中间的几处遗址，每处遗址依正南北向布5×5米探方一个，以了解该遗址地层堆积和每层中的包含物为主要目的。

10月~11月，对整个田野发掘过程中所获各类遗存资料进行整理，开始编写报告前的准备工作。参加此项工作的人员有：梁会丽、李丹、隽成军、宫运学、侯长春。

田野发掘和资料整理期间，各项相关工作也在同时进行，具体分工如下。文物修复及拓片：王昭；文物摄影：赵昕；绘图：马洪；人骨鉴定：张敬雷；动物骨骼鉴定：杨春；青铜器金属学研究：贾莹；全站仪测绘：王昭；地方事务协调：隽成军、宫运学、孙殿文；库房管理：侯长春；后勤保障：李丹、张立新。

第一部分　考古调查

第一章　地理环境与遗址分布

东辽河下游右岸行政区划上属于双辽市辖区内。

双辽市位于吉林省西部，地理坐标为东经 123°20′~124°05′，北纬 43°20′~44°05′。东界公主岭市，北邻长岭县，西与内蒙古科左后旗、科左中旗接壤，南隔东辽河与梨树县和辽宁省昌图县毗邻。市区偏居属地西南隅，辖区平面略呈倒三角形，总面积 3121 平方公里。地势东高西低，北岗南洼，均为冲积地形。地貌可分为三种类型，一为辽河冲积平原；二为风积冲积平原；三为冲积湖积平原，其中以冲积湖积平原为主。辽河冲积平原位于辖区南部，呈带状环绕东辽河与西辽河相汇的三角区东南部、南部和西部。地势平坦开阔，多为冲积扇和河漫滩。有东、西辽河改道形成的蛇曲牛轭湖、残留湖和洪泛区，土质肥沃，水量充沛，生态环境较好。靠近三角区边缘有明显侵蚀陡坎，坎上为东、西辽河的二级阶地。风积冲积平原位于辖区西南部，属坨沼地带。地表呈波状起伏，受西南季风影响，多为新月形半固定沙丘，相对高差 10~20 米，绝对标高 120~145 米，沙丘之间有大小不等的风蚀坑、时令河、湖泊和大片沼泽湿地，生态环境不如辽河冲积平原。冲积湖积平原位于辖区中部和北部，地表呈波浪起伏状，但坡度较缓起伏不大，相对高差 5~10 米，绝对标高 120~205 米。地势自东北向西南倾斜，多为东西向条带状固定沙丘（沙垄或沙梁），两道沙丘之间有与沙丘平行的古河道、堰塞湖、沼泽和大片草甸，生态环境好于风积冲积平原（图一）。

双辽市境内河流有东辽河及其支流温德河、西辽河及其支流小清河、新开河等。东辽河发源于吉林省东辽县辽河源镇安乐村小寒葱顶子山东南，先后汇灯杆河、大梨树河、孤山河、小辽河，在新立乡荷花村入境，至王奔镇三江口村出境，在境内流程 72 公里。西辽河位于东辽河西部，由那木斯蒙古族乡白市村入双辽市境，至白沙桥出境，境内流程 44.2 公里，在辽宁省与东辽河汇合形成下辽河。新开河位于西辽河北侧，经通辽市北部沙地由卧虎镇同乐村入双辽市境，在东方红村汇入西辽河，境内流程 23.5 公里。小清河和温德河分别是西辽河和东辽河的支流。上述三条大河、二条小河主要流经辖区南部，形成辽河冲积平原。这里地势开阔、土质肥沃、良田万顷、水草丰美，区域性小气候较好，堪称"沙地绿洲"。双辽市境内有勃勃图山、大哈拉巴山、小哈拉巴山、石头山、敖包山等低矮山丘。均属喷出式锥形马尔火山丘，为第三季玄武岩构成。相对高度 70~130 米，最高的小哈拉巴山海拔 280 米。

双辽市地处中温带，属半干旱大陆性季风气候。春季干燥，升温快，多大风、风沙天气；降水集中于夏季，且短促燥热；秋季降温快，天气爽朗；冬季漫长而严寒，少雨多风。年平均气温为 5.8 摄氏度，一月平均气温 -15 摄氏度以下，七月平均气温达 32 摄氏度以上。多年平均降水量在 494.0 毫米左右，80% 集中在夏秋之季。全年无霜期在 145 天左右。全年大风日在 70 天以上，最多年份可达 110 天。年平均风速为每秒 3~5 米，最大风速达每秒 40 米以上。年平均沙暴日在 36 天左右。年相对

2007 年 10 月数字化图
1980 年西安坐标
1985 年国家高程基准等高距一米
2002 年版图示

测量员　梁会丽
绘图员　王昭
检查员　赵殿坤

图一　东辽河下游右岸地形及遗址分布图（局部）

湿度在 55% 以下，年干燥日在 90 天以上，主要集中在 3 ~ 5 月。

　　双辽市地处科尔沁沙地东缘，属沙地疏林灌木草原。河边台地和固定沙丘上有松、榆、杨、桦等乔木和山杏、桑树、沙柳、榛子、欧梨等灌木丛及沙蓬、沙蒿、苜蓿、甘草、二穗麻黄等蒿草。河湖沼泽岸边有河柳、芦苇、菖蒲、小叶草、三菱草、苔草、碱草、龙丹草等牧草，生态环境好于科尔沁沙地中心区。但因地处大陆性季风区，生态脆弱：春季多风，易发生扬沙和尘暴，造成风蚀和沙土堆积，使水田干枯，旱田被沙土覆盖；夏季多雨，易发生洪涝，造成河流改道，湖泊外溢，使民宅和耕地被冲垮和淹没。受特定的地理环境制约，双辽市的农业不如畜牧业发达。

　　双辽市辖区内的先秦遗迹，多分布在河湖岸边二级阶地和靠近水源的固定沙丘之上。遗址分布较为密集，但范围小，文化堆积较薄，易受风剥雨蚀和人为破坏，其经济类型多以畜牧为主兼营渔猎。东辽河流域的古遗址均自东北向西南沿河分布，目前已发现具有青铜时代遗存的遗址共计 10 处，间距不等，受风蚀等自然因素破坏较重。

第二章　重点遗址的调查与试掘

　　此次在双辽市辖区内的东辽河流域进行的考古调查以青铜时代遗存为主，调查的范围自东端的新立乡向西至双辽市区，包括大金山遗址、白牛墓地、西山湾子遗址、七棵树遗址、盘山遗址、后太平遗址、黄土坑遗址、孤家子遗址、东岗遗址，并向西北方向折转，调查了东、西辽河交汇范围内的仕家东坨遗址、东贤良遗址、勃山屯遗址、勃山屯砖厂墓地等4处可能具有相似文化性质的遗址。其中的西山湾子遗址、盘山遗址、孤家子遗址、勃山屯遗址为新发现有青铜时代遗存的遗址，黄土坑遗址、后太平遗址第二地点、东岗遗址、勃山屯砖厂墓地等则为此次调查新发现的遗址。这些遗址由东北向西南沿东、西辽河交汇三角区边缘呈"V"字形分布（图二；图版一）。

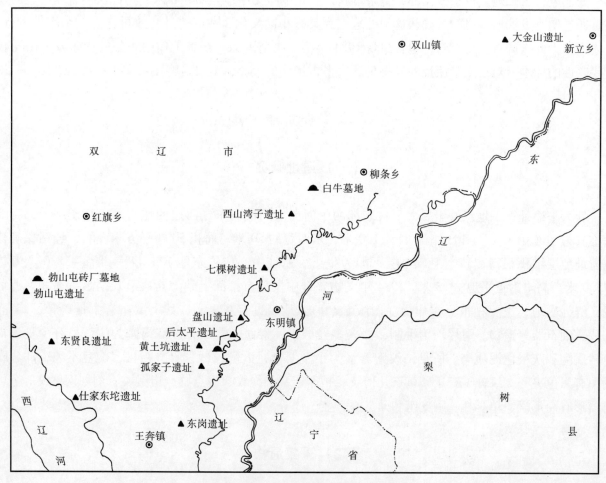

图二　东辽河下游右岸遗址分布图

　　此次调查工作不仅确认了各遗址的具体位置、范围，了解了各遗址地理地貌、遗存保存状况等，同时于地表采集了大量陶片、动物骨骼等珍贵的文物标本。

　　由于当地百姓取土及春季冻融等自然因素的扰动，使这一地区的多处遗址遭受严重破坏。为抢救濒临破坏的遗址，同时了解遗址的文化面貌，我们对后太平遗址进行了抢救性发掘。为较为全面地了解东辽河下游地区青铜时代的考古学文化内涵，我们又对大金山、七棵树、盘山、孤家子、东岗、仕家东坨等遗址进行了小规模试掘。其中的七棵树遗址和孤家子遗址由于遗存密集处已遭当地村民取土破坏，遗址范围内其他区域布方发掘均未见可说明问题的遗迹遗物，仅在表土层中出土少量残碎的青铜时代素面夹砂陶片。其他几处地点均见有新石器时代晚期、青铜时代晚期或辽金时期等的遗存。

第一节　后太平遗址

　　后太平遗址位于东明镇后太平村，包含两个地点。第一地点位于村东部，为较早被发现和确认的一处地点，第二地点位于村北部，呈条带状，其东端距第一地点约 300 米，为此次调查新发现的遗存。通过调查发掘所获材料可确认这两处地点为具有相同文化属性的遗址，故可作为一个遗址看待。下述内容为此次调查所获材料，包含少量 1984 年第二次全国文物普查工作中采集的尚未发表的比较有代表性的标本。对后太平遗址的发掘是此次考古工作的核心，本报告将在后文单独进行介绍。

一　后太平遗址第一地点

（一）遗址概况

　　后太平遗址第一地点处于后太平村东部两个河曲之间伸向东辽河边的蛇头形山嘴子之上，当地人称其为"东山榔头"。遗址南北长约 100 米，东西宽约 50 米，面积 5000 平方米左右，经钻探确认该遗址地层堆积很薄，基本上表土层下即为生土。遗址中心位置东经 123°44′，北纬 43°30′，海拔 125.0 米，高出附近平地 13.5 米。1984 年文物普查中发现有素面夹砂陶器口沿及鬲足等遗物。遗址现已辟为耕地，主要种植豆类作物（图版二，1）。地表见有灰土圈，其上散布有大量兽骨、蚌壳、陶片、细石器等遗物。陶片均为手制，器表多经磨光。素面陶器以夹砂红褐陶为主，另有少量黄褐色砂质陶和灰褐色泥质陶。所见饰纹陶器多为小型器物，火候较低，胎骨粗松，陶色不纯，部分陶胎中有黑色夹心，纹饰见有压印篦点几何纹、拍印错乱细绳纹、戳点纹、指甲纹、刻划网格纹等。可辨器形有筒形罐、单耳杯、陶支座和鼎、鬲、壶、钵等。

（二）采集遗物

　　后太平遗址第一地点地表采集遗物中石器、陶器均为青铜时代遗存。

1. 石器

石镞　2件。07SHⅠ采：24，石英质地，白色半透明状，压制而成，三角形，器表布满疤痕，长2.15、最宽处1、厚0.35厘米（图四，8）；07SHⅠ采：25，页岩质地，青灰色，磨制而成，三角形，残半，器表有斜向磨痕，残长1、残宽1.2、厚0.25厘米（图四，9）。

2. 陶器

陶器口沿　9件。84SHⅠ采：1，夹砂黑褐陶，圆唇，口微侈，溜肩，肩部饰一竖向鸡冠耳，胎厚0.45、残高8.8厘米（图三，1）；07SHⅠ采：18，夹砂灰褐陶，圆唇，叠唇，直口，唇厚0.8、残高4.7厘米（图三，6）；07SHⅠ采：20，夹砂红褐陶，圆唇，敛口，唇厚0.6、残高5厘米（图三，

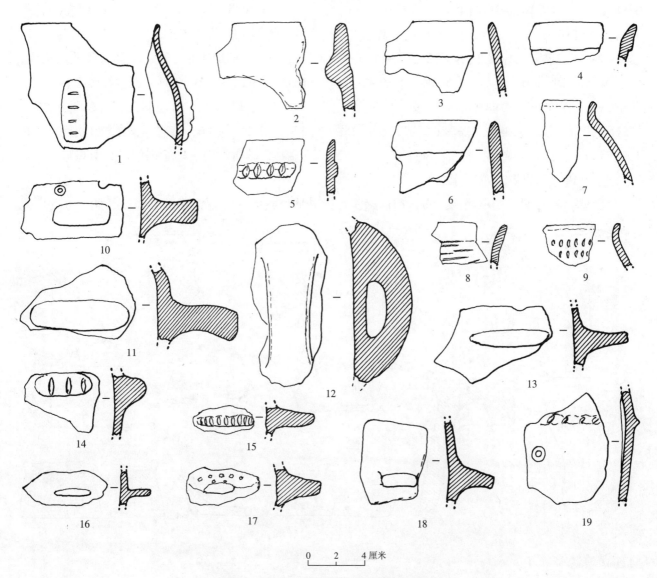

图三　后太平遗址第一地点采集陶器

1～9. 陶器口沿（84SHⅠ采：1，07SHⅠ采：35，07SHⅠ采：20，07SHⅠ采：16，07SHⅠ采：19，07SHⅠ采：18，07SHⅠ采：22，07SHⅠ采：27，07SHⅠ采：14）　10～18. 陶器耳（07SHⅠ采：3，07SHⅠ采：2，07SHⅠ采：1，07SHⅠ采：4，07SHⅠ采：6，07SHⅠ采：26，07SHⅠ采：29，07SHⅠ采：5，07SHⅠ采：37）　19. 附加堆纹陶片（07SHⅠ采：38）

3）；07SHⅠ采：16，夹砂红褐陶，圆唇，叠唇，口微侈，唇厚1、残高2.9厘米（图三，4）；07SHⅠ采：22，夹砂黑陶，圆唇，侈口，唇厚0.4、残高5厘米（图三，7）；07SHⅠ采：14，砂质红褐陶，尖唇，侈口，外壁饰两排椭圆形戳点纹，唇厚0.3、残高2.8厘米（图三，9；图五，3）；07SHⅠ采：27，砂质红褐陶，尖唇，口微侈，外壁饰横向刻划平行线纹，唇厚0.4、残高2.5厘米（图三，8；图五，8）；07SHⅠ采：19，夹砂灰褐陶，圆唇，直口，外壁饰横向附加堆纹，唇厚0.5、残高4厘米（图三，5）；07SHⅠ采：35，夹砂红褐陶，圆唇，直口，内壁有一条凸棱，唇厚0.9、残高5.8厘米（图三，2）。

陶器耳　9件。07SHⅠ采：2，鍪耳，夹砂红褐陶，耳长4.7、宽7.2、厚2.1厘米（图三，11）；07SHⅠ采：4，鍪耳，夹砂红褐陶，耳长3.3、宽5.7、厚1.1厘米（图三，13）；07SHⅠ采：3，鍪耳，夹砂红褐陶，耳下侧饰竖向刻划纹，耳长3.1、宽4、厚1.5厘米（图三，10）；07SHⅠ采：37，鍪耳，夹砂红褐陶，耳长2.5、宽2.5、厚1厘米（图三，18）；07SHⅠ采：29，鍪耳，砂质红褐陶，呈三角形，耳长1.6、最宽处2.5、厚0.6厘米（图三，16）；07SHⅠ采：5，鍪耳，夹砂红褐陶，大致呈梯形，上表面饰两排横向圆形戳点纹，耳长2.2、最宽处4.5、厚1.2厘米（图三，17；图五，7）；07SHⅠ采：1，桥耳，夹砂红褐陶，耳宽3厘米（图三，12）；07SHⅠ采：6，鸡冠耳，夹砂红褐陶，耳长1.3、宽4.2、厚1.3厘米（图三，14）；07SHⅠ采：26，鸡冠耳，砂质红陶，耳缘饰凹槽，似鸡冠，耳长2.7、宽4.1、厚1厘米（图三，15）。

饰纹陶片　5件。07SHⅠ采：17，筒形罐腹片，砂质红褐陶，外壁饰错乱细绳纹，胎厚0.5厘米

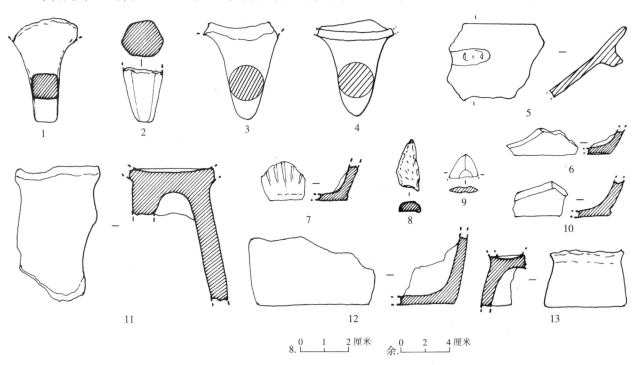

图四　后太平遗址第一地点采集陶器、石器

1. 鼎足（07SHⅠ采：11）　2~4. 鬲足（07SHⅠ采：34，07SHⅠ采：12，84SHⅠ采：2）　5. 豆盘（07SHⅠ采：33）　6、7、10、12. 陶器底（07SHⅠ采：10，07SHⅠ采：8，07SHⅠ采：36，07SHⅠ采：7）　8、9. 石镞（07SHⅠ采：24，07SHⅠ采：25）　11、13. 豆柄（07SHⅠ采：31，07SHⅠ采：9）

（图五，1）；07SHⅠ采：38，砂质红褐陶，器表磨光，外壁饰一周附加堆纹，胎厚0.5厘米（图三，19）；07SHⅠ采：15，夹砂红褐陶，外壁饰圆形戳点纹，胎厚0.7厘米（图五，4）；07SHⅠ采：39，砂质黄褐陶，外壁饰菱形戳点纹，胎厚0.7厘米（图五，5）；07SHⅠ采：21，夹砂红褐陶，外壁饰一排竖向指甲纹，胎厚0.8厘米（图五，6）。

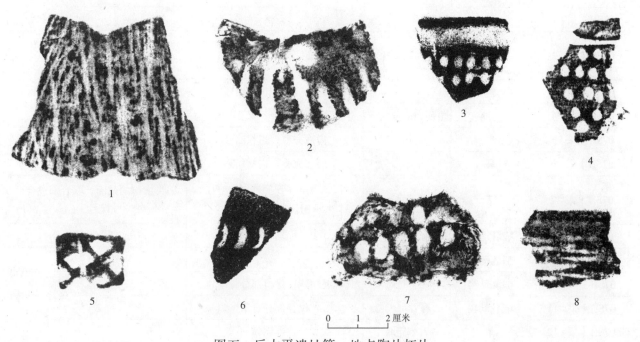

图五　后太平遗址第一地点陶片拓片

1.07SHⅠ采：17　2.07SHⅠ采：8　3.07SHⅠ采：14　4.07SHⅠ采：15　5.07SHⅠ采：39　6.07SHⅠ采：21　7.07SHⅠ采：5　8.07SHⅠ采：27

陶器底　4件。07SHⅠ采：7，筒形罐残底，夹砂红褐陶，素面，直壁，大平底，底径10、胎厚0.5厘米（图四，12）；07SHⅠ采：10，陶壶残底，夹砂灰褐陶，斜壁，小平底，底径4.7、胎厚0.5厘米（图四，6）；07SHⅠ采：8，陶壶残底，夹砂灰褐陶，斜壁，平底，器底加厚，外壁饰竖向条纹，底径6、胎厚0.5厘米（图四，7；图五，2）；07SHⅠ采：36，陶壶残底，夹砂红褐陶，斜壁，平底，器底加厚，胎厚0.8厘米（图四，10）。

鬲足　3件。84SHⅠ采：2，鬲足，夹砂红褐陶，圆锥状实足，残高8厘米（图四，4）；07SHⅠ采：12，夹砂灰褐陶，圆锥状实足，残高7厘米（图四，3）；07SHⅠ采：34，夹砂红褐陶，锥状实足，外表有6道竖向凸棱，形成6个斜面，残高4.2厘米（图四，2）。

鼎足　1件。07SHI采：11，夹砂红褐陶，方柱状实足，足宽2、残高7.8厘米（图四，1）。

豆盘　1件。07SHⅠ采：33，夹砂红褐陶，尖唇，内侧抹斜，敞口，斜腹，腹外侧饰横向鸡冠耳，胎厚0.8、残高5.5厘米（图四，5）。

豆柄　2件。07SHI采：31，夹砂红褐陶，喇叭形，上口直径7、残高10.5、胎厚1.4厘米（图四，11）；07SHI采：9，夹砂红褐陶，喇叭形，下口直径6.5、胎厚0.6厘米（图四，13）。

3. 动物骨骼

主要为鹿、牛、马、猪等哺乳动物骨骼（表一）。

表一 后太平遗址第一地点调查采集动物骨骼

单位	种属	部位	保存情况	备注
07SHⅠ采：1	鹿	右侧距骨	完整	
07SHⅠ采：2	狍子	角环加部分角干	角环完整，角干残缺	角环处自然脱落，风化程度较严重，角干开裂
07SHⅠ采：3	猪	右 M_2	齿冠完整，齿根略残	齿质点已漏出二分之一以上
07SHⅠ采：4	马鹿	角环加部分角干	仅存角环部分，保存完整	角环自然脱落
07SHⅠ采：5	牛	M_3	齿冠完整，齿根残	齿质点已全部露出
07SHⅠ采：6	马	上臼齿	齿冠完整，齿根略残	齿冠刚开始磨蚀
07SHⅠ采：7	猪	下颌骨	保留联合部 + 左右两侧 $I_1 - I_2$ + DI_3 + C 齿槽孔	门齿齿冠均残断，联合部愈合，雌性
07SHⅠ采：8	哺乳动物	胫骨远端	远端略残	远端骨骺愈合
07SHⅠ采：9	哺乳动物	腰椎	横突、棘突残	骨骺愈合
07SHⅠ采：10	哺乳动物	跖骨近端	近端残，保留部分骨干	近端愈合
07SHⅠ采：11	哺乳动物	胫骨（？）	仅存部分骨干	
07SHⅠ采：12	羊	右侧距骨	保存完整	

二 后太平遗址第二地点

（一）遗址概况

后太平遗址第二地点为墓葬区。地势地貌与第一地点相同，有东北—西南向侵蚀陡坎，当地人称其为"北山根"。经钻探，台地上沿地势走向密布青铜时代墓葬，墓葬沿侵蚀陡坎顶部沿线分布，西南—东北向长约600米，西北—东南向宽约100米，面积在5万平方米左右，呈条带状分布，中部偏西南部墓葬较为密集，其他区域墓葬较为零散。其中心位置东经123°43′，北纬43°31′，海拔126.4米，高出附近平地14.9米。遗址现部分已辟为耕地，部分为林地和民宅（图版二，2）。地表见有灰土圈，其上见有少量人骨、土黄色细砂质箆点纹及刻划纹陶片、石镞、青铜镞、青铜扣、青铜环、白石管等遗物。近十年来，由于当地居民在此取土用于建房、修路，墓地遭破坏的古墓葬已有二十余座，人骨被丢弃在墓地西部洼地的乡路边，出土文物亦被当地村民损毁。从墓地南部取土断崖剖面上清晰可见若干遭破坏的土坑墓挂于壁上。这些墓葬均无葬具，以二次葬为多，墓室长2米有余，墓地距地表深多在1~1.5米之间。

（二）青铜时代遗物

该部分中的遗物出自两种途径：一类是地面踏查时于遗址地表采集到的遗物；一类为在当地村民家中征集到的遗物，据村民描述这些征集品均出土于后太平遗址第二地点已遭破坏的墓葬中。

1. 石器

石镞　5件。07SHⅡ采:22，青黑色页岩质地，磨制而成，柳叶形，片状，弧刃，刃部两侧有明显磨痕，下端残断，残长2.8、厚0.25厘米（图六，1）；07SHⅡ采:29，青黑色页岩质地，磨制而成，双翼形，弧刃，中部起脊，下端残断，残长1.2、宽1厘米（图六，5）；07SHⅡ征:21，黑灰色页岩质地，磨制而成，三角形，凹底，前锋残断，后锋尖锐，残长2、宽1.6厘米（图六，6）；07SHⅡ征:22，黑灰色，磨制而成，四棱形镞身，弧刃，镞身及铤截面呈菱形，铤尾端残，残长4.2、宽0.9厘米（图六，4）；07SHⅡ征:23，黑灰色，磨制而成，四棱形镞身，前锋残断，后锋圆钝，镞身截面呈菱形，铤为圆锥形，残长4.2、宽1.1厘米（图六，3）。

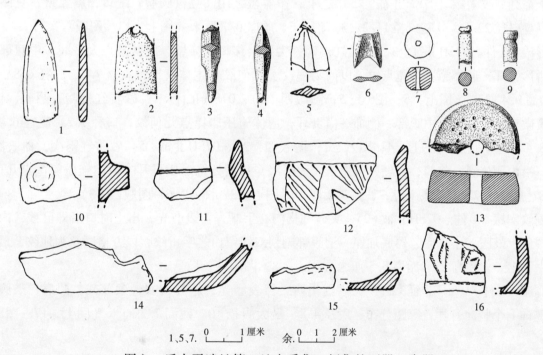

1、5、7. <u>0　　1厘米</u>　　余.<u>0　1　2厘米</u>

图六　后太平遗址第二地点采集、征集的石器、陶器

1、3~6. 石镞（07SHⅡ采:22，07SHⅡ征:23，07SHⅡ征:22，07SHⅡ采:29，07SHⅡ征:21）　2. 石坠（07SHⅡ采:34）　7. 玛瑙珠（07SHⅡ采:1）　8、9. 陶网坠（07SHⅡ采:32，07SHⅡ征:20）　10. 陶器盲耳（07SHⅡ采:15）　11、12. 陶器口沿（07SHⅡ采:17，07SHⅡ采:8）　13. 陶纺轮（07SHⅡ采:2）　14~16. 陶器底（07SHⅡ采:4，07SHⅡ采:6，07SHⅡ采:18）

石坠　1件。07SHⅡ采:34，青灰色，器表磨光，上端有一穿孔，下端残，残长3.8、厚0.5厘米（图六，2）。

玛瑙珠　07SHⅡ采：1，橘红色玛瑙质地，磨制而成，算珠形，中部有穿孔，器表打磨光滑，呈半透明状，可见乳白色霞纹，直径0.7、高0.6、孔径0.15厘米（图六，7）。

2. 陶器

陶纺轮　1件。07SHⅡ采：2，砂质黄褐陶，圆饼形，残半，正面饰两圈戳点纹，背面无纹饰，中部有圆形穿孔，直径5.2、孔径0.9、厚1.7、戳点深0.5厘米（图六，13）。

陶盅　1件。07SHⅡ采：3，砂质红褐陶，圆唇，敞口，下腹内凹，平底，素面，器形不规整，似随手捏成，口径4.4、底径2.8、高2.8厘米（图七，12；图版六，4）。

单耳杯　2件。07SHⅡ征：9，砂质红褐陶，器表磨光，敛口，鼓腹，平底，口沿处与上腹部连接一竖向桥形耳，口径6.2、底径4、最大腹径7.2、高7.4厘米（图七，10；图版四，5）；07SHⅡ征：12，夹砂灰褐陶，圆唇，直口，直颈，圆肩，鼓腹，小平底，颈部与肩部相连接一竖向桥形耳，口径6.2、底径3.8、最大腹径9、高9.2厘米（图七，9；图版四，6）。

陶钵　1件。07SHⅡ采：5，砂质红褐陶，圆唇，直口，斜腹，小平底，外壁饰压印篦点几何纹，口径8.2、底径2.8、高4厘米（图七，11；图九，2）。

陶豆　1件。07SHⅡ征：26，夹砂黄褐陶，局部泛黑，似火烧或烟熏痕，手制，器表磨光，出土时倒扣于饰刻划纹陶罐（07SHⅡ征：25）之上，作器盖之用。豆盘圆唇，敞口，斜弧壁，豆座呈圈足状，豆盘口径22.5、豆座口径11.2、通高14.6、胎厚0.7厘米（图七，13；图版六，2）。

筒形罐　3件。07SHⅡ征：3，砂质红褐陶，尖唇，侈口，弧壁，腹微鼓，大平底，中腹部一侧有一圆饼形錾耳，通体施压印篦点纹，以简易鹿纹及几何纹为主体纹饰，口径7.2、底径6.8、最大腹径8、高9.4厘米（图七，5；图八，5；图版四，1）；07SHⅡ征：4，砂质红褐陶，圆唇，侈口，弧壁，腹微鼓，大平底，中腹部一侧饰一横贯耳，通体施压印篦点几何纹，口径7.2、底径6.4、最大腹径8.4、高9厘米（图七，4；图八，7；图版四，2）；07SHⅡ征：5，砂质红褐陶，器表磨光，尖唇，口沿内侧抹斜，侈口，弧壁，腹微鼓，大平底，口沿处饰一横贯耳，通体施压印篦点几何纹，口径6.8、底径7.2、最大腹径7.7、高7.2厘米（图七，3；图八，6；图版四，3）。

刻划纹陶罐　1件。07SHⅡ征：25，夹砂红褐陶，手制，器表磨光，出土时口沿即已残，内盛装人骨。圆肩，鼓腹，小平底，器底加厚，上腹部刻划双线留白之字雷纹，以方格网纹为地纹，最大腹径30.2、底径9、残高23、胎厚0.5厘米（图七，8；图版六，1）。

多耳罐　1件。07SHⅡ征：11，夹砂红褐陶，器表磨光，施红陶衣，颈部残，圆肩，鼓腹，平底，肩部饰七个竖向盲耳，等距分布，底径4.8、最大腹径10、残高7.2厘米（图七，17；图版三，4）。

壶形鼎　3件。07SHⅡ征：1，夹砂红褐陶，圆唇，口微敞，直颈，束颈，圆肩，肩部有一椭圆形残孔，扁圆腹，圜底，圆锥状实足，足根外撇，颈部饰两周刻划网格纹，肩部及中腹部饰两周几何形网格纹，口径7、裆高1.7、最大腹径17.8、高17.2厘米（图七，1；图八，1；图版三，2）；07SHⅡ征：2，夹砂、夹云母黄褐陶，圆唇，口微敞，曲颈，束颈，圆肩，鼓腹，圜底，圆锥状实足，足根外撇，颈部、肩部及腹部饰戳点雷纹，口径6.4、裆高2.8、最大腹径12.8、高16.8厘米（图七，2；图八，4；图版三，1）；07SHⅡ征：8，夹砂红褐陶，尖圆唇，口沿内侧抹斜，口微敞，直颈，束颈，圆肩，鼓腹，圜底，足部残，最大腹径处两端饰两个盲耳，口径8、最大腹径17.6、残高14.8

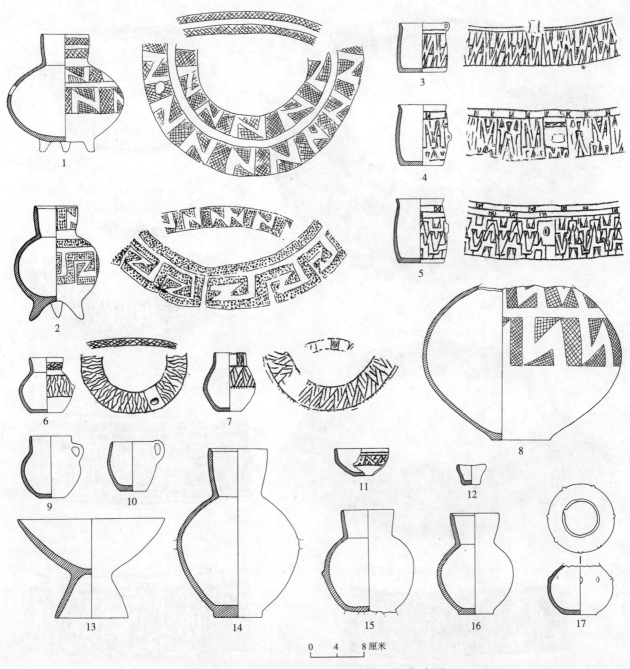

图七 后太平遗址第二地点采集、征集陶器

1、2、15. 壶形鼎 (07SHⅡ征: 1, 07SHⅡ征: 2, 07SHⅡ征: 8) 3~5. 筒形罐 (07SHⅡ征: 5, 07SHⅡ征: 4, 07SHⅡ征: 3) 6、7. 箆点纹陶壶 (07SHⅡ征: 10, 07SHⅡ采: 33) 8. 刻划纹陶壶 (07SHⅡ征: 25) 9、10. 单耳杯 (07SHⅡ征: 12, 07SHⅡ征: 9) 11. 陶钵 (07SHⅡ采: 5) 12. 陶盅 (07SHⅡ采: 3) 13. 陶豆 (07SHⅡ征: 26) 14、16. 素面陶壶 (07SHⅡ征: 6, 07SHⅡ征: 7) 17. 多耳罐 (07SHⅡ征: 11)

厘米 (图七, 15; 图版三, 3)。

陶壶 4件。07SHⅡ采: 33, 砂质红褐陶, 唇部残, 直口, 直颈, 溜肩, 折腹, 平底, 颈部及肩部饰压印箆点几何纹, 口径 4.8、底径 4、高 8.6 厘米 (图七, 7; 图八, 3; 图版五, 1); 07SHⅡ

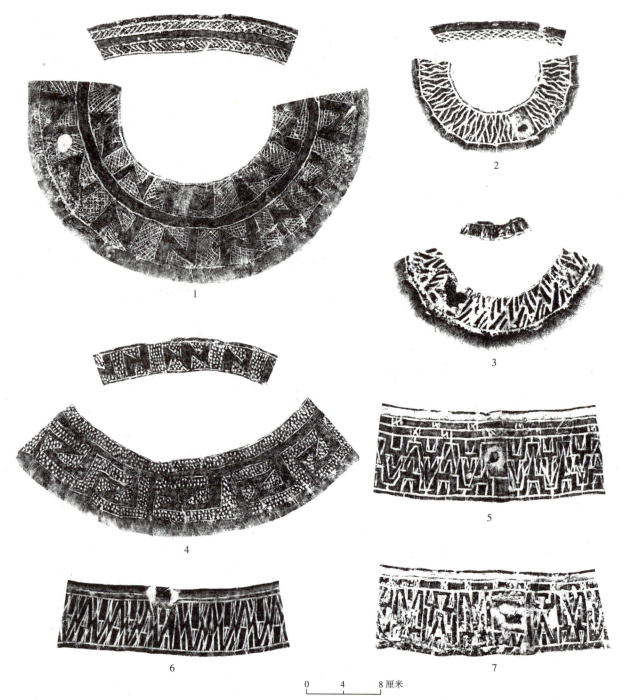

图八　后太平遗址第二地点征集陶器拓片

1.07SHⅡ征：1　2.07SHⅡ征：10　3.07SHⅡ采：33　4.07SHⅡ征：2　5.07SHⅡ征：3　6.07SHⅡ征：5　7.07SHⅡ征：4

征：10，砂质红褐陶，器表磨光，圆唇，口微敞，束颈，圆肩，鼓腹，平底，肩一侧有一舌形錾耳，最大腹径以上压印篦点纹饰，颈部为菱形纹，肩部为勾连纹，口径5、底径4.7、最大腹径8、高8厘米（图七，6；图八，2；图版四，4）；07SHⅡ征：6，夹砂红褐陶，素面，器表磨光，尖圆唇，口沿内侧抹斜，口微敞，曲颈，束颈，溜肩，弧腹，最大腹径微偏上，平底，器底加厚，中腹部有耳，已缺失，形制不明，口径 8.8、底径 7.2、最大腹径 18.4、高 24.4 厘米（图七，14；图版三，5）；07SHⅡ征∶7，夹砂、夹云母红褐陶，素面，器表磨光，尖圆唇，口沿内侧抹斜，敞口，曲颈，束颈，圆肩，鼓腹，平底，器底加厚，口径 7.6、底径 5.4、最大腹径 11.6、高 14.6 厘米（图七，16；图版三，6）。

　　陶器口沿　07SHⅡ采∶8，夹砂红褐陶，尖圆唇，内侧抹斜，曲颈，外壁饰刻划纹，口径 8、胎厚 0.5、残高 3.8 厘米（图六，12；图九，1）；07SHⅡ采∶17，砂质红褐陶，尖唇，侈口，外壁饰横向压印篦点弦纹（图六，11）。

　　陶器底　07SHⅡ采∶4，为陶壶残底，砂质红陶，小平底，底径 5 厘米（图六，14）；07SHⅡ采∶6，为筒形罐残底，砂质红褐陶，外壁饰压印篦点纹，底厚 0.5 厘米（图六，15）；07SHⅡ采∶18，为筒形罐残底，砂质红褐陶，火候较高，外壁饰压印篦点纹，胎厚 0.8 厘米（图六，16；

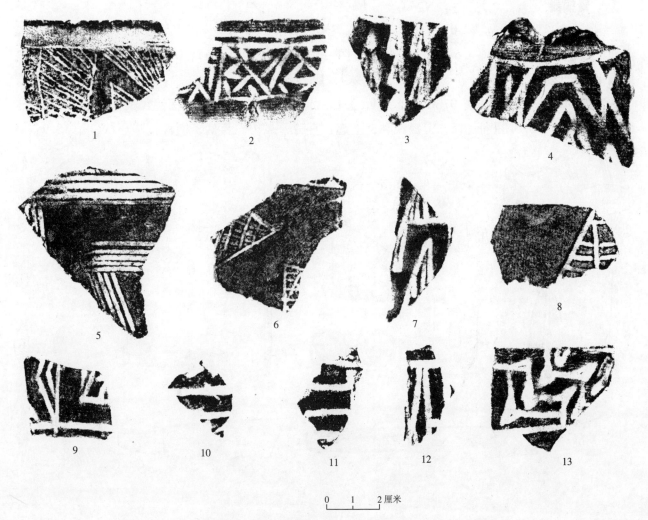

0　　1　　2厘米

图九　后太平遗址第二地点陶片拓片

1. 陶器口沿（07SHⅡ采∶8）　2. 陶钵（07SHⅡ采∶5）　3、4、7、10~13. 篦点纹陶片（07SHⅡ采∶10，07SHⅡ采∶9，07SHⅡ采∶13，07SHⅡ采∶19，07SHⅡ采∶14，07SHⅡ采∶20，07SHⅡ采∶11）　5、6、8. 刻划纹陶片（07SHⅡ采∶7，07SHⅡ采∶12，07SHⅡ采∶16）　9. 陶器底（07SHⅡ采∶18）

图九，9）。

陶器盲耳　07SHⅡ采：15，砂质红陶，耳直径1.4、胎厚0.5厘米（图六，10）。

篦点纹陶片　均为砂质红褐陶，外壁饰压印篦点几何纹。07SHⅡ采：9，陶壶肩部，胎厚0.6厘米（图九，4）；07SHⅡ采：10，筒形罐腹片，胎厚0.5厘米（图九，3）；07SHⅡ采：11，筒形罐腹片，胎厚0.5厘米（图九，13）；07SHⅡ采：13，筒形罐腹片，胎厚0.5厘米（图九，7）；07SHⅡ采：14，陶壶腹片，胎厚0.5厘米（图九，11）；07SHⅡ采：19，陶壶腹片，胎厚0.45厘米（图九，10）；07SHⅡ采：20，陶壶腹片，胎厚0.5厘米（图九，12）。

刻划纹陶片　07SHⅡ采：12，夹砂红褐陶，陶罐腹片，外表饰刻划三角纹，胎厚0.4厘米（图九，6）；07SHⅡ采：16，夹砂红褐陶，陶罐腹片，外表饰刻划三角纹，胎厚0.5厘米（图九，8）；07SHⅡ采：7，夹砂红褐陶，陶罐腹片，外表饰之字形平行线纹，胎厚0.5厘米（图九，5）。

3. 青铜器

铜镞　2件，均为范铸。07SHⅡ征：13，双翼形，弧刃，后锋尖锐，中部有脊，脊截面圆形，铤截面大致呈等腰梯形，长4.5、宽1.5厘米（图一〇，2；图版六，6）；07SHⅡ征：24，四棱锥形，尾端呈扁铲形，镞身折断，长5.2厘米（图一〇，1）。

铜刀　2件，锻造而成。07SHⅡ征：14，刀锋残断，直背，直刃，直柄，残长7.4、宽1.6厘米（图一〇，16）；07SHⅡ征：15，刀锋锐利，上翘，直背，弧刃，直柄，柄首呈圆环状，长13.9、宽

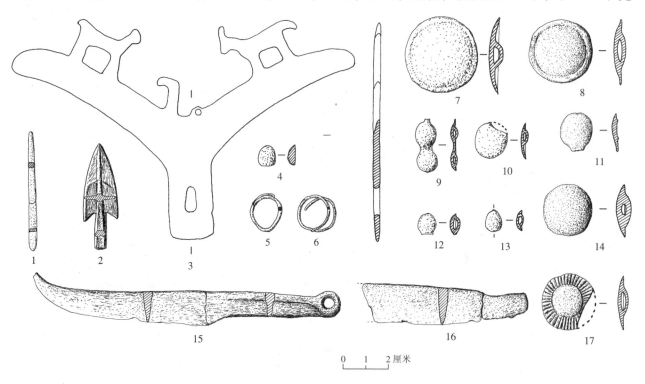

0　1　2厘米

图一〇　后太平遗址第二地点采集、征集青铜器

1、2. 铜镞（07SHⅡ征：24，07SHⅡ征：13）　3、4. 铜饰件（07SHⅡ征：27，07SHⅡ采：27）　5、6. 铜环（07SHⅡ采：31，07SHⅡ采：30）　7～14、17. 铜泡（07SHⅡ采：23，07SHⅡ征：17，07SHⅡ采：24，07SHⅡ采：26，07SHⅡ征：18，07SHⅡ采：28，07SHⅡ采：25，07SHⅡ征：19，07SHⅡ征：16）　15、16. 铜刀（07SHⅡ征：15，07SHⅡ征：14）

1.3 厘米（图一〇，15；图版六，5）。

铜泡　9件，均为范铸，圆形或椭圆形，正面外凸，背面内凹，有桥形钮。07SHⅡ采：23，圆形，边缘有一圈放射状短凹线，直径 3.2 厘米（图一〇，7）；07SHⅡ采：24，双联泡，单体圆形，直径 0.9 厘米（图一〇，9）；07SHⅡ采：25，椭圆形，长颈 0.9、短颈 0.7 厘米（图一〇，13）；07SHⅡ采：26，残，圆形，直径 1.5 厘米（图一〇，10）；07SHⅡ采：28，圆形，一端有断茬，直径 0.8 厘米（图一〇，12）；07SHⅡ征：16，正面周边有放射线纹，一侧残，直径 2.3 厘米（图一〇，17）；07SHⅡ征：17，正面边缘有边棱，直径 2.9 厘米（图一〇，8）；07SHⅡ征：18，一端有断茬，钮已残，直径 1.7 厘米（图一〇，11）；07SHⅡ征：19，直径 2.3 厘米（图一〇，14）。

铜饰件　2件。07SHⅡ采：27，半球体，直径 0.8、厚 0.35 厘米（图一〇，4）；07SHⅡ征：27，范铸，丫形，分叉处上端偏左有一倒置弯钩，偏右处有一直径 0.2 厘米的圆孔，两分支上端各有一只鹿的侧立形象，一公一母，头向相对，柄端为长方形，宽 2 厘米，柄中间有一长径 1.1、短径 0.5 厘米的竖向近椭圆形穿孔。器身通高 9.5、宽 15.4、厚 0.3 厘米（图一〇，3；图版六，3）。

铜环　由截面为圆形的铜丝环绕而成，用作耳环。07SHⅡ采：30，截面直径 0.1、环径 1.5 厘米（图一〇，6）；07SHⅡ采：31，截面直径 0.15、环径 1.4 厘米（图一〇，5）。

（三）辽金遗存

陶网坠　2件。07SHⅡ采：32，泥质灰陶，陶色不均，圆柱体，一端残，一端有用于栓系的凹槽，残长 2.1、截面直径 0.7 厘米（图六，8；图版一〇，2）；07SHⅡ征：20，泥质黑陶，手制，圆柱形，一端残，一端有用于栓系的凹槽，残长 1.7、截面直径 0.7 厘米（图六，9；图版一〇，3）。

第二节　大金山遗址

大金山遗址位于新立乡大金山村北 300 米处的东西向固定沙丘南坡之上，东南距东辽河 3 公里，为较早被发现和确认的遗址。下述内容为此次调查所获材料，包含少量 1984 年第二次全国文物普查工作中采集而尚未公布的比较有代表性的标本①。

一　遗址概况

大金山遗址地处辽河冲积平原北部边缘，地势北高南低。遗址南北长约 150 米，东西宽约 100

---

① 由于两年度相同遗址在名称缩写上不同，导致器物编号存在差异。

米，中心位置东经 123°56′，北纬 43°41′，海拔 132.4 米，高出附近平地 8.4 米。1984 年文物普查
中发现有石斧、素面夹砂陶器鋬耳及鬲足等遗物。遗址现已辟为耕地，种植玉米、高粱等农作物。
地表散布夹砂陶片、红烧土块、草木灰、兽骨、河蚌等遗物，尤以遗址西半部为密集。遗址西侧
建有双山粮库，之上曾有粮库建筑，目前建筑虽已拆除，但遗址已遭严重破坏，在靠近粮库围墙
有一小型取土场，在取土形成的断崖上可见半地穴式房址和袋状灰坑，房址宽约 3 米，房内踩踏
面距地表深 0.35 米，房内堆积中夹有蚌壳和少量残碎细砂质陶片，灰坑口部已遭严重破坏，底部
宽约 1 米，距地表深近 1 米，填土内夹有草木灰、陶片、鱼骨等。各类遗物以夹砂陶片居多，多为
素面，器表打磨光滑，有红褐陶、黄褐陶和灰褐陶，火候不匀，均手制，器形较大，器壁较厚。
可辨器形有鼎、鬲、豆、壶、罐、钵等。器耳发达，有桥耳、鋬耳、瘤状耳等。豆有矮圈足豆、
高柄豆等，矮圈足豆均素面，无任何修饰部分，高柄豆多素面，少数在豆柄处饰纵向等距麦粒状
戳点纹。

发掘区发掘前为玉米地边垄（图一一）。依正南北向布 5×5 米探方 1 个，总发掘面积 25 平方米，
无遗迹单位，遗物均于地层中出土，有石器、骨器等完整及可复原器 12 件，探方南部有大量蚌壳堆
积，面积约为整个发掘区四分之一余，堆积最厚处达 40 厘米，内中夹有较多夹砂陶器残片。陶片均
为素面，器表多经磨光，可辨识器形有壶、豆等。

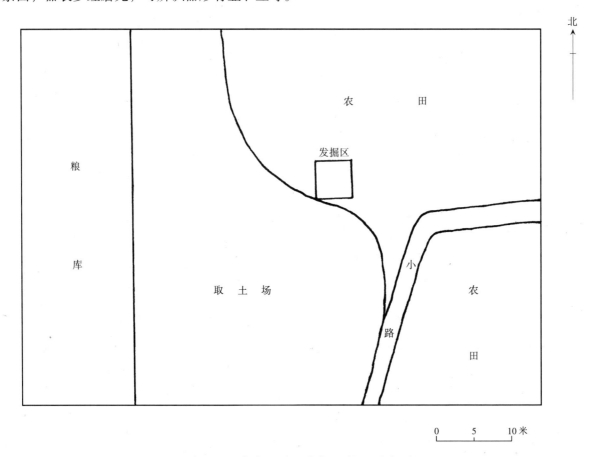

图一一　大金山遗址发掘区位置示意图

二　地层堆积

大金山遗址发掘区目前地面上残留一层粮库建筑地基垫土，厚 0～25 厘米，经夯打，土质坚实，垫土之下为耕土层。现以 07SJT1 北壁剖面（图一二）为例介绍大金山遗址地层如下。

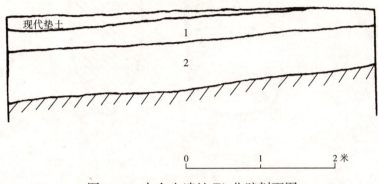

图一二　大金山遗址 T1 北壁剖面图

第 1 层，现代耕土层。土色偏黄，土质相对疏松，厚 25 厘米。包含物较少。

第 2 层，黑土层，土质疏松，厚 50 厘米。包含大量素面夹砂陶片、动物骨骼、蚌壳等，探方南部蚌壳尤为密集。

第 2 层下为生土。

三　遗物

大金山遗址发掘中未见遗迹单位，遗物均为青铜时代，包括地表采集遗物和发掘出土遗物。发掘过程中所见遗物皆出土自地层之中，陶器均为素面夹砂陶残片，无完整器，手制，泥圈套接并经轮修，器表多经磨光。以红褐陶为主，可辨识出器形有壶、豆、筒形罐、三足器等。另出土大量骨角器和动物骨骼。

1. 石器

石斧　1 件。84SHHX 采：2，长方形，长 12、宽 5.4、厚 4 厘米（图一三，2；图版七，3）。

环状石器　1 件。07SJ 采：1，圆环状，残半，外径 12、内径 4、厚 4.5 厘米（图一三，1）。

砺石　2 件。07SJT1②标：11，青灰色，残，一面有磨砺光面，残长 8、残宽 4 厘米（图一三，3）；07SJT1②标：14，青灰色，残断，一面有磨砺光面，残长 11.2、残宽 8 厘米（图一三，5）。

枕状器　1 件。07SJ 征：1，黑色陨铁质地，磨制，为青铜短剑柄端加重器，长 5、宽 3.2、厚 3.2 厘米（图一三，4；图版七，4）。

2. 陶器

陶壶口沿　07SJ 采：6，夹砂红褐陶，圆唇，微外卷，直口，直颈，胎厚 0.7 厘米（图一四，2）。

陶器口沿　8 件。07SJT1②标：2，夹砂红褐陶，方唇，口微侈，腹微鼓，中腹部饰一横錾耳，器

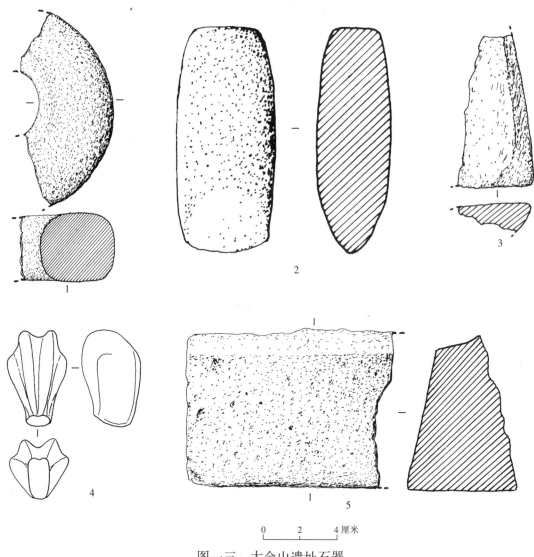

图一三　大金山遗址石器

1. 环状石器（07SJ 采：1）　2. 石斧（84SHHX 采：2）　3、5. 砺石（07SJT1②标：11、07SJT1②标：14）　4. 枕状器（07SJ 征：1）

表有刮磨痕，残高11.6、胎厚0.6～0.8厘米（图一四，4）；07SJT1②标：5，夹砂黄褐陶，圆唇，口微侈，腹微鼓，中腹部饰一横鋬耳，器表磨光，有刮磨痕，残高8.9、胎厚0.6～0.8厘米（图一四，3）；07SJT1②标：17，夹砂红褐陶，圆唇，直口，腹微鼓，上腹部饰一舌形鋬耳，器表磨光，残高5、胎厚0.8厘米（图一四，10）；07SJT1②标：19，夹砂红褐陶，圆唇，直口，上腹部饰一舌形鋬耳，器表磨光，残高4.8、胎厚0.5厘米（图一四，6）；07SJT1②标：4，夹砂红褐陶，圆唇，直口，直腹，残高15.4、胎厚0.6厘米（图一四，1）；07SJT1②标：10，珍珠纹，残高2.6、胎厚0.5厘米（图一四，5）；07SJT1②标：13，夹砂红褐陶，敛口，残高3.2、胎厚0.4厘米（图一四，8）；07SJ 采：12，夹砂红褐陶，尖唇，外叠唇，残高4、胎厚0.6厘米（图一四，9）。

　　陶器耳　8件。07SJT1②标：16，夹砂灰褐陶，长方形横鋬耳，耳一侧饰四个戳点纹，胎厚0.75厘米（图一四，14）；07SJT1②标：20，夹砂灰褐陶，横桥耳，胎厚0.6、耳宽4厘米（图一四，11）；84SHHX 采：1，鋬耳，夹砂黑褐陶，耳长1.3、宽4.5、厚1厘米（图一四，7）；07SJ 采：2，

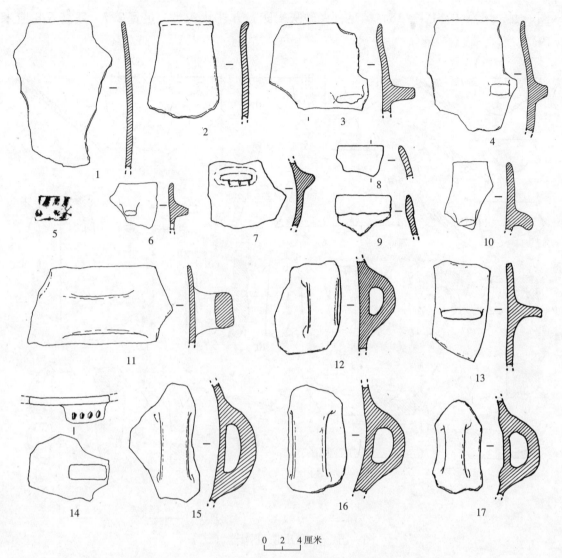

图一四 大金山遗址陶器（一）

1、3～6、8～10. 陶器口沿（07SJT1②标：4，07SJT1②标：5，07SJT1②标：2，07SJT1②标：10，07SJT1②标：19，07SJT1②标：13，07SJ采：12，07SJT1②标：17） 2. 陶壶口沿（07SJ采：6） 7、11～17. 陶器耳（84SHHX采：1，07SJT1②标：20，07SJ采：15，07SJ采：10，07SJT1②标：16，07SJ采：21，07SJ采：17，07SJ采：2）

桥耳，夹砂红褐陶，耳宽2.4厘米（图一四，17）；07SJ采：15，桥耳，夹砂红褐陶，器表磨光，耳宽3.2厘米（图一四，12）；07SJ采：17，桥耳，夹砂红褐陶，器表磨光，耳宽4.2厘米（图一四，16）；07SJ采：21，桥耳，夹砂红褐陶，器表磨光，耳宽3.2厘米（图一四，15）；07SJ采：10，鋬耳，夹砂红褐陶，器表磨光，耳长2.5、宽5、厚1厘米（图一四，13）。

陶器底 3件，均为夹砂红褐陶。07SJT1②标：7，夹砂红褐陶，平底加厚，器表磨光，有刮磨痕，底径10、残高4厘米（图一五，15）；07SJ采：9，平底，器底加厚，底径6.4厘米（图一五，16）；07SJ采：13，台底，底径13、残高1.5厘米（图一五，17）。

陶器足 07SJ采：20，鬲足，夹砂红褐陶，器表磨光，有6道竖向凸棱，形成6个斜面，残高6.4厘米（图一五，20）；07SJ采：16，鼎足，夹砂灰褐陶，器表磨光，方柱状实足，足宽2、残高6

厘米（图一五，18）；07SJ采：18，鼎足，夹砂灰褐陶，方柱状实足，足宽2.7、残高6.8厘米（图一五，19）。

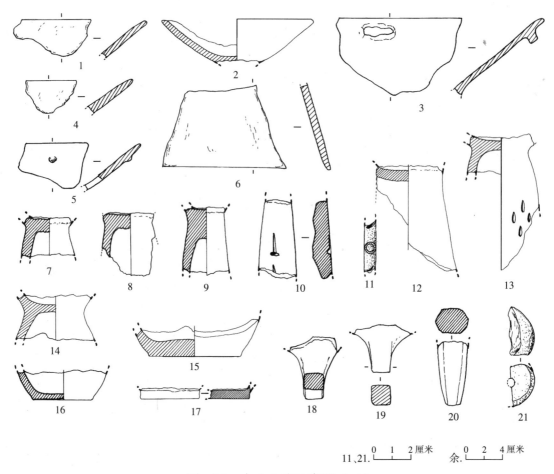

图一五　大金山遗址陶器（二）

1～5. 豆盘（07SJ采：8，07SJT1②标：1，07SJT1②标：6，07SJ采：7，07SJT1②标：18）　6. 豆座（07SJ采：11）　7～10、12
～14. 豆柄（07SJ采：19，07SJ采：14，07SJ采：3，07SJ采：4，07SJT1②标：8，07SJT1②标：3，07SJT1②标：9）　11. 陶管
（07SJT1②：10）　15～17. 陶器底（07SJT1②标：7，07SJ采：9，07SJ采：13）　18～20. 陶器足（07SJ采：16，07SJ采：18，
07SJ采：20）　21. 陶纺轮（07SJT1②：1）

豆盘　5件。07SJT1②标：1，夹砂灰褐陶，斜抹尖唇，斜壁浅盘，器表磨光，口径16.6、残高
4.2厘米（图一五，2）；07SJT1②标：6，夹砂黑褐陶，圆唇，斜壁浅盘，豆盘外侧靠近口沿处有一
横錾耳，器表磨光，胎厚0.6厘米（图一五，3）；07SJT1②标：18，夹砂黄褐陶，圆唇，斜壁浅盘，
豆盘外侧靠近口沿处有一乳突状盲耳，器表有刮磨痕，胎厚0.65厘米（图一五，5）；07SJ采：7，夹
砂黑陶，器表磨光，圆唇，敞口，斜腹，胎厚0.85厘米（图一五，4）；07SJ采：8，夹砂黑陶，器表
磨光，圆唇，敞口，斜腹，胎厚0.85厘米（图一五，1）。

豆柄　8件。07SJT1②标：3，夹粗砂红褐陶，高圈足，器表磨光，外表面饰成组的麦粒状戳点纹，
四粒一组，呈菱形排布，直径6.2、残高14厘米（图一五，13）；07SJT1②标：8，夹砂红陶，高圈足，
器表磨光，有刮磨痕，直径7.2、残高11厘米（图一五，12）；07SJT1②标：9，夹砂黑褐陶，圈足，器

表磨光，直径8、残高4.6厘米（图一五，14）；07SJ 采：3，器表磨光，圆柱状，上端稍细，下端较粗，外壁中部饰一组麦粒状戳点纹，直径3.6、胎厚0.8厘米（图一五，9）；07SJ 采：4，圆柱状，上端稍细，实心，下端稍粗，中空，外壁饰竖向刻划凹槽及横向戳点，残高8.2厘米（图一五，10）；07SJ 采：19，喇叭口状，中空，直径4.5、胎厚0.8厘米（图一五，7）；07SJ 采：14，喇叭口状，中空，上端直径5、胎厚0.8厘米（图一五，8）。

豆座　1件。07SJ 采：11，夹砂红褐陶，喇叭口，胎厚1厘米（图一五，6）。

陶纺轮　1件。07SJT1②：1，砂质红褐陶，馒头形，中部有圆孔，残长2.5厘米（图一五，21）。

陶管　1件。07SJT1②：10，砂质红褐色，两端均残，残长2.7、截面外径0.65、内径0.4厘米（图一五，11）。

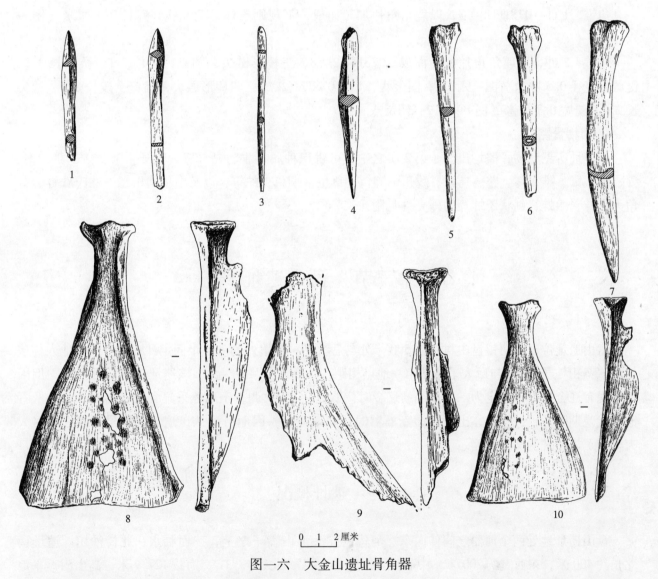

0　1　2厘米

图一六　大金山遗址骨角器

1、2. 角镞（07SJT1②：8，07SJT1②：7）　3. 骨针（07SJT1②：6）　4. 角锥（07SJT1②：3）　5～7. 骨锥（07SJT1②：4，07SJT1②：12，07SJT1②：9）　8～10. 卜骨（07SJT1②：2，07SJT1②：11，07SJT1②：5）

3. 骨、角器

卜骨　3件。07SJT1②：2，羊肩胛骨，中部有火烧痕及经火烧后形成的劈裂痕，长15.3、最宽处9.2厘米（图一六，8；图版八，1）；07SJT1②：5，羊肩胛骨，中部有火烧的痕迹及经火烧后形成的劈裂痕，长11、最宽处6.8厘米（图一六，10；图版八，2）；07SJT1②：11，猪肩胛骨，经火烧，残长12厘米（图一六，9）。

骨针　1件。07SJT1②：6，骨片磨制而成，圆锥体，器表磨光，穿端扁平，尖端残，残长9厘米（图一六，3；图版八，5）。

骨锥　3件。骨锥07SJT1②：4，以狗桡骨远端磨制而成，长10.8厘米（图一六，5）；07SJT1②：9，以鹿肢骨远端磨制而成，残长14.2厘米（图一六，7）；07SJT1②：12，以狗桡骨远端磨制而成，残长9.2厘米（图一六，6）。

角锥　1件。07SJT1②：3，以鹿角角片加工而成，不规则锥体，柄端残，残长9.3厘米（图一六，4）。

角镞　2件，以鹿角角片加工而成。07SJT1②：8，三棱形镞尖，圆铤，残长7.1、镞尖长3.2、铤截面直径0.5厘米（图一六，1；图版八，4）；07SJT1②：7，四棱形镞尖，扁铤，残长8.7、镞尖长2.7、铤宽0.7厘米（图一六，2；图版八，3）。

4. 动物骨骼

该遗址所见动物骨骼均出土于第2层之中，可辨识种属有牛、马、鹿、狍子、羊、猪、貉、狗、獾、兔、鼠、雉、鸟、鳖、乌鳢、鲶鱼、鲤鱼、草鱼、鲫鱼、蛇等，以及中华圆田螺、杜氏珠蚌、背角无齿蚌、丽蚌、剑状矛蚌等的外壳（见附录二）。

第三节　盘山遗址

盘山遗址位于东明镇盘山村西南500米处与后太平村接壤处的一座半固定沙丘之上，当地人称该处为"盘山坨子"，西与后太平遗址第一地点相距约500米（图一七）。该遗址较早即被注录，但因仅发现有辽金遗存，被定为一处单纯的辽金时代遗址①。此次调查于地表采集到新石器时代晚期及青铜时代晚期陶片，试掘时亦出土较多新石器时代晚期遗存，因而可确认该遗址存在早期遗存，这大大丰富了该遗址的文化内涵。

一　遗址概况

盘山遗址地处两个河曲之间伸向东辽河边的蛇头形山嘴子之上，三面临水，北倚沙坨。遗址南北长约400米，东西宽约200米，中心位置东经123°44′，北纬43°31′，海拔127.9米，高出附近平地

---

① 吉林省文物志编委会：《双辽县文物志》，第50～51页，内部刊物。

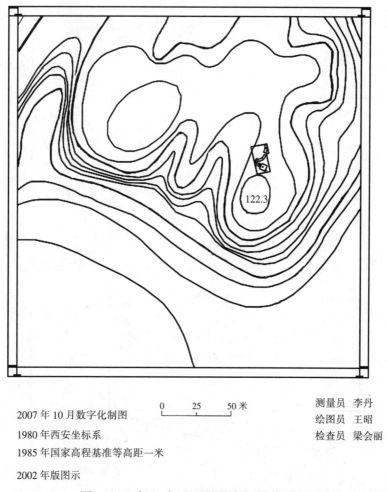

2007 年 10 月数字化制图
1980 年西安坐标系
1985 年国家高程基准等高距一米
2002 年版图示

0　25　50 米

测量员　李丹
绘图员　王昭
检查员　梁会丽

图一七　盘山遗址地形及发掘区位置图

16.4 米。遗址现已辟为耕地，以玉米为主要种植作物。地表见有灰土圈，其上散布有细石器，以及细绳纹、弧线之字纹、戳点纹夹砂陶片、轮制泥质灰陶片、蚌壳、鱼骨、兽骨等。村民的取土行为使得台地东南端形成陡壁，壁上清晰可见几处残破的灰坑，灰坑填土土色较深，内夹大量兽骨、鱼骨、河蚌、草木灰和灰褐色夹蚌陶片。

　　试掘点位于遗址的东南部，我们在陡壁处选取一处残存灰坑中遗物丰富、保存相对较好的地点，依正南北向布 5×5 米探方 1 个，编号 T1，在此清理了残半灰坑一个，编号 H1。在北距 T1 约 70 米处的高岗上选取一处地表见有较多明显黑土圈的地点，依正南北向布 10×10 米探方 2 个，分别编号 T2、T3，在此清理了房址一座，编号 F1，灰坑一个，编号 H2，灰沟 3 条，分别编号 G1、G2、G3。总发掘面积 225 平方米（图一八）。

二　地层堆积

盘山遗址地层堆积两层，均较薄。

第 1 层，表土层，为现代耕土。浅褐色，土质疏松，含沙量大，厚 15~25 厘米。包含大量植物

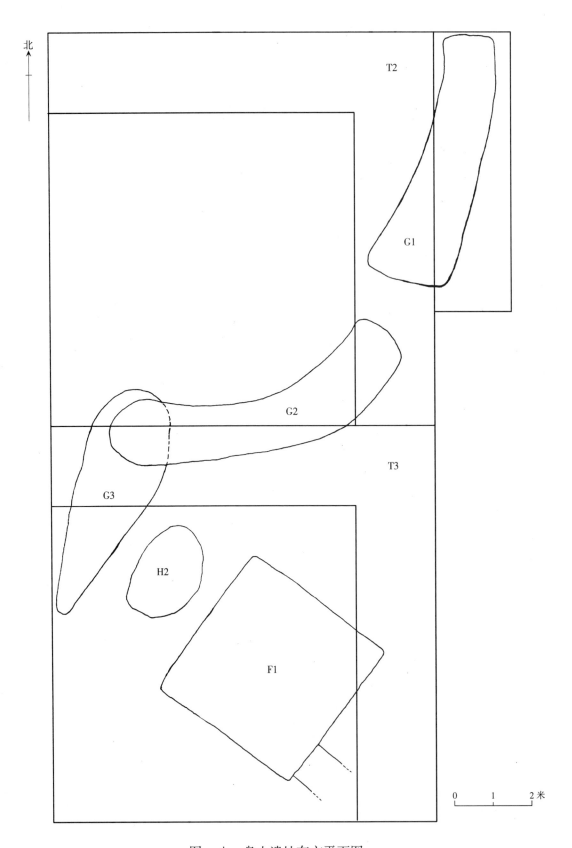

北

T2

G1

G2

T3

G3

H2

F1

0　　　1　　　2米

图一八　盘山遗址布方平面图

根茎及少量现代垃圾，地表可见零星碎陶片。该层遍布整个发掘区，开口于该层下的遗迹单位有房址 1 处（F1），灰沟 2 条（G1、G2）。

第 2 层，深褐色土，土质较硬，厚 0~15 厘米。包含较多植物根系，遗物较少，仅见少量夹砂灰陶片。该层地层主要分布于发掘区西部地势较高处，开口于该层下的遗迹单位有灰坑 2 个（H1、H2），灰沟 1 条（G3）。

第 2 层下为白沙质地的生土。

现以 07SPT2 南壁剖面（图一九）为例直观反映地势和地层堆积情况。

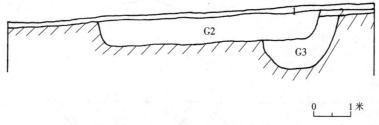

图一九　盘山遗址 T2 南壁剖面图

三　新石器时代晚期遗存

盘山遗址新石器时代晚期遗存主要为开口于 2 层下的灰坑 2 个，灰沟 1 条，形制均较为规整。出土遗物以陶片为主，均手制，火候较低，多数胎体疏松有大量孔隙，质轻。

（一）灰坑

H1

位于发掘区 T1 东南部。开口于 2 层下，因遭破坏严重，整体形制不明。

1. 遗迹

坑口残存部分为弧形，弧壁。坑口残长 170、残宽 80、最深处 60 厘米。坑内填土为一次性堆积，黑褐色，砂质，土质疏松，包含大量动物骨骼，以及附加堆纹陶片和花边口沿陶片。包含的动物种属有牛、羊、貉、鼠、鹿、雉、狗獾、兔、鼬、鳖、草鱼、蛙、鲶鱼、乌鳢、中华圆田螺、剑状矛蚌、杜氏珠蚌等。出土骨锥 1 件（图二〇）。

2. 出土遗物

（1）陶器

花边陶器口沿　4 件，唇部压印斜向豁口，呈花边状。07SPH1 标：5，砂质黄褐陶，尖圆唇，豁口较密较深，侈口，器表磨光，内壁有剥落，残高 5.2、胎厚 0.6 厘米（图二一，3）；07SPH1 标：15，夹砂灰褐陶，尖唇，唇部饰左斜向豁口，直口，器表饰绳纹，胎厚 0.4 厘米（图二一，6；图二四，5）；07SPH1 标：3，夹砂灰褐陶，圆唇，直口，残高 5、胎厚 0.6 厘米（图二一，2）；07SPH1 标：4，夹砂灰

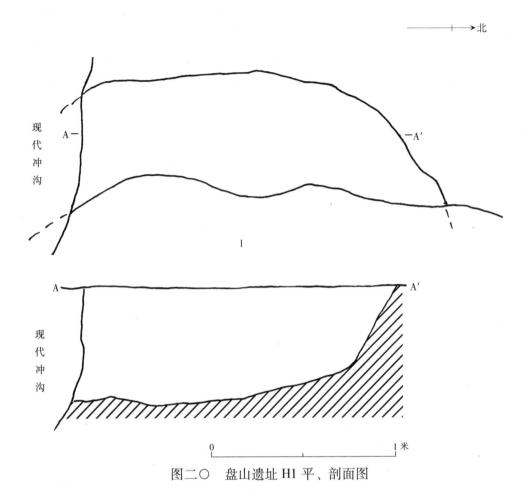

图二〇　盘山遗址 H1 平、剖面图

褐陶，圆唇，直口，口沿下有一道绳索状附加堆纹，胎厚0.4厘米（图二四，2）。

　　附加堆纹陶器口沿　4件。07SPH1 标：1，夹砂灰褐陶，胎内夹蚌，尖唇，直口，外壁饰五道横向平行鱼骨形附加堆纹，胎厚0.4厘米（图二一，1；图二四，1）；07SPH1 标：9，砂质红褐陶，方唇，直口，器表磨光，口沿外侧饰一圈附加堆纹，堆纹之上饰斜向戳点，胎厚0.4厘米（图二一，9）；07SPH1 标：16，夹砂红褐陶，胎内夹蚌，尖唇，直口，外壁饰一道横向绳索状附加堆纹，胎厚0.4厘米（图二一，8；图二四，4）；07SPH1 标：7，夹砂灰褐陶，胎内夹蚌，圆唇，直口，外壁饰多道横向附加堆纹，胎厚0.4厘米（图二四，3）。

　　叠唇陶器口沿　2件。07SPH1 标：8，砂质黄褐陶，直口，口沿外侧饰一圈竖向戳点纹，器表磨光，残高2.4、胎厚0.4厘米（图二一，4）；07SPH1 标：13，砂质红褐陶，直口，口沿外侧饰竖向戳点纹，残高2.4、胎厚0.5厘米（图二四，6）。

　　素面陶器口沿　1件。07SPH1 标：6，砂质灰褐陶，圆唇，侈口，器表磨光，胎厚0.5厘米（图二一，7）。

　　（2）角器

　　角锥　1件。07SPH1：1，角片磨制而成，扁平锥状，两端残，残长3.6、宽0.6厘米（图二一，5）。

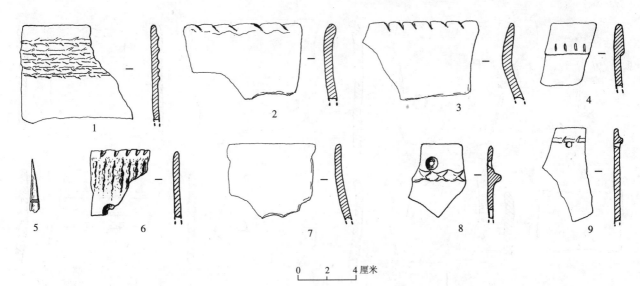

图二一　盘山遗址 H1 出土遗物

1、8、9. 附加堆纹陶器口沿（07SPH1 标：1，07SPH1 标：16，07SPH1 标：9）　2、3、6. 花边陶器口沿（07SPH1 标：3，07SPH1 标：5，07SPH1 标：15）　4. 叠唇陶器口沿（07SPH1 标：8）　5. 角锥（07SPH1：1）　7. 素面陶器口沿（07SPH1 标：6）

（3）动物骨骼

该灰坑出土动物骨骼较多，主要种属有貉、狗獾、狍、山羊、牛等（见附录二）。

H2

位于发掘区 T3 西北部，开口于 2 层下。

1. 遗迹

平面椭圆形，圜底，坑口长径 250、短径 180、深40 厘米。坑内填土堆积 2 层，第 1 层为黑褐色，土质较硬，厚 10 厘米，包含少量红褐陶片，第 2 层为灰褐色，土质坚硬，厚 30 厘米，包含大量花边口沿陶片及麻布纹器底等，并见有少量动物骨骼。出土石质刮削器 1 件（图二二）。

2. 出土遗物

（1）石器

石质刮削器　1 件。07SPH2②：1，黄褐色，打制，不规则形，片状，两侧有刃，残长 4.6、宽 1.8、厚 0.25厘米（图二三，1）。

（2）陶器

花边陶器口沿　8 件，唇部压印斜向豁口，呈花边状。07SPH2②标：2，砂质红褐陶，圆唇，直口微侈，残

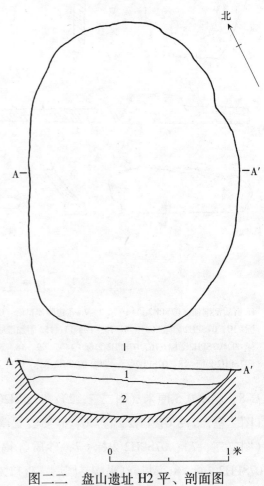

图二二　盘山遗址 H2 平、剖面图

1. 黑褐色土　2. 灰褐色土

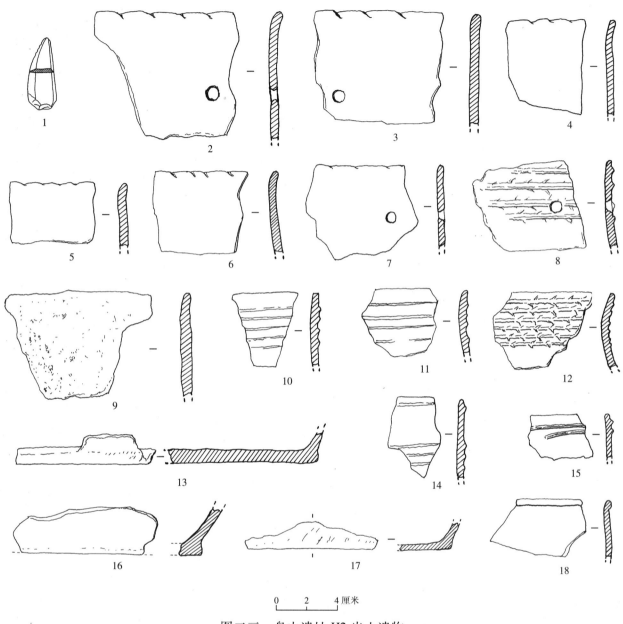

图二三　盘山遗址 H2 出土遗物

1. 石质刮削器（07SPH2②：1）　　2~7. 花边陶器口沿（07SPH2②标：2，07SPH2②标：8，07SPH2②标：7，07SPH2②标：5，07SPH2②标：10，07SPH2②标：6）　　8、10~12、14、15. 附加堆纹陶器口沿（07SPH2②标：3，07SPH2②标：15，07SPH2②标：13，07SPH2②标：9，07SPH2②标：16，07SPH2②标：14）　　9、18. 素面陶器口沿（07SPH2②标：17，07SPH2②标：12）　　13、16、17. 陶器底（07SPH2②标：18，07SPH2②标：20，07SPH2②标：19）

高 8、胎厚 0.5 厘米（图二三，2）；07SPH2②标：5，砂质红褐陶，圆唇，直口，残高 4、胎厚 0.6 厘米（图二三，5）；07SPH2②标：6，砂质红褐陶，圆唇，豁口较稀疏较浅，直口，残高 6、胎厚 0.4 厘米（图二三，7）；07SPH2②标：7，砂质红褐陶，圆唇，直口，残高 6、胎厚 0.5 厘米（图二三，4）；07SPH2②标：8，砂质红褐陶，圆唇，直口，残高 7.2、胎厚 0.6 厘米（图二三，3）；07SPH2②标：10，砂质红褐陶，圆唇，直口，残高 5.2、胎厚 0.6 厘米（图二三，6）。

　　附加堆纹陶器口沿　6件。07SPH2②标：9，夹蚌灰褐陶，尖唇，侈口，外壁饰六道横向平行鱼骨形附加堆纹，残高4.8、胎厚0.4厘米（图二三，12）；07SPH2②标：13，砂质红褐陶，尖唇，口微侈，外壁贴塑5道横向平行条状附加堆纹，残高4.4、胎厚0.4厘米（图二三，11）；07SPH2②标：3，夹蚌灰褐陶，圆唇，直口，外壁饰四道横向平行鱼骨形附加堆纹，残高5.6、胎厚0.4厘米（图二三，8）；07SPH2②标：14，砂质红褐陶，圆唇，直口，外壁贴塑二道横向条状附加堆纹，残高3、胎厚0.3厘米（图二三，15）；07SPH2②标：15，砂质红褐陶，圆唇，直口，外壁贴塑五道横向平行条状附加堆纹，残高4.7、胎厚0.5厘米（图二三，10）；07SPH2②标：16，砂质红褐陶，圆唇，直口，外壁贴塑四道横向平行条状附加堆纹，残高5.1、胎厚0.4厘米（图二三，14）。

　　素面陶器口沿　2件。07SPH2②标：12，砂质红褐陶，圆唇，口微侈，唇外起凸棱，残高3.6、胎厚0.4厘米（图二三，18）；07SPH2②标：17，砂质红褐陶，圆唇，直口，胎质轻薄，表面有剥落，残高6.8、胎厚0.6厘米（图二三，9）。

　　饰纹陶片　3件。07SPH2②标：21，砂质红褐陶，器表施断续绳纹，并饰两条附加堆纹，胎厚0.5厘米（图二四，8）；07SPH2②标：22，砂质红褐陶，器表饰平行附加堆纹，胎厚0.4厘米（图二四，7）；07SPH2②标：23，砂质红褐陶，器表饰成排的戳点纹，胎厚0.4厘米（图二四，9）。

0　1　2厘米

图二四　盘山遗址 H1、H2 部分陶片拓片

1、3、4. 附加堆纹陶器口沿（07SPH1 标：1，07SPH1 标：7，07SPH1 标：16）　2、5. 花边陶器口沿（07SPH1 标：4，07SPH1 标：15）
6. 叠唇陶器口沿（07SPH1 标：13）　7～9. 饰纹陶片（07SPH2②标：22，07SPH2②标：21，07SPH2②标：23）

　　陶器底　3件。07SPH2②标：18，砂质红褐陶，平底，器表饰绳纹，底厚0.4、残高1.6厘米（图二三，13）；07SPH2②标：19，砂质灰陶，平底，器底加厚，器底饰麻布纹，底径10、残高3厘米（图二三，17）；07SPH2②标：20，夹砂红褐陶，平底，器底加厚，素面，底厚0.7、残高3厘米（图二三，16）。

（二）灰沟

G3

位于发掘区 T3 西部。开口于 2 层下，东北部被 G2 打破，方向20°。

沟平面呈条带状，北端宽，南端窄，斜弧壁，平底，沟口长620、宽90～200、沟底宽50～100、深100厘米。沟内填土为深褐色一次性堆积，土质较硬，包含少量夹砂褐陶片（图二五）。

（三）地表采集遗物

陶器口沿　07SP 采：1，夹蚌红褐陶，平唇，唇外侧压出花边，敞口，外壁饰五道横向附加堆纹及两道竖向附加堆纹，残高9.5、胎厚0.6厘米（图二六，1；图二七，1）；07SP 采：2，夹蚌红褐陶，陶色不均，圆唇，直口，外壁刻划横向平行线纹，残高5、胎厚0.4厘米（图二六，2；图二七，2）；07SP 采：17，夹砂红褐陶，尖唇，口微侈，外壁刻划斜向平行线纹，残高3.3、胎厚0.4厘米（图二六，5；图二七，11）；07SP 采：19，夹砂黑褐陶，尖唇，叠唇，侈口，残高2.4厘米（图二六，4）。

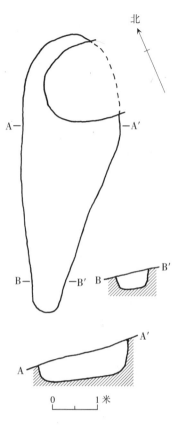

图二五　盘山遗址
G3 平、剖面图

饰纹陶片　07SP 采：5，夹砂红褐陶，外壁刻划斜向平行线纹，胎厚0.9厘米（图二六，14；图二七，4）；07SP 采：6，夹砂红褐陶，外壁刻划斜向平行线纹，胎厚0.6厘米（图二六，7；图二七，10）；07SP 采：15，砂质红褐陶，外壁饰刻划之字纹，胎厚0.5厘米（图二六，16）；07SP 采：8，夹砂灰褐陶，外壁压印平行线纹，胎厚0.5厘米（图二六，8；图二七，6）；07SP 采：12，泥质红褐陶，外壁戳印麻点纹，胎厚0.7厘米（图二六，17）。

四　青铜时代遗存

盘山遗址目前所见青铜时代遗存均系地表采集遗物，试掘中未有发现。

陶器口沿　07SP 采：16，夹炭黑陶，圆唇，直口，外壁刻划横向平行线纹，残高3.7、胎厚0.4厘米（图二六，3）；07SP 采：18，夹砂黑褐陶，方唇，直口，外壁饰刻划线纹，残高2、胎厚0.5厘米（图二六，9）；07SP 采：14，砂质红褐陶，圆唇，直口，饰竖向鸡冠耳（图二六，11）。

陶器底　07SP 采：11，夹砂红褐陶，器壁外侧饰竖向麦粒状戳点纹，残高3.8、胎厚0.9厘米（图二六，13；图二七，13）；07SP 采：13，筒形罐器底，砂质红褐陶，器壁外侧饰压印篦点鹿纹，底径9.6、残高2.3厘米（图二六，15；图二七，12）。

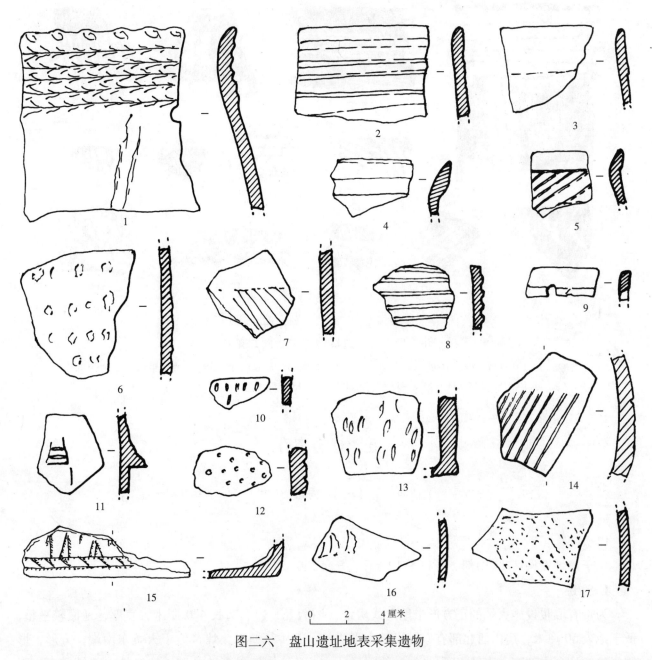

图二六　盘山遗址地表采集遗物

1~5、9、11. 陶器口沿（07SP 采：1，07SP 采：2，07SP 采：16，07SP 采：19，07SP 采：17，07SP 采：18，07SP 采：14）　　6~8、10、
12、14、16、17. 饰纹陶片（07SP 采：4，07SP 采：6，07SP 采：8，07SP 采：9，07SP 采：10，07SP 采：5，07SP 采：15，07SP 采：12）
13、15. 陶器底（07SP 采：11，07SP 采：13）

　　饰纹陶片　07SP 采：4，夹砂红陶，外壁饰横向成排分布的圆形戳点纹，胎厚 0.7 厘米（图二六，6；图二七，3）；07SP 采：3，砂质红褐陶，外壁饰刻划之字纹，胎厚 0.5 厘米（图二七，9）；07SP 采：7，夹砂灰褐陶，外壁压印平行线纹，胎厚 0.6 厘米（图二七，5）；07SP 采：9，砂质红褐陶，外壁饰竖向麦粒状戳点纹，胎厚 0.55 厘米（图二六，10；图二七，8）；07SP 采：10，夹砂红褐陶，外壁饰圆形戳点纹，胎厚 0.8 厘米（图二六，12；图二七，7）。

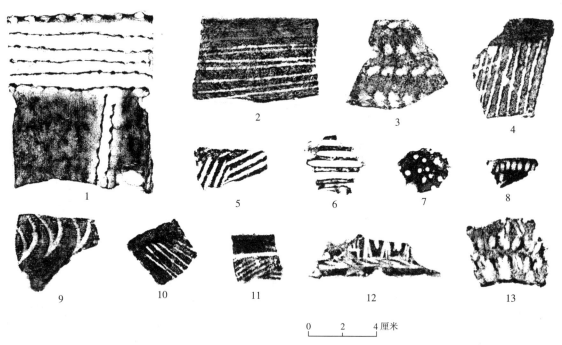

图二七 盘山遗址地表采集陶片拓片

1. 07SP 采：1　2. 07SP 采：2　3. 07SP 采：4　4. 07SP 采：5　5. 07SP 采：7　6. 07SP 采：8　7. 07SP 采：10　8. 07SP 采：9
9. 07SP 采：3　10. 07SP 采：6　11. 07SP 采：17　12. 07SP 采：13　13. 07SP 采：11

五　辽金遗存

（一）房址

F1

位于遗址发掘区 T3 中部。开口于 1 层下，方向 130°。

1. 遗迹

为带有取暖设施火炕的正方形半地穴式房址（图版九，1），边长 420 厘米，直壁，地面较平整，低于地表 50 厘米，房内西北部有一折尺长方形火炕，宽 140 厘米，灶台位于火炕东南端，方形，形制规整，灶台中部有一直径 40 厘米左右的圆形灶坑，灶坑内壁以青砖叠砌，灶口处上部横置三块青砖，下部与地面挖出的椭圆形浅坑相通，灶台向后与炕体相接（图版九，2），炕面低于地面 38 厘米，中部平整，外缘高出中部 10 厘米，其上有三条曲尺形烟道相接，烟道为在火炕平面之上下挖而成，宽 22、平均深度 16 厘米。炕面外部及墙面抹泥。烟道在房子西部拐角处向北折，并在房子北端角落处汇入一圆形烟囱内。烟囱直径 48、深 62 厘米。房址内共发现柱洞 6 个，其中 4 个位于房子北壁，等距分布，间距 90 厘米左右，柱洞直径 24 厘米左右，深 74 厘米；另外 2 个位于房子东壁南半部，直径 22 厘米左右，深 74、间距 150 厘米。门道开于这两个柱洞之间，长方形，宽 128、残长 160厘米（图二八）。房内东部出土 1 件陶质大瓮。

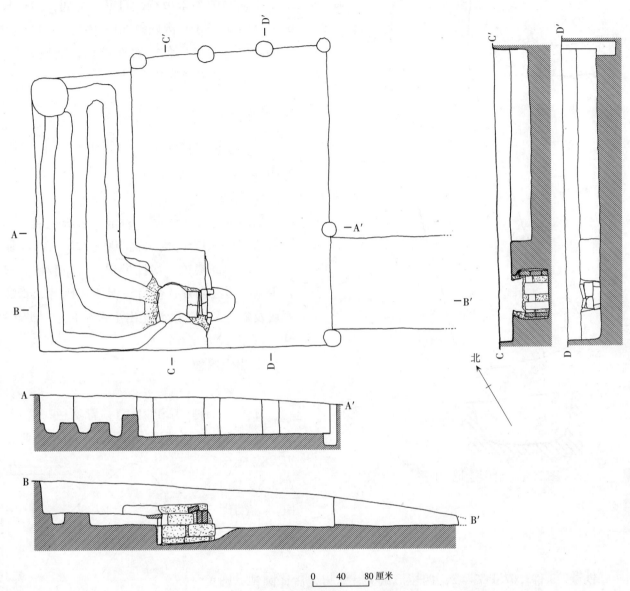

图二八　盘山遗址 F1 平、剖面图

2. 出土遗物

陶瓮　1件。07SPF1：1，泥质灰陶，素面，轮制，卷沿，圆唇，敛口，圆肩，下腹斜直，平底，口径40、底径29、最大径59、高56厘米（图三一，5；图版一〇，1）。

（二）灰沟

G1

位于遗址发掘区 T2 东北部。开口于1层下，方向15°。

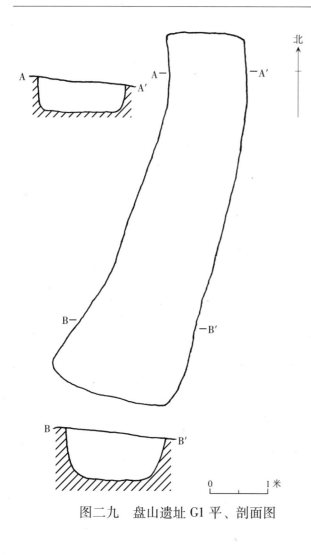

图二九　盘山遗址 G1 平、剖面图

平面呈弧形条带状，斜壁，平底，沟口长660、宽 60～210、沟底宽 50～180、深 40～70 厘米。填土为深褐色一次性堆积，土质较软，包含少量青砖及碎陶片（图二九）。

G2

位于遗址发掘区 T2 南部。开口于 1 层下，西南部打破 G3，方向 70°。

1. 遗迹

平面呈弧形条带状，斜壁，平底，沟口长750、宽 160～175、沟底宽 100～120、深 45 厘米。填土为深褐色一次性堆积，土质较硬，包含少量夹砂红陶片、篦齿纹泥质灰陶片、青砖石块及蚌壳和动物肋骨。出土石斧 1 件，铁镞 3 件（图三〇）。

2. 出土遗物

（1）石器

石斧　1 件。07SPG2：1，青灰色，磨制，大致呈长方体，柄端残，刃端内收渐窄，两面刃，残长 6.1、宽 3.8、厚 1.8 厘米（图三一，1）。

（2）铁器

铁镞　3 件。07SPG2：2，四棱形镞尖，弧刃，后锋圆钝，圆关圆铤，通长 7.8、镞尖长 2.9、宽 1、关长 3.1、铤长 1.8 厘米（图三一，4；图版一〇，5）；07SPG2：3，四棱形镞尖，弧刃，后锋圆钝，圆关圆铤，通长 9.6、镞尖长 3.1、宽 1.05、关长 3、铤长 3.5 厘米（图三一，3；图版一〇，4）；07SPG2：4，扁平镞尖，圆锥状铤，通长 8.85、镞尖长 5.6、宽 1.05、铤长 2.25 厘米（图三一，6；图版一〇，6）。

六　其他

在对盘山遗址的调查中，于地表采集部分动物骨骼，由于没有单位，时代不明确，故在此一并罗列如下表（表二）。

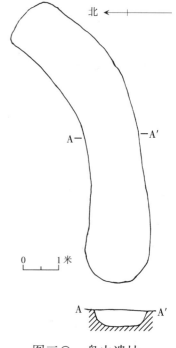

图三〇　盘山遗址
G2 平、剖面图

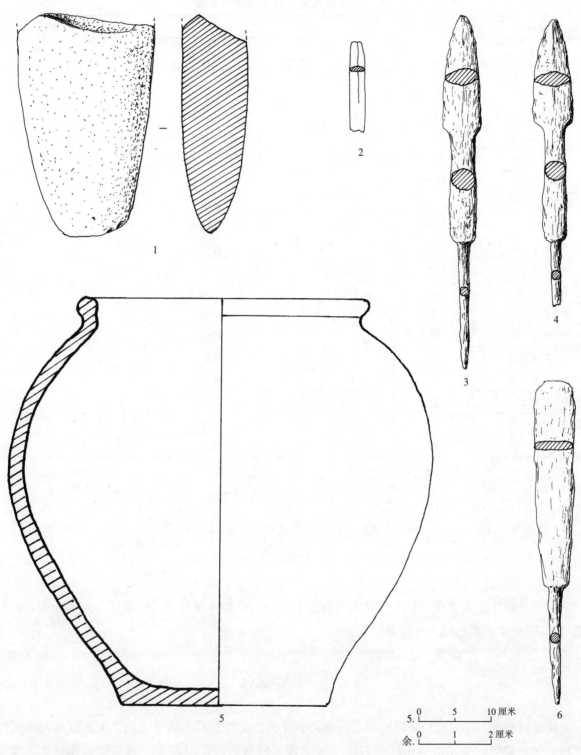

图三一　盘山遗址辽金及表土层出土遗物

1. 石斧（07SPG2：1）　2. 细石叶（07SPT3①：1）　3、4、6. 铁镞（07SPG2：3，07SPG2：2，07SPG2：4）　5. 陶瓮（07SPF1：1）

表二　盘山遗址调查采集动物骨骼

单位	种属	部位	保存情况	备注
07SP 采：1	鲤鱼	主鳃盖骨	远端残	
07SP 采：2	鲶鱼	左侧胸鳍	腹侧略残	个体较大
07SP 采：3	鲶鱼	鳍	背侧略残	
07SP 采：4	鱼	椎骨	四周残断	
07SP 采：5	草鱼	咽喉齿	残断，仅保存一颗牙齿	
07SP 采：6	鲫鱼	咽喉齿	残断，仅保存两颗牙齿	
07SP 采：7	鲶鱼	右侧胸鳍	背侧略残	个体较小
07SP 采：8	鱼	腭骨	残断	
07SP 采：9	鲶鱼	锁骨	残断	个体较小
07SP 采：10	鲤科	主鳃盖骨	残断	
07SP 采：11	鲶鱼	右侧胸鳍	完整	
07SP 采：12	鳖	左侧肱骨	两端略残	
07SP 采：13	鳖	肢骨	略残	
07SP 采：14	鳖	背甲	残断	
07SP 采：15	鳖	背甲	残断	
07SP 采：16	鳖	背甲	残断	
07SP 采：17	鳖	背甲	残断	
07SP 采：18	鳖	背甲	残断	
07SP 采：19	鳖	背甲	残断	

第四节　东岗遗址

东岗遗址位于王奔镇东岗村西 500 米的台地上，为一处新发现并命名的遗址，东北距邻近的孤家子遗址约 3000 米，两地隔一牛轭湖南北相望。

一　遗址概况

东岗遗址处于两个"C"字形河曲之间伸向东辽河边的蛇头形山嘴子之上，为东辽河与西辽河相汇三角区的折角处，其东部为东辽河右岸二级阶地，西部为西辽河左岸二级阶地。遗址东、南、北三面临水，西面与扎兰屯北固定沙丘相连。遗址东西长约 600 米，南北宽约 300 米，中心位置东经 123°41′，北纬 43°28′，海拔 125.7 米，高出附近平地 15.7 米。遗址本是耕地，种植玉米等作物，因附近砖厂取土遭到严重破坏，遗址东部和北部目前仍有多处取土场。地表散布有红褐色夹砂陶片、鱼骨、河蚌，以及石磨棒、锤斧等残块。其中红褐色夹砂陶器器形较大，器壁较厚，火候较高，器表磨光，饰刻划之字雷纹。可辨识器形有壶、豆、鬲等。在取土场断崖剖面上见有5个半地穴式房址，房址规模不大，房内堆积中夹有蚌壳、鱼骨和饰刻划网格纹的夹砂陶片。

发掘区发掘前为玉米地边垄（图三二），之上曾有砖厂哨岗建筑，目前建筑已拆除。依正南北向布5×5米探方1个，总发掘面积25平方米，未见遗迹单位，遗物均于地层中出土，出土大量夹砂陶器残片，素面或施刻划纹饰，可辨识器形有壶、罐、豆、鬲等。

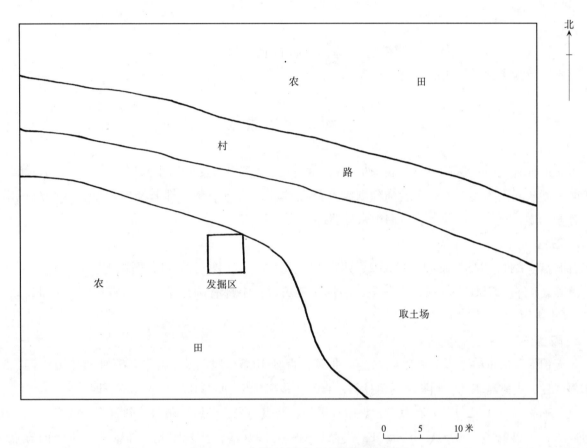

图三二　东岗遗址发掘区位置示意图

二　地层堆积

东岗遗址发掘区目前地面上残存一层厚约50厘米的建筑地基垫土，经夯打，土质坚实，垫土之下为原先的耕土层。现以07SDT1西壁剖面（图三三）为例介绍东岗遗址地层如下。

第1层，现代耕土层。土黄色，土质相对疏松，含沙量小，厚25厘米左右。包含少量夹粗砂红褐色素面陶片。

第2层，黑色土，土质较疏松，含沙量大，厚40~50厘米。包含少量夹砂碎陶片，大量刻划网格纹陶片以及三足器足等。

第3层，黄色花土，土质相对致密，厚20厘米，无包含物。

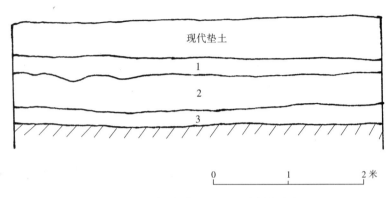

图三三　东岗遗址 T1 西壁剖面图

第 3 层下为含沙量较大的黄色生土。

三　青铜时代遗存

东岗遗址青铜时代遗存包括地表采集遗物和发掘出土遗物。发掘出土陶器均为残片，数量较少，以素面夹砂灰褐陶为主，另有少量饰刻划纹及戳点纹等，均为手制，部分经慢轮修整。可辨识出的器形有壶、罐、豆、三足器等。发掘中未见遗迹单位。

1. 石器

石磨盘　1 件。84SD 采：1，底厚 2、残宽 12、高 6 厘米（图三四，1；图版七，5）。

锤斧　1 件。07SDT1②：1，青灰色，磨制，三角形，中部有圆形钻孔，有砍砸痕，长 11.2、宽 7.6、厚 4.4 厘米（图三四，2；图版七，2）。

2. 陶器

陶壶颈部　07SD 采：9，夹砂红褐陶，曲颈，直径 10.3、残高 9、胎厚 0.7 厘米（图三四，3）；07SD 采：12，夹砂红褐陶，圆唇，内侧抹斜，直颈，残高 9.5、胎厚 0.7 厘米（图三四，4）。

豆　3 件。07SD 采：1，残存豆盘，夹砂红褐陶，器表磨光，圆唇，敞口，斜直腹，残高 5.4、胎厚 0.7 厘米（图三四，6）；07SDT1①标：1，残存豆柄，夹砂红陶，器表磨光，外壁饰一排竖向戳点纹，直径 4、残长 8.2 厘米（图三四，9；图三五，1）；07SDT1①标：2，残存豆柄，夹砂红陶，外壁饰一排竖向麦粒状戳点纹，直径 5.8、残长 7.8 厘米（图三四，10；图三五，2）。

陶器口沿　2 件。07SD 采：7，夹砂红褐陶，圆唇，敞口，斜直腹，器表刻划三角形网格纹，残高 7.5、胎厚 0.7 厘米（图三四，8；图三五，6）；07SDT1②标：8，夹砂红褐陶，器表磨光，叠唇，唇部以下饰一排竖向戳点，残高 3.4、胎厚 0.6 厘米（图三四，5）。

陶器鋬耳　均为夹砂红褐陶。07SD 采：4，耳长 3.5、宽 3.5、厚 1.8 厘米（图三四，18）；07SD 采：10，耳长 3.5、宽 4.2、厚 2.2 厘米（图三四，21）；07SD 采：11，耳长 2.5、宽 4、厚 1.4 厘米（图三四，20）。

陶器足　3 件。07SDT1①标：3，夹砂黄褐陶，圆锥状实足根，器表磨光，残高 8.4 厘米（图三四，15）；07SDT1②标：9，夹砂红褐陶，圆锥状实足根，器表磨光，残高 8 厘米（图三四，16）；07SD 采：3，鬲足，夹砂红褐陶，圆锥状实足，中上部有一圈凹弦纹，残高 7.5 厘米（图三四，17）。

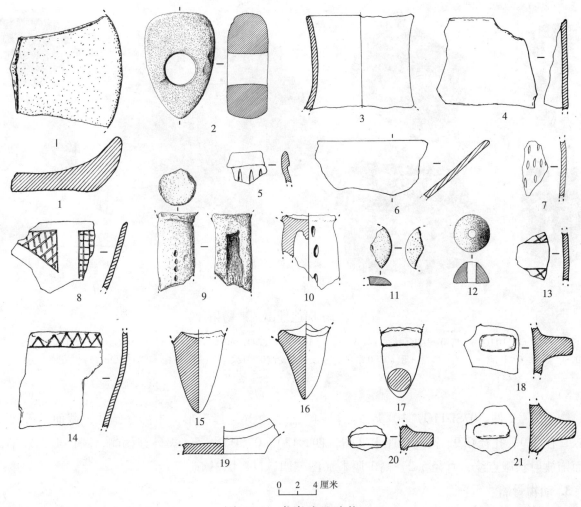

图三四　东岗遗址遗物

1. 石磨盘（84SD 采：1）　2. 锤斧（07SDT1②：1）　3、4. 陶壶颈部（07SD 采：9, 07SD 采：12）　5、8. 陶器口沿（07SDT1②标：8, 07SD 采：7）　6、9、10. 豆（07SD 采：1, 07SDT1①标：1, 07SDT1①标：2）　7. 戳点纹陶片（07SDT1②标：7）　11、12. 陶纺轮（07SD 采：5, 07SDT1①：1）　13、14. 刻划纹陶片（07SD 采：8, 07SD 采：6）　15～17. 陶器足（07SDT1①标：3, 07SDT1②标：9, 07SD 采：3）　18、20、21. 陶器鋬耳（07SD 采：4, 07SD 采：11, 07SD 采：10）　19. 陶器底（07SDT1②标：6）

陶器底　1 件。07SDT1②标：6，夹砂红褐陶，平底，器底加厚，底径 8.8、残高 3.8 厘米（图三四，19）。

戳点纹陶片　1 件。07SDT1②标：7，砂质红褐陶，外表面饰三排麦粒状戳点纹，胎厚 0.5 厘米（图三四，7）。

刻划纹陶片　6 件。07SDT1②标：3，砂质红褐陶，器表磨光，外表面饰刻划网格纹，胎厚 0.5 厘米（图三五，4）；07SDT1②标：4，砂质红褐陶，器表磨光，外表面饰刻划网格纹，胎厚 0.5 厘米（图三五，5）；07SDT1②标：5，砂质红褐陶，器表磨光，外表面饰刻划网格纹，胎厚 0.5 厘米（图三五，3）；07SD 采：6，夹砂红褐陶，器表磨光，外壁饰刻划网格纹，胎厚 0.7 厘米（图三四，14；图三五，10）；07SD 采：8，夹砂红褐陶，外壁饰刻划网格纹，胎厚 0.65 厘米（图三四，13；图三

图三五　东岗遗址出土遗物拓片

1、2. 豆柄（07SDT1①标：1，07SDT1①标：2）　3～5、8、10. 刻划纹陶片（07SDT1②标：5，07SDT1②标：3，07SDT1②标：4，07SD 采：8，07SD 采：6）　6. 陶器口沿（07SD 采：7）　7. 陶纺轮（07SD 采：5）　9. 五铢（07SDT1②：2）

五，8）。

陶纺轮　2件。07SDT1①：1，夹砂红褐陶，器表磨光，馒头形，中部穿圆孔，截面呈等边三角形，直径3.9、孔径0.9、高2.2厘米（图三四，12）；07SD 采：5，夹砂红褐陶，圆饼形，残半，上表面饰放射状戳点纹，直径5.2、高1厘米（图三四，11；图三五，7）。

3. 动物骨骼

该遗址所见动物遗存出土于第2层，数量很少，仅见1支马鹿角，仅剩主干，分枝均已被锯掉，表面可见切割、火烤等人工痕迹。

四　汉以后遗存

铜钱1枚。07SDT1②：2，"五铢"，残，仅见半个"铢"字，有内、外廓，残长2厘米（图三五，9）。

第五节　仕家东坨遗址

仕家东坨遗址位于王奔镇仕家村东1500米处的固定沙丘之上，为较早被发现和确认的遗址。下述内容为此次调查所获材料，包含少量1984年第二次全国文物普查工作中采集的尚未发表的比较有代表性的标本①。

一　遗址概况

仕家东坨遗址处于西辽河右岸二级阶地，地势东高西低，有侵蚀陡坎，当地人称东坨子。遗址南北长约300米，东西宽约200米，中心位置东经123°37′，北纬43°29′，海拔126.0米，高出附近平地15米。1984年文物普查中发现有桥耳、錾耳等各类素面夹砂陶器耳。遗址现为防风固沙林地和耕地，种植稀疏的杨树苗（图三六），地表可见灰土圈和环沟遗迹，散布大量红褐色夹砂陶片和少量河蚌。陶片以素面居多，器表磨光，火候较高，见有鼎足、鬲足、圈足豆座和平底器底。另有少量绳纹陶片和刻划纹陶片。

发掘区依正南北向布5×5米探方1个，并向东扩方1米，总发掘面积30平方米。

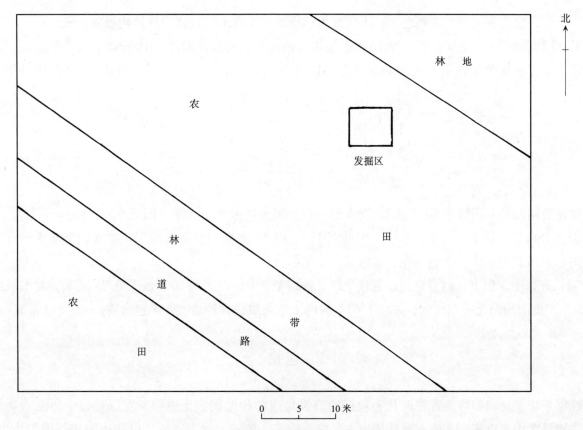

图三六　仕家东坨遗址发掘区位置示意图

---

① 由于两年度相同遗址在名称缩写上不同，导致器物编号存在差异。

二　地层堆积

仕家东坨遗址地层堆积三层。现以07SSDT1南壁剖面（图三七）为例介绍如下。

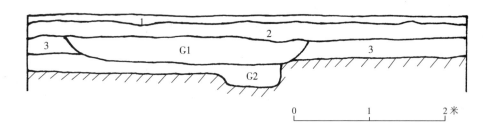

图三七　仕家东坨遗址T1南壁剖面图

第1层，现代耕土层。黄褐色土，土质疏松，厚5～15厘米。包含少量植物根茎。

第2层，灰色土，土质疏松，厚10～35厘米。包含少量夹砂碎陶片。G1开口于该层下。

第3层，黑褐色土，土质相对致密，厚20～30厘米。包含大量夹砂陶器残片。G2开口于该层下。

第3层下为含沙量较大的黄色生土。

三　遗迹

发现灰沟两条分别编号G1和G2，受发掘面积所限，均未全面揭露（图三八）。

G1：开口于2层下，弧壁，弧底，沟口宽130、深35厘米、发掘长度780厘米，走向为西北—东南向，方向113°。沟内土色深灰，含沙量大，无包含物。

G2：开口于3层下，斜直壁，底部较平缓，沟口宽350、沟底宽90、最深处75厘米，发掘长度590厘米，走向为西北—东南向，方向130°。沟内土色灰黑，含沙量大，无包含物。

四　遗物

仕家东坨遗址遗物均为青铜时代，包括地表采集遗物和发掘出土遗物。发掘过程中所见遗物皆出土自地层之中，以素面夹砂陶器残片为主，数量较多，较碎，均为夹砂，以灰褐陶和红褐陶为主，可辨识出器形有壶、罐、豆、三足器等，均为手制，部分经慢轮修整。无完整器，另有少量动物骨骼。

1. 陶器

豆　6件。07SSDT1③标：8，残存豆盘，夹砂红褐陶，器表磨光，圆唇，敞口，残高3、胎厚0.6厘米（图三九，10）；07SSDT1③标：13，残存豆盘，夹砂灰褐陶，器表磨光，圆唇，敞口，残高3.1、胎厚0.6厘米（图三九，14），07SSDT1③标：2，残存豆座，高圈足，夹粗砂红褐陶，

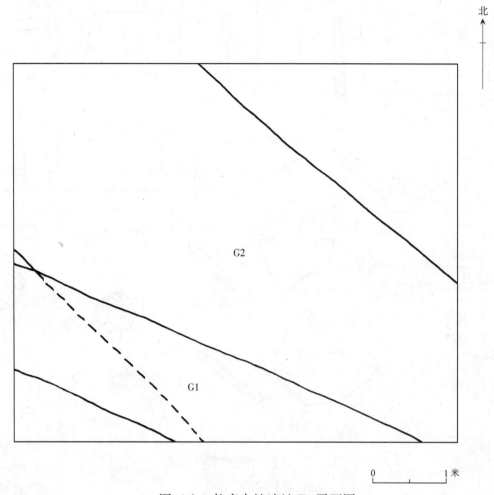

北

图三八　仕家东坨遗址 T1 平面图

器表磨光，有刮磨痕，上端直径 4.4、残高 3 厘米（图三九，15）；07SSDT1③标：3，残存豆座，高圈足，夹砂红褐陶，器表磨光，有刮磨痕，上端直径 5.4、残高 2.6 厘米（图三九，18）；07SSDT1③标：4，残存豆座，高圈足，夹砂灰褐陶，器表磨光，上端直径 5.6、底径 8、高 6 厘米（图三九，13）；07SSDT1③标：15，残存豆座，高圈足，夹砂红褐陶，器表磨光，残高 3.6 厘米（图三九，17）。

陶器口沿　7 件。07SSDT1③标：5，夹砂灰褐陶，慢轮修整，外叠唇，圆唇，敛口，器表磨光，残高 3.8、胎厚 0.4 厘米（图三九，4）；07SSDT1③标：10，夹砂灰褐陶，慢轮修整，圆唇，唇外侧有一圈凹槽，敛口，器表磨光，胎厚 0.6 厘米（图三九，5）；07SSDT1③标：20，夹砂灰褐陶，慢轮修整，尖唇，直口，残高 4.6、胎厚 0.6 厘米（图三九，2）；07SSDT1③标：1，夹砂红褐陶，外叠唇，圆唇，直口，残高 5.4、胎厚 0.5 厘米（图三九，1）；07SSDT1③标：14，夹砂红褐陶，器表磨光，圆唇，直口，残高 4.4、胎厚 0.4 厘米（图三九，3）。

陶器鋬耳　3 件。07SSD 采：4，夹砂红褐陶，耳宽 4.5、厚 1.5、长 2 厘米（图四〇，6）；84SWSD 采：4，夹砂黑褐陶，饰二排圆形戳点纹，耳长 2、宽 7、厚 1.6 厘米（图四〇，1）；84SWSD 采：5，夹砂红褐陶，饰二排麦粒状戳点纹，耳宽 4.5、厚 1.5、长 2 厘米（图四〇，2）。

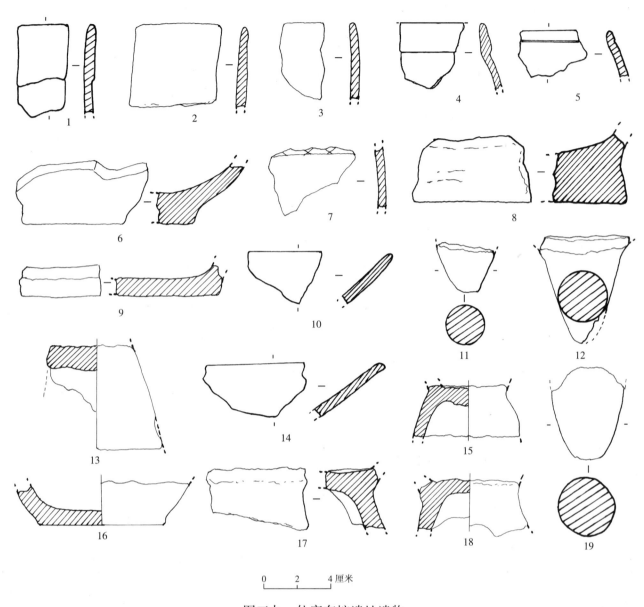

0　　2　　4厘米

图三九　仕家东坨遗址遗物

1～5. 陶器口沿（07SSDT1③标：1，07SSDT1③标：20，07SSDT1③标：14，07SSDT1③标：5，07SSDT1③标：10）　　6、9、16. 陶器底（07SSDT1③标：22，07SSDT1③标：9，07SSDT1③标：16）　　7. 刻划纹陶片（07SSDT1③标：7）　　8. 陶支座？（07SSD 采：5）　　10、13～15、17、18. 豆（07SSDT1③标：8，07SSDT1③标：4，07SSDT1③标：13，07SSDT1③标：2，07SSDT1③标：15，07SSDT1③标：3）　　11、12、19. 陶器足（07SSD 采：1，07SSD 采：3，07SSDT1③标：21）

　　陶器桥耳　8件。84SWSD 采：14，夹砂红褐陶，耳宽3厘米（图四〇，3）；84SWSD 采：15，夹砂红褐陶，耳宽1.9厘米（图四〇，4）；07SSDT1③标：6，夹砂红褐陶，器表磨光，耳宽2.6厘米（图四〇，7）；07SSDT1③标：11，夹砂黄褐陶，器表磨光，耳宽2厘米（图四〇，8）；07SSDT1③标：17，夹砂红褐陶，器表磨光，耳宽4厘米（图四〇，5）；07SSDT1③标：18，夹砂红褐陶，器表磨光，耳宽3.5厘米（图四〇，10）。

　　陶器鸡冠耳　1件。07SSD 采：2，鋬耳，夹砂红褐陶，鸡冠状，耳端部有竖向凹槽，耳宽6.8、

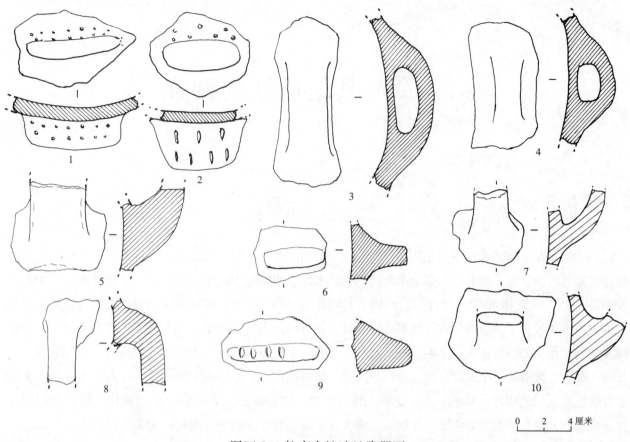

图四〇　仕家东坨遗址陶器耳

1、2、6. 鋬耳（84SWSD 采：4，84SWSD 采：5，07SSD 采：4）　3～5、7、8、10. 桥耳（84SWSD 采：14，84SWSD 采：15，07SSDT1③标：17，07SSDT1③标：6，07SSDT1③标：11，07SSDT1③标：18）　9. 鸡冠耳（07SSD 采：2）

厚2.5厘米（图四〇，9）。

陶器底　3件。07SSDT1③标：9，夹砂红褐陶，平底，器底加厚，残高1.6，底厚1厘米（图三九，9）；07SSDT1③标：16，夹砂灰褐陶，平底，器底加厚，器表磨光，有刮磨痕，底径7.6、厚1、残高2.2厘米（图三九，16）；07SSDT1③标：22，夹砂红褐陶，平底，器底加厚，器表磨光，残高4.2，底厚1厘米（图三九，6）。

陶器足　3件。07SSDT1③标：21，夹砂灰褐陶，圆锥状实足根，器表有刮磨痕，残高5.3厘米（图三九，19）；07SSD 采：1，鬲足，夹砂黄褐陶，圆锥状实足，残高2.5厘米（图三九，11）；07SSD 采：3，鬲足，夹砂红褐陶，圆锥状实足，残高5.5厘米（图三九，12）。

陶支座（？）　1件。07SSD 采：5，夹砂红褐陶，亚腰圆台形，上表面内凹，底径8、高4厘米（图三九，8）。

刻划纹陶片　1件。07SSDT1③标：7，夹砂红褐陶，器表磨光，胎厚0.4厘米（图三九，7）。

2. 动物骨骼

该遗址所见动物遗存均出土于第3层，数量较少，为猪的尺骨近端和左侧下颌骨。

第三章 其他遗址的调查

一 白牛墓地

白牛墓地位于柳条乡白牛村正南 1000 米处的南北向沙丘西坡。三面环水，北面与白牛村固定沙丘相连，墓葬沿沙丘南北向分布。墓地南北长约 300 米，东西宽约 100 米，密集区位于沙丘南端。中心位置东经 123°48′，北纬 43°35′，海拔 121.5 米，高出附近平地 5.5 米。1984 年文物普查时，曾在沙丘北部风蚀坑内发现暴露于地表的竖穴土坑墓，无葬具，内有两具人骨，骨架零乱，葬式不明，骨架旁有残破陶壶两件，系夹细砂红褐陶，手制，器表磨光，素面，烧造火候低，胎内有黑色夹心，尖圆唇，侈口，长颈，鼓腹，腹上有两个对称盲耳，腹以下内收，底微内凹①。调查还发现，沿沙丘走向成片散布夹细砂红褐色或土黄色陶片，器形小，器壁薄，器表磨光，均为素面，多为壶、罐类残片，见有尖圆唇曲颈、束颈和长直颈，器底微内凹。此次调查地表仅见零星残碎素面夹砂陶片，未采集到典型标本。

二 西山湾子遗址

西山湾子遗址位于柳条乡农阁村西南 500 米南北向半固定沙丘上，为一处较早被发现并注录的遗址。1984 年文物普查中发现该遗址存在新石器时代遗存和辽金遗存②。此次调查在遗址中发现有青铜时代碎陶片，但残破较甚，未进行采集，但已可证明该遗址具有青铜时代文化遗存。

（一）遗址概况

西山湾子遗址处于新月形侵蚀陡坎之上，坎下为东辽河洪泛区，有"C"字形河曲和大片沼泽，当地人称河曲为湾子，因位于村西，故名西山湾子。遗址南北长约 300 米，东西宽约 100 米，中心位置东经 123°46′，北纬 43°35′，海拔 133.1 米，高出附近平地 13.1 米。1984 年文物普查中发现有石磨棒、石镞、之字纹夹砂陶片等遗物。遗址现为防风固沙林地，在一条南北向风蚀沟内见有人骨、动物骨骼、河蚌、陶片、红烧土块和细石器等遗物。陶片皆为细砂质褐陶，有黄褐、黑褐和红褐之分，以黑褐陶居多。可辨器形多为陶钵和筒形罐，手制，器表稍加抹平，火候较高，质地较硬，陶胎内有

---

① 吉林省文物志编委会：《双辽县文物志》，第 76 页，内部刊物。
② 吉林省文物志编委会：《双辽县文物志》，第 16 ~ 18 页，内部刊物。

黑色夹心，一般器形较小，未见三足器。器表多有纹饰，以压印弧线"之"字纹为主，且富于变化，有横有竖，长短不等。此外，还有刻划弦纹、压印编织纹、绳索形附加堆纹、指甲纹、箆点纹、人字纹、网格纹和斜线纹等。红褐陶多为素面，器表磨光，施一薄层红陶衣，数量较少。

（二）采集遗物

石磨棒　84SXXD 采：5，残长 16.4、宽 6.4、厚 4 厘米（图四一，7）。

石镞　均为石英质地，白色半透明状，三角形，凹底，压制而成，通体布满疤痕。84SXXD 采：1，长 1.5、宽 1.3 厘米（图四一，2）；84SXXD 采：2，残长 1.5、宽 1.8 厘米（图四一，3）；84SXXD 采：3，长 1.8、宽 1.4 厘米（图四一，5）；84SXXD 采：4，残长 1.5、宽 1.4 厘米（图四一，1）。

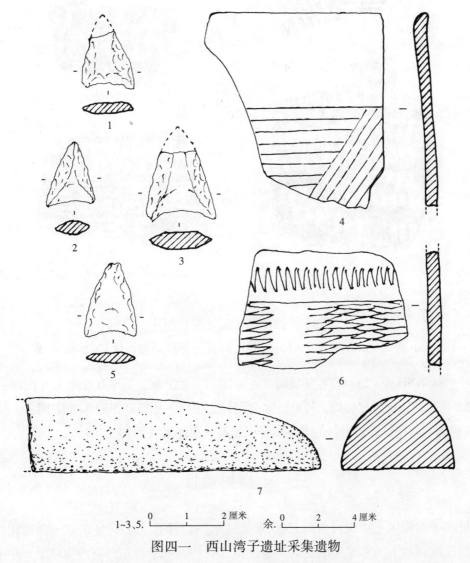

图四一　西山湾子遗址采集遗物

1~3、5. 石镞（84SXXD 采：4，84SXXD 采：1，84SXXD 采：2，84SXXD 采：3）　4. 陶器口沿（84SXXD 采：22）　6. 之字纹陶片（84SXXD 采：23）　7. 石磨棒（84SXXD 采：5）

陶器口沿　84SXXD 采：22，夹砂红褐陶，方唇，直口，外壁饰刻划平行线纹，胎厚 0.55、残高 10.3 厘米（图四一，4；图四二，1）；84SXXD 采：26，夹砂灰褐陶，外壁饰横向刻划之字纹，胎厚 0.6 厘米（图四二，2）。

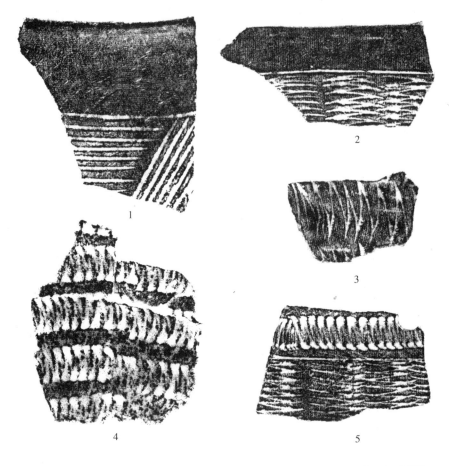

0　1　2厘米

图四二　西山湾子遗址陶片拓片

1. 84SXXD 采：22　2. 84SXXD 采：26　3. 84SXXD 采：24　4. 84SXXD 采：25　5. 84SXXD 采：23

之字纹陶片　84SXXD 采：23，夹砂灰褐陶，外壁饰刻划之字纹，胎厚 0.6 厘米（图四一，6；图四二，5）；84SXXD 采：24，夹砂红褐陶，外壁饰竖向刻划之字纹，胎厚 0.5 厘米（图四二，3）；84SXXD 采：25，夹砂红褐陶，外壁饰多道平行的之字纹带，胎厚 0.5 厘米（图四二，4）。

三　七棵树遗址

七棵树遗址位于东明镇七棵树村西南 1500 米处的半固定沙丘之上，呈东北—西南走向，沙丘边缘有东辽河侵蚀陡坎，坎下为东辽河洪泛区。遗址南北长约 300 米，东西宽约 200 米，中心位置东经 123°45′，北纬 43°33′，海拔 134.6 米，高出附近平地 14.6 米。1984 年文物普查时，曾在遗址地表发现青铜时代及辽金时期遗物①。遗址现已辟为耕地，种植玉米等农作物。地表散布的遗物以泥质和夹砂陶片为主，均为手制，器形较小，火候不匀。呈现黑褐、黄褐和红褐等颜色。可辨器形有鼎、豆、壶、罐、钵等，壶、罐、钵多为尖圆唇，口沿和上腹部饰有戳点纹、曲折篦点纹、绳索形附加堆纹。鼎足为圆锥状，高 3.5 厘米。遗址中有少量石英质地的细石器和动物骨骼、鱼骨及河蚌。遗址南半部被辽代居住址所覆盖，地表见有青灰色沟纹砖、灰色布纹瓦、轮制泥质灰陶片和茶末釉缸胎器残片。

四　黄土坑遗址

位于东明镇后太平村西约 500 米 "C" 字形河曲北部的半固定沙丘上，东距后太平遗址第二地点约 800 米，为一处新发现的遗址。遗址东西长约 400 米，南北宽约 100 米，中心位置东经 123°43′，北纬 43°31′，海拔 125.0 米，高出附近平地 13.5 米。遗址现已辟为耕地，种植玉米等农作物。地表散布黄褐色细砂质陶片，器表拍印错乱细绳纹，器形小，器壁薄，烧造火候较低，多为筒形罐、陶壶、陶钵等平底器。

五　孤家子遗址

孤家子位于东明镇孤家子村西侧（已废砖厂北部），处于两个 "C" 字形河曲之间伸向东辽河边的蛇头形山嘴子之上，北距黄土坑遗址约 1500 米，为一处新发现的遗址。遗址南北长约 500 米，东西宽约 200 米，其中心位置东经 123°43′，北纬 43°30′，海拔 124.6 米，高出附近平地 13 米。遗址东半部现为孤家子村居民住宅区，西半部为防风林地。1984 年文物普查时所确认的遗址范围目前大部分已遭附近取土场破坏，残存部分遗存相对较少。地表仅见极少量红褐色素面夹砂陶片，少数黄褐色细砂质陶片面饰拍印错乱细绳纹，并见有鬲裆、陶罐口沿、平底器底等。

六　东贤良遗址

（一）遗址概况

东贤良遗址位于红旗街道办事处东贤良村东南 200 米的固定沙丘之上，东南距仕家东坨遗址约 3000 米。该处为西辽河右岸二级阶地，有明显侵蚀陡坎，坎上为遗址，坎下为西辽河的残留河小清河。遗址东西长约 500 米，南北宽约 300 米，中心位置东经 123°36′，北纬 40°30′，海拔 136.5 米，高出附近平地 20.5 米。1984 年文物普查发现此遗址包含青铜与辽金两个时期文化遗存②。遗址现为防风固沙林地，在风蚀沟内可见大量黄褐色夹砂陶片、兽骨、鱼骨、河蚌等遗物。陶器可辨识器形有鼎，豆、壶、罐、钵等，均为手制，质地粗糙疏松，陶色不纯，陶胎内多有黑色夹心，素面居多，器

---

① 吉林省文物志编委会：《双辽县文物志》，第 44～45 页，内部刊物。
② 吉林省文物志编委会：《双辽县文物志》，第 42～43 页，内部刊物。

表多未经打磨。亦有部分磨光红陶，含砂量较少，质地细密。纹饰陶较少，仅见极少量弦纹和珍珠纹陶片。

（二）采集遗物

石斧　84SDXL 采：1，长方形，长 9.4、宽 4.8、厚 1.8 厘米（图四三，2）。

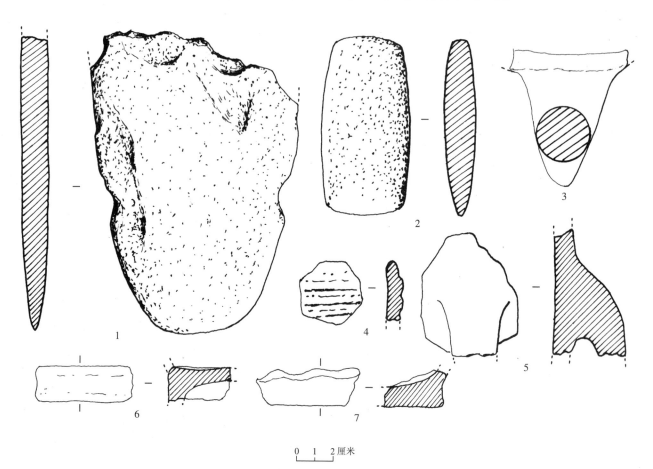

0　1　2厘米

图四三　东贤良遗址采集遗物

1. 石锄（84SDXL 采：2）　2. 石斧（84SDXL 采：1）　3. 鬲足（07SDXL 采：1）　4. 弦纹陶片（07SDXL 采：5）　5. 陶器桥耳（07SDXL 采：3）　6. 豆柄（07SDXL 采：2）　7. 陶器底（07SDXL 采：4）

石锄　84SDXL 采：2，亚腰形，上端残，残长 16、宽 11.2、厚 1.4 厘米（图四三，1；图版七，6）。

陶器桥耳　07SDXL 采：3，夹砂红褐陶，耳宽 3、厚 1.3 厘米（图四三，5）。

鬲足　07SDXL 采：1，夹砂红褐陶，圆锥状实足，残高 6.6 厘米（图四三，3）。

陶器底　07SDXL 采：4，夹砂红褐陶，台底，胎厚 1.2 厘米（图四三，7）。

豆柄　07SDXL 采：2，夹砂红褐陶，直径 4.8、残高 1.9 厘米（图四三，6）。

弦纹陶片　07SDXL 采：5，为陶器腹片，夹砂红褐陶，外壁饰横向凹弦纹，胎厚 0.8 厘米（图四三，4）。

七　勃山屯遗址

勃山屯遗址位于红旗街道办事处勃山屯村东 1000 米的固定沙丘上，处于西辽河右岸二级台地。1984 年文物普查中发现并注录该遗址，命名为"勃山一号遗址"，并确认其为一处辽金时期遗址[①]。此次调查于地表发现较多手制夹砂陶器残片，显现青铜时代遗存特征，故可确认该遗址存在青铜时代文化。

（一）遗址概况

勃山屯遗址东西长约 300 米，南北宽约 100 米，中心位置东经 123°36′，北纬 43°，海拔 131.0 米，高出附近平地 11 米。1984 年文物普查中发现有环状石器、素面夹砂陶罐、陶壶等遗物。遗址现已辟为耕地，地表散布大量黄褐色夹砂陶片，可辨识器形有鼎、豆、壶、罐、钵等，均手制，多为素面，器表未经打磨，烧造火候较高。器耳以鋬耳居多，少见桥耳和瘤状耳。平底器底部微向内凹，器形较小，器壁较薄，多为壶、罐、钵残底。

（二）采集遗物

环状石器　84SBBY 采：2，圆环状，外径 8.6、内径 2.4、厚 3.5 厘米（图四四，1；图版七，1）。

八　勃山屯砖厂墓地

勃山屯砖厂墓地位于红旗街道办事处勃山屯村已废砖厂南侧固定沙丘之上，西南距勃山屯遗址约 500 米，处于西辽河右岸二级阶地，为一处新发现的墓地。

（一）遗址概况

勃山屯砖厂墓地南北长约 500 米，东西宽约 300 米，中心位置东经 123°36′，北纬 43°33′，海拔146.6 米，高出附近平地 26.6 米。墓地西北部遭已废砖厂取土破坏，所见墓葬均为竖穴土坑墓，无葬具，墓内随葬品以素面陶壶、罐为主，见有黄褐色束颈陶壶、三足罐、饰指甲纹大口罐和贝壳等遗物。

（二）采集遗物

陶钵　84SBBM 采：3，夹砂灰褐陶，圆唇，敛口，鼓腹，腹较深，平底，最大腹径以上饰指甲

---

① 吉林省文物志编委会：《双辽县文物志》，第 61 页，内部刊物。

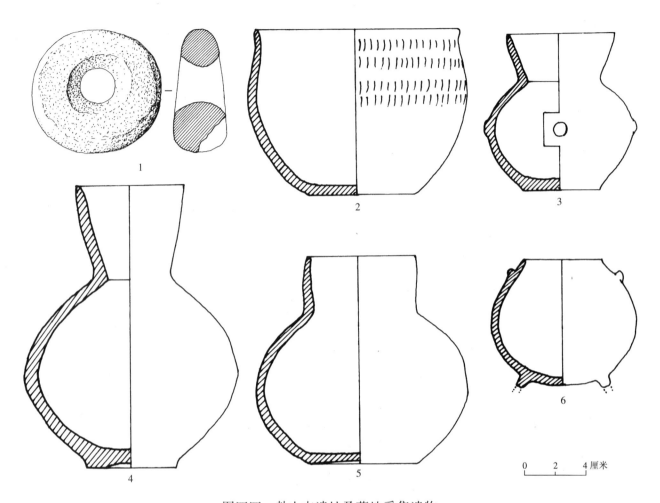

图四四　勃山屯遗址及墓地采集遗物

1. 环状石器（84SBBY 采：2）　　2. 陶钵（84SBBM 采：3）　　3～5. 陶壶 84SBBM 采：5, 84SBBM 采：7, 84SBBM 采：6）　　6. 三足罐
（84SBBM 采：4）

纹，口径 13.4、底径 7.4、最大腹径 14.4、高 10.6 厘米（图四四，2；图版五，6）。

　　三足罐　84SBBM 采：4，夹砂红褐陶，素面，圆唇，敛口，溜肩，鼓腹，圜底，底有三个圆锥状实足，肩部两侧各饰一个盲耳，口径 5.2、最大腹径 9.8、高 8.4、足间距 6 厘米（图四四，6；图版五，5）。

　　陶壶　84SBBM 采：5，夹砂红褐陶，素面，尖唇，喇叭口，束颈，圆肩，弧腹，平底，器底加厚，最大径处对称饰 4 个圆形盲耳，口径 7.2、底径 5.1、最大腹径 9.5、高 10 厘米（图四四，3；图版五，4）；84SBBM 采：6，夹砂红褐陶，素面，圆唇，直口，直颈，圆肩，鼓腹，平底，外底微凹，口径 7.2、底径 7.2、最大腹径 14、高 13.4 厘米（图四四，5；图版五，2）；84SBBM 采：7，夹砂黄褐陶，素面，尖唇，敞口，长颈，束颈，溜肩，鼓腹，台底，外底微凹，口径 7.4、底径 6、最大腹径 13.8、高 18.2 厘米（图四四，4；图版五，3）。

第四章 结语

　　此次的考古调查工作历时半个月，调查范围绵延近 40 公里，将东辽河下游右岸迄今所发现的具有青铜时代遗存的遗址一一进行了梳理和记录，并向西延续至东、西辽河交汇处的二级台地处，调查范围波及双辽市辖区内的 13 个乡镇及街道办事处的 60 余个自然村，复查和新发现遗址 11 处、墓地 3 处，采集陶片、动物骨骼等文物标本 1000 余件。

　　试掘地点的选择本着掌握整个东辽河下游右岸青铜时代遗址文化面貌的目的，选取了大金山遗址、盘山遗址、东岗遗址和仕家东坨遗址这四处地点。其中，大金山遗址是处于东辽河下游右岸最东端的一处遗址；盘山遗址是位于东辽河下游中心部位，与重点发掘区——后太平遗址相距最近且遭破坏较为严重的一处遗址；东岗遗址是处于东辽河下游右岸最西端的一处遗址；仕家东坨遗址是离东辽河流域最近的西辽河流域遗址。这几处遗址的试掘，不仅使我们了解了这几处遗址的地层堆积情况，还获取了大量更为详实可靠的材料，进一步认识了遗址的文化内涵。

　　从诸遗址地表所见遗存以及发掘所获材料来看，东辽河下游右岸地区青铜时代遗存分布较为密集，内涵丰富，文化因素较为复杂。此外，多数遗址中包含有新石器时代晚期、辽金等时期丰富的文化遗存。但遗址面积大都较小，同时期遗存在时代特征上没有变化，可见这些遗址在各个时期中的延续时间均较短，年代跨度很小。

　　在后太平遗址等发现了具有典型白金宝文化①特征的压印篦点纹陶器，是迄今所知白金宝文化分布的最南缘。这不仅为填补东辽河下游青铜时代文化遗存考古发现的空白提供了确切的实物资料，也使学术界对白金宝文化分布的范围有了新的认识。此外，以素面束颈陶壶及新发现的器形——壶形鼎为代表的陶器又与白金宝文化差异较大，明显具有不同的文化因素，说明这里的文化内涵并不单纯，文化因素具有多样性。

　　在对盘山遗址的试掘中出土大量以附加堆纹花边口沿等为代表的新石器时代晚期遗物，该类遗物与镇赉黄家围子遗址②出土同类器物相同，时代距今 5500 年左右，可知这一文化类型分布范围已达东辽河下游，这也是双辽地区目前所发现的时代最早的文化遗存。此次发掘虽未见明确为青铜时代晚期的遗存，但在调查时于地表曾采集到压印篦点纹筒形罐器底、戳点纹陶片等，证明该遗址存在青铜时代遗存。此外，该遗址还见有较为丰富的辽金时期房址、灰沟等遗迹。

　　大金山遗址调查时于地表发现大量青铜时代素面陶器残片，出土的遗物中，大量带有横鋬耳的

---

　　① 黑龙江省文物考古研究所、吉林大学考古系：《肇源白金宝——嫩江下游一处青铜时代遗址的揭示》，科学出版社，2009 年。

　　② 吉林省文物考古研究所：《吉林镇赉县黄家围子遗址发掘简报》，《考古》1988 年 2 期。

陶罐口沿、桥耳陶器、喇叭形豆等，为典型的青铜时代晚期遗存。所见的饰麦粒状戳点纹的高柄豆、器耳等遗物，在东岗遗址亦有发现，这与东辽河上游南部的东丰县宝山遗址①出土同类器形似，应具有相同的文化因素，这也为我们进一步认识宝山文化②的分布范围及内涵提供了重要线索。

东岗遗址及后太平遗址出土的刻划网格纹陶片，在乾安县大布苏泡遗址调查中有所发现③，但数量均较少。此外还出土了完整的石锤斧，该类器物较多见于西辽河流域的夏家店上层文化④。

仕家东坨遗址出土陶器多为素面，器形上以叠唇口沿、桥耳、喇叭形豆、底部加厚的平底器为主，虽未见完整或可复原器物，但这些残器的局部特征与其他多处遗址中所见的素面陶器残片趋同，应具有相同或相似的文化因素，至少可确定它们时代上的一致性。这类素面陶器在东辽河下游右岸地区广泛分布，且数量不菲，应为本地文化因素的代表，亦可能代表一种新的考古学文化类型，这对我们确认东辽河下游青铜时代本土文化提供了重要的线索。

在西山湾子遗址、东贤良遗址、勃山屯遗址及墓地等虽也见有部分具有典型特征的新石器时代及青铜时代陶器，但均是地表采集品，这些遗址既未经正式发掘，未见地层堆积和遗迹现象等方面的情况，采集到的遗物种类和数量均较少，文化特征与周边遗址也缺乏较为紧密的联系。

发掘结果表明，东辽河下游右岸至少自新石器时代晚期就有人类定居并传播文明，直至辽金时期一直有人类在此频繁活动。处于该区域的这几处遗址中的青铜时代晚期遗存虽然都处于大致相同的时段内，最具文化表征性的陶器的局部特征亦较为一致，具有相同或相似的文化特征，但仍不具备判定为同一文化属性的充分条件。因此，将其视为具有相同文化属性的遗址群证据略显不足。"后太平遗址群"这一称谓还有待于日后的考古发掘获取新材料加以佐证。

由于双辽市处在东辽河下游这个特殊的地理位置上，使它与嫩江、第二松花江、东辽河上游、西辽河以及下辽河流域的多种文化类型都存在交流的可能，因而，对这一地区考古学文化的认识，可为研究整个辽河流域文明及其与周边考古学文化的碰撞交流起到重要的推动作用。

---

① 吉林省考古研究所、东丰县文化馆：《1985 年吉林东丰县考古调查》，《考古》1988 年 7 期。
② 金旭东：《东辽河流域的若干种古文化遗存》，《考古》1992 年 4 期。
③ 吉林省文物工作队：《吉林乾安县大布苏泡东岸遗址调查简报》，《考古》1984 年 5 期。
④ 中国社会科学院考古研究所内蒙古工作队：《赤峰药王庙、夏家店遗址试掘报告》，《考古学报》1974 年 1 期。

第二部分　后太平遗址的发掘

第一章　发掘概况

后太平遗址位于东明镇后太平村，包含两个地点：第一地点位于村东部，为较早被发现和确认的一处地点，是该遗址的居住区；第二地点位于村北部，呈条带状，其东端距第一地点约300米，为此次调查新发现的遗存，是该遗址的墓葬区。我们在两处地点进行了全面的考古钻探后，分别选取了遗迹分布最密集的区域布方发掘，故发掘区分为两个区域。

Ⅰ区位于后太平遗址第一地点东南部（图四五）。该地区已被辟为田地并耕种多年，地层堆积很

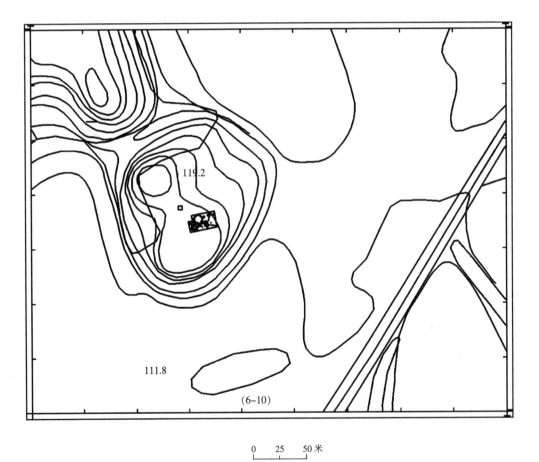

119.2

111.8

(6~10)

0　25　50米

2007年10月数字化制图

1980年西安坐标系

1985年国家高程基准等高距一米

2002年版图示

测量员　梁会丽

绘图员　王昭

检查员　赵殿坤

图四五　后太平遗址地形及发掘区位置图

薄，地表可见大量黑土圈和蚌壳，发掘前地表种植黄豆。Ⅰ区共布正南北向 5×5 米探方 12 个，以发掘区西南角为零坐标点，按象限坐标法编四位数的探方号 T0101～T0403，其中前两位数代表横坐标，后两位数代表纵坐标。为全面揭露遗迹，在发掘区西侧又进行了扩方，总发掘面积 370 平方米（图四六；图版一一，1）。Ⅰ区共清理遗迹单位 21 个，其中房址 3 处，灰坑 15 个，灰沟 3 条。出土较多石器、陶器、骨角器等各类遗物。共发现三个时期遗存，分别为青铜时代遗存、汉代遗存和辽金遗存。

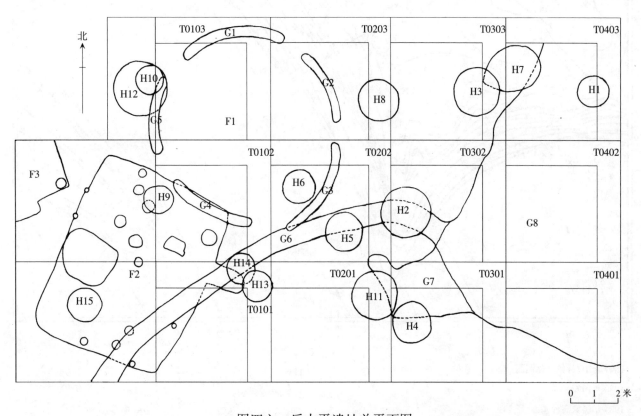

图四六　后太平遗址总平面图

　　Ⅱ区位于后太平遗址第二地点的中部偏南处，与东辽河相距约 3000 米，东 1000 米为后太平遗址Ⅰ区（图四七）。该区域已被辟为田地并耕种多年，发掘前地表种植稀疏的杨树苗。Ⅱ区共布正南北向 5×5 米探方 30 个，从西南端起横向由南至北分别编号 T1～T30，总发掘面积 837 平方米（图四八；图版一一，2）。发掘区西南部有一因多年风蚀形成的凹沟，呈西北—东南走势，与发掘区相接，形成一个风口，大风由凹沟处带出大量沙尘落于沟口以北区域，形成较厚的地层堆积，受其影响，发掘区南部文化层保存状况较差，北部相对较好，地层堆积较厚。Ⅱ区共清理遗迹单位 48 个，其中墓葬 37 座，房址 1 处，灰坑 9 个，灰沟 1 条。出土大量石器、陶器、青铜器、骨角器等各类遗物。共发现三个时期遗存，分别为新石器时代晚期遗存、青铜时代遗存和辽金遗存。

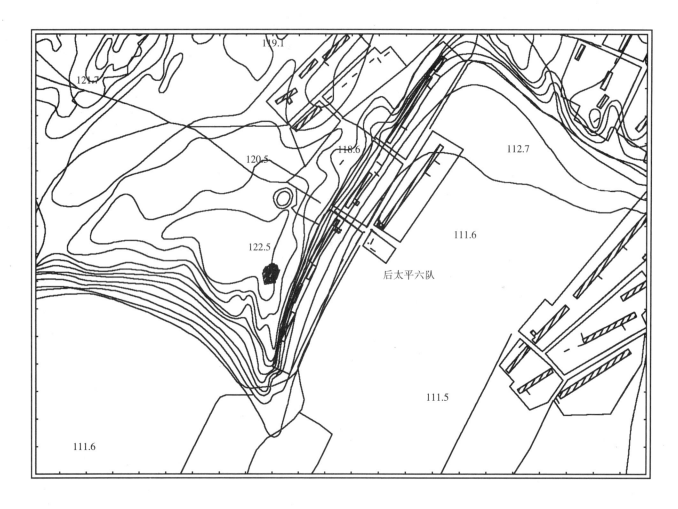

119.1

121.7

118.6

120.5

112.7

122.5

111.6

后太平六队

111.5

111.6

0　　25　　50 米

2007 年 10 月数字化制图

1980 年西安坐标系

1985 年国家高程基准 等高距一米

2002 年版图示

测量员　李丹

绘图员　王昭

检查员　梁会丽

图四七　后太平墓地地形及发掘区位置图

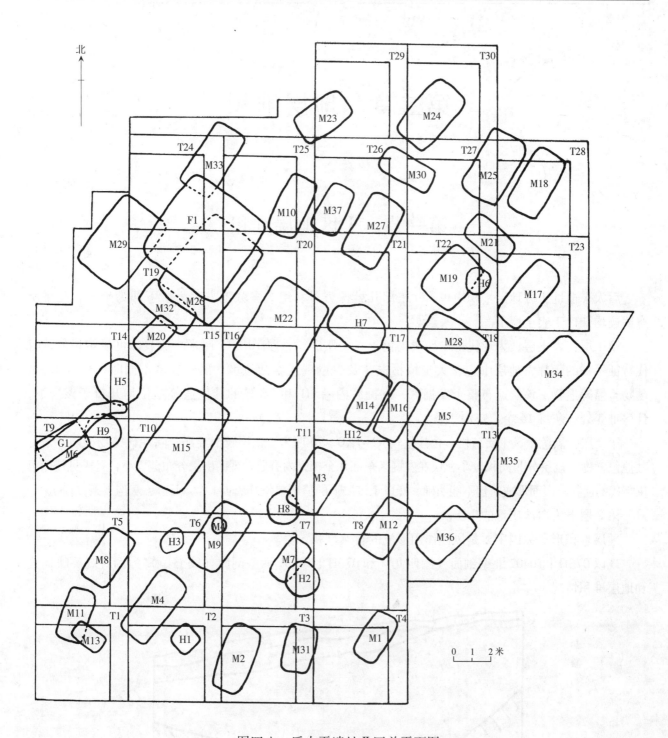

北

T29　T30

M23　M24

T24　T25　T26　T27　T28

M33

M30　M25　M18

F1　M10　M37　M27

M29　T20　T21　T22　M21　T23

T19　M19　H6　M17

M26

M32　M22　H7

M20　M28　M18

T14　T15　T16　T17

M34

H5

M14　M16　M5

T9　T10　T11　H12　T13

H9

G1　M15　M35

M6

M3

H8

T5　T6　T7　T8　T12

H3　M9　M36

M8　M7

H2

M4

M11　T1　T2　T3　T4

M13　H1　M1

M2　M31

0　1　2 米

图四八　后太平遗址 II 区总平面图

第二章 地层堆积

第一节 Ⅰ区地层堆积

后太平遗址Ⅰ区地层堆积简单，除东部几处探方外，绝大多数地方表土层下即为生土，几乎所有遗迹均开口于表土层下。

第1层：表土层，为现代耕土。灰褐色土，土质疏松，厚10～15厘米。层表即可见零星的、时代特征不一的陶片，地层中包含大量植物根茎及少量现代生活垃圾，出土较多不同时期的碎陶片、动物骨骼等遗物。该层遍布整个发掘区，发掘区内除H1和G8外的其他遗迹单位均开口于该层下，计房址3处，灰坑14个，灰沟2条。

第2层：黑色土，土质疏松，含沙量较大，厚0～20厘米。该层较为纯净，除现代植物根须外未见其他包含物。该层分布面积较小，仅在发掘区东部几个探方内有所发现，由于分布范围小，且未见任何可供断代的遗物，因而形成时代不能明确。开口于该层下的遗迹单位有灰坑1个（H1），灰沟1条（G8）。

第2层下为白沙质地的生土。

地层堆积形成原因主要是风蚀作用形成的自然堆积。

现以07SHⅠT0402北壁剖面（图四九）和07SHⅠT0301西壁剖面（图五〇）为例直观反映地势和地层堆积情况。

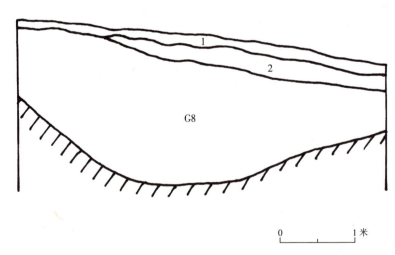

图四九 后太平遗址Ⅰ区T0402北壁剖面图

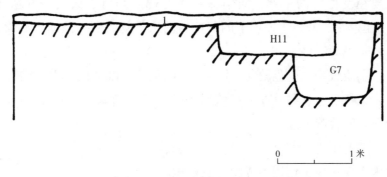

图五〇 后太平遗址 I 区 T0301 西壁剖面图

第二节 II 区地层堆积

由于风蚀作用，II 区地层保存状况较差，文化层普遍较薄，一般为 20 厘米左右。地层缺失也比较严重，时断时续，因而使得较多早期遗物往往出土于晚期地层，或在地表即可见。

第 1 层：表土层，为现代耕土。灰褐色土，土质疏松，含沙量大，厚 10～15 厘米。层表偶见陶片和小型石器、青铜器，地层中包含大量植物根茎及少量现代生活垃圾。出土少量碎陶片以及小型青铜器、铁器、动物骨骼等遗物。该层遍布整个发掘区。开口于该层下的遗迹单位有灰坑 3 个（H2、H4、H7），灰沟 1 条（G1）。

第 2 层：深灰色土，土质疏松，含沙量较大，厚 0～20 厘米。包含较多夹砂红褐陶和泥质灰陶器碎片。该层分布较广，除发掘区东南角外，其他探方内均有分布。开口于该层下的遗迹有房址 1 处（F1），灰坑 2 个（H1、H5）。从该层出土遗物、开口于该层下的遗迹单位形制和出土物判断，该地层为辽金时期地层。

第 3 层分两个亚层。

第 3a 层：黑褐色土，土质较松，厚 20 厘米。包含少量砂质红褐陶碎片和小型陶制品、青铜制品等。该层遍布整个发掘区。开口于该层下的遗迹单位有墓葬 36 座（M1～M31、M33～M37），灰坑 2 个（H3、H6）。

第 3b 层：浅灰色土，厚 0～10 厘米，仅在发掘区中西部有少量分布，无包含物。开口于该层下的遗迹单位有墓葬 1 座（M32）。

由于第 3b 层分布范围小，且未见任何包含物，而开口于该层下的遗迹单位与开口于第 3a 层下的遗迹单位形制及性质相同，故可确认它们属于同一时期地层，形成时间差别不大。通过开口于此二层下的遗迹单位形制和出土物，以及第 3a 层中的包含物判断，该地层为青铜时代晚期地层，时代大致处于西周一春秋时期。

第 4 层：灰黑色土，土质较硬，厚 0～20 厘米。包含少量素面砂质陶片和带有鸡冠耳的口沿残片。该层分布范围主要在发掘区的中部、西南部和西北部，开口于该层下的遗迹单位有灰坑2个（H8、H9）。从该层出土遗物、开口于该层下的灰坑内的出土物判断，该地层亦为青铜时代地层，时代早于第3层，大致处于晚商时期。

第5层：黄色土，土质致密，土色较纯，厚40～70厘米。该层仅在靠上的层位中出土少量夹砂陶片，下部土质纯净，无任何包含物，亦无在该层下开口的遗迹单位。从该层出土的少量包含物的特征判断，该层为新石器时代晚期地层。

第5层下为白沙质地的生土。

地层堆积形成原因主要是风蚀作用形成的自然堆积。

现以07SHⅡT19南壁剖面（图五一）和07SHⅡT24南壁剖面（图五二）为例直观反映地势和地层堆积情况。

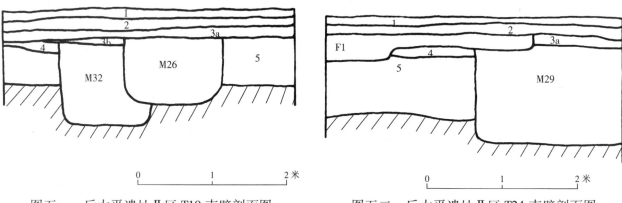

图五一　后太平遗址Ⅱ区T19南壁剖面图　　　　图五二　后太平遗址Ⅱ区T24南壁剖面图

第三章　青铜时代遗存

第一节　遗存概述

　　该时期遗存包括Ⅰ区部分开口于1层下的遗迹单位及内中出土遗物（图五三），Ⅱ区地层第4层和第3层，以及开口于4层、3b层和3a层下的遗迹单位及内中出土的绝大部分遗物（图五四）。此外，在晚期地层和个别晚期遗迹单位中亦出土少量属于该时期的遗物。

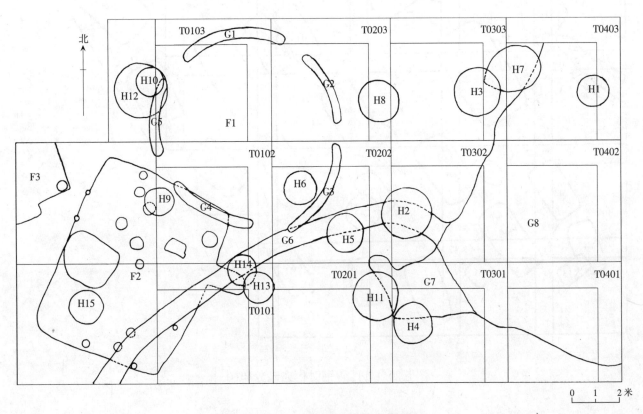

图五三　Ⅰ区青铜时代遗迹分布图

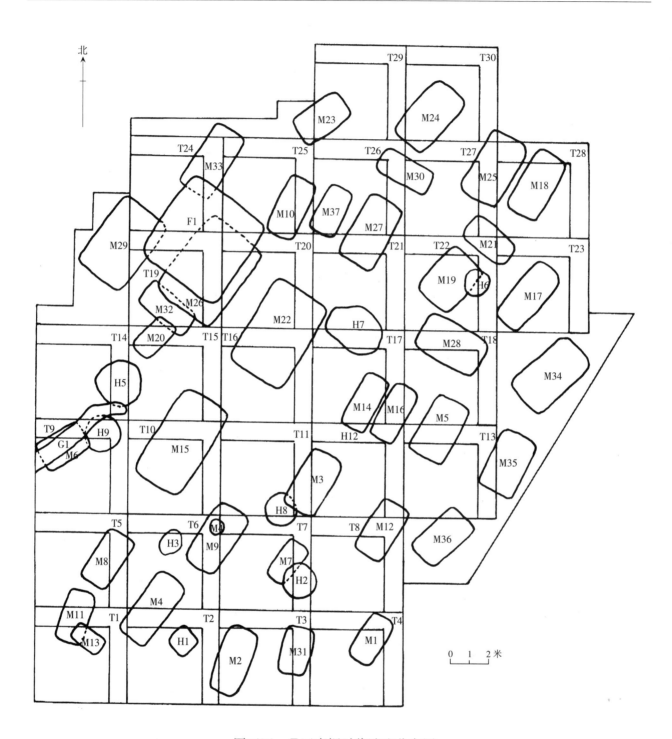

图五四 Ⅱ区青铜时代遗迹分布图

一 地层

Ⅰ区无与该时期对应的地层。

Ⅱ区该时期地层分两层,包含物均较少。第4层较薄,见有砂质红褐、黄褐陶片,素面或饰细绳纹。开口于该层下的遗迹单位有灰坑2个,分别为H8、H9。第3层可分为二个亚层,其中3a层相对较厚,内有少量包含物,开口于3a层下的遗迹有M1~M31、M33~M37、H3、H6;3b层仅T19内有少量分布,地层较薄,无包含物,发掘区其他地方所见地层均为第4层上直接叠压第3a层,开口于3b层下的遗迹有M32。

二 遗迹

后太平遗址青铜时代遗迹单位主要见有墓葬、房址、灰坑和灰沟。墓葬共发掘37座,均位于Ⅱ区,为竖穴土坑墓,无葬具;房址发掘1处,位于Ⅰ区,为长方形半地穴式;灰坑15个,其中Ⅰ区11个,Ⅱ区4个,多为规整的圆形、直壁、平底,少数为椭圆形或不规则形;灰沟3条,均位于Ⅰ区,形制大多不甚规整。

(一)墓葬

1. 墓葬形制及布局

墓葬均开口于3层下,分布密集,多数墓葬墓口方向较为一致,为西南—东北向,与东辽河走势基本平行,共32座,另有5座为东西向或西北—东南向。墓葬均为竖穴土坑墓,墓口圆角长方形,墓壁斜直,平底,个别墓内有生土二层台。墓深多在80~130厘米之间,有21座,占总数的56.8%,深于130厘米的有3座,另有少数墓葬深度甚浅,仅20厘米左右。

2. 埋葬习俗

以多人葬为主。单人葬数量较少,仅有10座,占总数的27%,墓室相对较小,其中2座为一次葬,葬式均为仰身直肢,8座为二次葬,骨骼摆放零乱无序;多人葬27座,占总数的73%,其中4座为骨架规整的合葬,葬式多为仰身直肢,少数为侧身屈肢,骨架层层叠压,头向相反,有南有北,23座为二次扰乱葬或迁葬,骨架虽已凌乱,但从部分墓内未移位的颅骨可以判断多数多人葬的墓内人骨也是分南北两端埋葬。

3. 随葬品的种类、数量及陈放位置

除M13外,其他36座墓都有随葬品。从质地上可分为石器、陶器、青铜器、骨角器等,随葬石制品的墓葬有32座,占总数的86.5%,随葬陶制品的墓葬有34座,占总数的91.9%,随葬青铜器的墓葬有25座,占总数的67.6%,随葬骨角器的墓葬有20座,占总数的54%;从使用功能上可分为生产工具、生活用具、武器和装饰品,随葬生产工具的墓葬有24座,占总数的64.9%,随葬陶容器的墓葬有34座,占总数的91.9%,随葬装饰品的墓葬有32座,占总数的86.5%。

由于多数墓葬有二次扰乱或迁葬现象,使得随葬品往往脱离其原位而混入填土中,但从那些具有一次葬完整骨架及未完全扰动的墓中,仍可发现随葬品的陈放规律。随葬品的基本规律如下:

(1)陶器陈放在墓底两端的最普遍,共28座,其中墓两端均随葬陶器的11座,仅一端随葬陶器的17座。在有完整骨架的墓内多置于头部上方或斜上方,骨架凌乱的墓内陶器多置于墓中部,与

人骨混在一起，且多为残器，有的墓内则是墓端及墓中部均有陶器出土。个别陶器有一件分置于两墓内埋葬的情况，但均位于填土之中。器类有壶、罐、钵、杯、碗、豆、壶形鼎等，器物组合以壶罐钵、壶钵杯为多，随葬陶容器中以壶的数量最多，也最常见，随葬有陶器的 34 座墓中，除 M7、M20 外，其他墓中均随葬有 1~7 件陶壶。随葬陶器以 1~4 件的墓最多，超过 5 件的甚少，有 18 座墓中只随葬了陶壶这一种容器。陶器上常见有补缀孔，说明这些用于随葬的器皿多为实用器，而非明器。

（2）角镞多成簇出土，常位于人骨股骨两侧，有的位于墓底角落处，镞尖朝下竖插或斜插在填土中。

（3）装饰品多置于死者贴身处。如铜泡等小型青铜饰件较多出土于头骨及肢骨旁，有的两两对称置于颅骨前额处，不少铜泡上附着有纺织品的朽痕；白石管、黑石管等串饰较多出于人骨颈部周围、胸部、腰部、手腕及脚腕处。各类石坠饰和铜坠饰位于人骨颈部、胸部或腰部，通常与前者伴出。

（二）灰坑

清理灰坑 4 个，形制均较为规整。其中，H8、H9 开口于 4 层下，时代早于墓葬，出土遗物较为丰富；H3、H6 开口于 3a 层下，时代上限与墓葬同，出土遗物极少。

由灰坑可见，后太平遗址青铜时代存在时代不同的两期遗存。

三　遗物

出土遗物从质地上可分为石器、陶器、青铜器、骨角器等四大类（晚期地层和遗迹单位中出土的遗物及采集品未计入）。

（一）石器

1. 工具类

砺石　出土 5 件，均出土于 I 区，形制不规整。

石斧　出土 2 件，均位于 I 区。

锤斧　出土 5 件，其中 4 件出土于 I 区，1 件出土于 II 区。

石镞　共 8 件，其中 3 件出土于 I 区，5 件出于 II 区。分二型。

A 型 6 件，三角形，无铤，其中 2 件出于 I 区，4 件出土于 II 区。07SH II M18∶1（图五五，12）。

B 型 2 件，三棱形，有铤，其中 1 件出土于I区，1 件出土于III区。07SHIIM12∶27（图五五，4）。

尖状器　出土 3 件，其中 2 件出土于 I 区，1 件出土于 II 区，均打制而成。

石片　出土 1 件，位于 II 区，磨制而成。

2. 装饰类

石坠　出土 1 件，位于 I 区，亚腰形，上端钻孔。

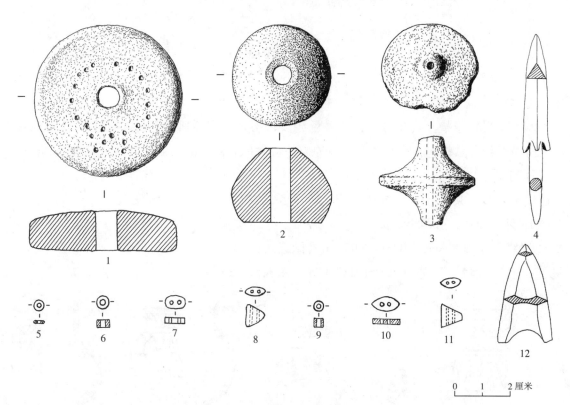

图五五　后太平遗址出土陶器、石器

1. A 型陶纺轮（07SHⅡM15：7）　　2. B 型陶纺轮（07SHⅡM34：5）　　3. C 型陶纺轮（07SHⅡM19：1）　　4. B 型石镞
（07SHⅡM12：27）　　5. 白石珠（07SHⅡM15：95）　　6. A 型白石管（07SHⅡM12：6）　　7. B 型白石管（07SHⅡM1：
17）　　8. C 型白石管（07SHⅡM26：8）　　9. A 型黑石管（07SHⅡM3：5）　　10. B 型黑石管（07SHⅡM26：36）
11. C 型黑石管（07SHⅡM26：1）　　12. A 型石镞（07SHⅡM18：1）

白石管　出土 806 件，其中 10 件出土于Ⅰ区，796 件出土于Ⅱ区。分三型。

A 型 795 件，圆柱形，单孔，其中 10 件出土于Ⅰ区，784 件出土于Ⅱ区。07SHⅡM12：6（图五五，6）。

B 型 9 件，梭形，双孔。07SHⅡM1：17（图五五，7）。

C 型 2 件，三角形，双孔。07SHⅡM26：8（图五五，8）。

黑石管　出土 201 件，均位于Ⅱ区。分三型。

A 型 196 件，圆柱形，单孔，均位于Ⅱ区。07SHⅡM3：5（图五五，9）。

B 型 3 件，梭形，双孔。07SHⅡM26：36（图五五，10）。

C 型 2 件，三角形，双孔。07SHⅡM26：1（图五五，11）。

白石珠　出土 32 件，均出土于Ⅱ区。07SHⅡM15：95（图五五，5）。

凝灰石管　出土 2 件，均出土于Ⅱ区。截多呈圆形或椭圆形，中部穿孔。

绿松石饰件　出土 8 件，均出土于Ⅱ区，主要有管饰和坠饰两类。管饰截面大多呈圆形或椭圆形，中部穿孔；坠饰较少，呈三角形，上端穿孔。

玛瑙珠　出土 3 件，均位于Ⅱ区，截面呈圆形或多边形，中部穿孔。

玉管　出土 1 件，位于Ⅱ区，呈形制不规则的管状。

（二）陶器

1. 容器类

均手制，经慢轮修整，以红褐色和黄褐色居多，均为实用器皿，部分器物上有补缀痕迹。以下对容器的分类及统计数据包括完整的和可复原整体或大部分器形的陶器，残陶片未计入其内。

鸡冠耳陶壶　共2件，均出土于Ⅱ区。

平底纹饰陶壶　共20件，其中1件出土于Ⅰ区，19件出于Ⅱ区，分三型。

A型13件，曲颈，分两个亚型。

Aa型9件，小口，长颈。07SHⅡM3：6（图五六，1）。

Ab型4件，大口，短颈。07SHⅡM33：39（图五六，3）。

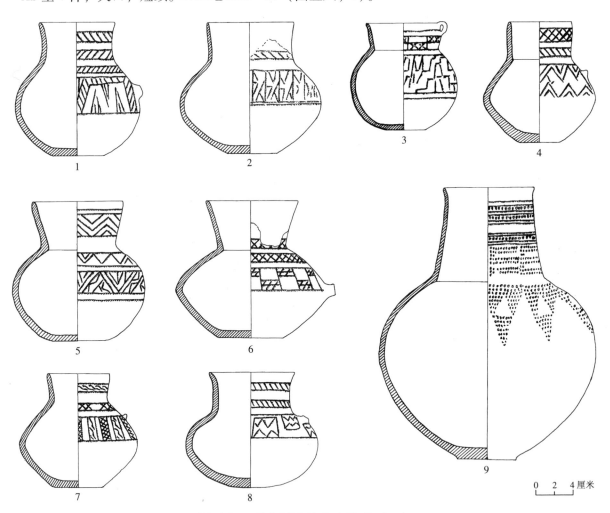

图五六　后太平遗址出土陶壶（一）

1. Aa型平底纹饰壶（07SHⅡM3：6）　2. Bb型平底纹饰壶（07SHⅡM32：1）　3. Ab型平底纹饰壶（07SHⅡM33：39）
4. Ba型平底纹饰壶（07SHⅡM2：37）　5. Ca型平底纹饰壶（07SHⅡM18：10）　6. Cb型平底纹饰壶（07SHⅡM31：4）
7. Cc型平底纹饰壶（07SHⅡM12：10）　8. 圜底壶（07SHⅡM12：11）　9. 杯口壶（07SHⅡM36：5）

B 型 3 件，直颈，分两个亚型。

Ba 型 2 件，折腹。07SHⅡM2：37（图五六，4）。

Bb 型 1 件，扁圆腹。07SHⅡM32：1（图五六，2）。

C 型 4 件，分三个亚型。

Ca 型 1 件，圆肩，鼓腹。07SHⅡM18：10（图五六，5）。

Cb 型 2 件，溜肩，折腹。07SHⅡM31：4（图五六，6）。

Cc 型　1 件，溜肩，扁圆腹。07SHⅡM12：10（图五六，7）。

圜底壶　出土 1 件，出土于Ⅱ区。07SHⅡM12：11（图五六，8）。

杯口壶　出土 1 件，出土于Ⅱ区。07SHⅡM36：5（图五六，9）。

长颈壶　共 42 件，均出土于Ⅱ区，分两个亚型。

A 型 36 件，分三个亚型。

Aa 型 27 件，敞口，口较小。07SHⅡM15：45（图五七，1）。

Ab 型 7 件，敞口，口较大。07SHⅡM9：25（图五七，2）。

Ac 型 2 件，直口。07SHⅡM9：10（图五七，5）。

B 型 6 件，折腹，分两个亚型。

Ba 型 3 件，形体较大。07SHⅡM15：60（图五七，4）。

Bb 型 3 件，形体较小。07SHⅡM5：17（图五七，3）。

粗颈壶　出土 9 件，均出土于Ⅱ区，分二型。

A 型 7 件，弧腹，分三个亚型。

Aa 型 3 件，07SHⅡM9：11（图五七，9）。

Ab 型 2 件，07SHⅡM27：318（图五七，6）。

Ac 型 2 件，07SHⅡM24：18（图五七，8）。

B 型 2 件，折腹。07SHⅡM14：1（图五七，7）。

刻划纹壶　出土 1 件，位于Ⅱ区。07SHⅡM24：29（图五八，3）。

壶形鼎　出土 2 件，均位于Ⅱ区。07SHⅡM35：7（图五八，1）。

钵口壶　出土 4 件，均位于Ⅱ区，分二型。

A 型 3 件，有耳。07SHⅡM22：20（图五八，4）。

B 型 1 件，无耳。07SHⅡM6：25（图五八，5）。

带流壶　出土 1 件，出土于Ⅱ区。07SHⅡM4：7（图五八，2）。

三角壶　出土 1 件，出土于Ⅱ区。07SHⅡM28：25（图五八，6）。

筒形罐　出土 4 件，均位于Ⅱ区，分二型。

A 型 3 件，形体较大。07SHⅡM1：37（图五九，1）。

B 型 1 件，形体较小。07SHⅡM1：38（图五九，2）。

钵　出土 9 件，其中 2 件出土于Ⅰ区，7 件出土于Ⅱ区，分四型。

A 型 3 件，敛口。07SHⅡM1：35（图五九，5）。

B 型 2 件，直口，分两个亚型。

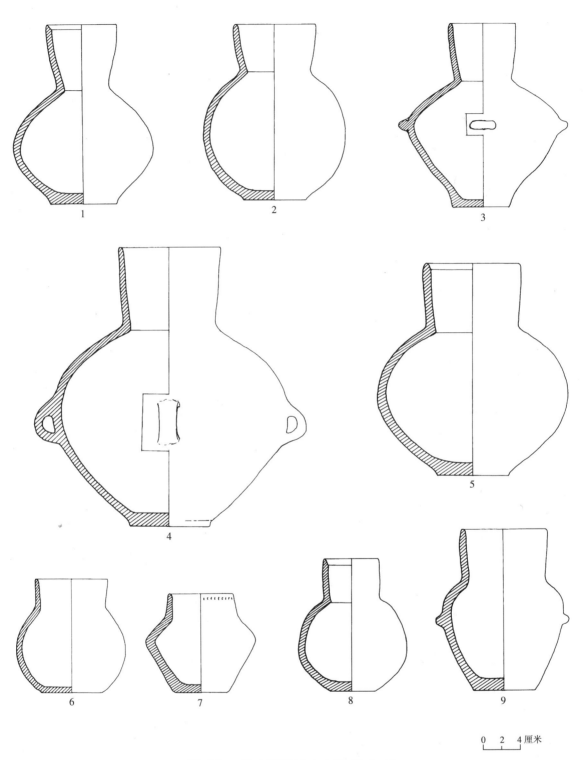

0　2　4厘米

图五七　后太平遗址出土陶壶（二）

1. Aa 型长颈壶（07SHⅡM15：45）　　2. Ab 型长颈壶（07SHⅡM9：25）　　3. Bb 型长颈壶（07SHⅡM5：17）　　4. Ba 型长颈壶（07SHⅡM15：60）　　5. Ac 型长颈壶（07SHⅡM9：10）　　6. Ab 型粗颈壶（07SHⅡM27：318）　　7. B 型粗颈壶（07SHⅡM14：1）　　8. Ac 型粗颈壶（07SHⅡM24：18）　　9. Aa 型粗颈壶（07SHⅡM9：11）

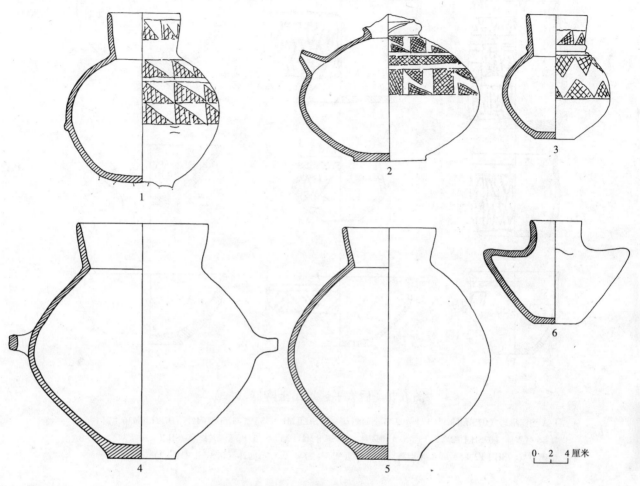

图五八　后太平遗址出土陶壶（三）

1. 壶形鼎（07SH II M35：7）　　2. 带流壶（07SH II M4：7）　　3. 刻划纹壶（07SH II M24：29）　　4. A 型钵口壶（07SH II M22：20）
5. B 型钵口壶（07SH II M6：25）　　6. 三角壶（07SH II M28：25）

Ba 型 1 件，小平底。07SH II M12：34（图五九，6）。

Bb 型 1 件，大平底。07SH I F2：23（图五九，4）。

C 型 3 件，敞口。07SH II M18：2（图五九，9）。

D 型 1 件，侈口。07SH II M36：21（图五九，3）。

大口罐　出土 3 件，均出土于 II 区。07SH II M16：1（图六〇，4）。

双耳罐　出土 2 件，均出土于 I 区。07SH I G7：15（图六〇，6）。

单耳杯　出土 6 件，其中 1 件出于 I 区，5 件出于 II 区，分二型。

A 型 6 件，素面，环耳，分两个亚型。

Aa 型 3 件，耳接于口沿上。07SH II M26：78（图六〇，1）。

Ab 型 1 件，耳接于口沿下。07SH II M24：51（图六〇，2）。

B 型 2 件，饰压印篦点纹，盲耳。07SH II M9：24（图六〇，3）。

豆　出土 3 件，其中 1 件出土于 I 区，2 件出土于 II 区，分二型。

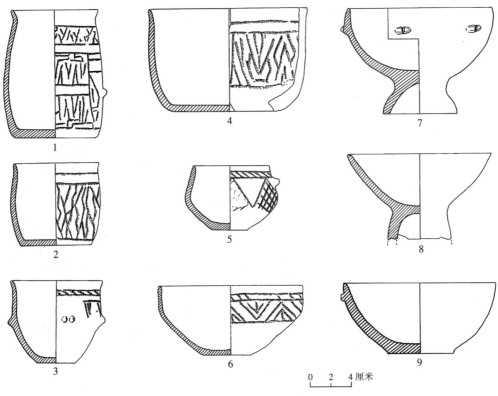

图五九　后太平遗址出土陶器（一）

1. A 型筒形罐（07SHⅡM1：37）　2. B 型筒形罐（07SHⅡM1：38）　3. D 型陶钵（07SHⅡM36：21）
4. Bb 型陶钵（07SHⅠF2：23）　5. A 型陶钵（07SHⅡM1：35）　6. Ba 型陶钵（07SHⅡM12：34）　7. B
型陶豆（07SHⅠF2：5）　8. A 型陶豆（07SHⅡM35：2）　9. C 型陶钵（07SHⅡM18：2）

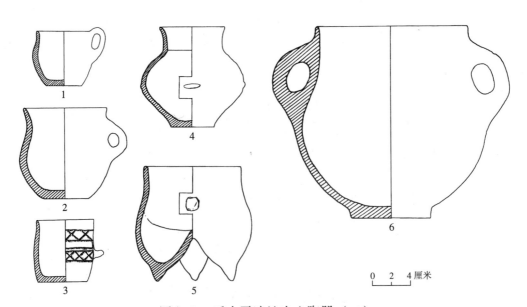

图六〇　后太平遗址出土陶器（二）

1. Aa 型单耳杯（07SHⅡM26：78）　2. Ab 型单耳杯（07SHⅡM24：51）　3. B 型单耳杯（07SHⅡM9：
24）　4. 大口罐（07SHⅡM16：1）　5. 陶鬲（07SHⅠF2：6）　6. 双耳罐（07SHⅠG7：15）

A 型 2 件，敞口。07SHⅡM35：2（图五九，8）。

B 型 1 件，直口。07SHⅠF2：5（图五九，7）。

鬲　出土 2 件，均出土于Ⅰ区。07SHⅠF2：6（图六〇，5）。

2. 工具类

陶匙　出土 1 件，出土于Ⅱ区。07SHⅡH8：1。

网坠　出土 1 件，出土于Ⅱ区。07SHⅡM7：5。

陶纺轮　共 16 件，其中 8 件出土于Ⅰ区，8 件出于Ⅱ区，分三型。

A 型 10 件，圆饼形，其中 4 件出土于Ⅰ区，6 件出于Ⅱ区。07SHⅡM15：7（图五五，1）。

B 型 4 件，馒头形，其中 3 件出土于Ⅰ区，1 件出于Ⅱ区。07SHⅡM34：5（图五五，2）。

C 型 2 件，陀螺形，其中 1 件出土于Ⅰ区，1 件出于Ⅱ区。07SHⅡM19：1（图五五，3）。

陶范　出土 6 件，其中 2 件出土于Ⅰ区，4 件出土于Ⅱ区。

3. 其他

陶塑　出土 11 件，均出土于Ⅱ区墓葬之中，多为残破的局部形态，形制各异，制作时随意性较强。

（三）青铜器

均出土于Ⅱ区。

1. 工具类

铜镞　出土 9 件，分二型。

A 型 2 件，四棱形镞尖。07SHⅡM25：42（图六一，2）。

B 型 7 件，双翼形镞尖。07SHⅡM15：96（图六一，1）。

铜刀　出土 5 件，均为齿柄刀，尖端微翘。

铜锥　出土 4 件，分二型。

A 型 3 件，截面方形或长方形。07SHⅡM6：21（图六一，4）。

B 型 1 件，截面圆形。07SHⅡM22：12（图六一，3）。

2. 装饰类

铜泡　出土 67 件，分六型。

A 型 54 件，圆形或椭圆形，分两个亚型。

Aa 型 50 件，单体。07SHⅡM1：36（图六一，5）。

Ab 型 4 件，联体。07SHⅡM28：6（图六一，6）。

B 型 7 件，圆形，边缘处压沿，分两个亚型。

Ba 型 4 件，边缘压沿处素面。07SHⅡM5：4（图六一，7）。

Bb 型 3 件，边缘压沿处有放射线纹饰。07SHⅡM28：18（图六一，13）。

C 型 3 件，燕尾形。07SHⅡM30：5（图六一，8）。

D 型 1 件，四瓣花形。07SHⅡM9：19（图六一，10）。

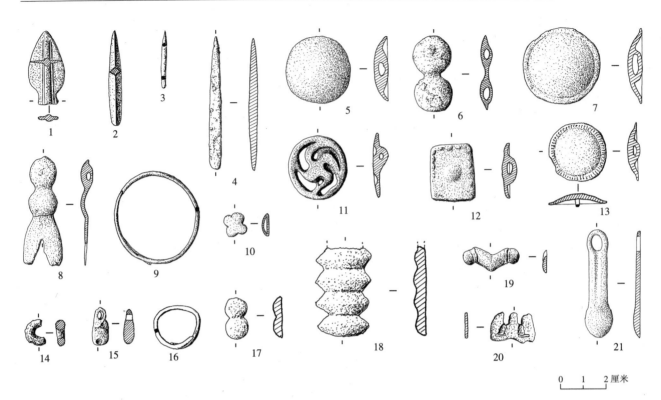

0　　1　　2厘米

图六一　后太平遗址出土青铜器

1. B 型镞（07SHⅡM15：96）　2. A 型镞（07SHⅡM25：42）　3. B 型锥（07SHⅡM22：12）　4. A 型锥（07SHⅡM6：21）　5. Aa 型铜泡（07SHⅡM1：36）　6. Ab 型铜泡（07SHⅡM28：6）　7. Ba 型铜泡（07SHⅡM5：4）　8. C 型铜泡（07SHⅡM30：5）　9. A 型环（07SHⅡM26：7）　10. D 型铜泡（07SHⅡM9：19）　11. E 型铜泡（07SHⅡT14③：4）　12. F 型铜泡（07SHⅡT18③：1）　13. Bb 型铜泡（07SHⅡM28：18）　14. C 型环（07SHⅡM22：23）　15. B 型坠饰（07SHⅡM9：36）　16. B 型环（07SHⅡM4：2）　17. Aa 型饰件（07SHⅡM15：43）　18. Ab 型饰件（07SHⅡM15：51）　19. B 型饰件（07SHⅡM5：9）　20. C 型饰件（07SHⅡM25：4）　21. A 型坠饰（07SHⅡM1：30）

　　E 型 1 件，轮形。07SHⅡT14③：4（图六一，11）。

　　F 型 1 件，长方形。07SHⅡT18③：1（图六一，12）。

　　铜环　出土 10 件，分三型。

　　A 型 7 件，形体较大，用作手镯。07SHⅡM26：7（图六一，9）。

　　B 型 2 件，形体较小，用作耳环。07SHⅡM4：2（图六一，16）。

　　C 型 1 件，形体较粗，用途不明。07SHⅡM22：23（图六一，14）。

　　铜饰件　出土 14 件，分三型。

　　A 型 11 件，联珠形，分两个亚型。

　　Aa 型 6 件，单体圆形。07SHⅡM15：43（图六一，17）。

　　Ab 型 5 件，单体椭圆形。07SHⅡM15：51（图六一，18）。

　　B 型 2 件，"V"字形。07SHⅡM6：9（图六一，19）。

　　C 型 1 件，"山"字形。07SHⅡM25：4（图六一，20）。

　　铜坠饰　出土 3 件，分二型。

　　A 型 2 件，片状。07SHⅡM1：30（图六一，21）。

B 型 1 件，水滴状。07SHⅡM9：36（图六一，15）。

铜片　出土 1 件。

（四）骨角器

1. 工具类

卜骨　出土 3 件，均出土于Ⅰ区。

骨镞　出土 1 件，出土于Ⅰ区。双翼形镞身。

骨锥　出土 17 件，其中 12 件出土于Ⅰ区，5 件出土于Ⅱ区，分三型。

A 型 7 件，形制规整，锥端圆钝，其中 3 件出土于Ⅰ区，4 件出土于Ⅱ区。07SHⅡM18：13（图六二，8）。

B 型 10 件，形制大多不规整，锥端尖锐，其中 9 件出土于Ⅰ区，1 件出土于Ⅱ区。07SHⅠH7：13（图六二，7）。

骨纺轮　出土 3 件，均位于Ⅱ区，馒头形，分二型。

A 型 2 件，圆孔。07SHⅡM26：48（图六二，15）。

B 型 1 件，方孔。07SHⅡM26：86（图六二，16）。

骨管　出土 10 件，其中 3 件出土于Ⅰ区，7 件出土于Ⅱ区，分三型。

A 型 7 件，用作针筒，其中 2 件出土于Ⅰ区，5 件出土于Ⅱ区。07SHⅡM9：8（图六二，19）。

B 型 2 件，形体较粗，上有钻孔，用途不明。07SHⅡM15：65（图六二，18）。

C 型 1 件，形体较细，用途不明，出土于Ⅰ区。07SHⅠH7：4（图六二，9）。

骨针　出土 17 件，其中 15 件出土于Ⅰ区，2 件出土于Ⅱ区。

骨匕首　出土 4 件，其中 3 件出土于Ⅰ区，1 件出土于Ⅱ区。

骨鸣镝　出土 1 件，位于Ⅰ区。

片状骨器　出土 2 件，其中 1 件出土于Ⅰ区，1 件出土于Ⅱ区。

角镞　出土 109 件，其中Ⅰ区出土 15 件，Ⅱ区出土 94 件，分五型。

A 型 53 件，三棱形，分五个亚型。

Aa 型 6 件，后锋平直，均出土于Ⅱ区。07SHⅡM15：58（图六二，3）。

Ab 型 9 件，无后锋，扁铤，均出土于Ⅱ区。07SHⅡM34：24（图六二，5）。

Ac 型 15 件，无后锋，圆铤，镞尖宽度大于铤部，其中 2 件出土于Ⅰ区，13 件出土于Ⅱ区。07SHⅡM5：8（图六二，10）。

Ad 型 23 件，无后锋，圆铤，镞尖宽度等于或小于铤部，其中 2 件出土于Ⅰ区，21 件出土于Ⅱ区。07SHⅡM9：35（图六二，1）。

B 型 33 件，四棱形，分三个亚型。

Ba 型 11 件，后锋尖锐，其中 2 件出土于Ⅰ区，9 件出土于Ⅱ区。07SHⅡM15：83（图六二，6）。

Bb 型 7 件，后锋平直，其中 2 件出土于Ⅰ区，5 件出土于Ⅱ区。07SHⅡM17：132（图六二，2）。

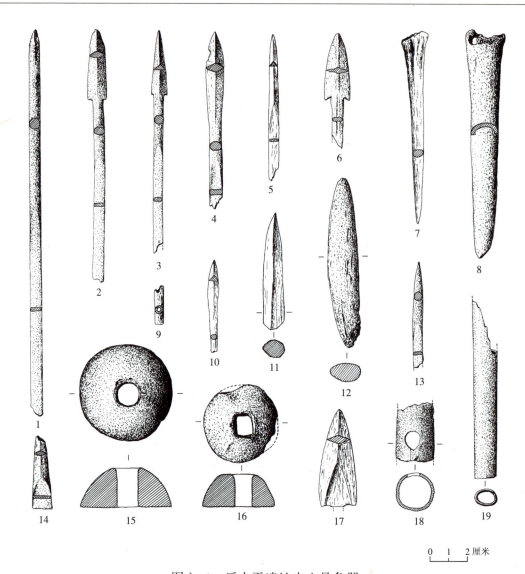

图六二　后太平遗址出土骨角器

1. Ad 型角镞（07SH Ⅱ M9：35）　　2. Bb 型角镞（07SH Ⅱ M17：132）　　3. Aa 型角镞（07SH Ⅱ M15：58）　　4. Bc 型角镞（07SH Ⅱ M17：134）　　5. Ab 型角镞（07SH Ⅱ M34：24）　　6. Ba 型角镞（07SH Ⅱ M15：83）　　7. B 型骨锥（07SH Ⅰ H7：13）　　8. A 型骨锥（07SH Ⅱ M18：13）　　9. C 型骨管（07SH Ⅰ H7：4）　　10. Ac 型角镞（07SH Ⅱ M5：8）　　11. B 型角锥（07SH Ⅰ G8：31）　　12. A 型角锥（07SH Ⅱ M15：29）　　13. C 型角镞（07SH Ⅱ M15：30）　　14. Da 型角镞（07SH Ⅱ M26：52）　　15. A 型骨纺轮（07SH Ⅱ M26：48）　　16. B 型骨纺轮（07SH Ⅱ M26：86）　　17. Db 型角镞（07SH Ⅰ G8：21）　　18. B 型骨管（07SH Ⅱ M15：65）　　19. A 型骨管（07SH Ⅱ M9：8）

　　Bc 型 15 件，无后锋，其中 2 件出土于 Ⅰ 区，13 件出土于 Ⅱ 区。07SH Ⅱ M17：134（图六二，4）。

　　C 型 6 件，圆锥形，其中 1 件出土于 Ⅰ 区，5 件出土于 Ⅱ 区。07SH Ⅱ M15：30（图六二，13）。

　　D 型 5 件，三角形，分两个亚型。

　　Da 型 3 件，无铤，其中 2 件出土于 Ⅰ 区，1 件出土于 Ⅱ 区。07SH Ⅱ M26：52（图六二，14）。

　　Db 型 2 件，有铤，均出土于 Ⅰ 区。07SH Ⅰ G8：21（图六二，17）。

　　另有 12 件出土于 Ⅱ 区的角镞残，仅存铤部而无法分型。

　　角锥　出土 16 件，其中 14 件出土于 Ⅰ 区，2 件出土于 Ⅱ 区，分二型。

　　A 型 13 件，利用动物角自身形制或稍作简单加工，其中 11 件出土于 Ⅰ 区，2 件出土于 Ⅱ 区。

07SHⅡM15：29（图六二，12）。

B 型 3 件，对动物角进行了切割、刮削等深度加工，均出土于Ⅰ区。07SHⅠG8：31（图六二，11）。

角凿 出土 2 件，均出土于Ⅱ区。

角镞 出土 3 件，均出土于Ⅱ区。

角纺轮 出土 1 件，出土于Ⅱ区，圆饼形。

不明角器 出土 3 件，均出土于Ⅰ区，形态各不相同，用途不明。

蚌刀 出土 4 件，均出土于Ⅰ区。

2. 装饰类

骨板 出土 2 件，均出土于Ⅱ区，器表刻划平行弦纹。

骨饰件 出土 5 件，均出土于Ⅰ区。

角管 出土 3 件，均出土于Ⅰ区。

角甲片 出土 1 件，出土于Ⅰ区。

角饰 出土 5 件，其中 4 件出土于Ⅰ区，1 件出土于Ⅱ区。

牙饰 出土 4 件，其中 2 件出土于Ⅰ区，2 件出土于Ⅱ区。

蚌饰件 出土 5 件，均出土于Ⅰ区，片状，中部钻孔。

第二节 墓葬

后太平遗址墓葬均位于Ⅱ区，为竖穴土坑墓，无葬具，墓口圆角长方形，墓壁斜直，平底，个别墓底有生土二层台，填土为五花土。有一次葬和二次葬两种埋葬方式（此处对一次葬和二次葬之界定仅限于对遗迹现象的直观分类，即：墓室未见多次开挖和填埋等扰动现象、墓内人骨未见明显的经过迁移的迹象、多人葬墓内各人骨个体间叠压紧密等，视为一次葬；从墓口处或填土土色的变化中可判断有二次或多次开挖和填埋现象、墓内迁葬有凌乱人骨的墓、骨骼凌乱的多人合葬墓等，视为二次葬）。

一 单人一次葬

（一）M13

位于发掘区东南部。开口于 3a 层下，东南端打破 M11。墓口长 188、宽 80、深 40 厘米，方向 145°。墓内葬一男性个体，45 岁左右，仰身直肢，头向东南，面向左，保存状况较好，但未发现双手及双脚骨骼，无随葬品（图六三）。

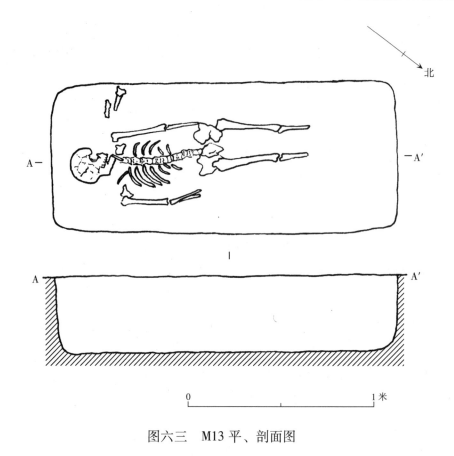

图六三　M13 平、剖面图

（二）M30

位于发掘区北部。开口于 3a 层下。墓口长 300、宽 130、深 86 厘米、方向 302°。墓内葬一女性个体，25～30 岁。骨架保存良好，仰身直肢，头向朝西，面向上，双手自然垂置于盆骨两侧，双脚并拢。颅骨前额处置一枚铜泡，铜锈已将该处骨骼染成绿色，推测该人下葬时，头部应有面罩之类的遮盖物，而铜泡为镶嵌其上的装饰品，颈部外围零散出土若干白石管和黑石管，头顶端随葬一件素面陶壶，左手握一根骨针，墓底东端距趾骨 20 厘米处出土 1 件铜刀，竖插于土中，刀尖朝上。此外该墓内还随葬有锥、饰件等小型青铜器，墓底还见有牛跟骨和羊臼齿（图六四；图版一二，1）。

1. 石器

A 型白石管　9 件，高岭石质地，磨制而成，圆柱形，中部穿孔。07SHⅡM30：11，截面直径 0.4、孔径 0.2、高 0.25 厘米（图六五，11）；07SHⅡM30：8，截面直径 0.55、孔径 0.3、高 0.8 厘米（图六五，3）；07SHⅡM30：4，截面直径 0.4、孔径 0.2、高 1.4 厘米（图六五，5）。

A 型黑石管　2 件，石墨质地，磨制而成，圆柱形，中部穿孔。07SHⅡM30：9，截面直径 0.3、孔径 0.15、高 0.2 厘米（图六五，12）。

2. 陶器

Ab 型长颈壶　1 件。07SHⅡM30：7，夹砂灰黑陶，尖唇，敞口，束颈，圆肩，鼓腹，平底，器

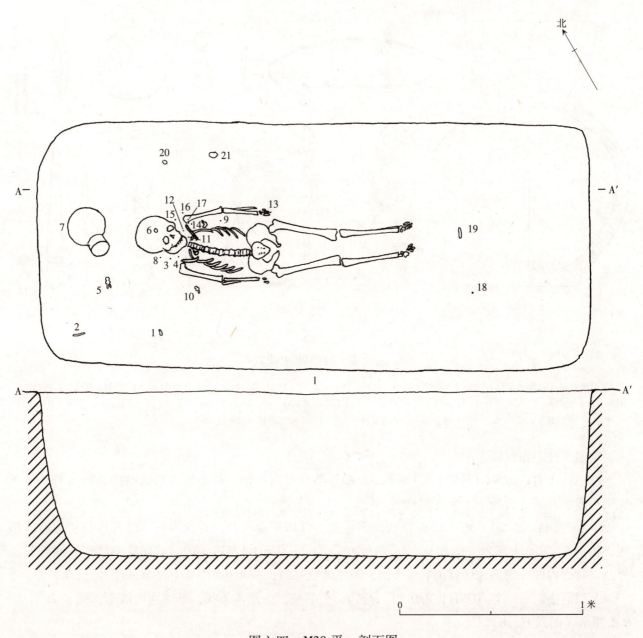

图六四 M30 平、剖面图

1. A 型铜坠饰（M30：1） 2. A 型铜锥（M30：2） 3、4、8、11、12、14～17. A 型白石管（M30：3，M30：4，M30：8，M30：11，M30：12，M30：14、M30：15，M30：16，M30：17） 5、10. C 型铜泡（M30：5，M30：10） 6. Aa 型铜泡（M30：6） 7. Ab 型长颈壶（M30：7） 9、18. A 型黑石管（M30：9，M30：18） 13. 骨针（M30：13） 19. 铜刀（M30：19） 20. 羊齿 21. 牛骨

底加厚，口径 7.6、底径 5.8、最大腹径 11、高 15 厘米（图六五，1；图版三三，3）。

3. 青铜器

铜刀 1 件。07SHⅡM30：19，刀锋微上翘，弧背，弧刃，一端刃部有三个等距分布的锯齿状豁口，用于安装刀柄，长 5.1、宽 1.4 厘米（图六五，2；图版四九，2）。

A 型铜锥 1 件。07SHⅡM30：2，四棱锥形，尾部呈扁铲状，长 4.1、最宽处 0.5 厘米（图六五，10）。

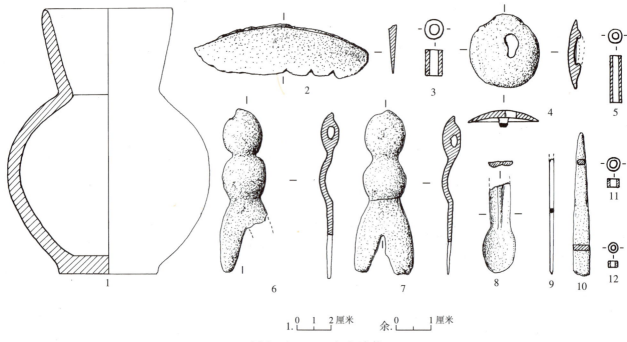

图六五　M30 出土遗物

1. Ab 型长颈壶（07SHⅡM30：7）　 2. 铜刀（07SHⅡM30：19）　 3、5、11. A 型白石管（07SHⅡM30：8，07SHⅡM30：4，07SHⅡ
M30：11）　 4. Aa 型铜泡（07SHⅡM30：6）　 6、7. C 型铜泡（07SHⅡM30：10，07SHⅡM30：5）　 8. A 型铜坠饰（07SHⅡM30：1）
9. 骨针（2007SHⅡM30：13）　 10. A 型铜锥（07SHⅡM30：2）　 12. A 型黑石管（07SHⅡM30：9）

铜泡 3 件，均范铸。

Aa 型　1 件。07SHⅡM30：6，圆形，正面外凸，背面内凹，桥形钮，边缘略残，器身有一个不
规则形腐蚀孔洞，直径 2 厘米（图六五，4）。

C 型　2 件。07SHⅡM30：5，双联珠燕尾形，联珠正面外凸，背面内凹，端部珠身背面有桥形
钮，长 4.6、厚 0.1 厘米（图六五，7；图版五〇，6）；07SHⅡM30：10，双联珠燕尾形，联珠正面
外凸，背面内凹，端部珠体背面有桥形钮，燕尾处残一只，长 4.6、厚 0.1 厘米（图六五，6）。

A 型铜坠饰　1 件。07SHⅡM30：1，范铸，上端残，中部为条状，下端为椭圆形，残长 2.6、厚
0.1 厘米（图六五，8）。

4. 骨角器

骨针　1 件。07SHⅡM30：13，磨制，圆锥形，针尖及穿端均残，残长 3.2、截面直径 0.1 厘米
（图六五，9）。

二　多人一次葬

（一）M14

位于发掘区中部。开口于 3a 层下。墓口长 300、宽 160、深 30 厘米，方向 215°。该墓内有规整
骨架 2 具，并排放置，性别不明，均仰身直肢，头向朝西南，其中（3）号个体头骨破碎成多块，

（2）号个体未见头骨，在头骨部位随葬1件粗颈素面陶壶，下半身已腐朽至基本不见。两具人骨保存状况均较差，肢骨两端均朽，未发现双手及双脚骨骼。墓室中南部另有一堆散乱的骨骼，即（1）号个体，主要有颅骨、髋骨和肢骨等，应为一祔葬个体，经人骨鉴定为一成年男性个体。墓内还出土1件白石管和1件残陶器耳（图六六；图版一二，2）。

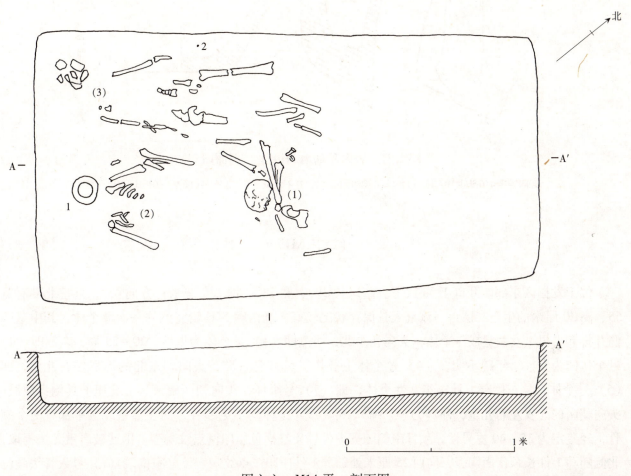

图六六　M14 平、剖面图

1. B 型粗颈壶（M14∶1）　　2. A 型白石管（M14∶2）

1. 石器

A 型白石管　1件。07SHⅡM14∶2，高岭石质地，磨制而成，圆柱体，中部穿孔，截面直径0.45、孔径0.15、高1.3厘米（图六七，3）。

2. 陶器

B 型粗颈壶　1件。07SHⅡM14∶1，夹砂红褐陶，圆唇，直口，微敛，折肩，斜直腹，平底，口沿外侧饰一段戳点纹，长3厘米，其他部位为素面，口径7、底径6.2、肩径12、高10.4厘米（图六七，2；图版四〇，1）。

陶器耳　1件。07SHⅡM14标∶1，夹砂红陶，竖桥耳，耳宽2.2厘米（图六七，1）。

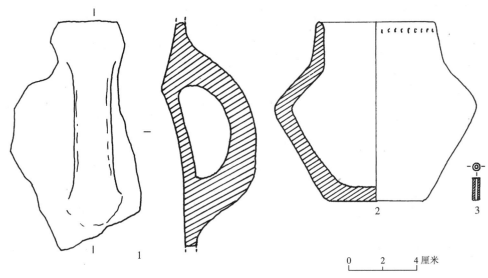

图六七　后太平墓地 M14 平、剖面图

1. 陶器耳（07SHⅡM14 标：1）　2. B 型粗颈壶（07SHⅡM14：1）　3. A 型白石管（07SHⅡM14：2）

（二）M17

位于发掘区东部。开口于 3a 层下。墓口长 390、宽 180、深 130 厘米，方向 43°，墓室北端有宽 55、高 30 厘米的生土二层台。该墓人骨保存状况较好。墓内葬 5 具较完整的一次葬个体，其中墓西侧并排葬 1 男 1 女两具成年个体，头向朝东北，西侧即（1）号个体为男性，20～25 岁，东侧即（4）号个体侧为女性，年龄不明，（4）号个体上叠压 1 具仰身直肢、头向朝东北的 5 岁左右儿童，即（5）号个体；墓东侧葬 1 具成年女性个体，即（7）号个体，头向朝西南，其上叠压 1 具侧身屈肢、头向朝南的 5 岁左右儿童，即（6）号个体。3 具成年个体均不见颅骨，而在墓室北端中部有两个颅骨，经鉴定为 35～40 岁男性，颅骨南侧随葬 1 件砂质红褐色压印篦点纹陶壶，因残破严重无法提取，北侧随葬 1 件长颈素面陶壶，向西 25 厘米处随葬 1 件压印篦点纹陶壶。墓室南端（7）号人骨头颅位置斜置一件长颈素面陶壶，人骨颈部、腹部、肘部及周边还散落大量白石管，其中部分白石管表面呈孔雀蓝色（从墓内取出后色泽渐消失，亦呈白色），与其他白色白石管交错串联，伴出绿松石坠、玉管等串饰，还出土镞、针、马镳等骨角器以及马臼齿、牛臼齿、狗下颌等动物遗存。（4）号个体右股骨上表面被铜锈染成绿色，与其临近的（1）号个体左髂骨处也同样被锈蚀成绿色，从锈蚀范围及程度看，该处当随葬有形体较长的青铜器，且锈蚀时间较长，但发掘中并未在此处或墓内其他位置发现该形制的青铜器（图六八；图版一三，1）。

1. 石器

锤斧　1 件。07SHⅡM17：130，石质，灰褐色，磨制，圆角长方形，上半部有圆形钻孔，斧身仅存一角，整体形制不明，残长 4.8、厚 3 厘米（图六九，2）。

A 型白石管　111 件，高岭石质地，磨制而成，圆柱形，中部穿孔。07SHⅡM17：2，截面直径 0.4、孔径 0.2、高 0.35 厘米（图六九，11）；07SHⅡM17：65，截面直径 0.4、孔径 0.1、高 0.2 厘

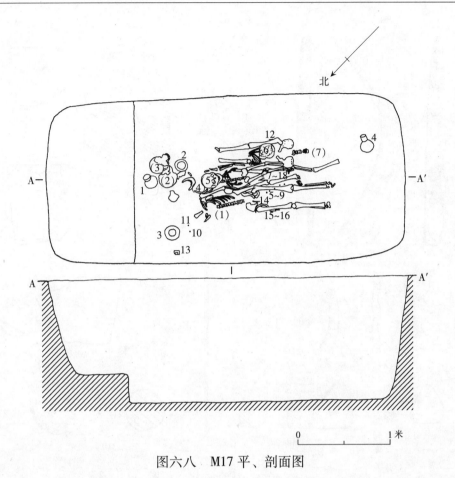

图六八　M17 平、剖面图

1、4. Ab 型长颈壶（M17：47，M17：141）　　2、3. Aa 型平底纹饰壶（残碎未提取，M17：46）　　5 ~ 10. A 型白石管（M17：121，M17：122，M17：123，M17：124，M17：125，M17：126）　　11. 绿松石饰件（M17：128）　　12. 骨针（M17：142）　　13. 锤斧（M17：130）　　14、18. Ac 型角镞（M17：135，M17：139）　　15 ~ 17. Ba 型角镞（M17：136，M17：137，M17：138）

米（图六九，12）；07SHⅡM17：113，截面直径 0.4、孔径 0.2、高 1.5 厘米（图六九，18）；07SHⅡM17：116，截面直径 0.55、孔径 0.3、高 1.1 厘米（图六九，17）。

绿松石饰件　2 件。07SHⅡM17：48，平面呈圆角长方形，有椭圆形贯通钻孔，器表磨砺光滑，器身有多条裂纹，长 1.9、宽 1.1 ~ 1.3、厚 0.9、孔径 0.3 厘米（图六九，8）；07SHⅡM17：128，三角形，顶部有对钻孔，宽 1.2、高 1.3、厚 0.3、孔径 0.15 厘米（图六九，13）。

2. 陶器

Aa 型平底纹饰壶　2 件。07SHⅡM17：46，砂质红陶，尖唇，侈口，曲颈，圆肩，鼓腹微垂，平底，中腹部一侧有一圆柱状鋬耳，下腹斜直，最大腹径以上施压印篦点纹，颈部饰弦纹及网格纹，肩及上腹部饰折线纹及三角形网格纹，口径 8.4、底径 6、最大腹径 14.8、高 16 厘米（图七〇，1；图版二三，1）。

Ab 型长颈壶　2 件。07SHⅡM17：47，夹砂黄褐陶，尖唇，内部抹斜，敞口，束颈，圆肩，球腹，平底，器底加厚，口径 7.5、底径 7、最大腹径 13.7、高 15.2 厘米（图七〇，3；图版三四，2）；07SHⅡM17：141，夹砂红褐陶，器表磨光，圆唇，敞口，束颈，圆肩，扁圆腹微折，平底，器底加厚，口径 8.2、底径 6.6、最大腹径 16.5、高 18 厘米（图七〇，2；图版三四，1）。

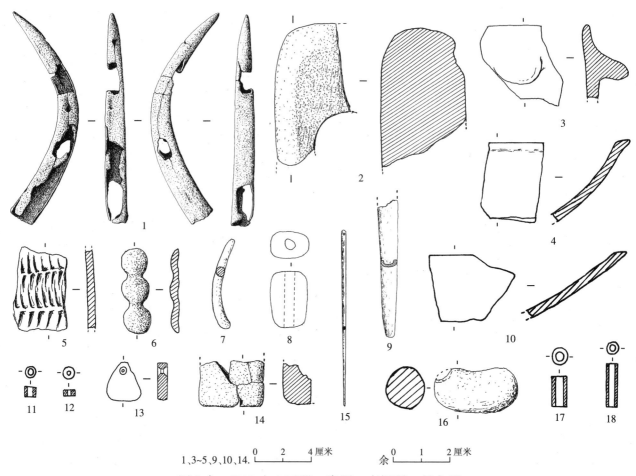

1、3~5、9、10、14.　0　2　4厘米　　　　　余　0　1　2厘米

图六九　M17 出土石器、陶器、青铜器、骨角器

1. 角镳（07SHⅡM17：49）　2. 锤斧（07SHⅡM17：130）　3. 陶器口沿（07SHⅡM17 标：5）　4、10. A 型豆盘（07SHⅡM17 标：4，07SHⅡM17 标：3）　5. 刻划纹陶片（07SHⅡM17 标：2）　6. Aa 型铜饰件（07SHⅡM17：1）　7、16. 陶塑（07SHⅡM17：112，07SHⅡM17：143）　8、13. 绿松石饰件（2007SHⅡM17：48，07SHⅡM17：128）　9. A 型骨锥（07SHⅡM17：140）　11、12、17、18. A 型白石管（07SHⅡM17：2，07SHⅡM17：65，07SHⅡM17：116，07SHⅡM17：113）　14. 陶范（07SHⅡM17 标：1）　15. 骨针（07SHⅡM17：142）

A 型豆盘　2 件。07SHⅡM17 标：3，砂质红褐陶，平沿，尖唇，斜直壁，残高 4.8、胎厚 0.6 厘米（图六九，10）；07SHⅡM17 标：4，砂质红褐陶，平沿，尖唇，斜弧壁，残高 5.6、胎厚 0.6 厘米（图六九，4）。

陶器口沿　1 件。07SHⅡM17 标：5，砂质红褐陶，圆唇，直口微敛，外壁接近口沿处有一舌形錾耳，残高 5.2 厘米（图六九，3）。

刻划纹陶片　1 件。07SHⅡM17 标：2，夹砂红陶，饰弧线之字纹，胎厚 0.5 厘米（图六九，5）。

陶范　1 件。07SHⅡM17 标：1，泥质灰陶，手制，长方形，残长 3.2、宽 4.4、厚 2 厘米（图六九，14）。

陶塑　2 件。07SHⅡM17：112，砂质红褐陶，条状，有弧曲，截面圆形，似动物尾部，长 3.1、截面直径 0.35 厘米（图六九，7）；07SHⅡM17：143，泥质黄褐陶，椭圆形，一端微残，长 3、宽 2.4 厘米（图六九，16）。

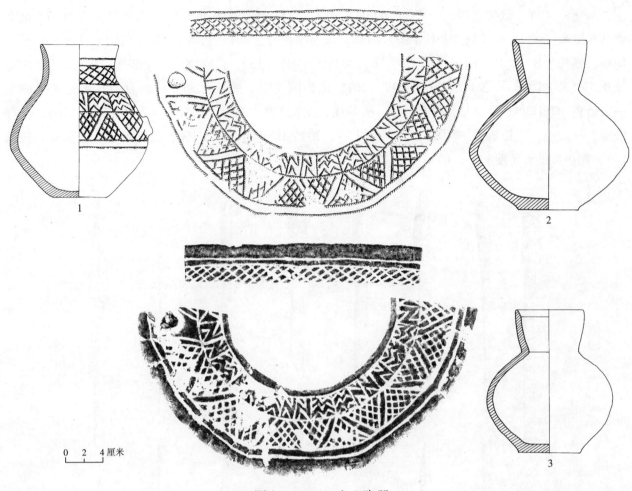

图七〇　M17 出土陶器

1. Aa 型平底纹饰壶（07SHⅡM17：46）　2、3. Ab 型长颈壶（07SHⅡM17：141，07SHⅡM17：47）

3. 青铜器

Aa 型铜饰件　1 件。07SHⅡM17：1，三联珠形，片状，通长 3、单体直径 0.9、厚 0.3 厘米（图六九，6）。

4. 骨角器

A 型骨锥　1 件。07SHⅡM17：140，采用动物肢骨磨制而成，扁锥形，器表打磨光滑。锥尖残，残长 9.4、最宽处 1.45 厘米（图六九，9）。

骨针　1 件。07SHⅡM17：142，磨制，圆锥形，穿端扁圆，有椭圆形穿孔，长 6.1、截面直径 0.1 厘米（图六九，15）。

角镳　1 件。07SHⅡM17：49，以鹿角切割、钻孔而成，器表刮磨光滑，有两个长方形缰孔和一个椭圆形衔孔，通长 14.6 厘米，缰孔长 1.8、宽 1.2 厘米，衔孔长 1.4、宽 1 厘米（图六九，1；图版五二，3）。

角镞 20 件，分三型。

A 型镞　8 件，三棱形镞尖，有两种亚型，均无后锋，圆铤。

　　Ac 型　7 件，镞尖宽度大于铤部。07SHⅡM17：133，铤为圆柱形，至尾端渐细，长 11.6、最宽处 0.6 厘米（图七一，2）；07SHⅡM17：135，铤前半部分为圆柱形，后半部分扁铲形，镞锋和尾端均残，残长 8.8、宽 0.6 厘米（图七一，6）；07SHⅡM17：139，仅存镞锋，铤部残，残长 1.9、最宽处 0.5 厘米（图七一，9）；07SHⅡM17：101，铤为圆柱形，残长 4.35、截面直径 0.4 厘米（图七一，15）；07SHⅡM17：102，仅存镞锋，铤部残，残长 2.9（图七一，11）；07SHⅡM17：105，仅存镞锋，铤部残，残长 2.2、宽 0.6 厘米（图七一，20）；07SHⅡM17：106，仅存镞锋，铤部残，残长 1.6、宽 0.5 厘米（图七一，10）。

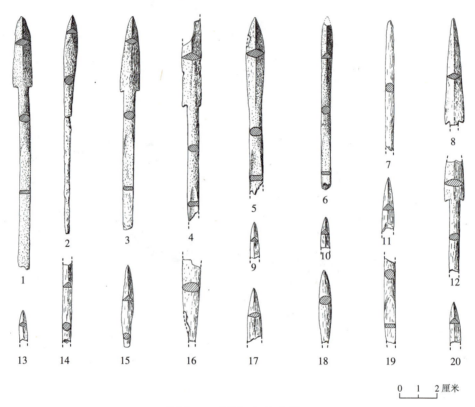

0　1　2厘米

图七一　M17 出土角镞

1、3. Bb 型（07SHⅡM17：132，07SHⅡM17：136）　　2、6、9~11、15、20. Ac 型（07SHⅡM17：133，07SHⅡM17：135，07SHⅡM17：139，07SHⅡM17：106，07SHⅡM17：102，07SHⅡM17：101，07SHⅡM17：105）　　4、8、12. Ba 型（07SHⅡM17：131，07SHⅡM17：137，07SHⅡM17：138）　　5、13、16、17. Bc 型（07SHⅡM17：134，07SHⅡM17：107，07SHⅡM17：109，07SHⅡM17：104）　　7. 07SHⅡM17：111　14. Ad 型（07SHⅡM17：103）　18. C 型（07SHⅡM17：108）　19. 07SHⅡM17：110

　　Ad 型　1 件，镞尖宽度小于铤部。07SHⅡM17：103，上端弧刃，下端直刃，与铤同宽，铤前段为圆柱形，后段为扁铲形，镞尖及尾端均残，残长 4.2、宽 0.5 厘米（图七一，14）。

　　B 型镞　9 件，四棱形镞尖，有三种亚型。

　　Ba 型　3 件，后锋尖锐。07SHⅡM17：131，前锋残断，有尖锐的后锋，直刃，铤前段为扁圆柱形，后段为扁铲形，略残，残长 10.5、宽 1.1 厘米（图七一，4）；07SHⅡM17：137，前锋尖锐，后锋突出，直刃，铤残，残长 9.4、宽 1.1 厘米（图七一，8；图版五五，1）；07SHⅡM17：138，铤为扁圆柱形，镞锋及尾端残，残长 5.9、镞尖残长 2、宽 1.1、铤宽 0.6 厘米（图七一，12）。

Bb 型 2 件，后锋平直。07SHⅡM17：132，有圆钝的后锋，铤前段为扁圆柱形，后段为扁铲形，长 13.2、宽 1.1 厘米（图七一，1）；07SHⅡM17：136，前锋尖锐，后锋突出，铤前段为扁圆柱形，后段为扁铲形，长 11.2、宽 1.1 厘米（图七一，3；图版五五，2）。

Bc 型 4 件，无后锋。07SHⅡM17：104，弧刃，似柳叶形，铤较刃部窄，仅存镞锋，铤部残，残长 2.8、宽 0.8 厘米（图七一，17）；07SHⅡM17：107，弧刃，似柳叶形，铤较刃部窄，仅存镞锋，铤部残，残长 1.6、宽 0.45 厘米（图七一，13）；07SHⅡM17：109，前锋和铤均残，弧刃，残长 4.3、最宽处 1 厘米（图七一，16）；07SHⅡM17：134，弧刃，呈柳叶形，镞身截面为菱形，铤较刃部窄，铤前部为扁圆柱形，后半部呈扁铲形，尾端残，残长 9.4、宽 1 厘米（图七一，5；图版五五，4）。

C 型 1 件，圆锥形镞尖。07SHⅡM17：108，前锋尖锐，镞身截面椭圆形，铤部残，残长 3.8、宽 0.7 厘米（图七一，18）。

另有 2 件残，仅存铤部，无法分型。07SHⅡM17：110，镞锋残，铤前半部为圆柱形，后半部呈扁铲形，残长 4.5、宽 0.6 厘米（图七一，19）；07SHⅡM17：111，镞锋和铤尾均残，残长 6.8、截面直径 0.45 厘米（图七一，7）。

（三） M27

位于发掘区北部。开口于 3a 层下。墓口长 370、宽 190、深 130 厘米，方向 37°。该墓北部深 30 厘米处出土了大量动物骨骼，可辨识的有猪臼齿及距骨、马臼齿、牛角及下颌骨、鹿臼齿、狗尺骨等。发掘至 1 米深处墓南部填土中出土一具动物颅骨。发掘至墓底，见有一次葬骨架 4 具，两具头向朝南，两具头向朝北，保存状况均较差，长骨两端均腐烂，椎骨及肋骨保存状况更差。头向朝南的人骨仰身直肢，均为女性，西侧即（4）号个体，45 岁左右，东侧即（5）号个体，40 岁左右，两个体颅骨上部随葬 1 件粗颈素面陶壶和 1 件刻划纹壶形鼎。头向朝北的个体中（3）号个体为仰身直肢，无头骨，女性，年龄不明，右桡骨外侧出土 2 枚铜泡，左股骨内侧出土 1 枚铜泡，其肩部右侧有一 55 岁左右男性颅骨即（1）号个体，无下颌，其上侧随葬 1 件压印篦点纹陶壶，肩部左侧有一下颌骨，即（6）号个体，45 岁左右，性别不明；（2）号个体为一侧身屈肢个体，位于墓室东南侧，男性（？），50 岁左右，股骨与上体一线，胫骨与腓骨向后屈，似呈与股骨捆绑在一起状，斜向叠压于（3）号个体之上，下颌移位至女性个体胸部左侧，其颅骨北部随葬 1 件长颈素面陶壶。可知墓底人骨最小个体数为 6 人。墓室东北角较集中地出土角镞，白石管和黑石管则大量出土于墓底人骨周围，较多的集中在锁骨、肋骨、盆骨等处，往往黑白相间成串出土，并伴出绿松石管等坠饰。此外还出土有陶塑等小件陶器（图七二；图版一三，2）。

1. 石器

绿松石饰件 2 件。07SHⅡM27：65，扁圆柱体，顶部有一对钻孔，尾部亦有一未钻通的孔洞，长 1.8、宽 1、厚 0.7、孔径 0.15 厘米（图七四，10）；07SHⅡM27：53，扁圆柱体，中部有一上下贯通的钻孔，器表可见横向磨痕，长 1.3、最大径 0.9、孔径 0.25 厘米（图七四，9）。

A 型白石管 172 件，高岭石质地，磨制而成，圆柱形，中部有一圆形穿孔。07SHⅡM27：58，

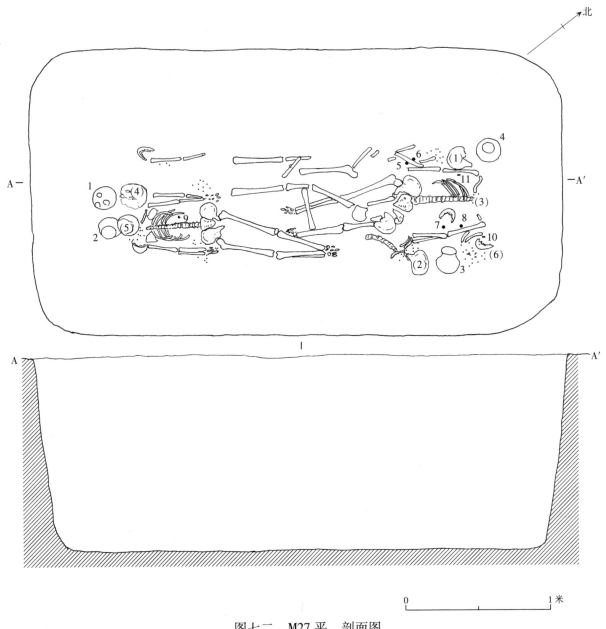

图七二　M27 平、剖面图

1. 壶形鼎（M27∶12）　　2. Ac 型长颈壶（M27∶11）　　3. Aa 型平底纹饰壶（M27∶17）　　4. Ab 型粗颈壶（M27∶318）　　5～8. Aa
型铜泡（M27∶43，M27∶44，M27∶4，M27∶66）　　9、10. 绿松石饰件（M27∶65，M27∶53）　　11. 凝灰石管（M27∶56）

高 1.2、截面直径 0.5、孔径 0.3 厘米（图七四，11）；07SHⅡM27∶228，高 0.6、截面直径 0.5、孔
径 0.1 厘米（图七四，12）；07SHⅡM27∶229，高 0.2、截面直径 0.4、孔径 0.1 厘米（图七四，6）。

　　A 型黑石管　134 件，石墨质地，圆台体，中部有一圆形穿孔。07SHⅡM27∶170，高 0.15、截
面直径 0.3、孔径 0.1 厘米（图七四，5）。

　　凝灰石管　1 件。07SHⅡM27∶56，灰白色，磨制而成，圆柱体，中部有一上下贯通的钻孔，器
表磨砺光滑，两端切割平齐，长 2、直径 0.9 厘米（图七四，8）。

2. 陶器

Aa 型平底纹饰壶　1 件。07SHⅡM27：17，砂质红褐陶，残，尖唇，侈口，直颈，溜肩，折腹，下腹斜直内收，平底，最大腹径处一侧有一圆柱状鋬耳，最大腹径处以上部位施压印篦点纹饰，以鹿纹为主体纹饰，口径7.2、底径7.3、最大腹径13.4、高13.6厘米（图七三，1；图版二四，1）。

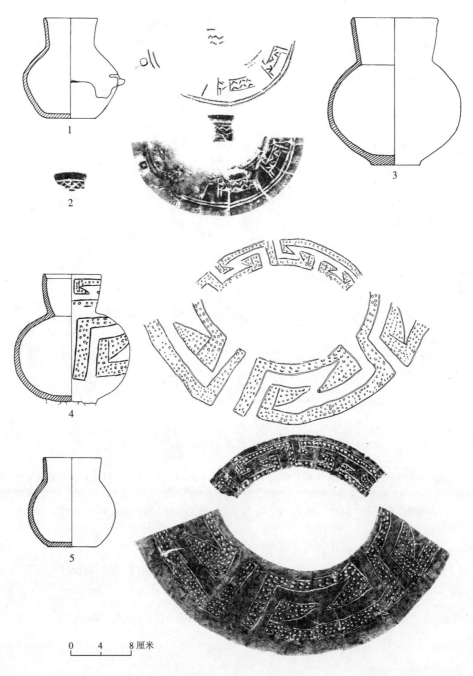

0　　4　　8厘米

图七三　M27 出土陶器

1. Aa 型平底纹饰壶（07SHⅡM27：17）　2. 篦点纹陶片（07SHⅡM27 标：1）　3. Ac 型长颈壶（07SHⅡM27：317）　4. 壶形鼎（07SHⅡM27：12）　5. Ab 型粗颈壶（07SHⅡM27：318）

Ac 型长颈壶 1件。07SHⅡM27：11，夹砂红陶，圆唇，敞口，束颈，圆肩，球腹，小平底，器底加厚，最大腹径微偏上，口径11.8、底径7、最大腹径18.7、高19.6厘米（图七三，3；图版三四，4）。

Ab 型粗颈壶 1件。07SHⅡM27：318，砂质红陶，器表有抹痕，尖唇，直口微敞，直颈，圆肩，鼓腹，平底，口径6.8、底径6.5、最大腹径11.52、高12厘米（图七三，5；图版三九，1）。

壶形鼎 1件。07SHⅡM27：12，夹砂红陶，器表磨光，尖唇，口沿内侧抹斜，敞口，束颈，圆肩，球腹，圜底，圆锥状实足，颈部及肩、腹部均施锥刺之字雷纹，足部残，口径8、最大腹径16、残高17厘米（图七三，4；图版四二，1）。

篦点纹陶片 1件。07SHⅡM27标：1，砂质红褐陶，为陶壶口沿，圆唇，口微侈，残高3.5、胎厚0.5厘米（图七三，2）。

陶塑 1件。07SHⅡM27：317，砂质红陶，扁圆柱体，残长5、宽2厘米（图七四，7）。

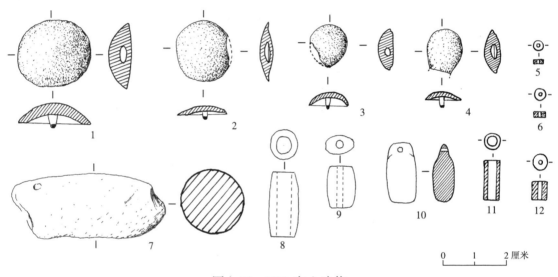

图七四 M27 出土遗物

1~4. Aa 型铜泡（07SHⅡM27：4，07SHⅡM27：44，07SHⅡM27：66，07SHⅡM27：43） 5. A 型黑石管（07SHⅡM27：170） 6、11、12. A 型白石管（07SHⅡM27：229，07SHⅡM27：58，07SHⅡM27：228） 7. 陶塑（07SHⅡM27：317） 8. 凝灰石管（07SHⅡM27：56） 9、10. 绿松石饰件（07SHⅡM27：53，07SHⅡM27：65）

3. 青铜器

Aa 型铜泡 4件，圆形或椭圆形，正面外凸，背面内凹，有桥形钮。07SHⅡM27：4，圆形，直径2.3厘米（图七四，1）；07SHⅡM27：44，椭圆形，长径1.9厘米（图七四，2）；07SHⅡM27：66，圆形，边缘略残，直径1.3厘米（图七四，3）；07SHⅡM27：43，椭圆形，一端有断茬，长径1.4厘米（图七四，4）。

（四）M32

位于发掘区西部。开口于3b层下，南侧被M20打破，北侧被M26打破。墓口长270、宽130、深 100 厘米，方向 130°。墓室填土中出土狗下颌骨。该墓内葬两具成年个体及一婴儿，保存状况良好，（1）号个体为男性，40 岁左右，仰身直肢，头向朝西北，面向上。（2）号个体为女性，45 岁左右，仰身直肢，右腿外撇，被压于男性个体之下，头向朝东南，面向上，左臂因被 M20 打破而不复存在，（3）号个体为一婴儿，位于女性头部右侧，骨骼保存较差，仅存部分头盖骨及乳牙，葬式不明。（2）号个体头部左侧随葬一压印篦点纹陶壶，（1）号个体头骨上方随葬有一颗马牙，腰部随葬有青铜刀和石镞（图七五；图版一四，1）。

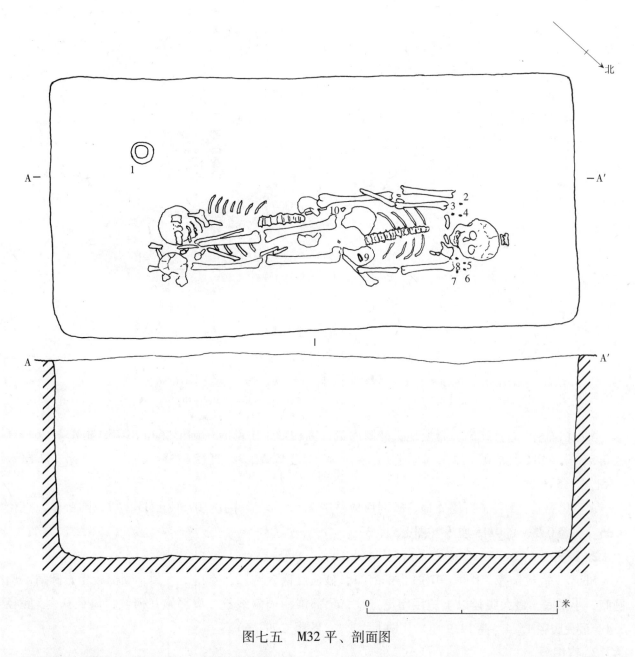

图七五　M32 平、剖面图

1. Bb 型平底纹饰壶（M32：1）　2. A 型黑石管（M32：2）　3~8. A 型白石管（M32：3，M32：4，M32：5，M32：6，M32：7，M32：8）　9. 铜刀（M32：9）　10. A 型石镞（M32：10）

1. 石器

A 型石镞　1 件。07SHⅡM32：10，青灰色页岩质地，磨制而成，三角形，凹底，镞尖中部有凸棱，向下渐平缓内凹，形成两条凸棱，长 3、宽 1.6 厘米（图七六，6）。

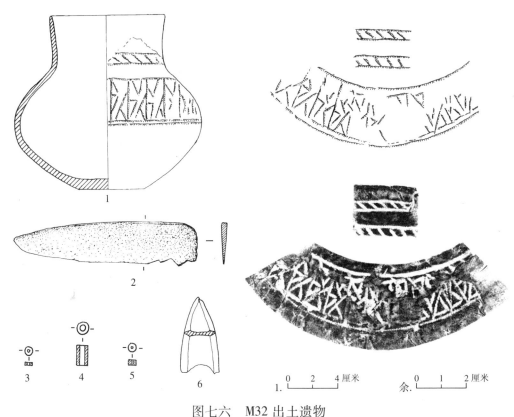

图七六　M32 出土遗物

1. Bb 型平底纹饰壶（07SHⅡM32：1）　2. 铜刀（07SHⅡM32：9）　3. A 型黑石管（07SHⅡM32：2）
4、5. A 型白石管（07SHⅡM32：6，07SHⅡM32：7）　6. A 型石镞（07SHⅡM32：10）

A 型白石管　6 件，高岭石质地，磨制而成，圆柱形，中部有一圆形穿孔。07SHⅡM32：6，直径 0.5、孔径 0.2、高 0.8 厘米（图七六，4）；07SHⅡM32：7，直径 0.35、孔径 0.1、高 0.2 厘米（图七六，5）。

A 型黑石管　1 件，石墨质地，磨制而成，中部有一圆形穿孔。07SHⅡM32：2，圆台体，直径 0.35、孔径 0.1、高 0.15 厘米（图七六，3）。

2. 陶器

Bb 型平底纹饰壶　1 件。07SHⅡM32：1，砂质红陶，圆唇，直口，直颈，颈部较粗，圆肩，扁圆腹，小平底，最大腹径以上施压印篦点纹，颈部饰两周斜线纹，肩部施几何纹，口径 9.4、底径 5.4、最大腹径 15.4、高 13.9 厘米（图七六，1；图版二四，6）。

3. 青铜器

铜刀　1 件。07SHⅡM32：9，刃部锋利，有磨蚀痕，背微弧，直刃，齿柄，长 7.6、宽 1.7 厘米（图七六，2；图版四九，3）。

三　单人二次葬

（一）M7

位于发掘区东南部。开口于 3a 层下，东南部墓口处被 H2 打破。墓口长 235、宽 120、深 75 厘米，方向 36°。该墓内南部填土为灰色花土，较松软；北部为黄色较纯净的土，且越接近墓底，黄色土的面积越大。该墓填土中由上至下均发现有散乱的人骨，保存状况较差，仅见下颌骨及若干肢骨。墓内最小个体数 1 具，成年，性别不明，随葬马牙、筒形罐、陶网坠、白石管、纺轮等，多为残器（图七七）。

图七七　M7 平、剖面图

1. A 型筒形罐（M7：4）　　2~5. A 型白石管（M7：1，M7：2，M7：6，M7：7）

1. 石器

A 型白石管　4 件，高岭石质地，磨制而成，圆柱形，中部有圆形穿孔。07SHⅡM7：6，直径 0.35、孔径 0.2、高 0.8 厘米（图七八，5）。

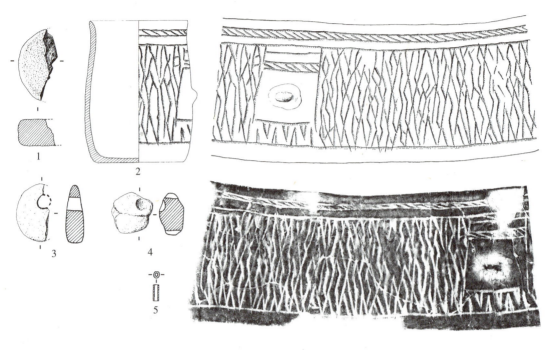

2.⊢—⊢—⊣厘米　　余.⊢—⊢—⊣厘米
0　2　4　　　　0　1　2

图七八　M7 出土遗物

1. A 型陶纺轮（07SHⅡM7：8）　2. A 型筒形罐（07SHⅡM7：4）　3. 陶网坠（07SHⅡM7：5）　4. 陶塑（07SH
ⅡM7：3）　5. A 型白石管（07SHⅡM7：6）

2. 陶器

A 型筒形罐　1 件。07SHⅡM7：4，砂质红褐陶，手制，圆唇，口微侈，直壁，腹微鼓，平底，中腹部一侧有一鋬耳，通体施压印篦点勾连纹，颈部施一圈戳印斜线纹，口径 10.8、底径 10.4、最大腹径 11.8、高 14.8 厘米（图七八，2；图版四一，1）。

A 型陶纺轮　1 件，手制。07SHⅡM7：8，砂质红褐陶，手制，圆饼形，残半，直径 3.8、厚 1.4 厘米（图七八，1）。

陶网坠　1 件。07SHⅡM7：5，砂质红褐陶，手制，圆饼形，上部有圆形穿孔，残半，直径 3 厘米（图七八，3）。

陶塑　1 件。07SHⅡM7：3，泥质灰褐陶，亚腰形，似为制作陶器的余泥，长 2.2、宽 2.1 厘米（图七八，4）。

（二）M10

位于发掘区北部。开口于 3a 层下，墓口南部被一条现代沟打破。墓口长 310、宽 172、深 90 厘米，方向20°。墓内填土为灰褐色五花土，上部深灰色，间杂部分浅黄色土，越往下浅黄色土越多，填土中夹杂少量烧骨碎块。该墓内最小个体数1人，无完整骨架，骨骼数量极少，保存状况也较差，仅见两根股骨、一块髂骨和少量残碎骨渣。墓内随葬长颈素面陶壶1件，位于墓室北端中部，另出土残破的泥塑1件（图七九）。

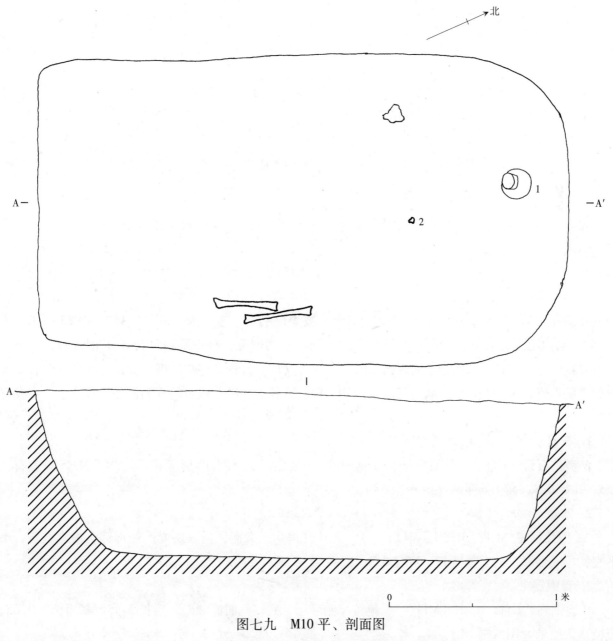

图七九　M10平、剖面图

1. Aa 型长颈壶（M10：2）　2. 陶塑（M10：1）

长颈素面陶壶　1件。07SHⅡM10：2，砂质红陶，尖圆唇，口沿内侧抹斜，直颈，中部微鼓，口微敛，圆肩，下腹斜直，平底，器底加厚，最大腹径处贴塑三个等距分布的盲耳，口径4.8、底径4.2、最大腹径10.2、高12.4厘米（图八〇，1；图版二八，3）。

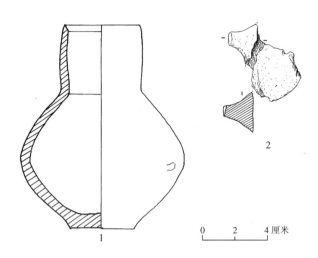

图八〇　M10 出土遗物

1. Aa 型陶壶（07SHⅡM10：2）　2. 陶塑（07SHⅡM10：1）

陶塑　1件。07SHⅡM10：1，砂质灰褐陶，兽头形，残长4.5厘米（图八〇，2）。

（三）M11

位于发掘区西南部。开口于3a层下，东南部被M13打破。墓口长260、宽150、深85厘米，方向25°。墓内填土为灰黄色，包含少量马牙、蚌壳等动物遗存，接近墓口处出土1枚骨管，内装骨针，因腐朽严重，骨针未保存下来。该墓内葬1成年女性，人骨保存状况极差，仅见牙齿、肢骨、髋骨等零星骨骼，无完整骨架。墓内还出土铜环、白石管各1件以及残破的素面陶壶，均在填土中发现（图八一）。

1. 石器

A 型白石管　1件，高岭石质地，磨制而成，圆柱形，中部有圆形穿孔。07SHⅡM11：2，直径0.6、孔径0.3、高1.6厘米（图八二，4）。

2. 陶器

Aa 型长颈壶　1件。07SHⅡM11 标：1，夹砂红褐陶，素面，器表磨光，颈部残，鼓腹微折，小平底，器底加厚，最大腹径17、底径6.2、残高11.6厘米（图八二，1）。

3. 青铜器

B 型铜环　1件。07SHⅡM11：3，范铸，圆环形，残，截面椭圆形，残长3.45、截面长径1.05、短径0.7厘米（图八二，3）。

4. 骨器

A 型骨管　1件。07SHⅡM11：1，以动物肢骨切割、磨制而成，圆筒形，器表刮磨光滑，两端打磨平整。管壁较薄，截面大致呈椭圆形，出土时内有残朽骨针，残长3.45、截面长径1.05、短径0.7厘米（图八二，2）。

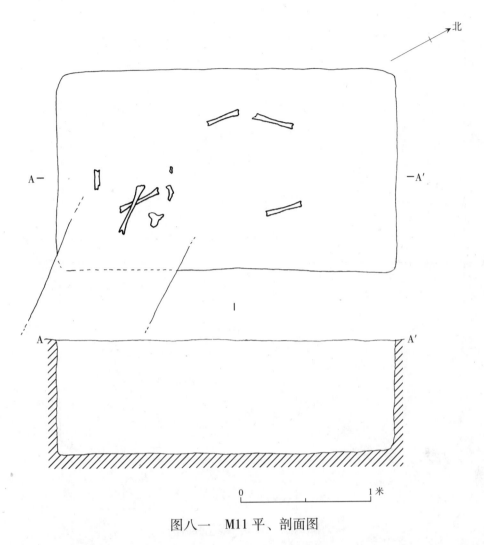

图八一 M11 平、剖面图

（四）M20

位于发掘区西部。开口于 3a 层下，墓北打破 M32。墓口长 220、宽 104、深 100 厘米，方向47°。人骨数量较少，保存状况较差，仅见头骨、肱骨、指骨、髋骨等，多零散分布于墓内填土中。墓室南部出土多块狗骨，包括头骨、肱骨、胫骨、尺骨等部位，此外填土中还见有猪的门齿。墓内最小个体数为 1 人，男性，成年。墓室中南部出土 1 件刻划纹陶钵残片，以及少量碎陶片（图八三）。

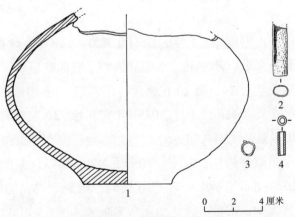

图八二 M11 出土遗物

1. Aa 型长颈壶（07SHⅡM11 标：1） 2. A 型骨管（07SHⅡM11：1） 3. B 型铜环（07SHⅡM11：3） 4. A 型白石管（07SHⅡM11：2）

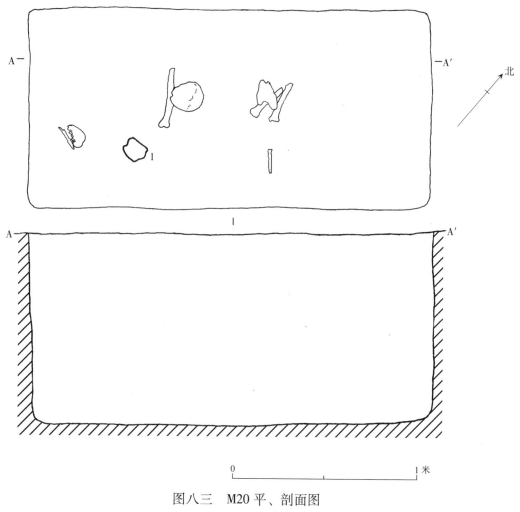

图八三　M20 平、剖面图

1. A 型陶钵（M20：1）

　　A 型陶钵　1 件。07SHⅡM20：1，夹砂红褐陶，尖唇微侈，敛口，深腹，最大腹径偏上，下腹斜直急收，小平底，下腹部饰四个竖向鸡冠耳，上腹部饰刻划之字雷纹及三角纹，口径9.8、底径6、最大腹径14、高10.6 厘米（图八四，1；图版四四，4）。

　　陶器口沿　1 件。07SHⅡM20 标：2，夹砂红褐陶，圆唇，直口，器表刻划弦纹，残高2.5、胎厚0.6 厘米（图八四，5）。

　　纹饰陶片　3 件。07SHⅡM20 标：5，夹砂红褐陶，饰刻划纹，胎厚0.4 厘米（图八四，4）；07SHⅡM20 标：3，夹砂红褐陶，饰刻划纹，胎厚0.5 厘米（图八四，2）；07SHⅡM20 标：4，砂质红褐陶，饰篦点纹，胎厚0.5 厘米（图八四，3）。

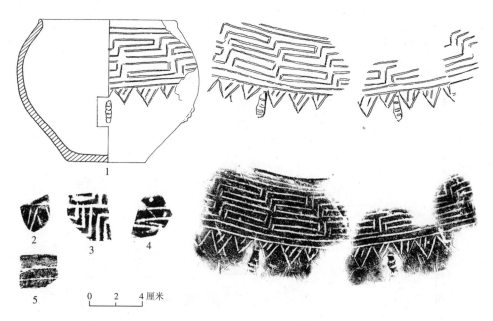

图八四　M20 出土遗物

1. A 型陶钵（07SHⅡM20：1）　　2~4. 纹饰陶片拓片（07SHⅡM20 标：3，07SHⅡM20 标：4，07SHⅡM20 标：5）　　5. 陶器口沿拓片（07SHⅡM20 标：2）

（五）M23

位于发掘区北部。开口于 3a 层下。墓口长 280、宽 160、深 70 厘米，方向 60°。填土为灰褐色。人骨保存状况较差，摆放散乱无序，填土中自上至下均有分布，颅骨和下颌骨位于墓室西北部，上肢骨位于墓底南部，下肢骨位于墓室东北角。墓内最小个体数 1 人，女性，35 岁左右，墓内随葬品较少，仅见 7 件白石管及陶豆柄、陶器口沿等残陶片散置于墓室填土中（图八五）。

1. 石器

A 型白石管　7 件，高岭石质地，磨制而成，圆柱形，中部有圆形穿孔。07SHⅡM23：5，直径 0.5、孔径 0.15、高 1 厘米（图八六，5）；07SHⅡM23：7，直径 0.5、孔径 0.2、高 0.7 厘米（图八六，6）。

2. 陶器

A 型陶豆　1 件。07SHⅡM23 标：3，夹砂红陶，残，仅存柄部，盘底直径 5.7、残高 6.4 厘米（图八六，4）。

陶壶口沿　1 件。07SHⅡM23 标：1，砂质红褐陶，颈部饰两周压印篦点网格纹，胎厚 0.45 厘米（图八六，1）。

篦点纹陶片　1 件。07SHⅡM23 标：2，砂质红褐陶，为陶壶腹片，胎厚 0.4 厘米（图八六，3）。

刻划纹陶片　1 件。07SHⅡM23 标：4，砂质红褐陶，胎厚 0.5 厘米（图八六，2）。

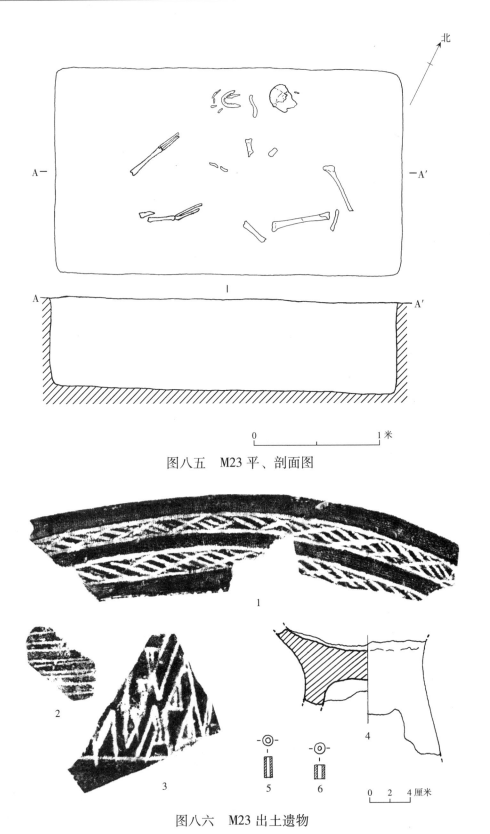

图八五　M23 平、剖面图

图八六　M23 出土遗物

1. 陶壶口沿（07SHⅡM23 标：1）　　2. 刻划纹陶片（07SHⅡM23 标：4）　　3. 篦点纹陶片（07SHⅡM23 标：2）
4. A 型陶豆（07SHⅡM23 标：3）　　5、6. A 型白石管（07SHⅡM23：5，07SHⅡM23：7）

（六）M25

位于发掘区东部。开口于3a层下。墓口长365、宽230、深95厘米，方向30°。该墓人骨保存状况较差，大量骨骼位于墓室填土中的不同深度，墓底所见不多。墓内人骨最小个体数为1人，据人骨鉴定为女性，45岁左右。填土中出土大量烧骨块及猪臼齿、马下颌骨等动物遗存。墓内随葬4件素面陶壶，其中3件位于墓室南部，东西向等距排布，另1件由墓内填土中出土的陶器碎片拼对而成，此外还出土有黑石管、白石管、凝灰岩石珠、铜片、铜饰件、铜泡、铜镞、角镞、陶塑等遗物（图八七）。

1. 石器

A 型白石管　38件，高岭石质地，磨制而成，圆柱形，中部有圆形穿孔。07SH Ⅱ M25：34，直

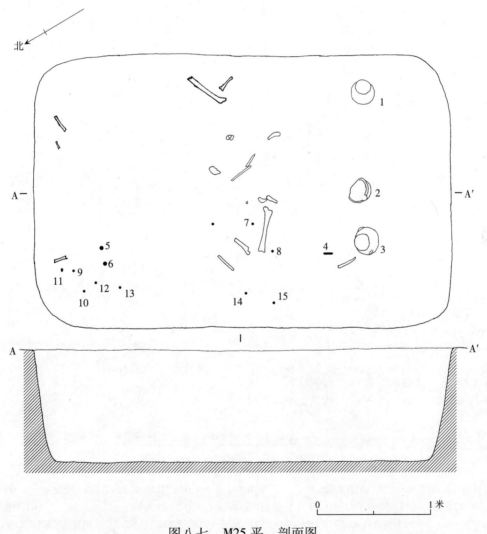

图八七　M25平、剖面图

1. Aa 型长颈壶（M25：70）　　2. Bb 型长颈壶（M25：71）　　3. A 型钵口壶（M25：69）　　4. Ad 型角镞（M25：72）　　5、6. Aa 型铜泡（M25：46，M25：47）　　7~10. A 型白石管（M25：55，M25：56，M25：64，M25：65）　　11、12. 白石珠（M25：57，M25：58）　　13~15. A 型黑石管（M25：59，M25：60，M25：61）

径0.45、孔径0.3、高1.3厘米（图八八，16）；07SHⅡM25：19，直径0.4、孔径0.15、高1.5厘米（图八八，19）；07SHⅡM25：64，直径0.35、孔径0.15、高0.35厘米（图八八，17）；07SHⅡM25：74，直径0.45、孔径0.2、高0.2厘米（图八八，18）。

A型黑石管　8件，石墨质地，磨制而成，圆柱形，中部有圆形穿孔。07SHⅡM25：11，直径0.45、孔径0.15、高0.4厘米（图八八，22）；07SHⅡM25：61，直径0.45、孔径0.2、高0.15厘米（图八八，21）。

白石珠　9件。07SHⅡM25：58，高岭石质地，磨制而成，算珠形，最大径0.4、孔径0.2、高

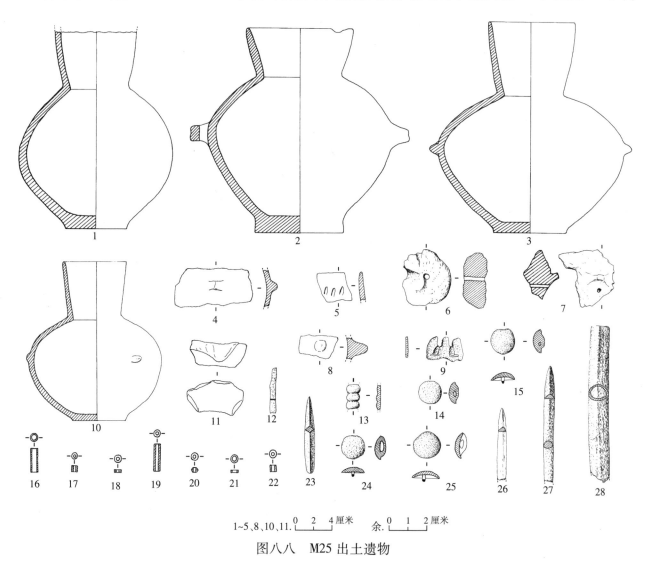

1~5、8、10、11.　0　2　4厘米　　余.　0　1　2厘米

图八八　M25 出土遗物

1、10. Aa 型长颈壶（07SHⅡM25：70，07SHⅡM25：68）　2. A 型钵口壶（07SHⅡM25：69）　3. Bb 型长颈壶（07SHⅡM25：71）
4、8. 陶器耳（07SHⅡM25 标：3，07SHⅡM25 标：4）　5. 叠唇陶器口沿（07SHⅡM25 标：2）　6. A 型陶纺轮（07SHⅡM25：75）　7.
陶塑（07SHⅡM25：76）　9. C 型铜饰件（07SHⅡM25：40）　11. 鬲裆（07SHⅡM25 标：5）　12. 铜片（07SHⅡM25：3）　13. Ab 型
铜饰件（07SHⅡM25：6）　14、15、24、25. Aa 型铜泡（07SHⅡM25：15，07SHⅡM25：25，07SHⅡM25：47，07SHⅡM25：46）
16~19、A 型白石管（07SHⅡM25：34，07SHⅡM25：64，07SHⅡM25：74，07SHⅡM25：19）　20. 白石珠（07SHⅡM25：58）　21、
22. A 型黑石管（07SHⅡM25：61，07SHⅡM25：11）　23. A 型铜镞（07SHⅡM25：42）　26、27. Ad 型角镞（07SHⅡM25：48，07SH
ⅡM25：72）　28. A 型骨管（07SHⅡM25：53）

0.3 厘米（图八八，20）。

2. 陶器

长颈壶 3 件，分二型。

Aa 型长颈壶　2 件。07SH Ⅱ M25：68，砂质红陶，素面，圆唇，敞口，长颈，束颈，圆肩，扁圆腹，平底，器底加厚，最大腹径处贴塑三个突出的盲耳，等距分布，口径 6.4、最大腹径 13.8、高 15.6 厘米（图八八，10；图版三〇，4）；07SH Ⅱ M25：70，夹砂红褐陶，素面，口沿残，敞口，束颈，圆肩，球腹，平底，器底加厚，口径 9、底径 6.8、最大腹径 17、高 21 厘米（图八八，1；图版三〇，3）。

Bb 型长颈壶　1 件。07SH Ⅱ M25：71，夹砂黄褐陶，素面，器表磨光，施红陶衣，圆唇，敞口，长颈，束颈，圆肩，扁圆腹，平底，器底加厚，最大腹径处饰两个对称的盲耳，口径 9.2、底径 7.8、最大腹径 20、高 22 厘米（图八八，3；图版三六，2）。

A 型钵口壶　1 件。07SH Ⅱ M25：69，夹砂红褐陶，素面，圆唇，敞口，圆肩，最大腹径偏上，腹微折，下腹斜直内收，台底，最大腹径处两侧各有一横向桥形耳，口径 11.6、底径 9.6、最大腹径 20、高 21.6 厘米（图八八，2；图版三七，3）。

鬲裆　1 件。07SH Ⅱ M25 标：5，夹砂红褐陶，残宽 6、厚 2.4 厘米（图八八，11）。

叠唇陶器口沿　1 件。07SH Ⅱ M25 标：2，夹砂红褐陶，圆唇，直口，残高 3、厚 0.5 厘米（图八八，5）。

陶器耳　2 件。07SH Ⅱ M25 标：3，桥形盲耳，砂质红褐陶，耳长 1.6、宽 0.9 厘米（图八八，4）；07SH Ⅱ M25 标：4，乳突状耳，夹砂红褐陶，耳直径 1.2 厘米（图八八，8）。

A 型陶纺轮　1 件。07SH Ⅱ M25：75，砂质红褐陶，圆饼形，边缘残，直径 2.8、厚 1.3、孔径 0.5 厘米（图八八，6）。

陶塑　1 件。07SH Ⅱ M25：76，砂质黄褐陶，残宽 3 厘米（图八八，7）。

3. 青铜器

A 型铜镞　1 件。07SH Ⅱ M25：42，范铸，四棱形镞身，截面呈菱形，镞尖微残，长 4、最宽处 0.6 厘米（图八八，23；图版四八，9）。

铜饰件 2 件，共二型。

Ab 型　1 件。07SH Ⅱ M25：6，范铸，三联珠形，正面弧凸，背面平，长 1.3、宽 0.6、厚 0.2 厘米（图八八，13）。

C 型　1 件。07SH Ⅱ M25：40，范铸，"山"字形，有两个横向长方形穿孔，孔内残存有缝缀的麻线，长 2、宽 1.1、厚 0.1 厘米（图八八，9；图版五一，5）。

Aa 型铜泡　4 件，范铸，圆形，正面外凸，背面内凹，有桥形钮。07SH Ⅱ M25：15，圆形，直径 1.2 厘米（图八八，14）；07SH Ⅱ M25：25，圆形，直径 1.3 厘米（图八八，15）；07SH Ⅱ M25：46，圆形，钮偏于一侧，直径 1.5 厘米（图八八，25）；07SH Ⅱ M25：47，圆形，直径 1.2 厘米（图八八，24）。

铜片　1 件。07SH Ⅱ M25：3，范铸，长条形，残，残长 2.3、宽 0.3、厚 0.1 厘米（图八八，12）。

4. 骨角器

A 型骨管　1 件，以动物肢骨切割、磨制而成，圆筒形，用以盛装骨针，器表刮磨光滑，两端打磨平整。07SHⅡM25：53，一端残断，残长 8.4 厘米，截面椭圆形，长径 1 厘米（图八八，28）。

Ad 型角镞　2 件，三棱形镞尖。07SHⅡM25：48，上端弧刃，下端直刃，与铤同宽，铤部残，残长 4、宽 0.6 厘米（图八八，26）；07SHⅡM25：72，上端弧刃，下端直刃，与铤同宽，铤前段为圆柱形，后段为扁铲形，铤尾残，残长 6.1 厘米（图八八，27）。

（七）M31

位于发掘区南部。开口于 3a 层下。墓口长 240、宽 140、深 20 厘米，方向 10°。该墓内葬一小孩，骨骼埋葬无规律，保存状况极差，仅残存下颌骨脊椎骨及少量肋骨，均腐蚀严重，较集中地埋葬于墓室北部，多数已被随葬铜器上的铜锈浸染成绿色。与人骨同出的还有铜泡、白石管、绿松石饰件等。墓中部随葬压印篦点纹陶壶及单耳杯，南端随葬素面陶壶及陶钵各 1 件（图八九）。

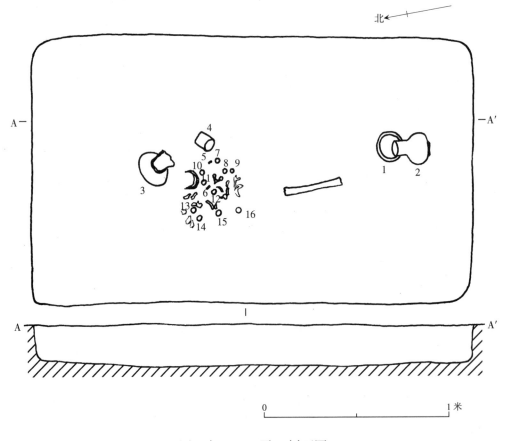

图八九　M31 平、剖面图

1. C 型陶钵（M31：3）　2. Aa 型长颈壶（M31：2）　3. Cb 型平底纹饰壶（M31：4）　4. B 型单耳杯（M31：5）　5、6. A 型白石管（M31：23，M31：24）　7～16. Aa 型铜泡（M31：6，M31：7，M31：13，M31：14，M31：15，M31：16，M31：17，M31：18，M31：21，M31：22）

1. 石器

绿松石饰件　1件。07SHⅡM31：1，圆台体，磨制而成，中部有圆形穿孔，长0.3、直径0.4、孔径0.1厘米（图九一，12）。

A型白石管　8件，高岭石质地，磨制而成，圆柱形，中部有圆形穿孔。07SHⅡM31：9，截面直径0.4、孔径0.15、高0.9厘米（图九一，11）。

2. 陶器

Cb型平底纹饰壶　1件。07SHⅡM31：4，砂质红陶，器表磨光，圆唇，敞口，溜肩，折腹，斜

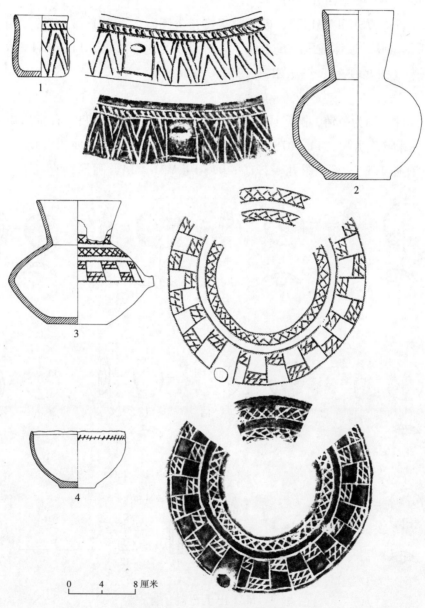

图九〇　M31 出土陶器

1. B型单耳杯（07SHⅡM31：5）　2. Aa型长颈壶（07SHⅡM31：2）　3. Cb型平底纹饰壶（07SHⅡM31：4）　4. C型陶钵（07SHⅡM31：3）

直腹，平底，颈部及肩部施压印篦点纹，以菱格纹及方格纹为主纹，口径 10、底径 7.2、最大腹径 16.8、高 14.6 厘米（图九〇，3；图版二五，4）。

Aa 型长颈壶　1 件。07SHⅡM31：2，夹砂红褐陶，器表磨光，尖圆唇，口沿内侧抹斜，敞口，长颈，束颈，圆肩，扁圆腹，平底，器底加厚，口径 8.8、底径 8、最大腹径 16、高 19.6 厘米（图九〇，2；图版三二，4）。

C 型陶钵　1 件。07SHⅡM31：3，砂质黄褐陶，器表磨光，尖圆唇，叠唇，口沿内侧抹斜，口微敛，深腹，下腹急收，小平底，器底加厚，叠唇外侧饰一周左斜向指甲纹，口径 11.2、底径 4.2、高 6.6 厘米（图九〇，4；图版四五，1）。

B 型单耳杯　1 件。07SHⅡM31：5，砂质红褐陶，尖圆唇，直口微侈，弧壁，下腹微鼓，平底，上腹部一侧施一舌形錾耳，通体施压印篦点纹，以折线纹为主体纹饰，口径 6.4、底径 5.6、最大腹径 6.8、高 7.2 厘米（图九〇，1；图版四三，2）。

3. 青铜器

Aa 型铜泡　10 件，均为范铸，圆形或椭圆形，正面外凸，背面内凹，有桥形钮。07SHⅡM31：6，圆形，直径 1 厘米（图九一，4）；07SHⅡM31：7，椭圆形，长径 1 厘米（图九一，8）；07SHⅡM31：13，圆形，直径 1.1 厘米（图九一，1）；07SHⅡM31：14，圆形，直径 1.1 厘米（图九一，

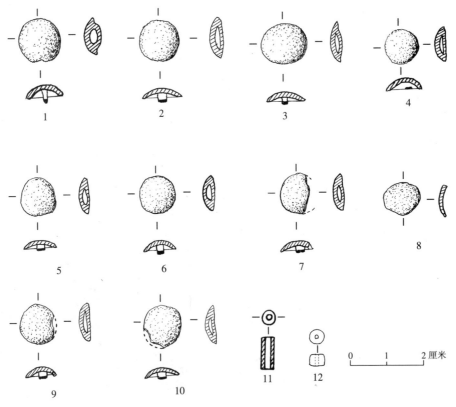

图九一　M31 出土石器、青铜器

1~10. Aa 型铜泡（07SHⅡM31：13，07SHⅡM31：14，07SHⅡM31：15，07SHⅡM31：6，07SHⅡM31：16，07SHⅡM31：17，07SHⅡM31：18，07SHⅡM31：7，07SHⅡM31：21，07SHⅡM31：22）　11. A 型白石管（07SHⅡM31：9）　12. 绿松石饰件（07SHⅡM31：1）

2）；07SHⅡM31：15，椭圆形，长径1.2厘米（图九一，3）；07SHⅡM31：16，椭圆形，长径1厘米（图九一，5）；07SHⅡM31：17，圆形，直径1厘米（图九一，6）；07SHⅡM31：18，椭圆形，长径1.1厘米（图九一，7）；07SHⅡM31：21，椭圆形，长径1.1厘米（图九一，9）；07SHⅡM31：22，圆形，直径1.1厘米（图九一，10）。

（八）M37

位于发掘区中北部。开口于3a层下。墓口长260、宽150、深80厘米，方向26°。填土土色偏黄。墓内葬一儿童，骨骼保存状况较差，仅见残破的头骨及若干残碎骨渣，颅骨位于墓葬南端中部，其南部10厘米处随葬1件粗颈素面陶壶，壶腹部残留有一圆孔，似有流部，躺置于墓中，口朝北，底朝南（图九二）。

Aa型粗颈壶　1件。07SHⅡM37：1，砂质红褐陶，素面，圆唇，直颈，口微敞，溜肩，鼓腹，平底，最大腹径处一侧有一透孔，口径5.4、最大腹径7.2、高8厘米（图九二，1；图版三八，3）。

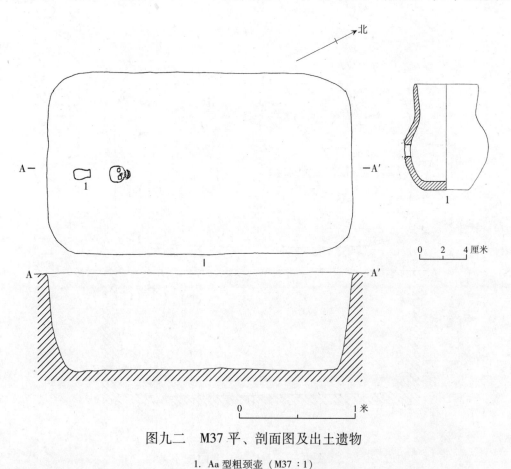

图九二　M37平、剖面图及出土遗物

1. Aa型粗颈壶（M37：1）

四　多人二次葬

（一）M1

位于发掘区东南部。开口于 3a 层下。墓口长 270、宽 145、深 110 厘米，方向 38°。墓口西侧中部有竖置朽木痕迹，截面直径 8 厘米，可能为墓葬的地上标识。墓口中部土色深黑，向外渐浅，深黑色土中可见少量人骨和牛的臼齿及跖骨，填土中出土半个压印篦点纹筒形罐，墓内人骨保存状况较差，仅存残缺的颅骨、下颌骨，少量肋骨和股骨、髂骨、髌骨。通过对出土于填土内的两件下颌骨的鉴定，可知该墓人骨最小个体数 2 人：一为男性，40 岁左右，一为女性，25 岁左右。墓室北端中部随葬压印篦点纹筒形罐 1 件，东北角随葬陶壶、陶钵，青铜坠饰各 1 件，填土中及墓底出土铜镞、铜刀、铜泡、角镞等小件器物，此外还出土少量白石管和黑石管，均无规律地散布于墓底或墓室填土中，应为成串的饰品（图九三；图版一四，2）。

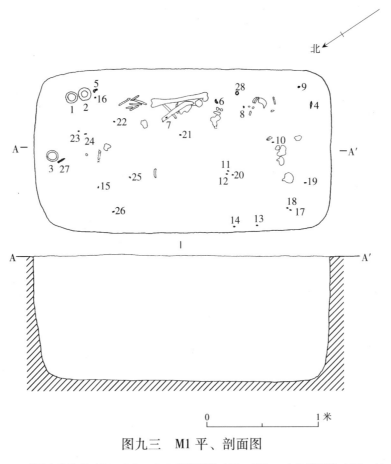

图九三　M1 平、剖面图

1. A 型陶钵（M1：35）　2. Aa 型平底纹饰壶（M1：34）　3. B 型筒形罐（M1：38）　4. B 型铜镞（M1：1）　5. A 型铜坠饰（M1：30）　6. 铜刀（M1：3）　7、8、10 ~ 16. A 型白石管（M1：14，M1：22，M1：18，M1：19，M1：12，M1：26，M1：28，M1：29，M1：31）　9、17. B 型白石管（M1：17，M1：32）　18. B 型黑石管（M1：25）　19 ~ 26. A 型黑石管（M1：27，M1：20，M1：21，M1：22，M1：23，M1：24，M1：16，M1：33）　27. Ba 型角镞（M1：11）　28. Aa 型铜泡（M1：36）

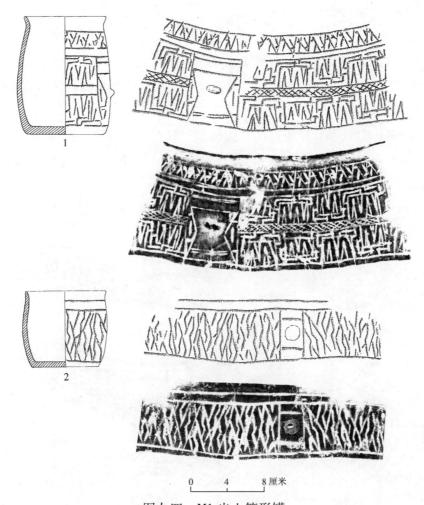

图九四　M1 出土筒形罐

1. A 型 （07SHⅡM1：37）　　2. B 型 （07SHⅡM1：38）

1. 石器

白石管 17 件，高岭石质地，磨制而成，中部有圆形穿孔，分二型。

A 型　15 件，圆柱形，单孔。07SHⅡM1：12，直径 0.4、孔径 0.2、高 0.6 厘米（图九六，8）；07SHⅡM1：26，直径 0.35、孔径 0.2、高 0.2 厘米（图九六，6）；07SHⅡM1：28，直径 0.4、孔径 0.25、高 1 厘米（图九六，7）。

B 型　2 件，梭形，双孔。07SHⅡM1：17，长 0.7、宽 0.4、厚 0.2、孔径 0.15、孔间距 0.2 厘米（图九六，4）；07SHⅡM1：32，长 0.8、宽 0.4、厚 0.2、孔径 0.2、孔间距 0.15 厘米（图九六，5）。

黑石管 12 件，石墨质地，磨制而成，中部有圆形穿孔，分二型。

A 型　11 件，圆柱形，单孔。07SHⅡM1：15，直径 0.35、孔径 0.2、高 0.2 厘米（图九六，12）；07SHⅡM1：23，直径 0.45、孔径 0.15、高 0.1 厘米（图九六，13）。

B 型　1 件，梭形，双孔。07SHⅡM1：25，长 0.85、宽 0.5、厚 0.25、孔径 0.2、孔间距 0.15 厘米（图九六，3）。

2. 陶器

筒形罐2件，分二型。

A型　1件。07SHⅡM1：37，砂质红褐陶，尖圆唇，侈口，弧壁，下腹微鼓，大平底，下腹部一侧贴塑一乳突状耳，通体施压印篦点纹，以勾连纹为主纹，以弦纹将纹饰横向分为三个区，口径8.6、底径8、最大腹径10、高12.4厘米（图九四，1；图版四一，3）。

B型　1件。07SHⅡM1：38，砂质红陶，尖圆唇，口微侈，弧壁，腹微鼓，平底，中腹部一侧贴塑一耳，耳缺失，故形制不明，通体施压印篦点勾连纹，口径8.7、底径3.6、最大腹径9.4、高8厘米（图九四，2；图版四一，4）。

A型陶钵　1件。07SHⅡM1：35，砂质黄褐陶，圆唇，敛口，折腹，下腹急收，小平底，上腹

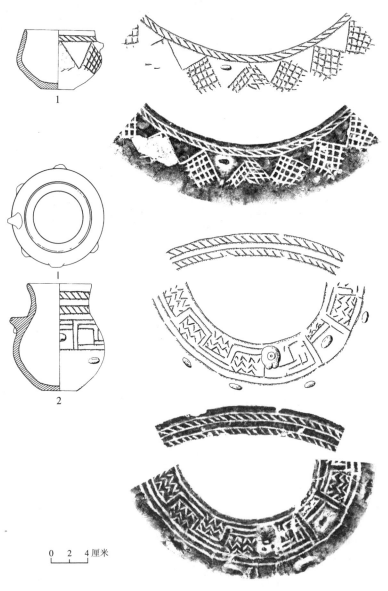

0　2　4厘米

图九五　M1出土陶钵、陶壶

1. A型陶钵（07SHⅡM1：35）　　2. Aa型平底纹饰壶（07SHⅡM1：34）

部一侧有一鋬耳，施压印篦点纹，口沿外施一周斜线纹，腹部饰菱形网格纹，口径7.8、底径3.5、最大腹径9.4、高6.2厘米（图九五，1；图版四四，1）。

Aa型平底纹饰壶　1件。07SHⅡM1∶34，砂质黄褐陶，圆唇，侈口，曲颈，圆肩，鼓腹，小平底，肩部一侧饰一耳，与该耳呈90°角处有一流，最大腹径下部有4个小鋬耳，间距不等，最大腹径以上施压印篦点纹，肩部施波折纹，以双线"之"字纹分隔成六个区，口径7.2、底径4、最大腹径10、高11.2厘米（图九五，2；图版二二，3）。

3. 青铜器

B型铜镞　1件。07SHⅡM1∶1，柳叶形，弧刃，一侧微残，脊截面圆形，上端较细，向下渐粗，镞铤微残，表面有竖向打磨痕，残长4.9、最宽处1.7、脊厚0.5厘米（图九六，10；图版四八，1）。

铜刀　1件。07SHⅡM1∶3，翘锋，直背，弧刃，刃部微残，后端有齿状豁口，用作安装刀柄，残长3.8、宽1.1厘米（图九六，2；图版四九，1）。

A型铜泡　1件。07SHⅡM1∶36，范铸，圆形，正面外凸，背面内凹，有桥形钮，直径2.9厘米（图九六，1）。

A型铜坠饰　1件。07SHⅡM1∶30，范铸，长条形，中间有凹槽，上端有椭圆形固定孔，下端

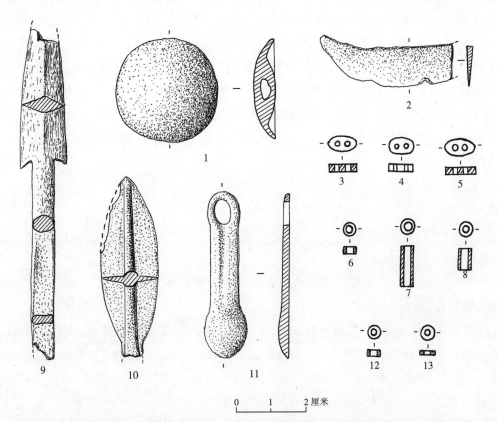

图九六　M1出土石器、青铜器、骨角器

1. Aa型铜泡（07SHⅡM1∶36）　2. 铜刀（07SHⅡM1∶3）　3. B型黑石管（07SHⅡM1∶25）　4、5. B型白石管（07SHⅡM1∶17，07SHⅡM1∶32）　6~8. A型白石管（07SHⅡM1∶26，07SHⅡM1∶28，2007SHⅡM1∶12）　9. Ba型角镞（07SHⅡM1∶11）　10. B型铜镞（07SHⅡM1∶1）　11. A型铜坠饰（07SHⅡM1∶30）　16、17. A型黑石管（07SHⅡM1∶15，2007SHⅡM1∶23）

为椭圆形，长4.6、厚0.2厘米（图九六，11；图版五〇，7）。

4. 角器

Ba 型角镞　1件。07SHⅡM1：11，四棱形镞尖，前锋残，直刃，后锋尖锐，铤前部为圆柱形，后部为扁铲形，铤尾残，残长9.2、宽1.3厘米（图九六，9）。

（二）M2

位于发掘区南部。开口于3a层下。墓口长345、宽190、深80厘米，方向15°。该墓为经多次埋葬，最小个体数9人，分上下两层埋葬。上层深26厘米，在30厘米深处填土中出土马臼齿，底部葬有三块不完整的头盖骨及一个下颌骨、半截肢骨、一块髂骨，保存状况较差，经鉴定为2个个体，（1）号个体为男性，35～40岁，（2）号个体为20～25岁，性别不明（图九七；图版一五，1）；下层深80厘米，墓底葬5具较完整骨架，3具头向朝南，2具头向朝北，骨骼保存状况较好。除最底层头向朝北的个体之外，其他个体均未发现头骨。5具个体叠压两层埋葬，底层葬3人，其中1具头向朝北，2具头向朝南，头向朝北的个体即（7）号个体为男性，30～35岁，仰身直肢，头向朝南的两具并排放置，仰身直肢，（8）号个体为成年女性，（9）号个体为成年男性；上层2具头向相反，西侧个体即（5）号个体头向朝南，男性，25岁左右，东侧个体即（6）号个体头向朝北，成年女性。另有2具乱葬骨架位于墓室东南端，叠压于一次葬人骨之上，骨骼保存状况较差，其中，（3）号个体男性；35岁左右，（4）号个体女性，25～30岁左右，其中有一具下体向后弯折，呈侧身屈肢状。墓底北部人骨头端随葬一砂质红褐色压印篦点纹陶壶和一块蚌壳，因粉化严重，无法提取，南端随葬三个压印篦点纹陶壶，自东向西等距排列，两件红褐色压印篦点纹陶壶保存完整，西端一件砂质黑色压印篦点纹陶壶因粉化严重，无法提取。人骨股骨两侧出土大量角镞，填土及墓底零散出土大量白石管和黑石管及少量玛瑙饰件（图九七；图版一五，2）。

1. 石器

绿松石饰件　1件。07SHⅡM2：48，磨制而成，扁圆柱体，中间穿孔，通长0.5、宽1、孔径0.3厘米（图九九，7）。

玛瑙珠　1件。07SHⅡM2：50，枣红色，磨制而成，圆台体，中间穿孔，长0.6、直径1.15、孔径0.4厘米（图九九，6）。

A 型白石管　37件，高岭石质地，磨制而成，圆柱形，中部有圆形穿孔。07SHⅡM2：4，直径0.45、孔径0.15、高0.25厘米（图九九，10）；07SHⅡM2：33，直径0.5、孔径0.2、高0.75厘米（图九九，8）；07SHⅡM2：16，直径0.55、孔径0.25、高0.15厘米（图九九，9）；07SHⅡM2：29，直径0.45、孔径0.2、高1厘米（图九九，3）。

A 型黑石管　5件，石墨质地，磨制而成，圆柱形，中部有圆形穿孔。07SHⅡM2：2，直径0.4、孔径0.2、高0.3厘米（图九九，11）。

2. 陶器

平底纹饰壶4件，分二型。

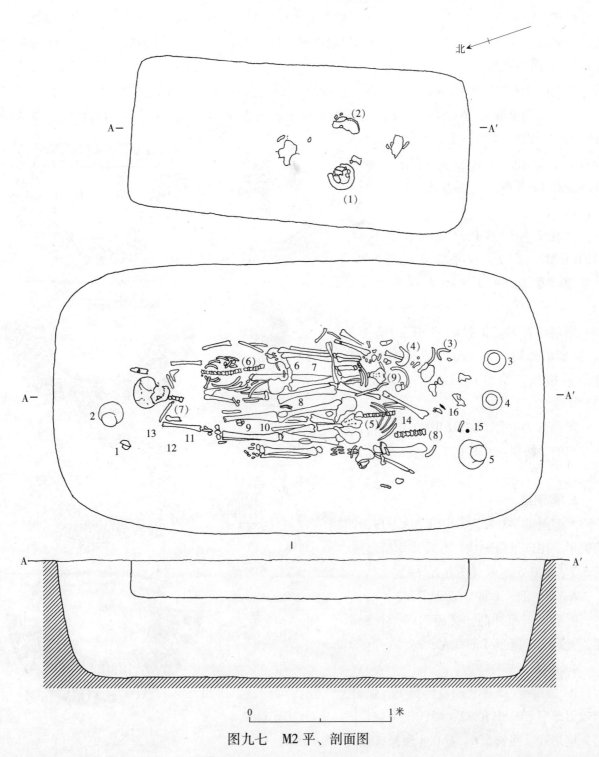

图九七　M2 平、剖面图

1. 蚌壳（残）　2～5. 陶壶（未采集，M2∶36，M2∶37，M2 标∶1）　6、7. Bc 型角镞（M2∶45，M2∶49）　8～12、14. A 型白石管（M2∶33，M2∶46，M2∶47，M2∶41，M2∶43，M2∶44）　13. A 型黑石管（M2∶26）　15. Aa 型铜泡（M2∶7）　16. A 型铜锥（M2∶19）

Ab 型　1 件。07SHⅡM2：36，砂质红褐陶，圆唇，侈口，曲颈，圆肩，鼓腹，平底，口沿处有一竖桥耳，宽 19 厘米，最大腹径偏下处贴塑三对圆饼形耳，等距分布，施压印篦点纹，颈部饰菱格纹，肩部饰折线三角纹，中腹部施鹿纹，口沿微残，口径 7、底径 5、最大腹径 10.6、高 11 厘米（图九八，4；图版二四，2）。

Ba 型　1 件。07SHⅡM2：37，砂质红褐陶，圆唇，直口，直颈，斜肩，折腹，下腹斜直内收，小平底，上腹部有一鋬耳，最大腹径以上施压印篦点纹，颈部饰方格纹和斜线纹，肩部以波折纹为主，以压印线条填充地纹，颈部部分残缺，口径 7、底径 4.6、最大腹径 11.8、高 12.8 厘米（图九八，1；图版二五，1）。

另有 2 件因残朽严重，形制不明。07SHⅡM2 标：1，仅采集到口沿一片，砂质黑陶，胎厚 0.5 厘米（图九八，3）。

刻划纹陶片　1 件。07SHⅡM2 标：2，夹砂红褐陶，为大型陶器腹片，器表刻划网格纹，胎厚 0.5 厘米（图九八，2）。

陶器耳　1 件。07SHⅡM2 标：3，砂质红褐陶，桥形耳，耳宽 1 厘米（图九九，1）。

3. 青铜器

A 型铜锥　1 件。07SHⅡM2：19，四棱锥形，尾部呈扁铲状，有安装木柄痕迹，长 5.7、宽 0.5 厘米（图九九，4）。

Aa 型铜泡　1 件。07SHⅡM2：7，范铸，圆形，正面外凸，背面内凹，有桥形钮，直径 1.2 厘米（图九九，2）。

4. 角器

Bc 型角镞　2 件，四棱形镞尖，弧刃，铤较刃部窄。07SHⅡM2：45，铤为扁长方形，尾端残，残长 5.6、宽 0.8 厘米（图九九，5）；07SHⅡM2：49，铤为圆柱形，尾端残，残长 9.1、宽 0.7 厘米（图九九，12）。

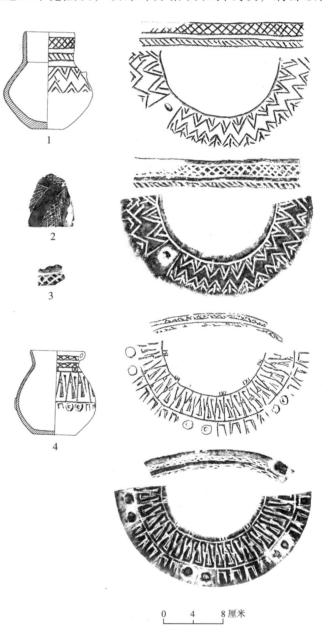

0　4　8 厘米

图九八　M2 出土陶器

1. Ba 型平底纹饰壶（07SHⅡM2：37）　2. 刻划纹陶片（07SHⅡM2 标：2）　3. 陶壶口沿（07SHⅡM2 标：1）　4. Ab 型平底纹饰壶（07SHⅡM2：36）

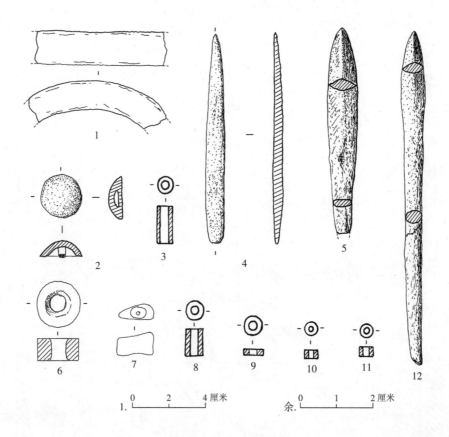

图九九 M2 出土遗物

1. 陶器耳（07SHⅡM2 标：3） 2. Aa 型铜泡（07SHⅡM2：7） 3、8~10. A 型白石管（07SHⅡM2：29，07SHⅡM2：33，07SHⅡM2：16，07SHⅡM2：4） 4. A 型铜锥（07SHⅡM2：19） 5、12. Bc 型角镞（07SHⅡM2：45，07SHⅡM2：49） 6. 玛瑙珠（07SHⅡM2：50） 7. 绿松石饰件（07SHⅡM2：48） 11. A 型黑石管（07SHⅡM2：2）

（三）M3

位于发掘区东南部。开口于 3a 层下。长 340、宽 210、深 105 厘米，方向 28°。墓口南侧中部有竖置朽木痕迹，截面直径 5.5 厘米，可能为墓葬的地上标识。填土中部及上部较黑且松软，下部土色偏黄，致密。填土中即可见少量人骨和牛骨骼，人骨保存状况较差，仅存残缺的颅骨，少量肋骨和股骨、髂骨、髌骨。该墓内最小个体数 2 具，成年，因保存状况太差，无法做性别年龄鉴定。墓内随葬压印篦点纹陶壶 1 件，铜镞 1 件，并出土少量白石管和黑石管，可能是成串的饰品，均无规律地散布于墓底或墓室填土中（图一〇〇）。

1. 石器

白石珠 1 件，高岭石质地，磨制而成，算珠形。07SHⅡM3：7，最大径 0.3、孔径 0.1、厚 0.12 厘米（图一〇一，3）。

A 型白石管 2 件，高岭石质地，磨制而成，圆柱形，中部有圆形穿孔。07SHⅡM3：4，直径

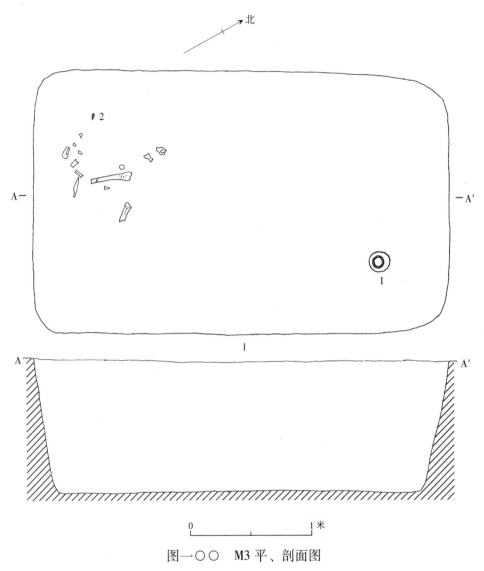

图一〇〇 M3 平、剖面图

1. Aa 型平底纹饰壶（M3：6）   2. B 型铜镞（M3：1）

0.4、孔径 0.2、高 0.3 厘米（图一〇一，4）。

A 型黑石管 2 件，石墨质地，磨制而成，圆柱形，中部有圆形穿孔。07SHⅡM3：5，直径 0.3、孔径 0.15、高 0.35 厘米（图一〇一，5）。

2. 陶器

Aa 型平底纹饰壶 1 件。07SHⅡM3：6，砂质红褐陶，圆唇，侈口，曲颈，鼓腹，平底，最大腹径偏上处有一盲耳，最大腹径以上施压印篦点纹，颈部为两圈斜线纹，肩上部饰一周斜线纹，下部施蕉叶纹，以斜线"之"字纹分隔，口径 8.2、底径 5.2、最大腹径 13.5、高 14 厘米（图一〇一，1；图版二三，2）。

3. 青铜器

B 型铜镞 1 件。07SHⅡM3：1，柳叶形，弧刃，脊两侧有血槽，铤截面大致呈椭圆形，尾端残，残长 2.7、镞身长 2.2、宽 1.1、铤长 0.5、铤截面直径 0.3 厘米（图一〇一，2；图版四八，2）。

0　2　4厘米
1.
余.
0　1　2厘米

图一〇一　M3 出土遗物

1. Aa 型平底纹饰壶（07SHⅡM3：6）　2. B 型铜镞（07SHⅡM3：1）　3. 白石珠（07SHⅡM3：7）　4. A 型白石管（07SHⅡM3：4）　5. A 型黑石管（07SHⅡM3：5）

（四）M4

位于发掘区西南部。开口于 3a 层下。长 370、宽 150、深 110 厘米，方向 35°。墓口南侧有竖置朽木痕迹，截面直径 5 厘米，可能为墓葬的地上标识。该墓在填土中即发现散乱的人骨及烧骨碎渣，人骨保存状况较差，仅存残缺的颅骨，少量肋骨和股骨、髋骨、髌骨。从颅骨的数量和位置来看，该墓内最小个体数 4 具：2 具位于墓室南部，面向朝下，（1）号个体位于东侧，为成年男性，（3）号个体位于西侧，为 35～40 岁，性别不明，周围散布大量双孔白石管，其西侧随葬 2 件素面陶壶和 1 件刻划纹带流壶；（4）号个体位于墓室中部，性别年龄不明；（2）号个体位于墓室北部，女性，35 岁左右，其北端随葬 2 件压印篦点纹陶壶。墓内还出土铜饰件、绿松石等小件器物（图一〇二；图版一六，1）。

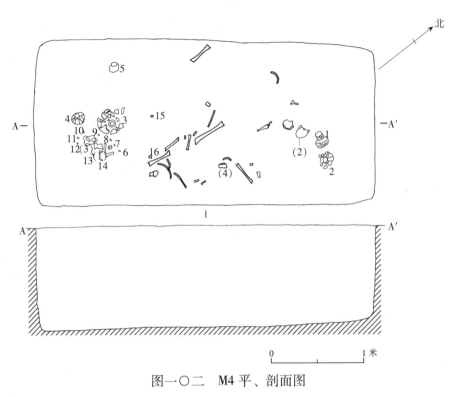

图一〇二　　M4 平、剖面图

1. Ba 型平底纹饰壶（M4：4）　　2. Aa 型平底纹饰壶（M4：5）　　3. 带流壶（M4：7）　　4. Ac 型粗颈壶（M4：9）　　5. B 型粗颈壶（M4：8）　　6 ~ 12. A 型白石管（M4：19，M4：20，M4：21，M4：26，M4：28，M4：6，M4：14）　　13. B 型白石管（M4：22）　　14. A 型黑石管（M4：25）　　15. Ab 型铜饰件（M4：23）　　16. 玉管（M4：24）

1. 石器

玉管　1 件。07SHⅡM4：24，浅绿色，磨制而成，扁圆珠形，中通钻孔，长 0.3、宽 0.5、孔径 0.2 厘米（图一〇四，13）。

凝灰石管　1 件。07SHⅡM4：26，灰白色，磨制而成，椭圆形，柱状，两端平切，中部有近圆形穿孔，长径 1、短径 0.75、高 1 厘米（图一〇四，12）。

白石管 26 件，高岭石质地，磨制而成，中部有圆形穿孔，分二型。

A 型　22 件，圆柱形，单孔。07SHⅡM4：14，直径 0.55、孔径 0.25、高 1.1 厘米（图一〇四，14）；07SHⅡM4：17，直径 0.4、孔径 0.2、高 0.25 厘米（图一〇四，9）。

B 型　4 件，梭形，双孔。07SHⅡM4：22，长 1、宽 0.45、厚 0.35、孔径 0.2、孔间距 0.3 厘米（图一〇四，11）。

A 型黑石管　2 件，石墨质地，磨制而成，圆柱形，中部有圆形穿孔。07SHⅡM4：27，圆台体，直径 0.4、孔径 0.15、高 0.35 厘米（图一〇四，10）。

2. 陶器

带流壶　1 件。07SHⅡM4：7，夹砂红陶，器表磨光，口沿处残，小口，短颈，颈中部外凸，溜肩，鼓腹，台底，肩部一侧有一圆锥状流，最大腹径以上刻划三层网格纹，口沿残，口内径 4、底径 8.5、最大腹径 21.5、残高 16.8 厘米（图一〇三，3；图版二六，4）。

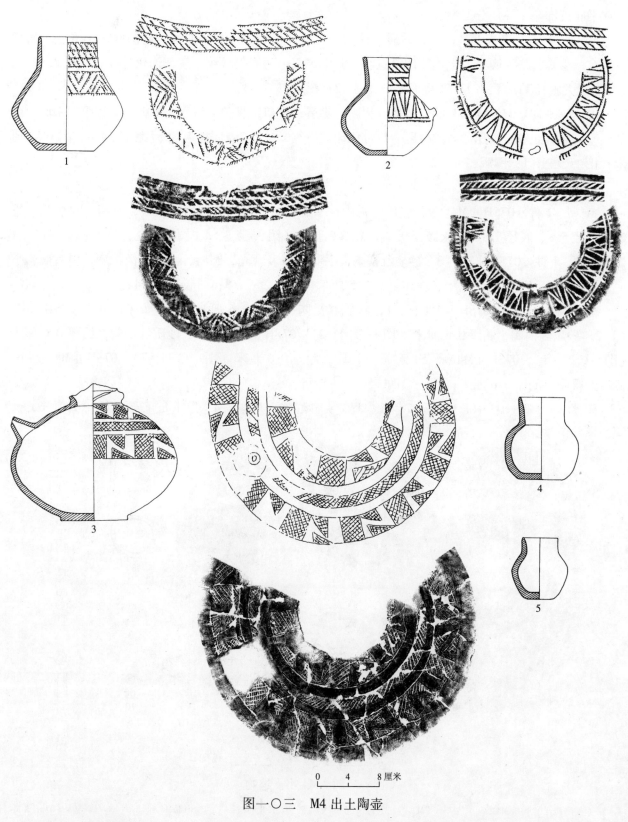

图一〇三 M4 出土陶壶

1. Ba 型平底纹饰壶（07SHⅡM4：4） 2. Aa 型平底纹饰壶（07SHⅡM4：5） 3. 带流壶（07SHⅡM4：7） 4. Ac 型粗颈壶（07SHⅡM4：9） 5. B 型粗颈壶（07SHⅡM4：8）

平底纹饰壶2件,分二型。

Aa型　1件。07SHⅡM4:5,砂质红褐陶,方唇,侈口,圆肩,曲颈,扁圆腹,小平底,肩部一侧有一鋬耳,最大腹径以上施压印篦点纹,其中颈部施两周斜线纹,肩部饰蕉叶纹,口径6.1、底径5、最大腹径11.6、高12厘米(图一〇三,2;图版二三,4)。

Ba型　1件。07SHⅡM4:4,砂质红褐陶,尖唇,直口,直颈,斜肩,折腹,斜直腹,平底,颈部压印三层斜线纹,以压印弦纹分隔,肩部压印波折纹,口径7、底径7、最大腹径14.4、高14.2厘米(图一〇三,1;图版二五,2)。

粗颈壶2件,分二型。

Ac型　1件。07SHⅡM4:9,砂质红褐陶,手制,器表磨光,圆唇,直口,圆肩,腹微鼓,平底,口径5.8、底径5.8、最大腹径9.4、高10.2厘米(图一〇三,4;图版三九,2)。

B型　1件。07SHⅡM4:8,砂质红褐陶,手制,器表磨光,圆唇,直口,微折肩,斜直腹,平底,口径4.8、底径3.8、最大腹径7、高7.5厘米(图一〇三,8;图版三九,4)。

绳纹陶片　6件。07SHⅡM4标:1,砂质红褐陶,胎厚0.6厘米(图一〇四,4);07SHⅡM4标:2,砂质红褐陶,胎厚0.6厘米(图一〇四,2);07SHⅡM4标:4,砂质红褐陶,胎厚0.6厘米(图一〇四,1);07SHⅡM4标:5,砂质红褐陶,胎厚0.6厘米(图一〇四,3);07SHⅡM4标:6,砂质红褐陶,胎厚0.6厘米(图一〇四,5)。

陶器耳　1件。07SHⅡM4标:7,横鋬耳,夹砂红陶,耳宽4.4、厚1.8厘米(图一〇四,6)。

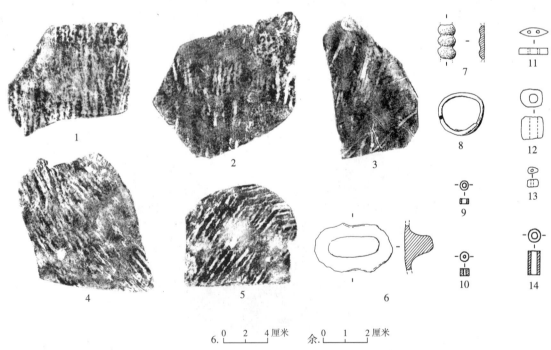

图一〇四　M4出土遗物

1~5. 绳纹陶片（07SHⅡM4标:4, 07SHⅡM4标:2, 07SHⅡM4标:5, 07SHⅡM4标:1, 07SHⅡM4标:6）　6. 陶器耳（07SHⅡM4标:7）　7. Ab型铜泡饰（07SHⅡM4:23）　8. B型铜耳环（07SHⅡM4:2）　9、14. A型白石管（07SHⅡM4:17, 07SHⅡM4:14）　10. A型黑石管（07SHⅡM4:27）　11. B型白石管（07SHⅡM4:22）　12. 凝灰石管（07SHⅡM4:26）　13. 玉管（07SHⅡM4:24）

3. 青铜器

B 型铜环　1件。07SHⅡM4：2，以铜丝弯卷而成截面圆形，环径1.9~2.1、截面直径0.2厘米（图一〇四，8）。

Ab 型铜饰件　1件。07SHⅡM4：23，范铸，三联珠形，两端有断茬，正面弧凸，背面平，长1.4、宽0.8、厚0.3厘米（图一〇四，7）。

（五）M5

位于发掘区东部偏南。开口于3a层下。长415、宽215、深85厘米，方向29°。墓口北侧有竖置朽木痕迹，截面直径6厘米，可能为墓葬的地上标识。填土为五花土，接近墓口处土色较黑。在墓内南端填土中发现有马臼齿及下颌骨、牛肩胛骨等。墓葬填土中发现大量散乱的人骨及烧骨，多个人骨个体肢骨集中出土于墓南端填土中，近墓底仅发现头骨，人骨保存状况较差。据人骨鉴定，该墓内最小个体数4具：（1）号个体颅骨位于墓东南部，女性（?），成年；（2）号个体颅骨位于（1）号个体颅骨北侧，男性，年龄不明；（3）号个体颅骨及下颌骨位于墓中部偏西南，男性，成年；（4）号个体位于墓中部偏南，年龄、性别不明。墓内随葬长颈素面陶壶、白石管、铜泡、角镞等（图一〇五）。

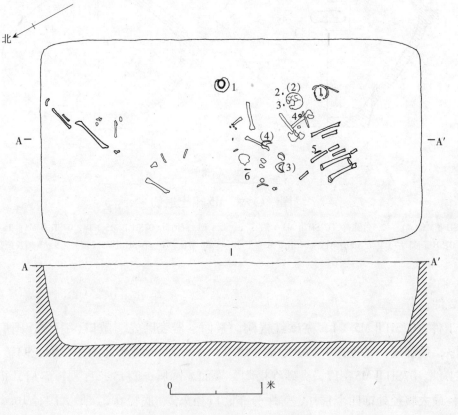

图一〇五　M5平、剖面图

1.Bb 型长颈壶（M5：17）　2、3.A 型白石管（M5：2, M5：3）　4.Ba 型铜泡（M5：4）　5、6.Ac 型角镞（M5：7, M5：8）

1. 石器

A 型白石管　10 件，高岭石质地，磨制而成，圆柱形，中部有圆形穿孔。07SHⅡM5：14，直径 0.4、孔径 0.2、高 0.35 厘米（图一〇六，3）；07SHⅡM5：16，直径 0.6、孔径 0.3、高 1.1 厘米（图一〇六，4）。

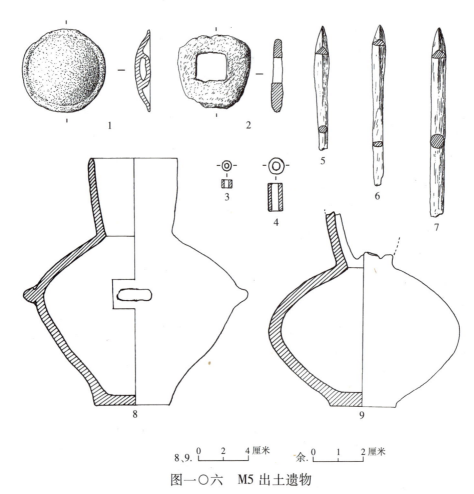

8、9. 0　2　4厘米　　余. 0　1　2厘米

图一〇六　M5 出土遗物

1. Ba 型铜泡（07SHⅡM5：4）　2. 角饰件（07SHⅡM5：5）　3、4. A 型白石管（07SHⅡM5：14，07SHⅡM5：16）　5、6. Ac 型角镞（07SHⅡM5：8，07SHⅡM5：7）　7. Ad 型角镞（07SHⅡM5：10）　8. Bb 型长颈壶（07SHⅡM5：17）　9. Ab 型长颈壶（07SHⅡM5：1）

2. 陶器

长颈壶 2 件，分二型。

Ab 型　1 件。07SHⅡM5：1，夹砂红褐陶，素面，器表磨光，敞口，束颈，圆肩，扁圆腹，平底，器底加厚，颈部残，底径 5.4、最大腹径 15.2、残高 15.6 厘米（图一〇六，9）。

Bb 型　1 件。07SHⅡM5：17，夹砂红褐陶，素面，圆唇，直口，直颈，斜肩，折腹，下腹斜直内收，平底，最大腹径处饰四个盲耳，等距分布，口径 7.2、底径 6.2、最大腹径 16.4、高 19.4 厘米（图一〇六，8；图版三六，1）。

3. 青铜器

Ba 型铜泡　1 件。07SHⅡM5：4，范铸，圆形，正面边缘斜直，顶部弧凸，背面内凹，有桥形钮，直径3.3厘米（图一〇六，1）。

4. 角器

角镞 3件，三棱形镞尖，弧刃，无后锋，圆铤，分二型。

Ac型 2件，镞尖宽度大于铤。07SHⅡM5：7，残长6.3、铤部长4.5、宽0.55厘米（图一〇六，6）；07SHⅡM5：8，尾端残，残长4.9、铤部长2.4、宽0.6厘米（图一〇六，5）。

Ad型 1件，镞尖宽度等于或小于铤部。07SHⅡM5：10，铤尾端残，残长7.5、铤长5.3、宽0.55厘米（图一〇六，7）。

角饰 1件。07SHⅡM5：5，鹿角磨制而成，圆形方孔，边缘略残，直径2.8、孔边长0.6、厚0.4厘米（图一〇六，2）。

（六）M6

位于发掘区西部。开口于3a层下，墓口北部被一晚期灰沟打破。墓口长275、宽155、深110厘米，方向55°。墓口东侧有竖置朽木痕迹，截面直径5厘米，可能为墓葬的地上标识。该墓无完整骨架，人骨摆放凌乱无规律，大多堆积于墓室中部，并夹杂少量烧骨，头骨保存较好，股骨、肱骨、尺骨保存较多，零散可见椎骨、肋骨，多零散夹于填土中，人骨间夹杂有陶器碎片，可拼对成完整器，可能为迁葬所致，不排除存在人为毁器现象。出土铜制品较多，骨角器保存较差。据人骨鉴定，该墓内人骨最小个体数5人：（1）号个体颅骨位于墓室中部，男性（?），45～50岁；（2）号个体颅骨位于（1）号个体颅骨西侧，女性，25～30岁左右；（3）号个体颅骨位于墓室南部，男性，成年；（4）号个体颅骨位于（3）号个体颅骨北侧，男性，25～30岁左右；5号个体仅见髋骨和肢骨，散置于墓内，性别不明，年龄小于14岁。墓内随葬素面陶壶5件、陶钵1件，其中两件陶壶出土于墓室西南端，其余陶器均为墓内残碎陶片拼对而成，此外还出土白石管5件、铜饰件3件、铜泡5件，铜镞2件，角镞4件，骨管1件，均出土于墓内填土中，此外还出土有马、牛、猪的臼齿及鼠的下颌骨（图一〇七）。

1. 石器

A型白石管 5件，高岭石质地，磨制而成，圆柱形，中部有圆形穿孔。07SHⅡM6：1，直径0.4、孔径0.25、高1.2厘米（图一〇九，8）；07SHⅡM6：6，直径0.5、孔径0.2、高0.6厘米（图一〇九，9）。

2. 陶器

Aa型长颈壶 4件。07SHⅡM6：23，砂质黄褐陶，素面，器表磨光，有火烧痕迹，圆唇，敞口，束颈，圆肩，球腹，平底，器底加厚，口径7.8、底径6.5、最大腹径15.8、高20厘米（图一〇八，2；图版二七，3）；07SHⅡM6：26，夹砂红陶，素面，圆唇，敞口，束颈，圆肩，球腹，平底，器底加厚，口径7、底径5.6、最大腹径16.2、高20厘米（图一〇八，3；图版二七，4）；07SHⅡM6：27，夹砂红陶，素面，器表磨光，圆唇，敞口，束颈，长颈，圆肩，球腹，平底，器底加厚，最大腹径微偏下处贴塑三个桥形盲耳，等距分布，口径7.8、底径7、最大腹径16.2、高20.6厘米（图一〇八，1；图版二七，1）；07SHⅡM6：22，砂质灰褐陶，夹砂、夹云母，素面，器表磨光，圆唇，口微敞，

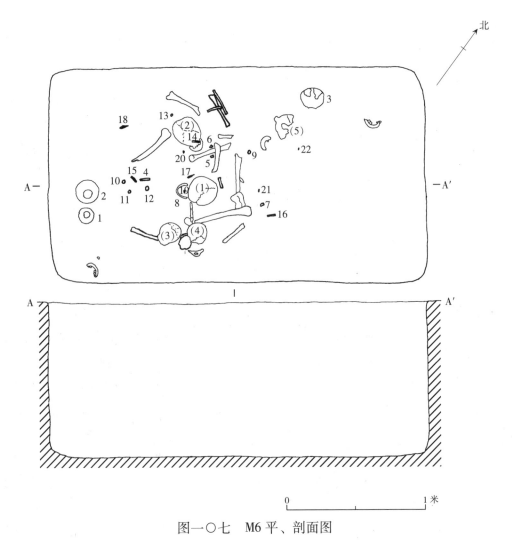

图一〇七　M6 平、剖面图

1~3. Aa 型长颈壶（M6：26，M6：25，M6：27）　4. A 型骨管（M6：19）　5、6. B 型铜饰件（M6：9，M6：10）　7. 片状铜器（M6：4）　8. A 型陶钵（M6：24）　9~12. Aa 型铜泡（M6：11，M6：15，M6：18，M6：20）　13. Ab 型铜饰件（M6：13）　14、15. Ad 型角镞（M6：7，M6：8）　16. Bc 型角镞（M6：17）　17. B 型铜镞（M6：3）　18. A 型铜镞（M6：21）　19~22. A 型白石管（M6：1，M6：2，M6：4，M6：6）

束颈，圆肩，球腹，平底，器底加厚，口径 8、底径 7.2、最大腹径 15.8、高 17.4 厘米（图一〇八，4；图版二七，2）。

B 型钵口壶　1 件。07SHⅡM6：25，夹砂红褐陶，素面，器表磨光，方唇，敞口，束颈，圆肩，鼓腹，最大腹径微偏上，小平底；器底加厚，口径 10.8、底径 7.2、最大腹径 24、高 26.4 厘米（图一〇八，5；图版三七，1）。

A 型陶钵　1 件。07SHⅡM6：24，夹砂红陶，尖唇，敛口，垂腹，腹较深，小平底，最大腹径处对称分布两个鸡冠耳，口沿外戳印一周联珠纹，上腹饰刻划折线纹，中腹部刻划一周三角纹，口径 11.6、底径 6.8、最大腹径 16.4、高 12.2 厘米（图一〇八，6；图版四四，2）。

陶罐口沿　5 件。07SHⅡM6 标：9，砂质红褐陶，尖唇，外叠唇，直口微侈，残高 5.2、胎厚 0.5 厘米（图一〇九，4）；07SHⅡM6 标：14，夹砂黑褐陶，尖唇，外叠唇，口微侈，叠唇外侧饰椭

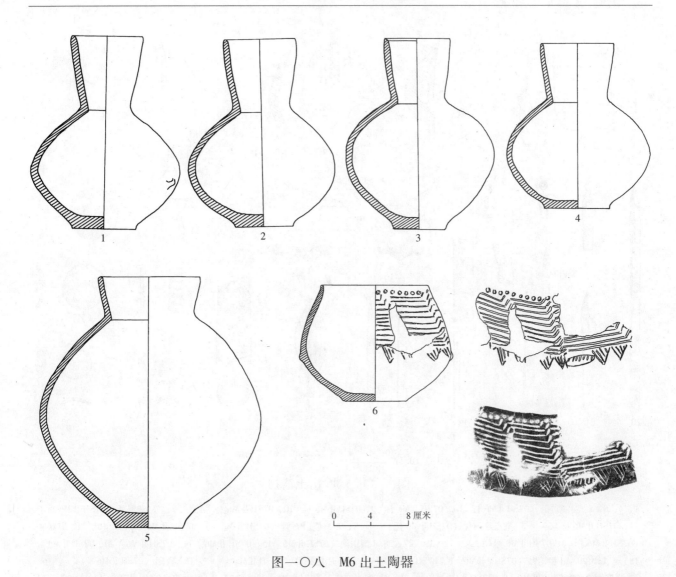

图一〇八 M6 出土陶器

1~4. Aa 型长颈壶（07SH Ⅱ M6：27, 07SH Ⅱ M6：23, 07SH Ⅱ M6：26, 07SH Ⅱ M6：22） 5. B 型钵口壶（07SH Ⅱ M6：25） 6. A 型陶钵（07SH Ⅱ M6：24）

圆形戳点，残高 8、胎厚 0.6 厘米（图一〇九，1；图一一〇，1）；07SH Ⅱ M6 标：10，夹砂红褐陶，圆唇，外叠唇，叠唇外侧饰一排竖向椭圆形戳点，残高 3.4、胎厚 0.6 厘米（图一〇九，6；图一一〇，6）；07SH Ⅱ M6 标：1，夹砂红褐陶，圆唇，外叠唇，饰斜向椭圆麦粒状戳点，残高 3.2、胎厚 0.6 厘米（图一一〇，5）；07SH Ⅱ M6 标：4，夹砂红褐陶，尖唇，直口，直颈，残高 2.4、胎厚 0.5 厘米（图一〇九，7）。

陶器耳 2 件。07SH Ⅱ M6 标：11，砂质红褐陶，桥耳，耳宽 2.7 厘米（图一〇九，2）；07SH Ⅱ M6 标：5，夹砂黄褐陶，横錾耳，耳长 4.4、宽 1.6 厘米（图一〇九，5）。

戳点纹陶片 1 件。07SH Ⅱ M6 标：8，泥质黄褐陶，为陶器腹片，饰成排的圆形戳点，胎厚 0.8 厘米（图一〇九，3；图一一〇，2）。

弦纹陶片 1 件。07SH Ⅱ M6 标：12，夹砂红褐陶，胎厚 0.5 厘米（图一一〇，4）。

绳纹陶片 1 件。07SH Ⅱ M6 标：3，夹砂红褐陶，胎厚 0.6 厘米（图一一〇，3）。

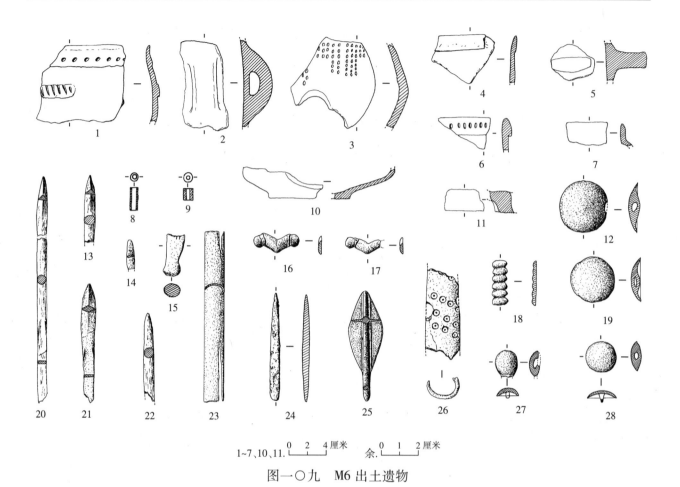

1~7、10、11.　⊢0　2　4厘米⊣　余.　⊢0　1　2厘米⊣

图一〇九　M6 出土遗物

1、4、6、7. 陶罐口沿（07SHⅡM6 标：14, 07SHⅡM6 标：9, 07SHⅡM6 标：10, 07SHⅡM6 标：4）　2、5. 陶器耳（07SHⅡM6 标：11, 07SHⅡM6 标：5）　3. 戳点纹陶片（07SHⅡM6 标：8）　8、9. A 型白石管（07SHⅡM6：1, 07SHⅡM6：6）　10、11. 陶器底（07SHⅡM6 标：6, 07SHⅡM6 标：13）　12、19、27、28. a 型铜泡（07SHⅡM6：15, 07SHⅡM6：11, 07SHⅡM6：20, 07SHⅡM6：18）　13、20. Ad 型角镞（07SHMⅡM6：8, 07SHⅡM6：7）　14. 片状铜器（07SHⅡM6：4）　15. 陶塑（07SHⅡM6：14）　16、17. B 型铜饰件（07SHⅡM6：9, 07SHⅡM6：10）　18. Ab 型铜饰件（07SHⅡM6：13）　21. Bc 型角镞（07SHⅡM6：17）　22. C 型角镞（07SHⅡM6：12）　23. A 型骨管（07SHⅡM6：19）　24. A 型铜锥（07SHⅡM6：21）　25. B 型铜镞（07SHⅡM6：3）　26. B 型骨管（07SHⅡM6：16）

　　陶器底　2 件。07SHⅡM6 标：6，夹砂红褐陶，台底，残高 3.2 厘米（图一〇九，10）；07SHⅡM6 标：13，夹砂红褐陶，台底，残高 2.2 厘米（图一〇九，11）。

　　陶塑　1 件。07SHⅡM6：14，泥质黄褐陶，手制，兽足形，推测为陶塑动物之足，长 2.15、最宽处 1 厘米（图一〇九，15）。

　　3. 青铜器

　　B 型铜镞　1 件。07SHⅡM6：3，双翼形，直刃，脊截面圆形，两侧有血槽，铤呈扁锥形，长 5.9、宽 1.9 厘米（图一〇九，25；图版四八，5）。

　　A 型铜锥　1 件。07SHⅡM6：21，四棱锥形，尾部呈扁铲状，有安装木柄痕迹，长 5.7、宽 0.5 厘米（图一〇九，24）。

　　Aa 型铜泡　4 件，范铸，圆形或椭圆形，正面外凸，背面内凹，有桥形钮。07SHⅡM6：11，圆

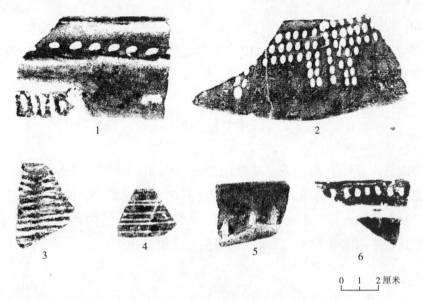

图一一〇 M6 出土陶片拓片

1. 07SHⅡM6 标：14　2. 07SHⅡM6 标：8　3. 07SHⅡM6 标：3　4. 07SHⅡM6 标：12　5. 07SHⅡM6 标：1　6. 07SHⅡM6 标：10

形，直径 2.4 厘米（图一〇九，19）；07SHⅡM6：15，圆形，直径 2.6 厘米（图一〇九，12）；07SHⅡM6：20，圆形，一端有断茬，钮已残断，直径 1.4 厘米（图一〇九，27）；07SHⅡM6：18，圆形，直径 1.7 厘米（图一〇九，28）。

铜饰件 3 件，均为范铸。

Ab 型　1 件，联珠形。07SHⅡM6：13，六联珠形，正面弧凸成圆泡状，背面平，长 2.4、宽 0.9、厚 0.2 厘米（图一〇九，18；图版五一，4）。

B 型　2 件，"V"字形。07SHⅡM6：9，正面弧凸，背面平直，两端为圆头，残存有纺织品缠绕痕迹，长 2.5、宽 0.9 厘米（图一〇九，16；图版五一，6 右）；07SHⅡM6：10，形制与前者同，一端残，残长 1.8、宽 0.9 厘米（图一〇九，17；图版五一，6 左）。

片状铜器　1 件。07SHⅡM6：4，体略弧，残长 1.5、宽 0.45、厚 0.1 厘米（图一〇九，14）。

4. 骨角器

骨管 2 件，分二型。

A 型　1 件。07SHⅡM6：19，以动物肢骨切割、磨制而成，圆筒形，用以盛装骨针，器表刮磨光滑，两端打磨平整，长 9、截面直径 1 厘米（图一〇九，23）。

B 型　1 件。07SHⅡM6：16，管状，外表面刻有圆圈，圈内有一戳点，圆圈排列成行，残，截面直径 1.9、残长 4.8 厘米（图一〇九，26；图版五二，2）。

角镞 4 件，分三型。

Ad 型　2 件，三棱形镞尖，上端弧刃，下端直刃，与铤同宽，铤前段为圆柱形，后段为扁铲形。07SHⅡM6：7，铤尾端残，残长 12、铤截面直径 0.5、镞尖长 2 厘米（图一〇九，20）；07SHⅡM6：8，铤尾端残，残长 3.5、镞尖长 1.6、铤截面直径 0.6 厘米（图一〇九，13）。

Bc 型　1 件。四棱形镞尖。07SHⅡM6：17，弧刃，似柳叶形，铤较刃部窄，铤为扁铲形，尾端残，残长 6.3、宽 0.8 厘米（图一〇九，21）。

C 型 1 件，圆锥形镞尖。07SHⅡM6：12，镞身截面圆形，铤残，残长 4.6、铤截面直径 0.5 厘米（图一〇九，22）。

（七）M8

位于发掘区西南部。开口于 3a 层下。墓口长 280、宽 160、深 70 厘米，方向 35°，墓口南端有竖置朽木痕迹，可能为墓葬的地上标识。填土为灰褐色五花土。该墓人骨保存状况极差，填土中由上至下均发现有极少量散乱的人骨，未发现完整骨架，从颅骨数量看墓内葬 2 人，经鉴定其中一具为成年男性。墓内随葬长颈素面陶壶 1 件，位于墓底西南角（图一一一）。

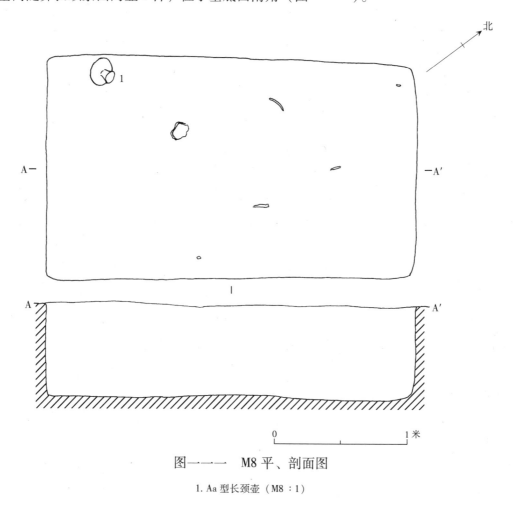

图一一一 M8 平、剖面图

1. Aa 型长颈壶（M8：1）

Aa 型长颈壶 1 件。07SHⅡM8：1，砂质红陶，器表磨光，圆唇，口微敞，束颈，圆肩，球腹，下腹斜收，平底，器底加厚，口径 7.7、底径 7、最大腹径 17.2、高 20.8 厘米（图一一二，1；图版三〇，1）。

戳点纹陶片 1 件。07SHⅡM8 标：3，夹砂红陶，饰成排指甲戳印纹，胎厚 0.6 厘米（图一一二，2）。

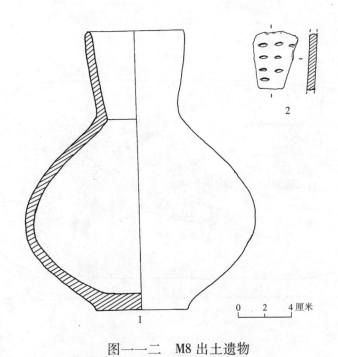

图一一二 M8 出土遗物

1. Aa 型长颈壶（07SHⅡM8∶1）　2. 戳点纹陶片（07SHⅡM8 标∶3）

（八）M9

位于发掘区西南部。开口于 3a 层下。墓口长 400、宽 210、深 150 厘米，方向 42°。该墓发掘不深就出土一具 40 岁左右男性的颅骨。墓底葬有 6 具人骨个体，其中位于墓室北端的两具人骨仰身并列，上体保存状况较好，胸部及头部均有火烧痕迹，腰椎以下骨骼无存，东侧即（2）号人骨为女性，45～50 岁，西侧即（3）号人骨为男性，25 岁左右，两具个体颅骨前额处各有两枚铜泡饰，为死者下葬所用覆面上的装饰品，外侧随葬 2 件素面陶壶和 1 件压印篦点纹单耳杯（图版一七，2）；其余 4 具个体即（4）、（5）、（6）、（7）号个体置于墓室中南部，均为成年女性，年龄在 20～35 岁之间，上体混为一堆，下肢呈放射状分布，并在墓内放火焚烧，墓壁留下明显的烟熏痕迹，火未燃尽时即填土掩埋，使墓底生成大量红烧土，墓室西南角随葬 2 件素面陶壶，经火烤的一面器表泛黑。墓内散落大量白石管，还出土铜刀、铜镞、角镞等器物，其中一件施纹骨锥出土于墓室西部，握于一个体的指骨中（图一一三；图版一七，1）。

1. 石器

A 型白石管 20 件，高岭石质地，磨制而成，圆柱形，中部有圆形穿孔。07SHⅡM9∶39，直径 0.5、孔径 0.3、高 1.7 厘米（图一一五，5）；07SHⅡM9∶42，直径 0.5、孔径 0.2、高 0.9 厘米（图一一五，22）。

2. 陶器

A 型长颈壶 4 件，分三个亚型。

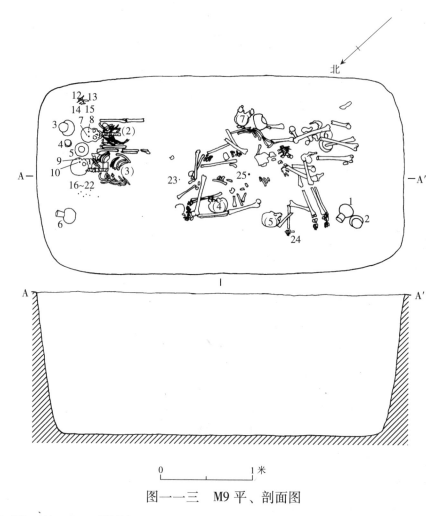

图一一三　M9 平、剖面图

1. Ac 型长颈壶（M9：10）　　2. Aa 型粗颈壶（M9：11）　　3、6. Aa 型长颈壶（M9：23，M9：22）　　5. Ab 型长颈壶（M9：25）
7～10. Aa 型铜泡（M9：12，M9：18，M9：9，M9：2）　　11. 铜刀（M9：4）　　12. Ac 型角镞（M9：38）　　13. Ab 型角镞
（M9：40）　　14、15. Ba 型角镞（M9：45，M9：41）　　16～23. A 型白石管（M9：26，M9：27，M9：28，M9：29，M9：30，
M9：31，M9：32，M9：33）　　24. A 型骨锥（M9：44）　　25. B 型铜坠饰（M9：36）

　　Aa 型　2 件。07SH Ⅱ M9：22，夹砂红陶，素面，圆唇，口微敞，口沿内侧抹斜，束颈，圆肩，扁圆腹，小平底，口径 7.4、底径 5、最大腹径 14.1、高 16.4 厘米（图一一四，2；图版二八，2）；07SH Ⅱ M9：23，砂质红陶，素面，圆唇，侈口，束颈，圆肩，球腹，平底，器底加厚，最大腹径处贴塑 3 个桥形盲耳，等距分布，器体破裂，有三组补缀孔，口径 8、底径 7、最大腹径 15、高 18.6 厘米（图一一四，1；图版二八，1）。

　　Ab 型　1 件。07SH Ⅱ M9：25，砂质红陶，素面，敞口，束颈，圆肩，鼓腹，平底，器底加厚，口径 8.8、底径 7、最大腹径 16.2、高 18.6 厘米（图一一四，3；图版三三，4）。

　　Ac 型　1 件。07SH Ⅱ M9：10，夹砂红陶，胎内夹云母，素面，圆唇，口沿内侧抹斜，直口，直颈，圆肩，鼓腹，小平底，器底加厚，口径 10.2、底径 7.8、最大腹径 20.5、高 22.5 厘米（图一一四，5；图版三五，1）。

　　Aa 型粗颈壶　1 件。07SH Ⅱ M9：11，夹砂红陶，素面，器表有火烧痕迹，圆唇，直口，中部微

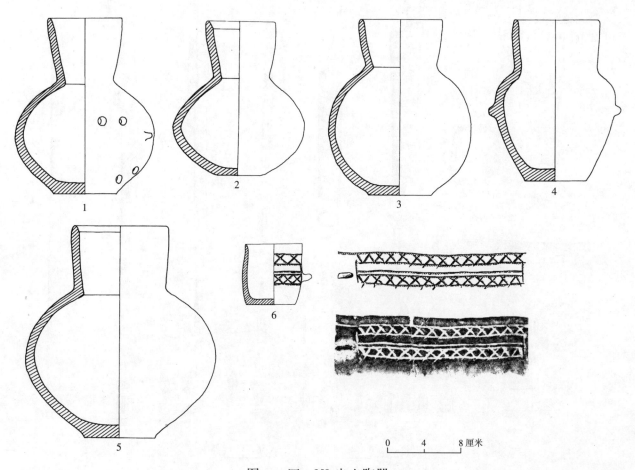

0 　4　 8厘米

图一一四　M9 出土陶器

1、2. Aa 型长颈壶（07SHⅡM9：23，07SHⅡM9：22）　　3. Ab 型长颈壶（07SHⅡM9：25）　　4. Aa 型粗颈壶（07SHⅡM9：11）
5. Ac 型长颈壶（07SHⅡM9：10）　　6. B 型单耳杯（07SHⅡM9：24）

鼓，圆肩，斜直腹，平底，器底加厚，肩部两侧各有一盲耳，口径9.5、底径6.8、肩颈13、高17厘米（图一一四，4；图版三八，1）。

B 型单耳杯　1件。07SHⅡM9：24，砂质灰褐陶，尖唇，口微侈，直壁，腹微鼓，平底，腹中部一侧有一舌形錾耳，上腹部施两圈压印篦点网格纹，口径6.57、底径5.5、高6.4厘米（图一一四，6；图版四三，1）。

陶器耳　1件。07SHⅡM9 标：2，夹砂红褐陶，横向桥形盲耳，耳长1.3、宽0.8厘米（图一一五，2）。

陶器底　1件。07SHⅡM9 标：1，夹砂红褐陶，台底，器表磨光，底径6、残高2.6厘米（图一一五，16）。

陶器口沿　1件。07SHⅡM9 标：3，夹砂黄褐陶，器表磨光，唇部残，直口，近唇处饰一排竖向麦粒状戳点，胎厚0.6厘米（图一一五，1）。

3. 青铜器

铜刀　1件。07SHⅡM9：4，翘锋，微残，直背，刃微弧，背部有锻打痕，刃部有磨蚀痕，齿

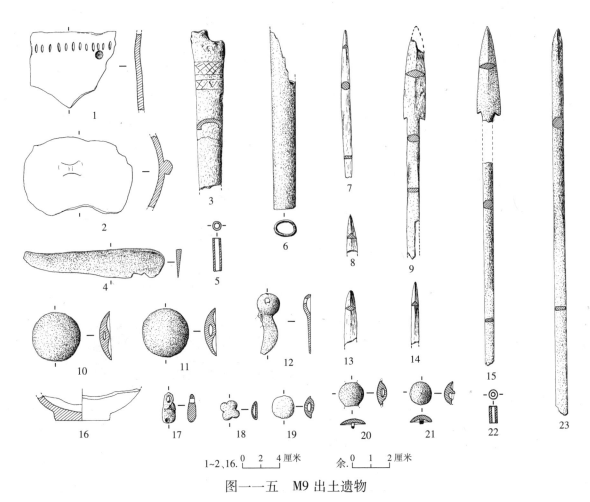

图一一五　M9 出土遗物

1. 陶器口沿（07SHⅡM9 标：3）　　2. 陶器耳（07SHⅡM9 标：2）　　3. A 型骨锥（07SHⅡH9：44）　　4. 铜刀（07SHⅡM9：4）　　5、22. A 型白石管（07SHⅡM9：39，07SHⅡM9：42）　　6. A 型骨管（07SHⅡM9：8）　　7、23. Ad 型角镞（07SHⅡM9：5，07SHⅡM9：35）　　8. Ac 型角镞（07SHⅡM9：38）　　9、15. Ba 型角镞（07SHⅡM9：45，07SHⅡM9：41）　　10、11、19～21. Aa 铜泡（07SHⅡM9：18，07SHⅡM9：12，07SHⅡM9：20，07SHⅡM9：9，07SHⅡM9：2）　　12. C 型铜泡（07SHⅡM9：1）　　13. Bc 型角镞（07SHⅡM9：17）　　14. Ab 型角镞（07SHⅡM9：40）　　16. 陶器底（07SHⅡM9 标：1）　　17. B 型铜坠饰（07SHⅡM9：36）　　18. D 型铜泡（07SHⅡM9：19）

柄，长 7.8、宽 1.5 厘米（图一一五，4；图版四九，5）。

铜泡 7 件，均范铸，分三型。

Aa 型　5 件，圆形或椭圆形，正面外凸，背面内凹，有桥形钮。07SHⅡM9：12，圆形，直径 2.5 厘米（图一一五，11）；07SHⅡM9：18，圆形，直径 2.5 厘米（图一一五，10）；07SHⅡM9：2，圆形，钮残，直径 1.15 厘米（图一一五，21）；07SHⅡM9：20，圆形，直径 1.2 厘米（图一一五，19）；07SHⅡM9：9，圆形，两端有断茬，正面外凸，背面内凹，有桥形钮，直径 1.4 厘米（图一一五，20）。

C 型　1 件，燕尾形。07SHⅡM9：1，上端圆形，正面弧凸，背面内凹，下端弯弧分叉，一半残缺，长 3.2、厚 0.1 厘米（图一一五，12）。

D 型　1 件，四瓣花形。07SHⅡM9：19，长 1.1、宽 1.1 厘米（图一一五，18）。

B 型铜坠饰 1 件。07SHⅡM9：36，范铸，近椭圆形，顶部有环孔，器身锈蚀严重，可见铸造气孔，长 1.6、宽 0.7 厘米（图一一五，17）。

4. 骨角器

A 型骨管 1 件。07SHⅡM9：8，截取小型动物桡骨骨干切割、磨制而成，圆筒形，器表刮磨光滑，一端残断，器表有啮齿类动物啃咬痕迹，残长 8.4、截面直径 1.2 厘米（图一一五，6）。

A 型骨锥 1 件。07SHⅡM9：44，采用动物肢骨磨制而成，扁锥形，器表打磨光滑，顶部残一角，凿尖残断，凸面上部刻划有网格纹和连续三角纹，残长 7.6、宽 1.2～1.8 厘米（图一一五，3；图版五三，2）。

角镞 7 件，分二型。

A 型 4 件，三棱形镞尖，有三种亚型。

Ab 型 1 件。07SHⅡM9：40，上端弧刃，下端直刃，与铤同宽，铤为扁铲形或半圆柱形，铤部残，残长 3.3、宽 0.4 厘米（图一一五，14）。

Ac 型 1 件。07SHⅡM9：38，仅存镞锋，铤部残，残长 2、宽 0.5 厘米（图一一五，8）。

Ad 型 2 件。07SHⅡM9：5，上端弧刃，下端直刃，与铤同宽，铤前段为圆柱形，后段为扁铲形，残长 7.8、镞尖长 1.8、铤截面直径 0.45 厘米（图一一五，7）；07SHⅡM9：35，上端弧刃，下端直刃，与铤同宽，铤前段为圆柱形，后段为扁铲形，长 24、直径 0.6 厘米（图一一五，23）。

B 型 3 件，四棱形镞尖，有两种亚型。

Ba 型 2 件。07SHⅡM9：41，直刃，后锋尖锐，铤前段为圆柱形，后段为扁铲形，残长 17.6、铤宽 1.2 厘米（图一一五，15；图版五六，5）；07SHⅡM9：45，镞锋残，直刃，后锋尖锐，铤前段为扁圆柱形，后段为扁铲形，铤尾残，残长 11.6、镞宽 1.2 厘米（图一一五，9）。

Bc 型 1 件。07SHⅡM9：17，仅存镞锋，铤部残，残长 2.9、宽 0.7 厘米（图一一五，13）。

（九）M12

位于发掘区东南部。开口于 3a 层下。墓口长 350、宽 180、深 100 厘米，方向 28°。墓口南端中部有竖置朽木痕迹，可能为墓葬的地上标识。墓内骨骼散乱置于墓室填土中，仅少量位于墓底，保存状况较差，经人骨鉴定最小个体数 2 人，一男一女。（1）号个体颅骨位于墓室南部，女性，20～25 岁，（2）号个体颅骨位于墓室中西部，男性，40～45 岁。墓底西南角随葬 1 件陶壶和 1 件陶钵，东南角随葬 1 件陶壶，器表均饰压印篦点纹，西北端随葬一件戳点纹陶壶和一件压印篦点纹筒形罐。此外墓内还出土铜泡、石镞、大量白石管和少量黑石管，以及马牙、牛牙及狗的肢骨（图一一六）。

1. 石器

B 型石镞 1 件。07SHⅡM12：27，青灰色板岩质地，磨制，三棱形镞身，圆铤，铤下端内收成锥状，表面有打磨痕迹，镞身 4.1、截面边长 1、铤长 2.6、截面直径 0.5、通长 6.7 厘米（图一一八，9；图版四七，2）。

A 型白石管 21 件，高岭石质地，磨制而成，圆柱形，中部有圆形穿孔。07SHⅡM12：23，直

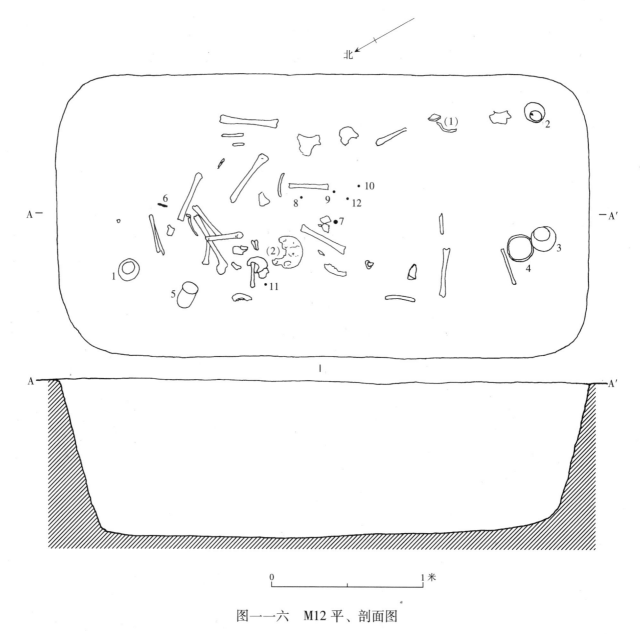

图一一六　M12 平、剖面图

1. Aa 型平底纹饰壶（M12：12）　　2. Cc 型平底纹饰壶（M12：10）　　3. 圈底壶（M12：11）　　4. Ba 型钵（M12：34）　　5. A 型筒形罐
（M12：13）　　6. B 型石镞（M12：27）　　7. Aa 型铜泡（M12：31）　　8～11. A 型白石管（M12：28，M12：29，M12：30，M12：31）
12. A 型黑石管（M12：33）

径 0.5、孔径 0.25、高 1.1 厘米（图一一八，8）；07SHⅡM12：2，直径 0.4、孔径 0.15、高 0.6 厘米
（图一一八，5）；07SHⅡM12：3，直径 0.45、孔径 0.25、高 0.15 厘米（图一一八，6）；07SHⅡM12：
6，直径 0.45、孔径 0.2、高 0.3 厘米（图一一八，7）。

　　A 型黑石管　6 件，石墨质地，磨制而成，圆柱形，中部有圆形穿孔。07SHⅡM12：5，直径
0.4、孔径 0.2、高 0.2 厘米（图一一八，4）。

　　2. 陶器

　　A 型筒形罐　1 件。07SHⅡM12：13，砂质红陶，圆唇，口微侈，直壁，腹微鼓，大平底，中腹

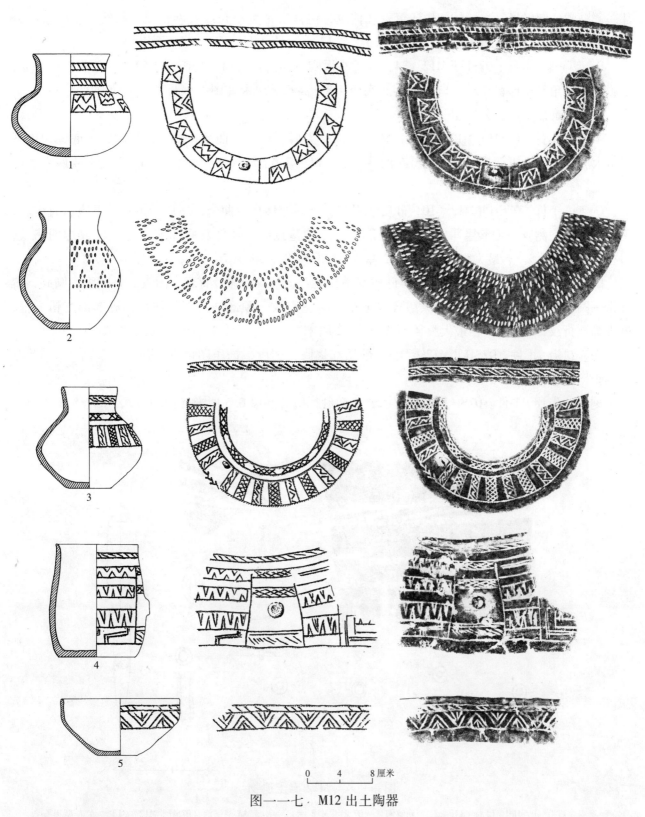

图一一七　M12 出土陶器

1. 圈底壶（07SHⅡM12：11）　　2. Aa 型平底纹饰壶（07SHⅡM12：12）　　3. Cc 型平底纹饰壶（07SHⅡM12：10）　　4. A 型筒形罐
（07SHⅡM12：13）　　5. Ba 型陶钵（07SHⅡM12：34）

部一侧贴塑一圆饼形耳，通体施压印篦点几何纹，主体纹饰为三角纹及网格纹、斜线纹，以直线分为5层，口径10、底径9.6、最大腹径11.5、高13.4厘米（图一一七，4；图版四一，2）。

Ba型陶钵　1件。07SHⅡM12：34，砂质红褐陶，圆唇，直口，折腹，下腹斜直急收，小平底，上腹部施三角形压印篦点纹，口径14.4、底径4.8、高6.8厘米（图一一七，5；图版四四，3）。

平底纹饰壶2件，分二型。

Aa型　1件。07SHⅡM12：12，砂质黄褐陶，尖唇，侈口，曲颈，圆肩，鼓腹，平底，颈以下至最大腹径处饰上下两排呈三角形分布的戳点纹，口径7.6、底径5、最大腹径12.2、高14厘米（图一一七，2；图版二二，4）。

Cc型　1件。07SHⅡM12：10，砂质红褐陶，圆唇，侈口，曲颈，斜肩，折腹，下腹斜直内收，平底，肩部一侧有一舌形鋬耳，最大腹径以上施压印篦点纹，颈部及肩部饰“之”字纹加网格纹，口径6.8、底径5.5、最大腹径13、高12厘米（图一一七，3；图版二五，6）。

圜底壶　1件。07SHⅡM12：11，砂质红陶，尖唇，直口微侈，直颈，圆肩，扁圆腹，圜底，肩部带一圆饼形耳，中部微凹，最大腹径以上施压印篦点纹，颈部饰两圈斜线纹，肩部饰交错方框，框内饰波折纹，口径9.4、最大腹径14.6、高12厘米（图一一七，1；图版二六，3）。

陶壶口沿　1件。07SHⅡM12标：3，砂质红褐陶，圆唇，饰压印篦点几何纹，残高4.2、胎厚0.5厘米（图一一八，1）。

刻划纹陶片　1件。07SHⅡM12标：2，夹砂红褐陶，胎厚0.5厘米（图一一八，2）。

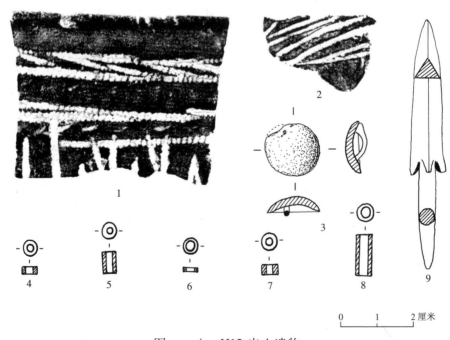

图一一八　M12出土遗物

1. 篦点纹口沿（07SHⅡM12标：3）　2. 刻划纹陶片（07SHⅡM12标：2）　3. Aa型铜泡（07SHⅡM12：31）　4. A型黑石管（07SHⅡM12：5）　5～8. A型白石管（07SHⅡM12：2，07SHⅡM12：3，07SHⅡM12：6，07SHⅡM12：23）　9. B型石镞（07SHⅡM12：27）

3. 青铜器

Aa 型铜泡 1件。07SHⅡM12：31，范铸，圆形，正面外凸，背面内凹，桥形钮，钮偏于一侧，直径1.4厘米（图一一八，3）。

（十）M15

位于发掘区西部。开口于3a层下。墓口长525、宽300、深122厘米，方向30°。该墓人骨较多，保存较差，多见头骨、股骨、肱骨、盆骨、脊椎骨，以及大量碎骨，多散布于填土中，墓底无完整骨架，经人骨鉴定，墓内人骨最小个体数7人：（1）号个体颅骨位于墓室中部填土内，男性，30岁左右；（2）号个体颅骨位于墓室中部，男性，成年；（3）号个体颅骨位于（2）号个体颅骨西侧，成年女性（?）；（4）号个体颅骨位于墓室东南部，女性，30~35岁；（5）号个体颅骨位于墓室中西部，成年女性（?）；（6）号个体颅骨位于墓室东南角，成年男性，年龄大于40岁；（7）号个体颅骨位于墓室南部，性别、年龄不明。墓内随葬大量素面陶器，呈直线摆放于墓室南北两端，南端3壶1罐，北端2壶，另有2件陶壶被打破后残片零散分布于墓内。墓内还随葬陶范、铜镞、铜环、铜泡、联珠铜饰件、角镞、骨纺轮、钻孔骨管，以及绿松石、白石管、黑石管等石质串饰，摆放均凌乱无序，多数与人骨混合夹杂于填土之中，另有少量青铜渣和炭屑出土（图一一九；图版一六，2）。

1. 石器

绿松石饰件 1件。07SHⅡM15：1，磨制而成，圆柱体，中部微鼓，两端切割平齐，器表磨砺光滑，长2.1、直径1.2、孔径0.55厘米（图一二一，13）。

A型白石管 27件，高岭石质地，磨制而成，圆柱形，中部有圆形穿孔。07SHⅡM15：72，直径0.6、孔径0.3、高1.4厘米（图一二一，15）；07SHⅡM15：73，直径0.5、孔径0.2、高0.55厘米（图一二一，16）；07SHⅡM15：8，直径0.35、孔径0.15、高0.4厘米（图一二一，17）。

白石珠 22件，高岭石质地，磨制而成，中部有圆形穿孔。07SHⅡM15：95，算珠形，直径0.4、孔径0.15、高0.15厘米（图一二一，20）。

A型黑石管 3件，石墨质地，磨制而成，圆柱形，中部有圆形穿孔。07SHⅡM15：69，直径0.35、孔径0.2、高0.15厘米（图一二一，18）；07SHⅡM15：90，直径0.35、孔径0.15、高0.25厘米（图一二一，19）。

2. 陶器

长颈壶7件，分二型。

Aa型 5件。07SHⅡM15：45，夹砂红褐陶，素面，器表磨光，尖圆唇，内侧抹斜，敞口，束颈，圆肩，扁圆腹，平底，器底加厚，口径7.8、底径7.4、最大腹径15、高19厘米（图一二〇，7；图版二八，4）；07SHⅡM15：48，夹砂红陶，素面，尖唇，直口微敛，圆肩，扁圆腹，平底，器底加厚，口径4.7、底径6.6、最大腹径13.8、高17厘米（图一二〇，6；图版二九，1）；07SHⅡM15：52，夹砂红陶，素面，器表磨光，尖圆唇，内侧抹斜，口微敞，束颈，溜肩，垂腹，平底，器底加厚，最大腹径下方贴塑三个竖向鸡冠耳，等距分布，口径8.4、底径6.6、最大腹径19.2、高24厘米（图一二〇，4；图版二九，2）；07SHⅡM15：54，夹砂红陶，素面，器表磨光，尖唇，内侧抹斜，敞

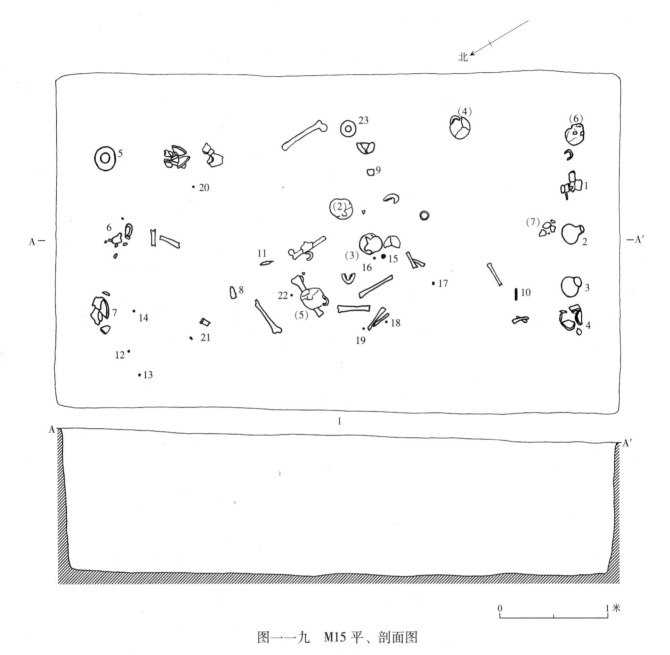

图一一九　M15 平、剖面图

1、6. Ba 型长颈壶（M15：53，M15：60）　　2～5、7. Aa 型长颈壶（M15：52，M15：54，M15：45，M15：59，M15：48）　　8、9. 陶范（M15：62，M15：97）　　10. Ba 型角镞（M15：83）　　11. B 型铜镞（M15：96）　　12、13. 白石珠（M15：88，M15：89）　　14、16. A 型黑石管（M15：90，M15：69）　　15. Aa 型铜泡（M15：74）　　17～22. A 型白石管（M15：24，M15：63，M15：68，M15：72，M15：73，M15：75）　　23. 大口罐（M15：61）

口，束颈，圆肩，下腹斜收，平底，器底加厚，口径 7.2、底径 5.5、最大腹径 15.2、高 18.8 厘米（图一二〇，8；图版二九，4）；07SHⅡM15：59，夹砂红陶，素面，器表磨光，圆唇，口微敞，束颈，圆肩，鼓腹，平底，器底加厚，口径 10、底径 8.4、最大腹径 21.6、高 27.5 厘米（图一二〇，3；图版二九，3）。

　　Ba 型长颈壶　2 件。07SHⅡM15：53，夹砂红陶，素面，器表磨光，圆唇，直口微敛，圆肩，扁圆腹，小平底，器底加厚，最大腹径处贴塑三个盲耳，等距分布，口径 11.4、底径 7、最大腹径

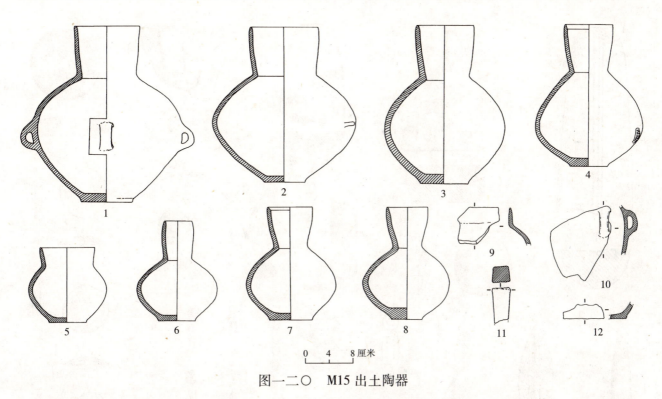

图一二〇　M15 出土陶器

1、2. Ba 型长颈壶（07SHⅢM15：60，07SHⅢM15：53）　3、4、6～8. Aa 型长颈壶（07SHⅢM15：59，07SHⅢM15：52，07SHⅢM15：48，07SHⅢM15：45，07SHⅢM15：54）　5. 大口罐（07SHⅢM15：61）　9. 陶壶口沿（07SHⅢM15 标：5）　10. 陶器耳（07SHⅢM15 标：4）　11. 陶器足（07SHⅢM15 标：7）　12. 陶器底（07SHⅢM15 标：6）

24.3、高 26.2 厘米（图一二〇，2；图版三五，4）；07SHⅡM15：60，夹砂红褐陶，素面，圆唇，口微敞，圆肩，扁圆腹，台底，最大腹径处有四个竖向桥形耳，等距分布，口径 11.2、底径 8.8、最大腹径 25.6、高 29.6 厘米（图一二〇，1；图版三五，2）。

大口罐　1 件。07SHⅡM15：61，夹砂红褐陶，素面，圆唇，侈口，圆肩，鼓腹，平底，器底加厚，口径 9.5、底径 6.4、最大腹径 13.5、高 12.6 厘米（图一二〇，5；图版四〇，3）。

陶壶口沿　1 件。07SHⅡM15 标：5，砂质红陶，尖唇，直口，圆肩，残高 6.4、胎厚 0.5 厘米（图一二〇，9）。

陶器足　1 件。07SHⅡM15 标：7，砂质红褐陶，残高 6、宽 3 厘米（图一二〇，11）。

陶器耳　1 件。07SHⅡM15 标：4，夹砂红褐陶，竖桥耳，耳宽 1.5 厘米（图一二〇，10）。

陶器底　1 件。07SHⅡM15 标：6，夹砂红褐陶，平底，器底加厚，残高 2.4、底厚 0.6 厘米（图一二〇，12）。

凸棱纹陶片　3 件。07SHⅡM15 标：9，砂质黑褐陶，饰平行波折凸弦纹，胎厚 0.4 厘米（图一二三，2）。

刻划纹陶片　3 件。07SHⅡM15 标：2，夹砂红褐陶，胎厚 0.6 厘米（图一二三，4）；07SHⅡM15 标：3，夹砂红褐陶，胎厚 0.6 厘米（图一二三，3）；07SHⅡM15 标：8，夹砂红褐陶，器表磨光，胎厚 0.5 厘米（图一二三，1）。

A 型陶纺轮　1 件。07SHⅡM15：7，砂质黄褐陶，手制，圆饼形，正面微凸，上有一圈锥刺圆

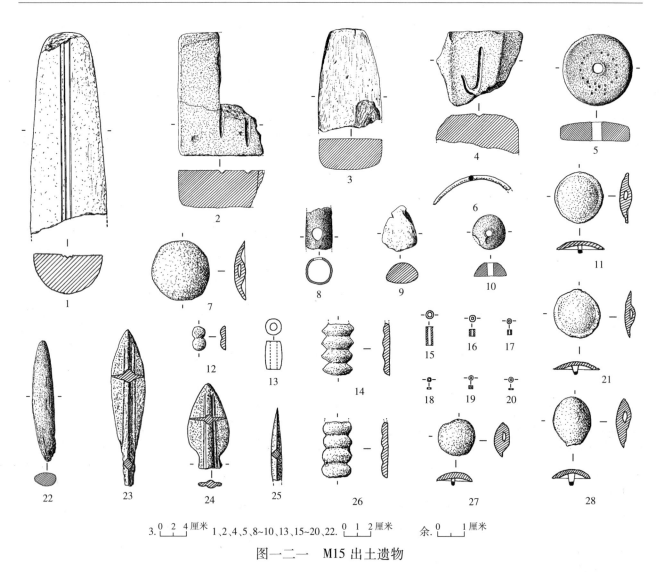

3.　0　2　4厘米　　　1、2、4、5、8~10、13、15~20、22.　0　1　2厘米　　　余.　0　　1厘米

图一二一　M15 出土遗物

1~4. 陶范（07SHⅡM15：56, 07SHⅡM15：62, 07SHⅡM15：97, 07SHⅡM15：46）　5. A 型陶纺轮（07SHⅡM15：7）　6. A 型铜环（07SHⅡM15：42）　7、27、28. Aa 型铜泡（07SHⅡM15：74, 07SHⅡM15：5, 27SHⅡM15：47）　8. B 型骨管（07SHⅡM15：65）　9. 陶塑（07SHⅡM15：26）　10. A 型骨纺轮（07SHⅡM15：18）　11、21. Ba 型铜泡（07SHⅡM15：50, 07SHⅡM15：17）　12. Aa 型铜饰件（07SHⅡM15：43）　13. 绿松石饰件（07SHⅡM15：1）　14、26. Ab 型铜饰件（07SHⅡM15：51, 07SHⅡM15：64）　15~17. A 型白石管（07SHⅡM15：72, 07SHⅡM15：73, 07SHⅡM15：8）　18、19. A 型黑石管（07SHⅡM15：69, 07SHⅡM15：90）　20. 白石珠（07SHⅡM15：95）　22. A 型角锥（07SHⅡM15：29）　23、24. B 型铜镞（07SHⅡM15：37, 07SHⅡM15：96）　25. A 型铜镞（07SHⅡM15：38）

点，直径5.3、厚1.3、孔径0.7厘米（图一二一，5；图版四六，4）。

　　陶范　4件，均为手制。07SHⅡM15：46，砂质黄褐陶，梯形，正面有鱼钩形槽，背面阴刻符号，长5.5、宽5.8、厚2.5厘米（图一二一，4；图版四六，3）；07SHⅡM15：56，砂质红褐陶，半圆柱体，平面上有纵向凹槽，槽宽0.7、残长14.5、最宽处5.8、厚2.8厘米（图一二一，1；图版四六，1）；07SHⅡM15：62，砂质红褐陶，长方体，上表面有两道平行凹槽，残长9.15、厚2.7、宽6.5厘米（图一二一，2）；07SHⅡM15：97，砂质黄褐陶，长方体，端部较窄，正面平整，背面弧凸，仅残存一半，不知为何类器物之铸范，残长15.4、厚4.4、宽9.6厘米（图一二一，3）。

陶塑　1件。07SHⅡM15：26，砂质灰褐陶，扁桃形，有手捏痕迹，长3.4、宽2.6厘米（图一二一，9）。

3. 青铜器

铜镞3件，分二型。

A型　1件。07SHⅡM15：38，四棱锥形，器身短小，残长2.7、截面边长0.3厘米（图一二一，25；图版四八，8）。

B型　2件。07SHⅡM15：37，柳叶形，弧刃，脊截面圆形，两侧有血槽，铤截面呈菱形，尾端残，器表附着纺织品朽痕，长5.8、宽1.3厘米（图一二一，23；图版四八，7）；07SHⅡM15：96，弧刃，脊截面圆形，两侧有血槽，向下渐粗，至铤部呈亚腰形，长3.2、宽1.5厘米（图一二一，24；图版四八，3）。

铜泡8件，圆形或椭圆形，正面外凸，背面内凹，有桥形钮，分二型。

Aa型　6件。07SHⅡM15：74，圆形，直径2.1厘米（图一二一，7）；07SHⅡM15：5，圆形，钮偏于一侧，直径1.3厘米（图一二一，27）；07SHⅡM15：47，椭圆形，一端有断茬，长径1.8、短径1.4厘米（图一二一，28）。

Ba型　2件，边缘处压沿。07SHⅡM15：17，圆形，直径1.7厘米（图一二一，21）；07SHⅡM15：50，圆形，直径1.9厘米（图一二一，11）。

A型联珠铜饰件3件，范铸，正面弧凸，背面平，分两个亚型。

Aa型　1件，单体圆形。07SHⅡM15：43，双联珠形，通长0.9、厚0.2厘米（图一二一，12）。

Ab型　2件，单体椭圆形。07SHⅡM15：64，四联珠形，一端有断茬，长2.1、厚0.2厘米（图一二一，26）；07SHⅡM15：51，四联珠形，一端有断茬，长1.9、厚0.3厘米（图一二一，14；图版五一，3）。

A型铜环　1件。07SHⅡM15：42，残，截面圆形，残长3、截面直径0.2厘米（图一二一，6）。

4. 骨角器

A型骨纺轮　1件。07SHⅡM15：18，半球形，利用动物股骨头原有形状，切割、钻孔而成，边缘微残，圆穿，直径2.5、穿径0.5、高1厘米（图一二一，10）。

B型骨管　1件。07SHⅡM15：65，管状，管壁处钻一圆孔，残长3.1、截面直径2、孔径0.8厘米（图一二一，8）。

A型角锥　1件。07SHⅡM15：29，以山羊角加工而成，梭形，中部较粗，两端出尖，器身扁圆，残长9、宽1.6厘米（图一二一，22）。

角镞14件，采用鹿角为原料加工而成，多数经打磨，器表光滑，分三型。

A型7件，三棱形镞尖，有两种亚型。

Aa型　5件，后锋平直。07SHⅡM15：14，直刃，前锋残断，铤为圆柱形，残长6.8、镞尖残长2.3、宽1、铤截面直径0.6厘米（图一二二，7）；07SHⅡM15：15，直刃，前锋残断，铤为半圆柱形，残长5、镞尖残长1.4、宽0.9厘米（图一二二，11）；07SHⅡM15：58，直刃，前锋残断，铤前半部为圆柱形，后半部为扁铲形，尾端残，残长11.9、宽0.9厘米（图一二二，1；图版五六，6）；07SHⅡM15：67，直刃，前锋残断，铤为圆柱形，尾端残，残长7.4、镞身长4.2厘米（图一二二，

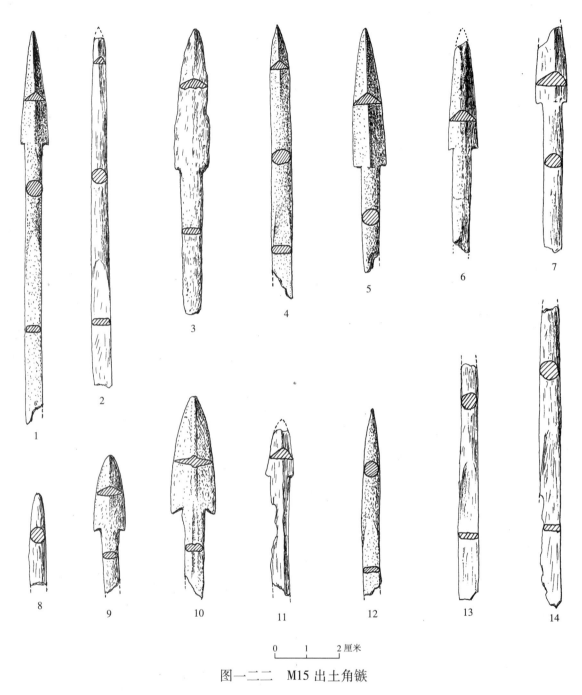

0   1   2厘米

图一二二　M15 出土角镞

1、5~7、11. Aa 型（07SHⅡM15：58，07SHⅡM15：67，07SHⅡM15：71，07SHⅡM15：14，07SHⅡM15：15）　2、4. Ad 型（07SHⅡ
M15：6，4.07SHⅡM15：70）　3. Bb 型（07SHⅡM15：19）　8、12. C 型（07SHⅡM15：82，07SHⅡM15：30）　9、10. Ba 型（07SHⅡ
M15：13，07SHⅡM15：83）　13.07SHⅡM15：11　14.07SHⅡM15：36

5）；07SHⅡM15：71，直刃，前锋残断，铤为圆锥形，残长 6.4 厘米（图一二二，6）。

Ad 型　2 件，无后锋。07SHⅡM15：6，前锋残断，上端弧刃，下端直刃，与铤同宽，铤前段为圆柱形，后段为扁铲形，铤尾端残，残长 10.5、铤截面直径 0.5 厘米（图一二二，2）；07SHⅡM15：70，前锋尖锐，上端弧刃，下端直刃，与铤同宽，铤前段为圆柱形，后段为扁铲形，铤尾端残，长 8.3、镞

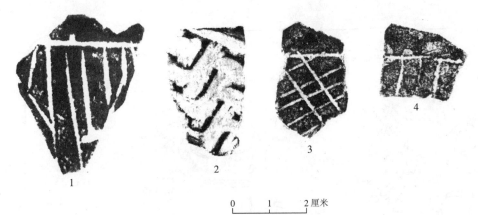

图一二三　M15出土陶片拓片

1.07SHⅡM15标：8　2.07SHⅡM15标：9　3.07SHⅡM15标：3　4.07SHⅡM15标：2

身直径0.6厘米（图一二二，4；图版五五，5）。

B型3件，四棱形镞尖，有两种亚型。

Ba型　2件，后锋尖锐。07SHⅡM15：13，弧刃，铤呈扁圆锥形，尾端残，残长4.1、镞身长2.3厘米（图一二二，9）；07SHⅡM15：83，弧刃，中部起脊，铤为扁锥形，残长6.1、宽1.4厘米（图一二二，10；图版五六，1）。

Bb型　1件，后锋平直。07SHⅡM15：19，直刃，铤为扁铲形，腐朽严重，残长8.6、宽1.1厘米（图一二二，3）。

C型2件，圆锥形镞尖。07SHⅡM15：30，铤为扁铲形，尾端残，残长5.6、宽0.5厘米（图一二二，12）；07SHⅡM15：82，铤部残，残长2.8、截面直径0.55厘米（图一二二，8）。

另有2件因残形制不明。07SHⅡM15：11，镞身残失，镞铤前半部为圆柱形，后半部呈扁铲形，残长7.1、宽0.65厘米（图一二二，13）；07SHⅡM15：36，镞身残，仅存镞铤，前半部为圆柱形，后半部呈扁铲形，残长9、铤截面直径0.65厘米（图一二二，14）。

（十一）M16

位于发掘区中部。开口于3a层下。墓口长300、宽150、深80厘米，方向30°。该墓内葬2具人骨个体，保存状况较好，首次下葬个体为男性，30~35岁左右，头向东北，面向右，仰身，盆骨以下被二次入葬的一具40岁左右的女性个体打破，该个体位于墓室南部，骨骼摆放无序，而被其扰动的男性个体下肢则被同埋于该处填土中。随女性个体入葬1件素面陶壶，位于墓室西南角，从墓室填土中出土的碎片修复出1件素面陶壶，此外还出土角镞2件、铜泡1件、黑石管及白石管若干（图一二四；图版一八，1）。

1. 石器

A型白石管　35件，高岭石质地，磨制而成，圆柱形，中部有圆形穿孔。07SHⅡM16：38，直径0.5、孔径0.2、高0.85厘米（图一二五，4）；07SHⅡM16：40，直径0.45、孔径0.2、高0.25厘

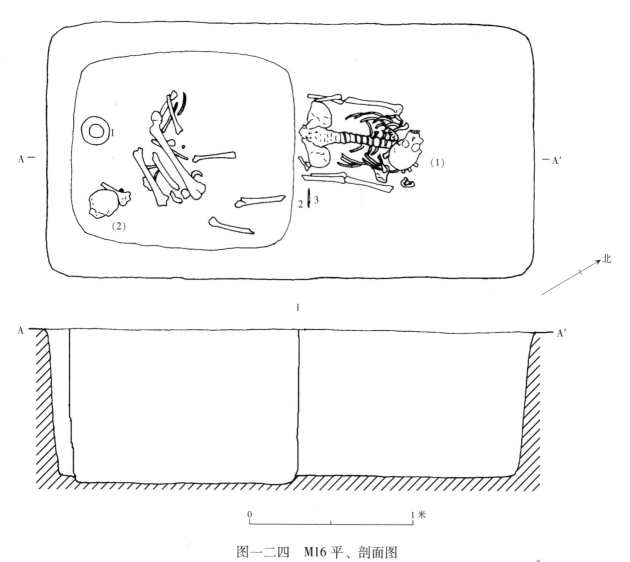

图一二四　M16 平、剖面图

1. 大口罐（M16：1）　2~3. Ab 型角镞（M16：20，M16：21）

米（图一二五，3）。

A 型黑石管　3 件，石墨质地，磨制而成，圆柱形，中部有圆形穿孔。07SHⅡM16：41，直径 0.35、孔径 0.15、高 0.25 厘米（图一二五，2）。

2. 陶器

Ab 型长颈壶　1 件。07SHⅡM16：44，夹砂红陶，素面，圆唇，敞口，束颈，圆肩，扁圆腹，平底，器底加厚，口径 7.8、底径 6、最大腹径 15.7、高 17 厘米（图一二五，5；图版三四，3）。

大口罐　1 件。07SHⅡM16：1，砂质红褐陶，素面，器表磨光，尖唇，侈口，圆肩，鼓腹，最大腹径偏上，下腹斜直内收，平底，器底加厚，最大腹径处贴塑 5 个横条形盲耳，等距分布，口径 7.1、底径 4.7、最大腹径 11、高 10.4 厘米（图一二五，6；图版四〇，2）。

陶塑　1 件。07SHⅡM16：19，泥质黄褐陶，角状，残长 3.5、截面直径 0.85 厘米（图一二五，

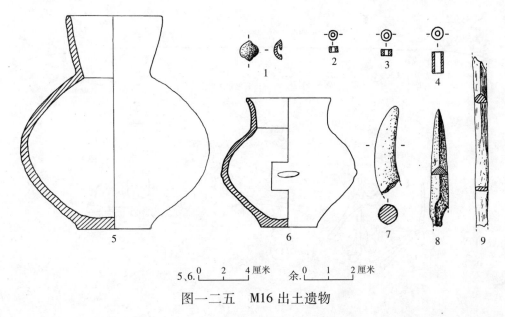

图一二五　M16 出土遗物

1. Aa 型铜泡（07SHⅡM16：18）　2. A 型黑石管（07SHⅡM16：41）　3、4. A 型白石管（07SHⅡM16：40，07SHⅡM16：38）
5. Ab 型长颈壶（07SHⅡM16：44）　6. 大口罐（07SHⅡM16：1）　7. 陶塑（07SHⅡM16：19）　8、9. Ab 型角镞（07SHⅡM16：21，07SHⅡM16：20）

7）。

3. 青铜器

Aa 型铜泡　1 件。07SHⅡM16：18，范铸，圆形，两端有凸起，正面外凸，背面内凹，桥形钮，残，直径 0.8 厘米（图一二五，1）。

4. 角器

Ab 型角镞　2 件。07SHⅡM16：21，三棱形镞尖，直刃，铤残，残长 4.6、宽 0.65 厘米（图一二五，8）；07SHⅡM16：20，三棱形镞尖，残，直刃，与铤同宽，铤为扁铲形，残长 6.8、宽 0.55 厘米（图一二五，9）。

（十二）M18

位于发掘区东北部。开口于 3a 层下。墓口长 360、宽 200、深 125 厘米，方向 34°。墓口南端有竖置朽木痕迹，可能为墓葬的地上标识。填土为灰黑色花土，接近墓口处尤其墓口中部土色较黑，向下渐浅，接近墓口处出土 1 件石镞和 1 件陶钵。墓室内无完整骨架，人骨摆放无序，多集中于墓内中部及偏北部填土中，保存状况较差，仅见 3 个颅骨、下颌骨、一块盆骨及若干肢骨和脊椎骨，经人骨鉴定，墓内人骨最小个体数为 3 人，均为女性（？），年龄分别为 30 岁左右、40 岁左右、20~25 岁。墓内还出土 2 件压印篦点纹陶壶，均与人骨混置一起，其中一件位于墓室中南部，躺置，另一件位于墓室北部，出土时已被填土和人骨挤碎。此外还出土铜泡、石镞、黑石管和白石管等器物，并有马牙、牛牙、猪下颌及牛和鹿的趾骨出土（图一二六；图版一八，2）。

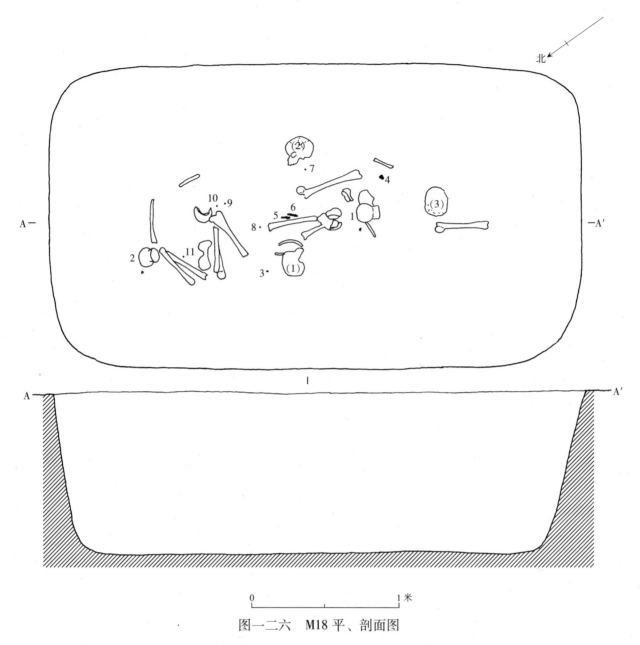

图一二六　M18 平、剖面图

1. Ca 型平底纹饰壶（M18：10）　2. Aa 型平底纹饰壶（M18：12）　3、8～11. A 型白石管（M18：22，M18：17，M18：18，M18：14，M18：15）　4. A 型石镞（M18：16）　5. Bb 型角镞（M18：20）　6. Bc 型角镞 CM18：21）　7. A 型黑石管（M18：19）

1. 石器

A 型石镞　2 件。07SHⅡM18：1，棕褐色页岩质地，磨制而成，三角形，凹底，镞尖中部有凸棱，向下渐平缓分叉，形成两条凸棱，器表有竖向磨痕，通长 3.5、最宽处 2.9、厚 0.3 厘米（图一二七，5）；07SHⅡM18：16，棕褐色页岩质地，磨制而成，三角形，凹底，镞尖中部有凸棱，向下渐平缓分叉，形成两条凸棱，器表有竖向磨痕，通长 3.5、最宽处 1.8、厚 0.5 厘米（图一二七，6；图版四七，4）。

A 型白石管　12 件，高岭石质地，磨制而成，圆柱形，中部有圆形穿孔。07SHⅡM18：18，直

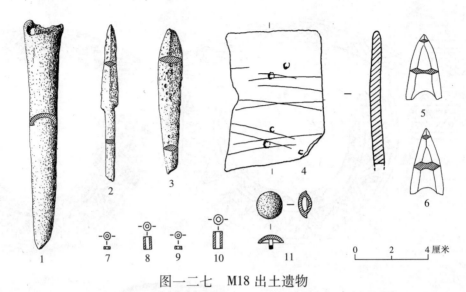

图一二七　M18 出土遗物

1. A 型骨锥（07SHⅡM18：13）　　2. Bb 型角镞（07SHⅡM18：20）　　3. Bc 型角镞（07SHⅡM18：21）　　4. 陶器口沿（07SH
Ⅱ M18 标：1）　　5、6. A 型石镞（07SHⅡM18：1，07SHⅡM18：16）　　7. A 型黑石管（07SHⅡM18：19）　　8 ~ 10. A 型白石
管（07SHⅡM18：18，07SHⅡM18：14，07SHⅡM18：11）　　11. Aa 型铜泡（07SHⅡM18：5）

径 0.45、孔径 0.2、高 0.7 厘米（图一二七，8）；07SHⅡM18：14，直径 0.45、孔径 0.15、高 0.15
厘米（图一二七，9）；07SHⅡM18：11，直径 0.45、孔径 0.2、高 0.9 厘米（图一二七，10）。

A 型黑石管　1 件。07SHⅡM18：19，石墨质地，磨制而成，圆柱形，中部有圆形穿孔。直径
0.35、孔径 0.15、高 0.15 厘米（图一二七，7）。

2. 陶器

平底纹饰壶 2 件，分二型。

Aa 型　1 件。07SHⅡM18：12，砂质红陶，圆唇，侈口，曲颈，圆肩，鼓腹，平底，施压印篦
点纹，颈部饰网格纹，肩部饰一周三角纹，口径 7、底径 5.6、最大腹径 10.2、高 11.4 厘米（图一二
八，2；图版二三，3）。

Ca 型　1 件。07SHⅡM18：10，砂质红褐陶，圆唇，敞口，束颈，圆肩，鼓腹，平底，颈部及最
大腹径以上部位施压印篦点纹，以折线纹和弦纹为主纹，口径 10、底径 6、最大腹径 14.6、高 14.6
厘米（图一二八，1；图版二五，3）。

C 型陶钵　1 件。07SHⅡM18：2，夹砂灰黑陶，素面，器表磨光，圆唇，敞口，弧腹，平底，
器底加厚，口沿外侧有一盲耳，口径 15.3、底径 6.6、高 7 厘米（图一二八，3；图版四五，2）。

陶器口沿　1 件。07SHⅡM18 标：1，夹砂红陶，圆唇，直口，器表刻划线纹，残高 7.6、胎厚
0.55 厘米（图一二七，4）。

3. 青铜器

Aa 型铜泡　1 件。07SHⅡM18：5，范铸，圆形，正面外凸，背面内凹，有桥形钮，钮上残留缝
缀麻线 6 股，为多股拧合，线经清晰，直径 1.4 厘米（图一二七，11）。

4. 骨角器

A 型骨锥　1 件。07SHⅡM18：13，采用动物肢骨磨制而成，扁锥形，器表打磨光滑，凿尖扁圆

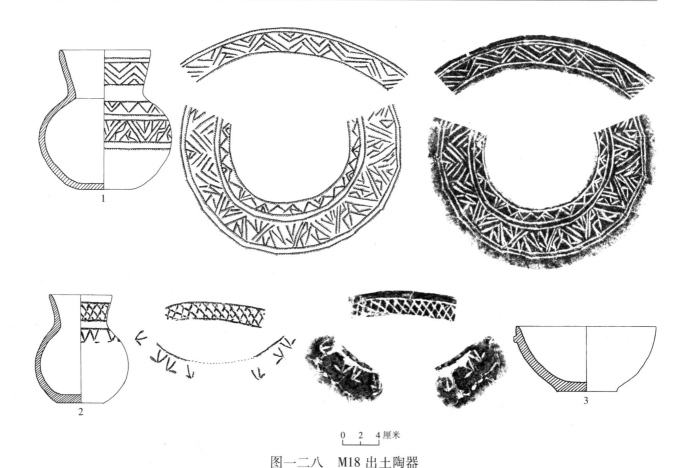

图一二八　M18 出土陶器

1. Ca 型平底纹饰壶（07SHⅡM18：10）　　2. Aa 型平底纹饰壶（07SHⅡM18：12）　　3. C 型陶钵（07SHⅡM18：2）

微上翘，长 12、宽 1.5~2 厘米（图一二七，1）。

角镞 2 件，分二型。

Bb 型　1 件。07SHⅡM18：20，四棱形镞身，直刃，前锋尖锐，后锋圆钝，铤为扁铲形，尾端残，腐蚀严重，残长 8.3、宽 0.9 厘米（图一二七，2）。

Bc 型　1 件。07SHⅡM18：21，四棱形镞身，弧刃，铤较刃部窄，铤尾残，残长 7.7、宽 1.3 厘米（图一二七，3）。

（十三）M19

位于发掘区东北部。开口于 3a 层下。墓口长 325、宽 245、深 140 厘米，方向 42°。西壁下有宽 60 厘米，高 45 厘米的南北向生土二层台。墓内人骨无完整骨架，经人骨鉴定，最小个体数 2 人，保存状况较差，未见人头骨，其他部位骨骼也极少，仅见少量肢骨，性别、年龄均不明。随葬品大多出土于填土之中，二层台上放置一束角镞，镞尖朝南，因腐朽严重，仅提取出一枚，墓室中部出土 1 件残破的压印篦点纹陶壶，另出土片状骨器、陶纺轮、绿松石管各 1 件及白石管若干，均与人骨混杂于填土之中，填土中还出土牛下颌骨及狗上颌骨等动物骨骼（图一二九）。

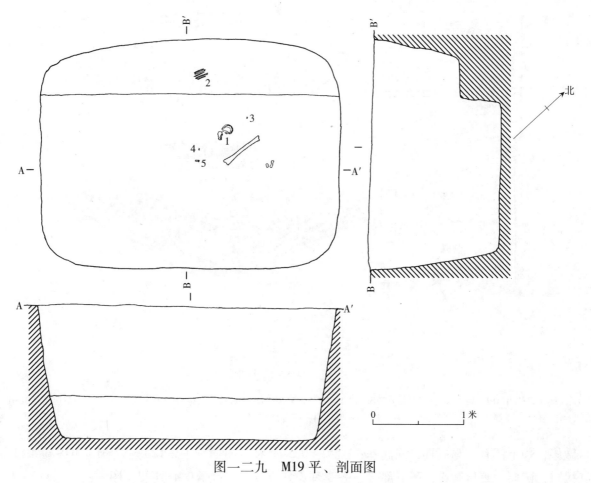

图一二九 M19 平、剖面图

1. Ab 型平底纹饰壶（M19：4） 2. 角镞（M19：3） 3、4. A 型白石管（M19：2，M19：6） 5. 绿松石饰件（M19：5）

1. 石器

绿松石饰件 1 件。07SHⅡM19：5，磨制而成，圆柱体，器表磨砺光滑，两端切割平齐，中部有圆形钻孔，长 2.8、直径 0.8、孔径 0.4 厘米（图一三〇，5）。

A 型白石管 1 件，高岭石质地，磨制而成，圆柱形，中部有圆形穿孔。07SHⅡM19：2，直径 0.45、孔径 0.2、高 0.8 厘米（图一三〇，6）。

2. 陶器

Ab 型平底纹饰壶 1 件。07SHⅡM19：4，砂质红褐陶，器表磨光，尖唇，侈口，束颈，圆肩，鼓腹微垂，平底，最大腹径以上施压印箆点纹，颈部饰弦纹及三角纹，肩部饰勾连纹，最大腹径处饰两道弦纹，口径 9.8、底径 7、最大腹径 13.2、高 12.8 厘米（图一三〇，3；图版二四，5）。

陶壶口沿 8 件。07SHⅡM19 标：2，砂质红褐陶，圆唇，直口，残高 9.8、胎厚 0.6 厘米（图一三一，2）；07SHⅡM19 标：5，砂质红褐陶，圆唇，直口，直颈，颈中部有一鸡冠耳，残高 6.2、胎厚 0.6 厘米（图一三一，5）；07SHⅡM19 标：7，砂质红褐陶，圆唇，直口微侈，颈下部有一鸡冠耳，残高 6.4、胎厚 0.6 厘米（图一三一，4）；07SHⅡM19 标：9，砂质红陶，圆唇，直口微侈，颈中部有一鸡冠耳，残高 7、胎厚 0.6 厘米（图一三一，13）；07SHⅡM19 标：10，砂质红褐陶，圆唇，

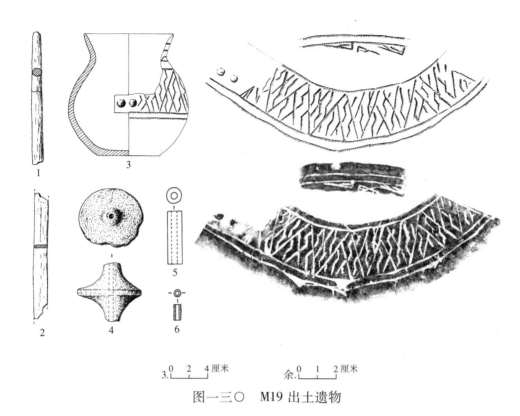

3. $\underset{\text{0　2　4厘米}}{\rule{2cm}{0pt}}$　　　　余.$\underset{\text{0　1　2厘米}}{\rule{2cm}{0pt}}$

图一三〇　M19 出土遗物

1. 角镞（07SHⅡM19：3）　2. 片状骨器（07SHⅡM19：7）　3. Ab 型平底纹饰壶（07SHⅡM19：4）　4. C 型陶纺轮（07SH

ⅡM19：1）　5. 绿松石饰件（07SHⅡM19：5）　6. A 型白石管（07SHⅡM19：2）

直口微侈，颈下部有一鸡冠耳，残高 6.4、胎厚 0.5 厘米（图一三一，12）；07SHⅡM19 标：11，砂质红褐陶，圆唇，直口微侈，颈下部有一横錾耳，残高 5.2、胎厚 0.4 厘米（图一三一，11）；07SHⅡM19 标：19，砂质红陶，尖唇，直口，直颈，颈中部有一横錾耳，残高 6.5、胎厚 0.6 厘米（图一三一，6）；07SHⅡM19 标：38，砂质红褐陶，尖唇，内侧斜抹，直颈，圆肩，残高 12、胎厚 0.7 厘米（图一三一，3）。

陶钵口沿　1 件。07SHⅡM19 标：22，砂质红褐陶，圆唇，敛口，腹微鼓，残高 4、胎厚 0.5 厘米（图一三一，8）。

陶器口沿　6 件。07SHⅡM19 标：1，砂质红褐陶，圆唇，口微侈，残高 5、胎厚 0.4 厘米（图一三一，9）；07SHⅡM19 标：3，砂质红褐陶，圆唇，直口，饰一圈横向附加堆纹，残高 9.2、胎厚 0.7 厘米（图一三一，1；图一三二，10）；07SHⅡM19 标：20，砂质红褐陶，尖唇，直口，口沿下部有一横向桥形盲耳，残高 4.8、胎厚 0.5 厘米（图一三一，10）；07SHⅡM19 标：31，夹砂红褐陶，圆唇，直口，器表饰刻划线纹，残高 5.4、胎厚 0.6 厘米（图一三一，14；图一三二，1）；07SHⅡM19 标：33，砂质红褐陶，圆唇，直口，残高 7、胎厚 0.5 厘米（图一三一，15）。

陶豆柄　1 件。07SHⅡM19 标：4，砂质红褐陶，豆柄上端饰一圈左斜向麦粒状戳点纹，残高 8 厘米（图一三一，16；图一三二，8）。

陶器底　7 件。07SHⅡM19 标：8，砂质红陶，平底，器表饰细绳纹，残高 3.8、底厚 0.45 厘米（图一三一，19）；07SHⅡM19 标：13，砂质红陶，平底，器表饰细绳纹，残高 3.4、底厚 0.5 厘米

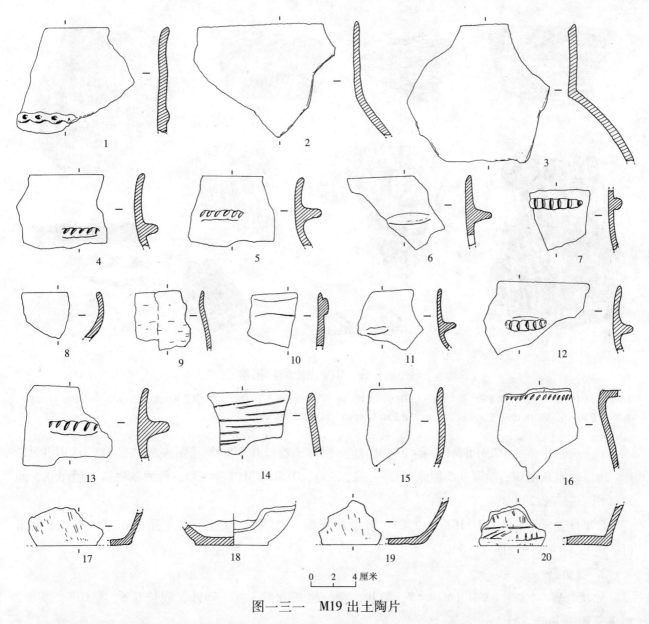

0　　2　　4厘米

图一三一　M19 出土陶片

1、9、10、14~15. 陶器口沿（07SHⅡM19标：3，07SHⅡM19标：1，07SHⅡM19标：20，07SHⅡM19标：31，07SHⅡM19标：33）　2
~6、11~13. 陶壶口沿（07SHⅡM19标：2，07SHⅡM19标：38，07SHⅡM19标：7，07SHⅡM19标：5，07SHⅡM19标：19，07SHⅡ
M19标：11，07SHⅡM19标：10，07SHⅡM19标：9）　7. 附加堆纹陶片（07SHⅡM19标：16）　8. 陶钵口沿（07SHⅡM19标：22）
16. 陶豆柄（07SHⅡM19标：4）　17~20. 陶器底（07SHⅡM19标：13，07SHⅡM19标：39，07SHⅡM19标：8，07SHⅡM19标：37）

（图一三一，17）；07SHⅡM19标：37，砂质红陶，平底，器表饰细绳纹，残高3.6、胎厚0.5厘米
（图一三一，20）；07SHⅡM19标：39，夹砂红褐陶，平底，器底加厚，素面，底径6.4、残高3.6厘
米（图一三一，18）。

附加堆纹陶片　1件。07SHⅡM19标：16，砂质红褐陶，胎厚0.5厘米（图一三一，7）。

刻划纹陶片　1件。07SHⅡM19标：40，砂质红陶，胎厚0.5厘米（图一三二，9）。

绳纹陶片　6件。07SHⅡM19标：25，砂质灰褐陶，胎厚0.5厘米（图一三二，5）；07SHⅡM19
标：26，砂质灰褐陶，胎厚0.5厘米（图一三二，6）；07SHⅡM19标：27，砂质灰褐陶，胎厚0.5厘

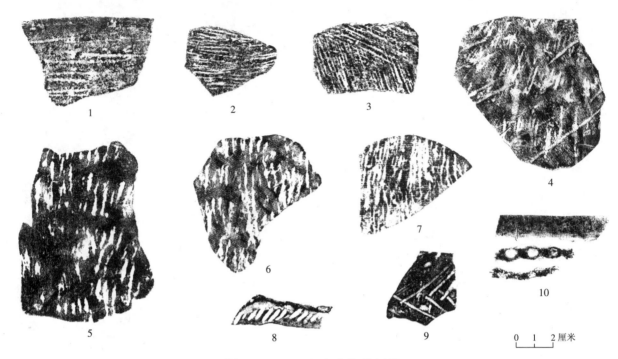

图一三二　M19 出土陶片拓片

1.07SHⅡM19 标：31　2.07SHⅡM19 标：30　3.07SHⅡM19 标：29　4.07SHⅡM19 标：28　5.07SHⅡM19 标：25　6.07SHⅡM19 标：26
7.07SHⅡM19 标：27　8.07SHⅡM19 标：4　9.07SHⅡM19 标：40　10.07SHⅡM19 标：3

米（图一三二，7）；07SHⅡM19 标：28，砂质灰褐陶，胎厚 0.5 厘米（图一三二，4）；07SHⅡM19
标：29，砂质灰褐陶，胎厚 0.5 厘米（图一三二，3）；07SHⅡM19 标：30，砂质灰褐陶，胎厚 0.5
米（图一三二，2）。

C 型陶纺轮　1 件。07SHⅡM19：1，砂质红褐陶，陀螺形，直径 3.5、孔径 0.25、高 3.1 厘米
（图一三〇，4；图版四六，5）。

3. 骨角器

片状骨器　1 件。07SHⅡM19：7，条状，截面扁长方形，首尾均残，残长 6.6、宽 0.8、厚 0.2
厘米（图一三〇，2）。

角镞　1 件。07SHⅡM19：3，镞锋已残，铤前半部为圆柱形，后半部为扁铲形，残长 7、截面直
径 0.6 厘米（图一三〇，1）。

（十四）M21

位于发掘区东北部。开口于 3a 层下。墓口长 295、宽 150、深 75 厘米，方向 120°。墓内最小个
体数 2 人，人骨数量较少，仅见两枚颅骨，一件下颌骨和少量残碎的肢骨，保存状况较差，两颅骨位
于墓室中部东西向并列，头向朝南，面向相对。据鉴定，东部颅骨即（1）号个体为成年男性，西部
颅骨即（2）号个体为女性个体，40～45 岁，墓内出土白石管 1 件，未见其他随葬品，填土中见有少
量烧骨块（图一三三）。

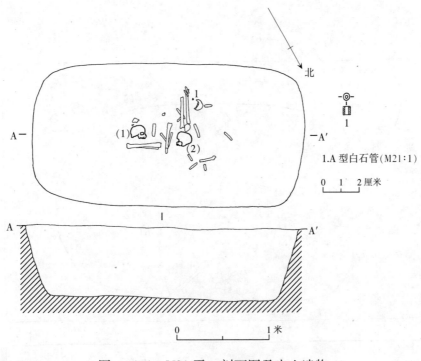

图一三三　M21 平、剖面图及出土遗物

A 型白石管　1 件。07SHⅡM21∶1，高岭石质地，磨制而成，中部有圆形穿孔。圆柱体，直径 0.4、孔径 0.2、高 0.5 厘米（图一三三，1）。

（十五）M22

位于发掘区中部。开口于 3a 层下。墓口长 540、宽 320、深 130 厘米，方向 35°。填土为灰褐色花土，墓口中部土色较深，呈椭圆形，应为二次挖开并填埋后所致，人骨保存较差，无完整骨架，填土内由上至下均发现有散乱的人骨，并伴出羊距骨，牛和马的臼齿及猪的上、下颌等动物骨骼，在近墓底填土中发现有 3 个颅骨，其中 2 具为成年，一男一女，另一具性别年龄不明。墓内随葬 3 件素面陶壶，其中 2 件位于墓室西北角，另 1 件由填土中收集的陶片拼对而成，可能为迁葬时损坏而致，不排除人为毁器现象。墓内还随葬有较多小件铜器，有环、锥、刀、饰件等，铜泡上沾有纺织物，当为衣物服饰上的残留品。此外还出土黑石管、白石管、角镞等器物（图一三四）。

1. 石器

A 型白石管　37 件，高岭石质地，磨制而成，圆柱形，中部有圆形穿孔。07SHⅡM22∶35，直径 0.3、孔径 0.1、高 0.45 厘米（图一三五，26）。07SHⅡM22∶53，直径 0.45、孔径 0.15、高 0.4 厘米（图一三五，25）；07SHⅡM22∶48，直径 0.5、孔径 0.3、高 1.4 厘米（图一三五，23）；07SHⅡM22∶16，直径 0.45、孔径 0.2、高 0.85 厘米（图一三五，24）。

A 型黑石管　2 件，石墨质地，磨制而成，圆柱形，中部有圆形穿孔。07SHⅡM22∶56，直径 0.35、孔径 0.1、高 0.25 厘米（图一三五，27）。

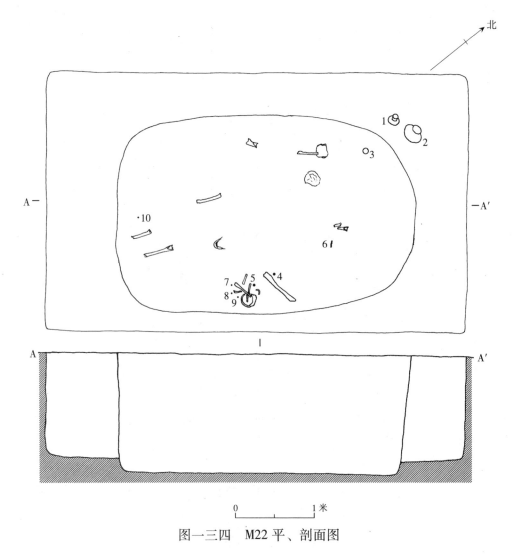

图一三四　M22 平、剖面图

1. Aa 型长颈壶（M22：21）　　2. A 型钵口壶（M22：20）　　3. A 型铜环（M22：29）　　4. Aa 型铜泡（M22：10）　　5. Aa 型铜饰件
（M22：13）　　6. 铜刀（M22：22）　　7～10. A 型白石管（M22：52，M22：53，M22：54，M22：55）

　　玛瑙珠　1件。07SHⅡM22：36，橘红色，磨制而成，截面呈七边形，中间钻孔，直径1.1、厚 0.6、孔径0.2厘米（图一三五，18；图版四七，6）。

　　2. 陶器

　　长颈壶2件，分二型。

　　Aa型　1件。07SHⅡM22：21，夹砂红褐陶，素面，器表磨光，尖唇，直口，束颈，圆肩，球腹，台底，口径6.9、底径5.2、最大腹径12.8、高16.6厘米（图一三五，3；图版三〇，2）。

　　Bb型　1件。07SHⅡM22：57，夹砂灰陶，素面，圆唇，敞口，束颈，圆肩，折腹，下腹斜直内收，台底，最大腹径处饰4个竖向盲耳，口径11.6、底径8、最大腹径22.4、高26厘米（图一三五，2；图版三六，3）。

　　A型钵口壶　1件。07SHⅡM22：20，夹砂红褐陶，素面，器表磨光，圆唇，侈口，束颈，溜肩，扁圆腹，小平底，器底加厚，最大腹径微偏上处对称分布两横向桥形耳，口径15.4、底径7.8、

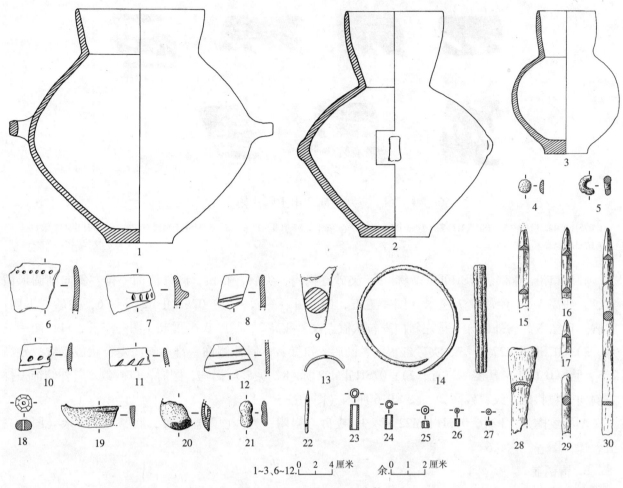

图一三五　M22 出土遗物

1. A 型钵口壶（07SHⅡM22：20）　2. Bb 型长颈壶（07SHⅡM22：57）　3. Aa 型（07SHⅡM22：21）　4、21. Aa 型铜饰件（07SHⅡM22：13，07SHⅡM22：24）　5. C 型铜环（07SHⅡM22：23）　6~8. 陶罐口沿（07SHⅡM22 标：3，07SHⅡM22 标：1，07SHⅡM22 标：10）　9. 陶器足（07SHⅡM22 标：2）　10、11. 叠唇口沿（07SHⅡM22 标：5，07SHⅡM22 标：6）　12. 刻划纹陶片（07SHⅡM22 标：9）　13、14. A 型铜环（07SHⅡM22：5，07SHⅡM22：29）　15、16、30. Ad 型角镞（07SHⅡM22：43，07SHⅡM22：44，07SHⅡM22：46）　17. Ac 型角镞（07SHⅡM22：45）　18. 玛瑙珠（07SHⅡM22：36）　19. 铜刀（07SHⅡM22：22）　20. Aa 型铜泡（07SHⅡM22：10）　22. B 型铜锥（07SHⅡM22：12）　23~26. A 型白石管（07SHⅡM22：48，07SHⅡM22：16，07SHⅡM22：53，07SHⅡM22：35）　27. A 型黑石管（07SHⅡM22：56）　28. A 型骨锥（07SHⅡM22：6）　29. 角镞（07SHⅡM22：47）

最大腹径26.8、高27厘米（图一三五，1；图版三七，2）。

陶器足　1件。07SHⅡM22 标：2，夹砂红陶，圆锥状实足根，足底平，残高7.2、最大径3厘米（图一三五，9）。

陶罐口沿　5件。07SHⅡM22 标：3，夹砂灰褐陶，圆唇，直口，口沿外侧饰椭圆形戳点纹，残高5.6、胎厚0.6厘米（图一三五，6）；07SHⅡM22 标：10，夹砂红褐陶，圆唇，直口，外表面饰刻划线纹，残高3.8、胎厚0.6厘米（图一三五，8；图一三六，7）；07SHⅡM22 标：1，夹砂红褐陶，圆唇，直口，口沿外侧有一鸡冠状盲耳，耳部饰椭圆形戳点，残高4.4、胎厚0.6厘米（图一三五，7）；07SHⅡM22 标：4，夹砂红褐陶，圆唇，直口，口沿外侧有一排椭圆形戳点，残高4、胎厚0.6厘米（图一三六，5）。

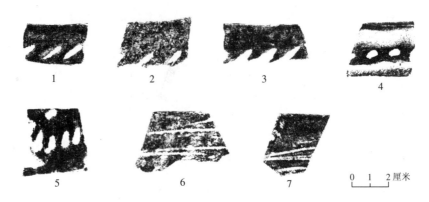

图一三六　M22 出土陶片拓片

1.07SHⅡM22 标：8　2.07SHⅡM22 标：7　3.07SHⅡM22 标：6　4.07SHⅡM22 标：5　5.07SHⅡM22 标：4　6.07SHⅡM22 标：9
7.07SHⅡM22 标：10

叠唇口沿　4 件。07SHⅡM22 标：5，夹砂红褐陶，尖唇，直口，唇外侧饰一排左斜向椭圆形戳点纹，残高 3.5、胎厚 0.7 厘米（图一三五，10；图一三六，4）；07SHⅡM22 标：6，夹砂红褐陶，尖唇，口微敛，唇外侧饰一排左斜向麦粒状戳点纹，残高 2、胎厚 0.6 厘米（图一三五，11；图一三六，3）；07SHⅡM22 标：7，夹砂红褐陶，圆唇，口微敛，唇外侧饰一排左斜向麦粒状戳点纹，残高 2.5、胎厚 0.6 厘米（图一三五，2）；07SHⅡM22 标：8，夹砂红褐陶，圆唇，口微敛，唇外侧饰一排左斜向麦粒状戳点纹，残高 2、胎厚 0.6 厘米（图一三五，1）。

刻划纹陶片　1 件。07SHⅡM22 标：9，夹砂红褐陶，为大型陶器腹片，胎厚 0.4 厘米（图一三五，12；图一三六，6）。

3. 青铜器

B 型铜锥　1 件。07SHⅡM22：12，锥尖锋利，截面呈圆形，尾部截面呈方形，有安装木柄痕迹，长 2.4、截面直径 0.2 厘米（图一三五，22）。

铜刀　1 件。07SHⅡM22：22，翘锋，锋尖微残，直背，弧刃，靠近刀背处有一道血槽，柄部残断，断处可见安装木柄痕迹，残长 3.5、宽 1.1 厘米（图一三五，19；图版四九，4）。

Aa 型铜泡　1 件。07SHⅡM22：10，圆形，正面外凸，背面内凹，有桥形钮，扣身残，表面粘附一层粗麻布，经纬线清晰可见，直径 2.2 厘米（图一三五，20）。

Aa 型铜饰件　2 件。07SHⅡM22：13，圆珠形，直径 0.75、厚 0.2 厘米（图一三五，4）；07SHⅡM22：24，双联珠形，上附麻线和麻布，通长 1.5、单体直径 0.7、厚 0.3 厘米（图一三五，21）。

铜环 3 件，均范铸，分二型。

A 型　2 件。07SHⅡM22：5，残，截面圆形，残长 2.45、截面直径 0.15 厘米（图一三五，13）；07SHⅡM22：29，圆环形，表面铸三道凸棱，外径 6.2、宽 0.7、厚 0.2 厘米（图一三五，14；图版五○，2）。

C 型　1 件。07SHⅡM22：23，残半，锈蚀严重，器表附着一层麻布，环径 1.1 厘米（图一三五，5）。

4. 骨角器

A 型骨锥　1 件。07SHⅡM22：6，羊掌骨磨制而成，器表打磨光滑，锥尖残，仅存柄端，残长

4.9、最宽处 1.7 厘米（图一三五，28）。

角镞 5 件，分二型。

Ac 型　1 件。07SHⅡM22∶45，三棱形镞尖，弧刃，仅存镞锋，铤部残，残长 2、宽 0.6 厘米（图一三五，17）。

Ad 型　3 件。07SHⅡM22∶43，三棱形镞尖，上端弧刃，下端直刃，与铤同宽，铤为半圆柱形，铤尾残，残长 4.5、宽 0.6 厘米（图一三五，15）；07SHⅡM22∶44，三棱形镞尖，上端弧刃，下端直刃，与铤同宽，铤为扁铲形或半圆柱形，铤尾残，残长 3.8、宽 0.5 厘米（图一三五，16）；07SHⅡM22∶46，三棱形镞尖，上端弧刃，下端直刃，与铤同宽，铤前段为圆柱形，后段为扁铲形，长 11.9、镞尖长 3、铤截面直径 0.6 厘米（图一三五，30）。

另有 1 件残损严重，形制不明。07SHⅡM22∶47，仅存圆柱形镞铤，残长 3.5、截面直径 0.5 厘米（图一三五，29）。

（十六）M24

位于发掘区北部。开口于 3a 层下。墓口长 370、宽 220、深 100 厘米，方向 32°。墓口南端中部有竖置朽木痕迹，可能为墓葬的地上标识。该墓人骨最小个体数为 2 人，保存状况较差，性别、年龄不明，颅骨均位于墓室南端，头向西南，面向上，下颌及其他部位骨骼皆凌乱无序。两颅骨旁随葬 1 件压印篦点纹陶壶和 1 件素面陶壶，其中一具颅骨下出土 1 枚野猪牙饰件、1 个角锥和 1 件带孔骨饰件，另一具颅骨旁出土 1 件骨匕首，下体骨骼附近出土锥、凿、镞等骨角器。墓室南端随葬一件压印篦点纹陶壶和 1 件刻划网格纹陶壶，墓室中南部人骨肢骨处有 1 件残破的素面单耳杯，墓北端随葬 2 件陶壶。该墓内除随葬较为丰富的骨角器，还见有铜泡、石质尖状器、白石管、黑石管、陶塑等遗物（图一三七；图版一九，1）。

1. 石器

尖状器　1 件。07SHⅡM24∶1，褐色凝灰岩质地，打制而成，刃部有双向加工痕迹，长 3.2、宽 2.9 厘米（图一三九，8）。

A 型白石管　31 件，高岭石质地，磨制而成，圆柱形，中部有圆形穿孔。07SHⅡM24∶7，直径 0.4、孔径 0.15、高 0.3 厘米（图一三九，18）；07SHⅡM24∶8，直径 0.45、孔径 0.2、高 1.3 厘米（图一三九，20）；07SHⅡM24∶47，直径 0.4、孔径 0.15、高 0.4 厘米（图一三九，17）；07SHⅡM24∶49，直径 0.4、孔径 0.15、高 0.7 厘米（图一三九，19）。

A 型黑石管　8 件，石墨质地，磨制而成，圆柱形，中部有圆形穿孔。07SHⅡM24∶27，直径 0.4、孔径 0.15、高 0.15 厘米（图一三九，16）；07SHⅡM24∶14，直径 0.4、孔径 0.15、高 0.3 厘米（图一三九，15）。

2. 陶器

平底纹饰壶 2 件，分二型。

Aa 型　1 件。07SHⅡM24∶30，砂质红陶，尖唇，侈口，束颈，圆肩，腹微折，下腹斜直，平底，颈部及肩部压印篦点网格纹，颈部网格不甚规则，肩部网格纹呈三角形上下交错对应分布，口

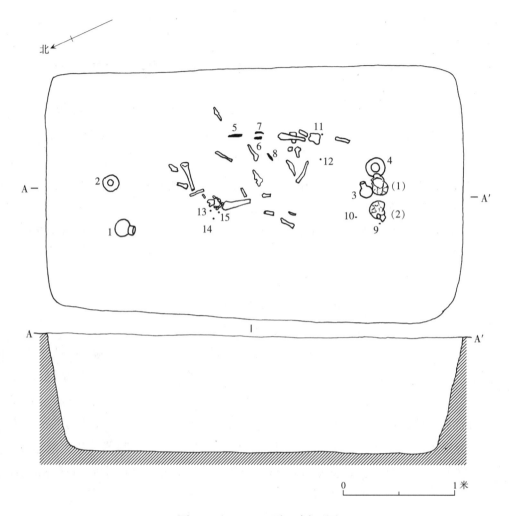

图一三七　M24 平、剖面图

1. 刻划纹壶（M24∶29）　　2. Aa 型平底纹饰壶（M24∶30）　　3. Ac 型粗颈壶（M24∶18）　　4. Cb 型平底纹饰壶（M24∶17）　　5. 骨匕首（M24∶42）　　6. A 型角锥（M24∶44）　　7. 牙饰（M24∶43）　　8. Ab 型角镞（M24∶45）　　9～11. A 型黑石管（M24∶27，M24∶28，M24∶46）　　12～15. A 型白石管（M24∶47，M24∶48，M24∶49，M24∶50）

径 5.8、底径 5.4、最大腹径 9.8、高 10.4 厘米（图一三八，3；图版二三，6）。

　　Cb 型　1 件。07SH Ⅱ M24∶17，砂质红陶，尖唇，侈口，束颈，斜肩，折腹，平底，最大腹径处对称贴塑两个圆柱状鋬耳，颈部及肩部压印篦点折线几何纹，口径 8.5、底径 5.8、最大腹径 15、高 13.4 厘米（图一三八，2；图版二五，5）。

　　刻划纹壶　1 件。07SH Ⅱ M24∶29，夹砂红褐陶，圆唇，直口微敞，直颈，圆肩，鼓腹，平底，最大腹径以上部位刻划三角网格纹，束颈处饰一圈附加堆纹，口径 7、底径 5、最大腹径 12.5、高 14 厘米（图一三八，1；图版二六，1）。

　　Ac 型粗颈壶　1 件。07SH Ⅱ M24∶18，夹砂灰褐陶，器表磨光，尖唇，内侧抹斜，直口，圆肩，鼓腹，平底，口径 6、底径 5.2、最大腹径 11.6、高 14 厘米（图一三八，5；图版三九，3）。

　　Ab 型单耳杯　1 件。07SH Ⅱ M24∶51，砂质黄褐陶，素面，尖唇，侈口，鼓腹，平底，肩一侧有一竖向桥形耳，口径 9、底径 5、最大腹径 9.6、高 9.4 厘米（图一三八，4；图版四三，5）。

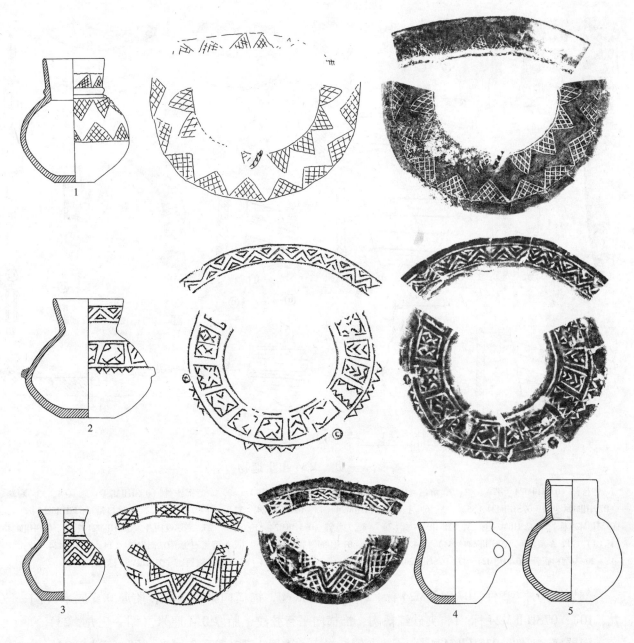

0 2 4厘米

图一三八 M24 出土陶器

1. 刻划纹壶（07SH Ⅱ M24：29）　2. Cb 型平底纹饰壶（07SH Ⅱ M24：17）　3. Aa 型平底纹饰壶（07SH Ⅱ M24：30）　4. Ab 型单耳杯（07SH Ⅱ M24：51）　5. Ac 型粗颈壶（07SH Ⅱ M24：18）

　　陶罐口沿　4 件。07SH Ⅱ M24 标：3，夹砂红褐陶，圆唇，直口，器表刻划平行线纹，残高 5.2、胎厚 0.55 厘米（图一三九，21）；07SH Ⅱ M24 标：4，夹砂红褐陶，圆唇，直口，器表刻划平行线纹，残高 4、胎厚 0.7 厘米（图一三九，7）；07SH Ⅱ M24 标：5，夹砂红褐陶，圆唇，直口，器表刻划平行线纹，残高 5.8、胎厚 0.7 厘米（图一三九，11）；07SH Ⅱ M24 标：7，泥质红褐陶，外叠唇，尖唇，唇外侧饰一排右斜向麦粒状戳点，残高 7.2、胎厚 0.45 厘米（图一三九，22）。

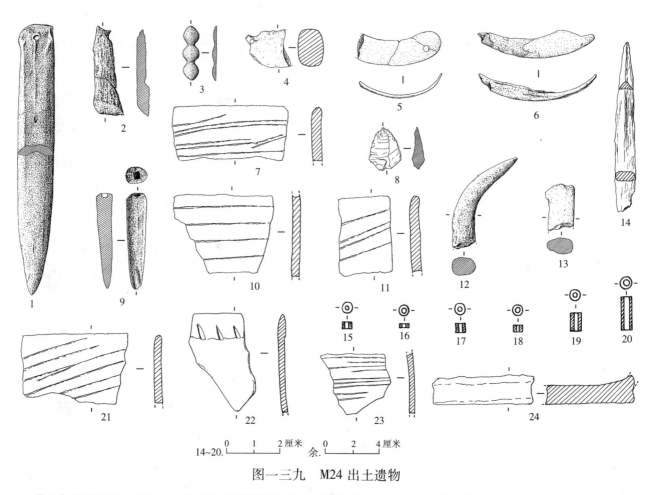

图一三九　M24 出土遗物

1. 骨匕首（07SHⅡM24：42）　　2、9. 角凿（07SHⅡM24：53，07SHⅡM24：19）　3. Aa 型铜饰件（07SHⅡM24：2）　　4、13. 陶塑
（07SHⅡM24：54，07SHⅡM24：55）　5、6. 牙饰（07SHⅡM24：43，07SHⅡM24：52）　7、11、21、22. 陶罐口沿（07SHⅡM24 标：4，
07SHⅡM24 标：5，07SHⅡM24 标：3，07SHⅡM24 标：7）　8. 尖状器（07SHⅡM24：1）　10、23. 刻划纹陶片（07SHⅡM24 标：2，07SHⅡM24
标：1）　12. A 型角锥（07SHⅡM24：44）　14. Ab 型角镞（07SHⅡM24：45）　15、16. A 型黑石管（07SHⅡM24：14，07SHⅡM24：27）
17～20. A 型白石管（07SHⅡM24：47，07SHⅡM24：7，07SHⅡM24：49，07SHⅡM24：8）　24. 陶器底（07SHⅡM24 标：6）

　　刻划纹陶片　2 件。07SHⅡM24 标：2，夹砂红褐陶，饰横向平行弦纹，胎厚 0.6 厘米（图一三
九，10）；07SHⅡM24 标：1，夹砂红褐陶，饰横向平行弦纹，胎厚 0.4 厘米（图一三九，23）。

　　陶器底　1 件。07SHⅡM24 标：6，夹砂红褐陶，底厚 1.3、残高 2 厘米（图一三九，24）。

　　陶塑　2 件。07SHⅡM24：54，砂质红褐陶，残长 3.6 厘米（图一三九，4）；07SHⅡM24：55，
砂质红褐陶，扁圆柱体，有手捏痕迹，残长 3.4、宽 1.9 厘米（图一三九，13）。

3. 青铜器

　　Aa 型铜饰件　1 件。07SHⅡM24：2，三联珠形，正面弧凸，背面平，通长 3.9、单体直径 1.3、
厚 0.3 厘米（图一三九，3；图版五一，2）。

4. 骨角器

　　骨匕首　1 件。07SHⅡM24：42，以牛肢骨切割刮磨而成，扁锥形，尖部锋利，柄端平齐，有一
个钻孔，长 20、宽 2.8 厘米（图一三九，1；图版五三，3）。

Ab 型角镞　1 件。07SHⅡM24：45，上端弧刃，下端直刃，与铤同宽，铤为扁铲形或半圆柱形，铤尾端残，残长 6.2、宽 0.8 厘米（图一三九，14）。

A 型角锥　1 件。07SHⅡM24：44，以鹿角切割磨制而成，圆锥形，尖部上翘，器身略弯，长 8、尾径 1.8 厘米（图一三九，12）。

角凿　2 件。07SHⅡM24：19，以鹿角切割刮磨而成，扁锥形，柄端有一个深 0.25 厘米的方形孔，用途不明，长 7、尾径 1.2 厘米（图一三九，9）；07SHⅡM24：53，采用鹿角切割而成，刃端呈楔形，残长 6.4 厘米（图一三九，2）。

牙饰　2 件。07SHⅡM24：43，以公猪犬齿刮磨而成，半月形，在尾端钻一圆孔，残长 6.2、宽 2、厚 0.2 厘米（图一三九，5；图版五二，5）；07SHⅡM24：52，以公猪犬齿刮磨而成，半月形，首尾均残，表面风化，釉质层已脱落，残长 8.8 厘米（图一三九，6）。

（十七）M26

位于发掘区西北部。开口于 3a 层下。墓口长 500、宽 350、深 160 厘米，方向 32°。该墓无完整骨架，人骨多零散分布于填土中，除头骨外，其他部位骨骼保存状况均较差。墓内人骨最小个体数为 8 人，除三个因可辨识性别、年龄的骨骼保存太差而无法判定的个体及一儿童外，其他均为 30 岁左右的成年个体，2 男 2 女。该墓内动物遗存较为丰富，出土有马门齿及臼齿、牛臼齿、狗下颌、猪烧骨及胫骨、羊距骨等，另有大量烧骨块夹于填土中。墓底南端随葬 2 件陶壶和 1 件单耳杯，另有 2 件陶壶由墓内出土碎片拼对而成，均为素面。该墓随葬骨、角器较多，有骨纺轮、刻纹骨板、角镞、角镳等，此外还出土扣、镞、环等小型青铜器及大量白石管（图一四〇）。

1. 石器

白石管 55 件，高岭石质地，磨制而成，分三型。

A 型　52 件，圆柱形，单孔。07SHⅡM26：12，截面直径 0.5、孔径 0.3、高 1.75 厘米（图一四一，22）；07SHⅡM26：16，截面直径 0.45、孔径 0.15、高 0.2 厘米（图一四一，30）；07SHⅡM26：24，截面直径 0.35、孔径 0.1、高 0.3 厘米（图一四一，31）；07SHⅡM26：34，截面直径 0.45、孔径 0.2、高 0.8 厘米（图一四一，32）。

B 型　1 件，梭形，双孔。07SHⅡM26：96，长 1、宽 0.35、厚 0.4、孔径 0.1、孔间距 0.2 厘米（图一四一，25）。

C 型　2 件，三角形，双孔。07SHⅡM26：8，斜面上钻平行双孔，长 0.7、斜边 0.7、厚 0.35、孔径 0.1、孔间距 0.2 厘米（图一四一，26）。

黑石管 3 件，石磨质地，磨制而成，分三型。

A 型　1 件，圆柱形，单孔。07SHⅡM26：10，中部穿孔，截面直径 0.5、孔径 0.15、高 0.15 厘米（图一四一，28）；07SHⅡM26：15，中部穿孔，截面直径 0.35、孔径 0.15、高 0.2 厘米（图一四一，29）。

B 型　1 件，梭形，双孔。07SHⅡM26：36，长 0.6、宽 0.35、厚 0.2、孔径 0.2、孔间距 0.1 厘米（图一四一，24）。

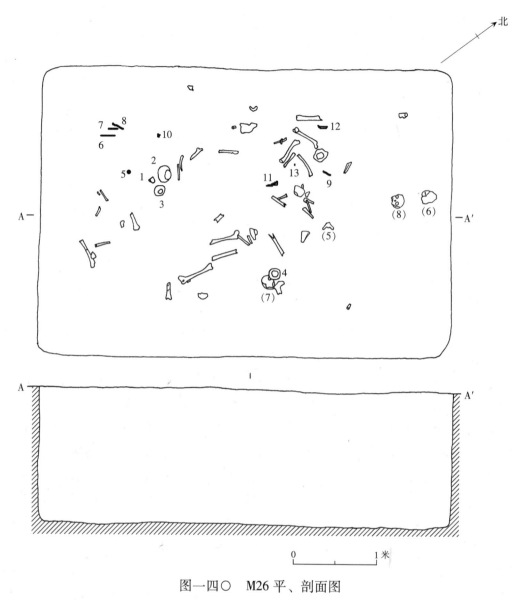

图一四〇　M26 平、剖面图

1. Aa 型单耳杯（M26：78）　　2、3. Aa 型长颈壶（M26：75，M26：74）　　4. Ba 型长颈壶（M26：97）　　5. B 型骨纺轮（M26：86）　　6. 角镞（M26：90）　　7、8. Ab 型角镞（M26：91，M26：92）　　9. Bc 型角镞（M26：93）　　10. Aa 型铜泡（M26：95）　　11. 角镳（M26：71）　　12. 刻纹骨板（M26：57）　　13. A 型白石管（M26：98）

　　C 型　1 件，三角形，双孔。07SH Ⅱ M26：1，斜面上钻平行双孔，长 0.7、斜边 0.7、厚 0.35、孔径 0.1、孔间距 0.2 厘米（图一四一，27）。

　　2. 陶器

　　长颈壶 4 件，分二型。

　　Aa 型　3 件。07SH Ⅱ M26 标：6，夹砂红褐陶，素面，尖圆唇，口沿内侧抹斜，敞口，束颈，圆肩，球腹，下腹及底残，最大腹径处对称分布两个盲耳，口径 7.2、最大腹径 16、残高 15 厘米（图一四一，3）；07SH Ⅱ M26：74，夹砂红陶，素面，圆唇，敞口，束颈，圆肩，扁圆腹，平底，器底加厚，最大腹径处饰三个桥形盲耳，等距分布，口径 6.6、底径 6.2、最大腹径 15、高 18.4 厘米（图一四一，1；图

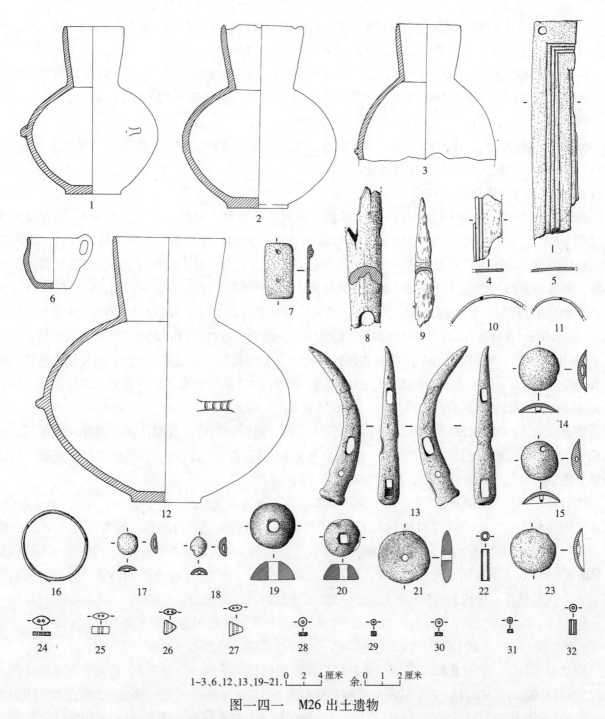

图一四一　M26 出土遗物

1~3. Aa 型长颈壶（07SHⅡM26：74，07SHⅡM26：75，07SHⅡM26 标：6）　4、5. 刻纹骨板（07SHⅡM26：28，07SHⅡM26：57）
6. Aa 型单耳杯（07SHⅡM26：78）　7. F 型铜泡（07SHⅡM26：33）　8、13. 角镳（07SHⅡM26：71，07SHⅡM26：59）　9. B 型
骨锥（07SHⅡM26：26）　10、11、16. A 型铜环（07SHⅡM26：25，07SHⅡM26：11，07SHⅡM26：7）　12. Ba 型长颈壶（07SHⅡ
M26：97）　14、15、17、18、23. Aa 型铜泡（07SHⅡM26：95，07SHⅡM26：37，07SHⅡM26：5，07SHⅡM26：47，07SHⅡM26：
39）　19. A 型骨纺轮（07SHⅡM26：48）　20. B 型骨纺轮（07SHⅡM26：86）　21. 角纺轮（07SHⅡM26：94）　22、30~32. A 型
白石管（07SHⅡM26：12，07SHⅡM26：16，07SHⅡM26：24，07SHⅡM26：34）　24. B 型黑石管（07SHⅡM26：36）　25. B 型白
石管（07SHⅡM26：96）　26. C 型白石管（07SHⅡM26：8）　27. C 型黑石管（07SHⅡM26：1）　28、29. A 型黑石管（07SHⅡ
M26：10，07SHⅡM26：15）

版三一，3）；07SHⅡM26：75，夹砂红陶，素面，圆唇，敞口，口沿微残，束颈，圆肩，扁圆腹，台底，口径9、底径6.8、最大腹径17.6、高20.2厘米（图一四一，2；图版三一，4）。

Ba型长颈壶 1件。07SHⅡM26：97，夹砂红褐陶，素面，圆唇，口微敞，束颈，圆肩，扁圆腹，台底，最大腹径处饰三个鸡冠耳，等距分布，口径12.8、底径7.8、最大腹径28.2、高29.2厘米（图一四一，12；图版三五，3）。

Aa型单耳杯 1件。07SHⅡM26：78，夹砂红陶，素面，尖唇，侈口，腹微鼓，最大腹径偏上，下腹斜直内收，平底，口沿与上腹部连接一竖向环耳，口径5.6、底径3.8、最大腹径6.8、高5.6厘米（图一四一，6；图版四三，4）。

陶罐口沿 7件。07SHⅡM26标：23，砂质红褐陶，外叠唇，圆唇，直口，残高6、胎厚0.6厘米（图一四二，1）；07SHⅡM26标：20，砂质红褐陶，外叠唇，尖圆唇，内侧斜抹，直口，饰左斜向麦粒状戳点，胎厚0.7厘米（图一四二，2；图一四四，1）；07SHⅡM26标：21，砂质红褐陶，外叠唇，叠唇外侧饰一排左斜向椭圆形戳点纹，残高2.6、胎厚0.5厘米（图一四四，3）；07SHⅡM26标：16，砂质红褐陶，外叠唇，圆唇，直口，叠唇外侧饰竖向戳点纹，残高3.2、胎厚0.4厘米（图一四二，3）；07SHⅡM26标：17，夹砂红褐陶，陶色不均，圆唇，敞口，口沿下饰一排圆形戳点纹，残高5、胎厚0.5厘米（图一四四，6）；07SHⅡM26标：5，夹砂黄褐陶，外叠唇，敛口，唇外侧饰一排左斜向戳点纹，胎厚0.6厘米（图一四四，2）；07SHⅡM26标：1，夹砂黄褐陶，外叠唇，唇外侧饰一排右斜向椭圆形戳点纹，下饰一排珍珠纹，胎厚0.6厘米（图一四四，5）。

陶壶口沿 2件。07SHⅡM26标：11，砂质红褐陶，圆唇，直口，直颈，颈中部有一横錾耳，残高6.4、胎厚0.6厘米（图一四二，5）；07SHⅡM26标：1，夹砂红褐陶，圆唇，直口，直颈，唇部饰纵向豁口，其下饰一圈珍珠纹，胎厚0.5厘米（图一四二，4）。

陶器耳 5件。07SHⅡM26标：13，夹砂红陶，器表磨光，施红陶衣，横桥耳，耳长2.6、宽0.8厘米（图一四二，7）；07SHⅡM26标：22，夹砂黄褐陶，器表磨光，桥形耳，耳宽3厘米（图一四二，12）；07SHⅡM26标：8，夹砂红褐陶，桥状盲耳，耳长5.4、宽1.4厘米（图一四二，6）；07SHⅡM26标：9，砂质黄褐陶，乳突状盲耳，耳直径2厘米（图一四二，8）；07SHⅡM26标：24，夹砂红褐陶，舌状横錾耳，耳长3、厚1厘米（图一四二，9）。

陶器底 2件。07SHⅡM26标：14，夹砂红褐陶，平底，器底加厚，器表磨光，底径5.6、残高3.6厘米（图一四二，20）；07SHⅡM26标：15，夹砂红褐陶，残高2.8厘米（图一四二，19）。

陶器足 4件。07SHⅡM26标：7，夹砂红褐陶，圆锥状实足根，残长7.2、最大径3厘米（图一四二，13）；07SHⅡM26标：26，砂质红褐陶，残高3.6、宽4.4厘米（图一四二，16）；07SHⅡM26标：25，夹砂红褐陶，圆锥状实足根，残长5.5、最大径3.2厘米（图一四二，14）；07SHⅡM26标：19，夹砂红褐陶，圆锥状实足根，残长4.4、最大径2.6厘米（图一四二，15）。

凸棱纹陶片 2件。07SHⅡM26标：18，砂质黑褐陶，饰波折纹，胎厚0.4厘米（图一四二，17；图一四四，4）；07SHⅡM26标：10，夹砂红褐陶，饰平行凸棱纹，胎厚0.8厘米（图一四二，18）。

戳点纹陶片 1件。07SHⅡM26标：2，夹砂红褐陶，外饰成排的戳点，胎厚0.5厘米（图一四四，10）

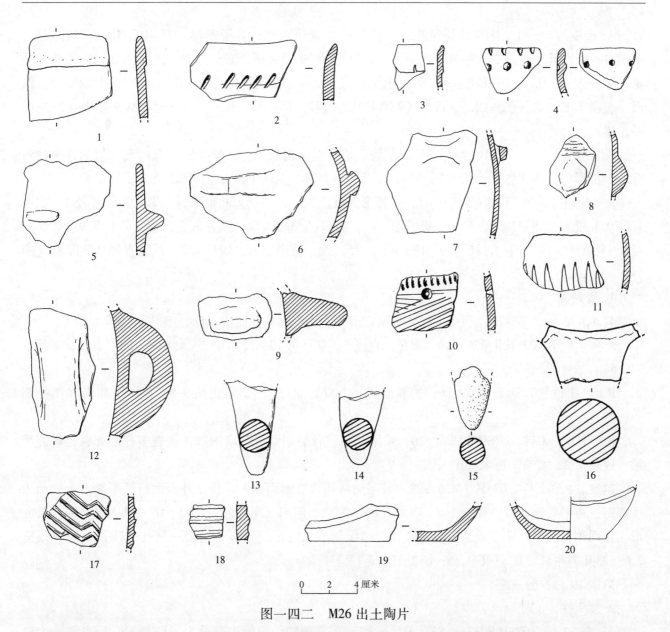

图一四二　M26 出土陶片

1~3. 陶罐口沿（07SHⅡM26 标：23，07SHⅡM26 标：20，07SHⅡM26 标：16）　4、5. 陶壶口沿（07SHⅡM26 标：1，07SHⅡM26 标：
11）　6~9、12. 陶器耳（07SHⅡM26 标：8，07SHⅡM26 标：13，07SHⅡM26 标：9，07SHⅡM26 标：24，07SHⅡM26 标：22）　10、
11. 刻划纹陶片（07SHⅡM26 标：3，07SHⅡM26 标：4）　13~16. 陶器足（07SHⅡM26 标：7，07SHⅡM26 标：25，07SHⅡM26 标：
19，07SHⅡM26 标：26）　17、18. 凸棱纹陶片（07SHⅡM26 标：18，07SHⅡM26 标：10）　19、20. 陶器底（07SHⅡM26 标：15，
07SHⅡM26 标：14）

　　刻划纹陶片　3件。07SHⅡM26 标：4，夹砂红褐陶，饰弧线之字纹，胎厚0.4厘米（图一四二，
11；图一四四，8）；07SHⅡM26 标：3，砂质黄褐陶，饰弧线之字纹及平行细线纹，胎厚0.55厘米
（图一四二，10；图一四四，7）；07SHⅡM26 标：12，夹砂红褐陶，器表刻划方格纹，胎厚0.6厘米
（图一四四，9）。

3. 青铜器

　　铜泡6件，分二型。

　　Aa 型铜泡　5 件。圆形或椭圆形，正面外凸，背面内凹，有桥形钮。07SHⅡM26：37，圆形，一端有一圆形孔，直径 2.2 厘米（图一四一，15）；07SHⅡM26：39，圆形，边缘略残，直径 2.6 厘米（图一四一，23）；07SHⅡM26：95，圆形，直径 2.4 厘米（图一四一，14）；07SHⅡM26：5，圆形，直径 1.1 厘米（图一四一，17）；07SHⅡM26：47，椭圆形，长径 1.1、短颈 0.9 厘米（图一四一，18）。

　　F 型铜泡　1 件。07SHⅡM26：33，范铸，长方形，正面平整，背面四边有凸起的边框，两端各有一个桥形钮，一端钮残，长 3.1、宽 1.6、厚 0.1 厘米（图一四一，7；图版五〇，5）。

　　A 型铜环　3 件。07SHⅡM26：7，弹簧形，截面圆形，一端为圆锥形，一端平齐，环径 4、截面直径 0.1 厘米（图一四一，16；图版五〇，1）；07SHⅡM26：11，残，截面圆形，残长 3.9、截面直径 0.15 厘米（图一四一，11）；07SHⅡM26：25，残，截面圆形，残长 4.2、截面直径 0.2 厘米（图一四一，10）。

4. 骨角器

　　骨纺轮 2 件，半球形，利用牛股骨头原有形状，切割、钻孔而成，分二型。

　　A 型　1 件。07SHⅡM26：48，圆穿，直径 5、穿径 1.15、高 2.05 厘米（图一四一，19；图版五二，6）。

　　B 型　1 件。07SHⅡM26：86，边缘微残，方穿，直径 3.9、穿边长 9.5、高 1.7 厘米（图一四一，20）。

　　B 型骨锥　1 件。07SHⅡM26：26，采用动物肢骨磨制而成，扁锥形，器表多打磨光滑，锈蚀严重，残长 7.2、宽 5.1 厘米（图一四一，9）。

　　刻纹骨板　2 件。07SHⅡM26：28，采用动物肋骨磨制而成，片状，外表面打磨平整，上表面边缘部刻三道平行凹弦纹，残长 3.6、残宽 1.65、厚 0.1 厘米（图一四一，4）；07SHⅡM26：57，长方形，正面刻折线纹，四条线为一组，沿骨板边缘刻成长方形，骨板一角有一钻孔，残长 12.2、残宽 2.5、厚 0.1 厘米（图一四一，5；图版五三，1）。

　　角镞 19 件，分三型。

　　A 型 9 件，三棱形镞尖。

　　Aa 型　1 件。07SHⅡM26：83，前锋尖锐，后锋圆钝，铤前半部分为半圆柱形，后半部分为扁铲形，残长 9.8、镞身宽 2.35、铤宽 0.4 厘米（图一四三，3）。

　　Ab 型　4 件。07SHⅡM26：46，前锋尖锐，后锋圆钝，铤为扁铲形，残长 5.4、镞身长 3.8、宽 0.7 厘米（图一四三，12）；07SHⅡM26：82，弧刃，前锋微残，铤为扁铲形，铤尾残，残长 8、宽 0.6 厘米（图一四三，7）；07SHⅡM26：91，弧刃，前锋微残，铤为扁圆形，铤尾残，残长 5.8、宽 0.6 厘米（图一四三，17）；07SHⅡM26：92，弧刃，前锋微残，铤为扁铲形，铤尾残，残长 6、宽 0.6 厘米（图一四三，18）。

　　Ad 型　4 件。07SHⅡM26：20，弧刃，前锋尖锐，铤尾端残，残长 5.9、宽 0.5 厘米（图一四三，16）；07SHⅡM26：22，直刃，铤为圆柱形，铤尾残，残长 5.2、宽 0.6 厘米（图一四三，13）；07SHⅡM26：55，弧刃，铤为圆柱形，铤尾残，残长 5.5、宽 0.55 厘米（图一四三，14）；07SHⅡM26：56，弧刃，铤上端为圆柱形，下端为扁铲形，长 8.5、宽 0.5 厘米（图一四三，5）。

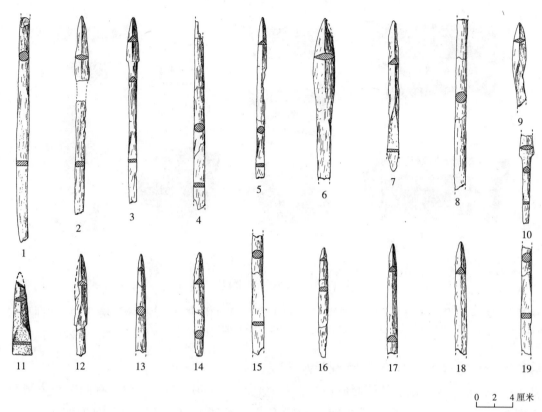

0 2 4厘米

图一四三 M26 出土角镞

1. 07SHⅡM26：29 2、6、9. Bc 型（07SHⅡM26：41，07SHⅡM26：49，07SHⅡM26：93） 3. Aa 型（07SHⅡM26：83）
4. 07SHⅡM26：90 5、13、14、16. Ad 型（07SHⅡM26：56，07SHⅡM26：22，07SHⅡM26：55，07SHⅡM26：20） 7、12、17、
18. Ab 型（07SHⅡM26：82，07SHⅡM26：46，07SHⅡM26：91，07SHⅡM26：92） 8. 07SHⅡM26：30 10. Bb 型（07SHⅡM26：45）
11. Da 型（07SHⅡM26：52） 15. 07SHⅡM26：40 19. 07SHⅡM26：13

B 型 4 件，四棱形镞尖。

Bb 型 1 件，后锋平直。07SHⅡM26：45，前锋残，后锋圆钝，铤前段为扁圆柱形，后段为扁铲形，残长 4.7、镞身长 1.1、宽 0.8、铤截面直径 0.4 厘米（图一四三，10）。

Bc 型 3 件，无后锋。07SHⅡM26：41，弧刃，铤为扁铲形，残长 9.3、镞身长 3.4、铤宽 0.5厘米（图一四三，2）；07SHⅡM26：49，柳叶形镞身，弧刃，铤呈扁铲形，残长 8.5、镞身长 3.8、宽 1.3、铤宽 0.7 厘米（图一四三，6；图版五五，3）；07SHⅡM26：93，柳叶形镞身，弧刃，铤为扁铲形，残长 4.4、镞身长 2.6、宽 0.8 厘米（图一四三，9）。

Da 型 1 件，三角形，无铤。07SHⅡM26：52，前锋残，直刃，镞身前端截面呈菱形，后端扁平呈铲形，平底，残长 3.9、最宽处 1.1 厘米（图一四三，11）。

另有 5 件因残，无法分型。07SHⅡM26：13，镞尖残，仅存铤部，残长 5.7、宽 0.6 厘米（图一四三，19）；07SHⅡM26：29，镞锋残，铤的前半部为圆柱形，尾部呈扁铲形，残长 12、宽 0.65 厘米（图一四三，1）；07SHⅡM26：30，镞锋残，仅存镞铤，圆柱形，残长 9、截面直径 0.6 厘米（图一四三，8）；07SHⅡM26：40，镞锋已残，铤为圆柱形，尾部呈扁铲形，残长 6.3、宽 0.6 厘米（图一四三，15）；07SHⅡM26：90，三棱形镞身，已残碎，仅存镞铤，前半部为圆柱形，尾部呈扁铲

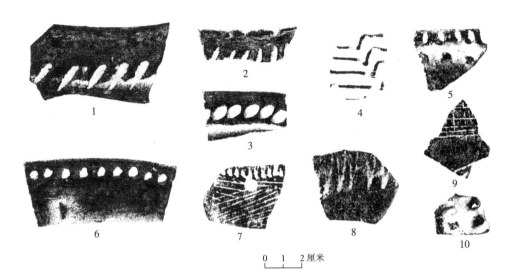

图一四四　M26 出土陶片拓片

1.07SH Ⅱ M26 标：20　2.07SH Ⅱ M26 标：5　3.07SH Ⅱ M26 标：21　4.07SH Ⅱ M26 标：18　5.07SH Ⅱ M26 标：1　6.07SH Ⅱ M26 标：17
7.07SH Ⅱ M26 标：3　8.07SH Ⅱ M26 标：4　9.07SH Ⅱ M26 标：12　10.07SH Ⅱ M26 标：2

形，残长 9.9、截面直径 0.6 厘米（图一四三，4）。

　　角镳　2 件，以鹿角切割、钻孔而成，器表刮磨光滑。07SH Ⅱ M26：59，有两个长方形缰孔和一个长方形衔孔，衔孔一侧有一直径 0.7 厘米的圆形孔，通长 17.5、孔长 2、宽 1 厘米（图一四一，13；图版五二，1）；07SH Ⅱ M26：71，残，仅存半个圆孔，残长 7.9、直径 2、孔径 0.9 厘米（图一四一，8）

　　角纺轮　1 件。07SH Ⅱ M26：94，以马鹿角盘加工而成，圆饼形，圆穿，边缘有一圆形钻孔，直径 6、厚 1.2、穿径 0.7 厘米（图一四一，21）。

（十八）M28

　　位于发掘区东部。开口于 3a 层下。墓口长 370、宽 208、深 130 厘米，方向 118°。墓口偏北处有朽木痕迹，墓室上部土色较深，向下渐浅。该墓人骨最小个体数为 2 人，性别、年龄均不明，埋葬散乱无规律。填土中出土大量动物骨骼，可辨识的有马下颌、牛角及臼齿、猪臼齿及髋骨、狗头骨等。墓室西北角随葬 1 件素面陶壶，填土之中出土的陶器碎片拼对出 1 件三角形陶壶和 1 件单耳杯，均为素面，另有白石管、黑石管、铜泡、骨管等分布零散的随葬品（图一四五）。

1. 石器

　　A 型白石管　17 件，高岭石质地，磨制而成，圆柱形，中部有一圆形穿孔。07SH Ⅱ M28：2，高 0.3、截面直径 0.4、孔径 0.15 厘米（图一四六，19）；07SH Ⅱ M28：3，高 1.1、截面直径 0.4、孔径 0.1 厘米（图一四六，20）；07SH Ⅱ M28：13，高 0.9、截面直径 0.5、孔径 0.1 厘米（图一四六，21）。

　　A 型黑石管　1 件，石墨质地，磨制而成，圆柱形，中部有一圆形穿孔。07SH Ⅱ M28：5，高

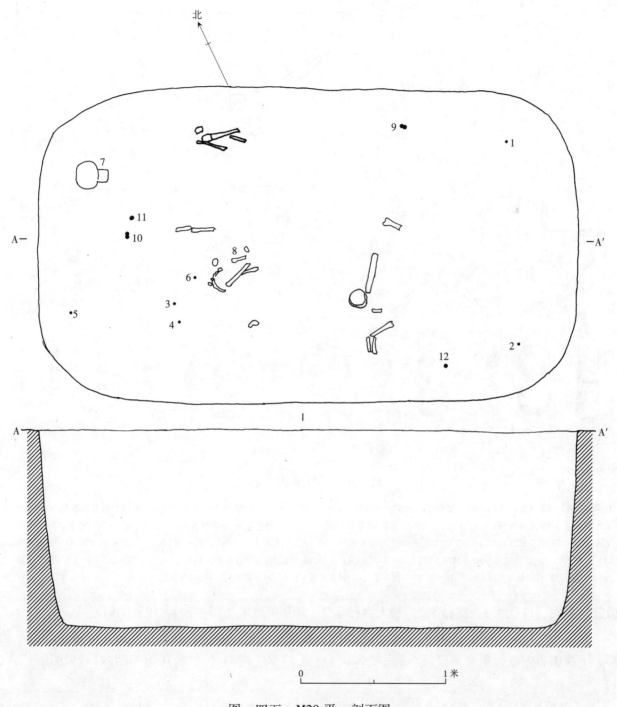

图一四五 M28 平、剖面图

1~5. A 型白石管（M28：15, M28：12, M28：23, M28：24） 6. A 型黑石管（M28：5） 7. Ab 型粗颈壶（M28：16） 8. A 型骨
管（M28：19） 9、10. Ab 型铜泡（M28：6, M28：17） 11. Aa 型铜泡（M28：14） 12. Bb 型铜泡（M28：18）

0.25、截面直径 0.3、孔径 0.1 厘米（图一四六，18）。

2. 陶器

Ab 型粗颈壶 1 件。07SHⅡM28：16，夹砂红褐陶，素面，圆唇，直口微敞，束颈，圆肩，腹

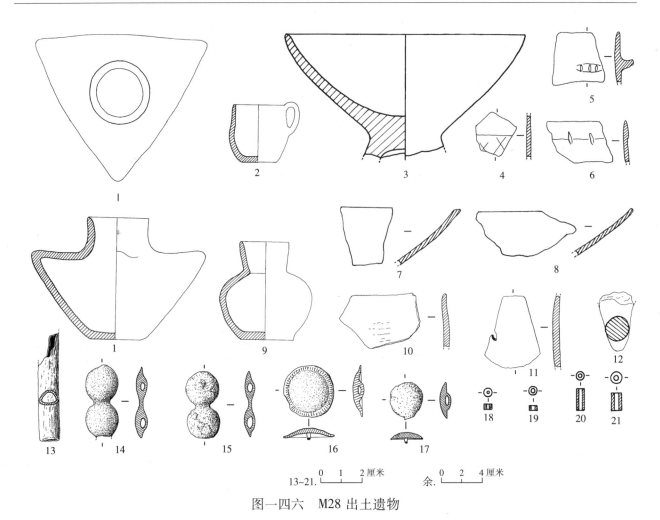

图一四六　M28 出土遗物

1. 陶壶（07SHⅡM28：25）　2. Aa 型单耳杯（07SHⅡM28：26）　3、7、8、11. A 型豆（07SHⅡM28 标：7，07SHⅡM28 标：3，07SHⅡ
M28 标：6，07SHⅡM28 标：9）　4. 刻划纹陶片（07SHⅡM28 标：8）　5. 陶壶口沿（07SHⅡM28 标：4）　6、10. 陶罐口沿（07SHⅡ
M28 标：1，07SHⅡM28 标：2）　9. Ab 型粗颈壶（07SHⅡM28：16）　12. 陶器足（07SHⅡM28 标：10）　13. A 型骨管（07SHⅡM28：
19）　14、15. Ab 型铜泡（07SHⅡM28：17，07SHⅡM28：6）　16. Bb 型铜泡（07SHⅡM28：18）　17. Aa 型铜泡（07SHⅡM28：14）
18. A 型黑石管（07SHⅡM28：5）　19 ~21. A 型白石管（07SHⅡM28：2，07SHⅡM28：3，07SHⅡM28：13）

微鼓，平底，口径4.8、底径5.2、最大腹径9.2、高9.4厘米（图一四六，9；图版三八，4）。

　　三角壶　1件。07SHⅡM28：25，砂质红陶，素面，圆唇，直口，直颈，平肩，肩部呈等边三角
形，下腹斜直内收，平底，口径6、底径5.2、肩宽17.2、高11.6厘米（图一四六，1；图版三六，
4）。

　　Aa 型单耳杯　1件。07SHⅡM28：26，砂质黄褐陶，素面，圆唇，直口，鼓腹，平底，口沿与腹部
连接一竖向环耳，口径4.8、底径3.6、最大腹径6、高5.6厘米（图一四六，2；图版四三，3）。

　　A 型豆　4件。07SHⅡM28 标：7，夹砂红褐陶，素面，圆唇，敞口，斜弧壁，豆座残，口径
23.8、残高12厘米（图一四六，3；图版四五，5）；07SHⅡM28 标：9，夹砂红陶，豆柄处饰麦粒状
戳点纹，残高7厘米（图一四六，11）；07SHⅡM28 标：3，夹砂红褐陶，尖唇，敞口，残高5、胎厚
0.4厘米（图一四六，7）；07SHⅡM28 标：6，夹砂红褐陶，圆唇，敞口，残高4、胎厚0.4厘米（图
一四六，8）。

陶壶口沿 1件。07SHⅡM28 标：4，夹砂红陶，圆唇，直口，口沿下有一横向鸡冠耳，耳长2.4、宽0.8厘米，口沿残高4.8、胎厚0.55厘米（图一四六，5）。

陶罐口沿 2件。07SHⅡM28 标：1，夹砂红褐陶，外叠唇，尖唇，唇外侧饰右斜向麦粒状戳点纹，胎厚0.4厘米（图一四六，6）；07SHⅡM28 标：2，夹砂红褐陶，圆唇，直口，残高5.2、胎厚0.6厘米（图一四六，10）。

陶器足 1件。07SHⅡM28 标：10，夹砂红褐陶，圆锥状实足根，残长5.7、最大径3.2厘米（图一四六，12）。

刻划纹陶片 2件。07SHⅡM28 标：8，砂质红褐陶，饰刻划网格纹，胎厚0.5厘米（图一四六，4）。

3. 青铜器

铜泡4件，均为范铸，正面外凸，背面内凹，有桥形钮，分二型。

A型3件，分两个亚型。

Aa型 1件。07SHⅡM28：14，圆形，一端有断茬，直径1.6厘米（图一四六，17）。

Ab型 2件。07SHⅡM28：6，双联珠形，背面各有一个桥形钮，扣的正面附着粗麻布，背面桥形钮上有订缀线绳，长3.2、单体直径1.7厘米（图一四六，15）；07SHⅡM28：17，双联珠形，背面各有一个桥形钮，一端有断茬，长3.4、单扣直径1.6厘米（图一四六，14）。

Bb型 1件。07SHⅡM28：18，圆形，正面顶面微凸，边缘平缓，饰短线放射线纹，直径2.6厘米（图一四六，16；图版五一，1）。

4. 骨器

A型骨管 1件。07SHⅡM28：19，截取小型动物桡（尺?）骨骨干切割、磨制而成，圆筒形，器表刮磨光滑，两端打磨平整，一端残断，截面呈等腰三角形，残长5.2、宽1.1厘米（图一四六，13）。

（十九）M29

位于发掘区西北部。开口于3a层下。墓口长450、宽300、深120厘米，方向35°。该墓人骨保存状况极差，数量也较少，墓室南部及中部发现两具颅骨，其他骨骼均较碎小，腐蚀严重。墓内人骨最小个体数为2人，经人骨鉴定可知均为成年女性，其中，（1）号个体年龄在25岁左右，（2）号个体年龄不明。填土中出土猪下颌及牛白齿、肱骨、股骨、跗骨、距骨、趾骨、距骨等。墓底随葬3件素面陶壶，因记录不详，具体出土地点不明确。此外还出土白石管及铜泡、铜镞等小型青铜器（图一四七）。

1. 石器

A型白石管 3件，高岭石质地，磨制而成，圆柱形，中部有一圆形穿孔。07SHⅡM29：7，截面直径0.5、孔径0.3、高1.75厘米（图一四八，7）；07SHⅡM29：8，截面直径0.5、孔径0.2、高0.7厘米（图一四八，6）。

2. 陶器

Aa型长颈壶 3件。07SHⅡM29：3，夹砂红褐陶，素面，尖唇，内侧抹斜，直口微敞，束颈，

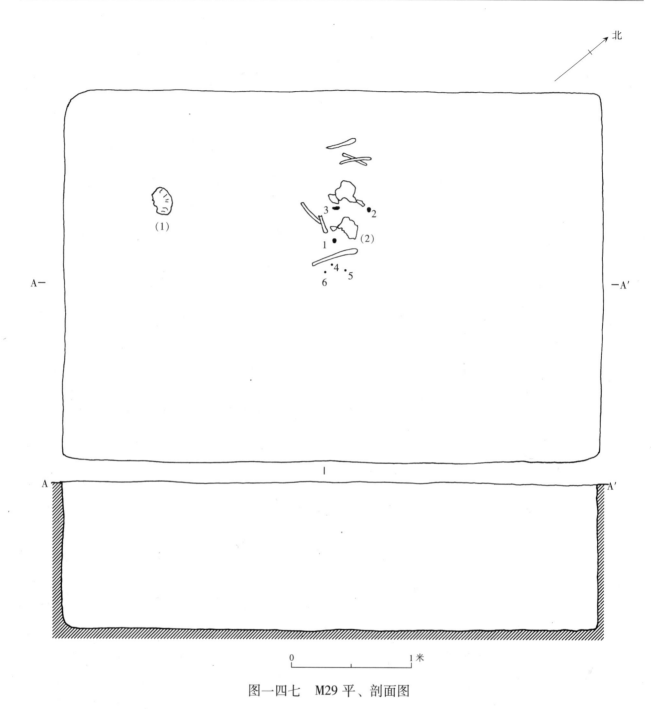

图一四七　M29 平、剖面图

1、2. Aa 型铜泡（M29：1，M29：9）　3. B 型铜镞（M29：2）　4~6. A 型白石管（M29：6，M29：7，M29：8）

圆肩，球腹，台底，口径6.6、底径5.6、最大腹径15、高18.4厘米（图一四八，3；图版三一，1）；

07SHⅡM29：4，夹砂红褐陶，素面，圆唇，直口微敞，束颈，圆肩，扁圆腹，台底，最大腹径处两侧各有一盲耳，口径7.6、底径6、最大腹径16.2、高18.2厘米（图一四八，2；图版三一，2）；

07SHⅡM29：5，夹砂红褐陶，素面，圆唇，直口微敞，束颈，溜肩，垂腹，台底，口径7、底径6.6、最大腹径14.8、高17.6厘米（图一四八，1；图版三二，2）。

陶罐口沿　1件。07SHⅡM29标：1，夹砂红褐陶，圆唇，直口，器表饰一圈珍珠纹及一圈附加

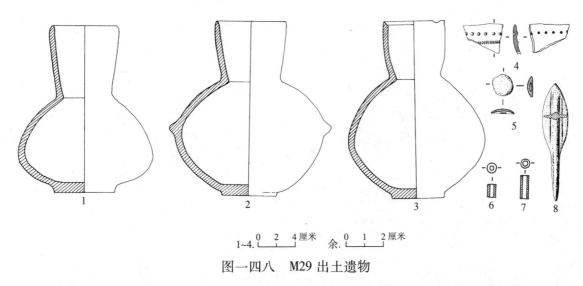

图一四八　M29 出土遗物

1～3. Aa 型长颈壶（07SHⅡM29∶5，07SHⅡM29∶4，07SHⅡM29∶3）　4. 陶罐口沿（07SHⅡM29 标∶1）　5. Aa 型铜泡（07SHⅡM29∶1）　6、7. A 型白石管（07SHⅡM29∶8，07SHⅡM29∶7）　8. B 型铜镞（07SHⅡM29∶2）

堆纹，胎厚 0.8 厘米（图一四八，4）。

3. 青铜器

B 型铜镞　1 件。07SHⅡM29∶2，柳叶形镞身，弧刃，脊截面圆形，两侧有血槽，铤呈锥状，截面圆形，通长 6.3、镞身 3.7、宽 1.4 厘米（图一四八，8；图版四八，4）。

Aa 型铜泡　2 件。07SHⅡM29∶1，范铸，圆形，正面外凸，背面内凹，有桥形钮，直径 1.1 厘米（图一四八，5）。

（二十）　M33

位于发掘区北部。开口于 3a 层下。墓口长 370、宽 195、深 150 厘米，方向 40°。发掘中在深 24～60 厘米之间的填土中陆续出土牛臼齿、马的下颌及门齿、狗上颌等动物遗存。墓内人骨多集中在墓室东南部，保存状况一般，头骨多为碎片，完整较少，下颌骨及股骨、肱骨保存较好，多散布于填土中，无完整骨架。墓内人骨最小个体数为 7 人：（1）号个体颅骨位于墓室中部偏东，男性，50 岁左右；（2）号个体颅骨位于墓室中部偏北，女性（?）；（3）号个体颅骨位于墓室南端，女性；（4）号个体颅骨位于墓室西南端，女性，25～30 岁，有龋齿；（5）号个体颅骨及下颌骨位于墓中部偏南，女性，50～55 岁；（6）号个体性别年龄不明；（7）号个体根据上颌鉴定为男性，年龄不明。（6）号与（7）号个体具有鉴别特征的骨骼均位于墓葬填土中。墓室南端随葬 2 件压印篦点纹陶壶，位于（4）号头骨顶部两侧，北端随葬 1 件长颈素面陶壶。此外还出土石镞、角镞、黑石管、白石管等器物（图一四九；图版一九，2）。

1. 石器

A 型石镞　1 件。07SHⅡM33∶1，青灰色页岩质地，磨制而成，三角形，凹底，镞尖中部有凸棱，向下渐平缓内凹，形成两条凸棱，长 3.5、宽 1.6 厘米（图一五一，6）。

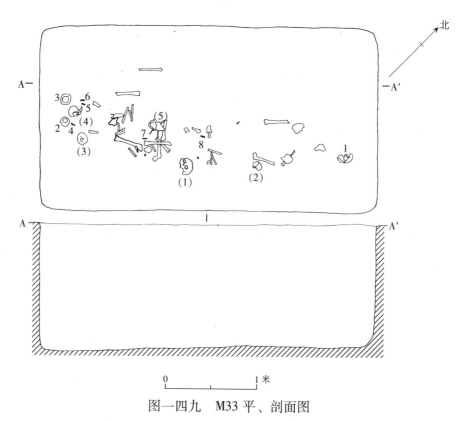

图一四九　M33 平、剖面图

1~3. A 型平底纹饰壶（M33：32，M33：38，M33：39）　　4. C 型角镞（M33：35）　　5、7、

8. Ad 型角镞（M33：36，M33：48，M33：10）　　6. Ba 型角镞（M33：37）

A 型白石管　31 件，高岭石质地，磨制而成，圆柱形，中部有一圆形穿孔。07SHⅡM33：3，截面直径 0.5、孔径 0.25、高 1 厘米（图一五一，8）；07SHⅡM33：46，截面直径 0.4、孔径 0.1、高 0.25 厘米（图一五一，7）。

A 型黑石管　8 件，石墨质地，磨制而成，圆柱形，中部有一圆形穿孔。07SHⅡM33：8，截面直径 0.35、孔径 0.15、高 0.25 厘米（图一五一，10）；07SHⅡM33：30，截面直径 0.45、孔径 0.2、高 0.15 厘米（图一五一，9）。

2. 陶器

A 型平底纹饰壶 2 件，分两个亚型。

Aa 型　1 件。07SHⅡM33：32，砂质红褐陶，器表磨光，尖唇，侈口，直颈，圆肩，扁圆腹，平底，上腹部一侧有一舌形錾耳，最大腹径以上施压印篦点纹，颈部饰菱格纹，以弦纹分隔为上下两层，肩及上腹部饰竖向分布三角纹，口径 7.4、底径 7、最大腹径 15、高 14.3 厘米（图一五〇，2；图版二三，5）。

Ab 型　1 件。07SHⅡM33：39，砂质红褐陶，器表磨光，尖唇，侈口，直颈，圆肩，鼓腹，平底，口沿处饰一竖桥耳，最大腹径以上施压印篦点纹，颈部饰菱形纹，肩部以简化鹿纹及几何纹为主，口径 8、底径 4.8、最大腹径 11.6、高 11.2 厘米（图一五〇，1；图版二四，3）。

Aa 型长颈壶　1 件。07SHⅡM33：38，夹砂灰褐陶，尖唇，口沿内侧抹斜，敞口，束颈，圆肩，

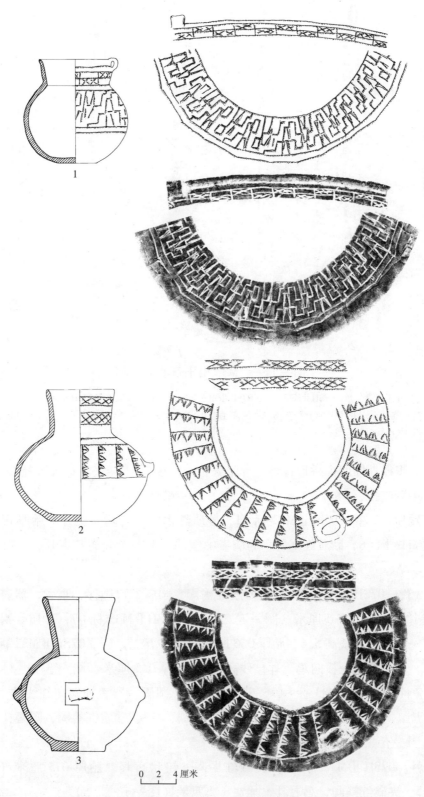

图一五〇　M33 出土陶器

1. Ab 型平底纹饰壶（07SHⅡM33：39）　　2. Aa 型平底纹饰壶（07SHⅡM33：32）　　3. Aa 型长颈壶（07SHⅡM33：38）

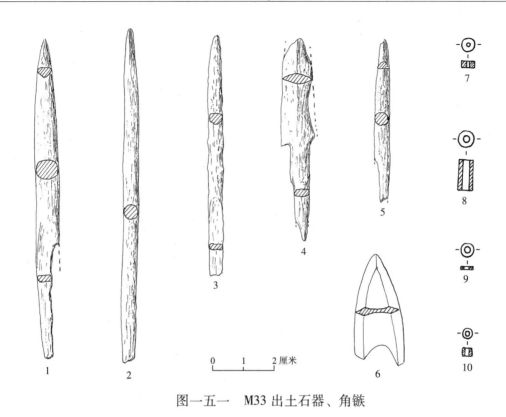

图一五一　M33 出土石器、角镞

1、2、5. Ad 型角镞（07SHⅡM33∶36，07SHⅡM33∶10，07SHⅡM33∶48）　　3. C 型角镞（07SHⅡM33∶35）　4. Ba 型角镞（07SH
ⅡM33∶37）　6. A 型石镞（07SHⅡM33∶1）　7、8. A 型白石管（07SHⅡM33∶46，07SHⅡM33∶3）　9、10. A 型黑石管（07SHⅡ
M33∶30，07SHⅡM33∶8）

球腹，台底，最大腹径处饰四个桥形盲耳，等距分布，口径 8、底径 6、最大腹径 13.2、高 16.8 厘米（图一五○，3；图版三二，1）。

　　箆点纹陶壶残片　2 件。07SHⅡM33 标∶1，砂质红褐陶，为陶壶腹片，胎厚 0.5 厘米（图一五三，8）；07SHⅡM33 标∶6，砂质红褐陶，为陶壶中腹部，上有一乳突状盲耳，胎厚 0.5 厘米（图一五三，6）

　　陶壶口沿　3 件。07SHⅡM33 标∶12，砂质红褐陶，圆唇，口微侈，直颈，器表磨光，颈下部饰一鸡冠耳，残高 10.4、胎厚 0.5 厘米（图一五二，2）；07SHⅡM33 标∶7，砂质红褐陶，圆唇，直口微侈，颈中部有一横鋬耳，残高 5.6、胎厚 0.6 厘米（图一五二，1）；07SHⅡM33 标∶16，夹砂红褐陶，圆唇，侈口，颈下部有一横向鸡冠耳，残高 8.2、胎厚 0.5 厘米（图一五二，3）。

　　陶罐口沿　2 件。07SHⅡM33 标∶10，砂质红褐陶，圆唇，器表饰斜向细线纹，残高 6.6、胎厚 0.5 厘米（图一五二，10；图一五三，3）；07SHⅡM33 标∶13，砂质红褐陶，圆唇，直口，残高 7.8、胎厚 0.5 厘米（图一五二，4）。

　　陶器耳　4 件。07SHⅡM33 标∶3，夹砂红褐陶，钮状盲耳，胎厚 0.5 厘米（图一五二，7）；07SHⅡM33 标∶5，夹砂红褐陶，鸡冠耳，耳宽 3.2 厘米（图一五二，5）。

　　陶器底　1 件。07SHⅡM33 标∶4，夹砂红褐陶，平底，器底加厚，底径 6.6、残高 3.1 厘米（图一五二，6）。

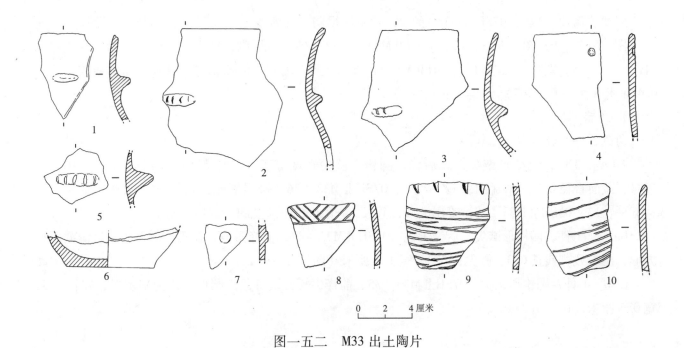

0　　2　　4厘米

图一五二　　M33 出土陶片

1~3. 陶壶口沿（07SHⅡM33 标：7，07SHⅡM33 标：12，07SHⅡM33 标：16）　4、10. 陶罐口沿（07SHⅡM33 标：13，07SHⅡM33 标：10）　5、7. 陶器耳（07SHⅡM33 标：5，07SHⅡM33 标：3）　6. 陶器底（07SHⅡM33 标：4）　8、9. 刻划纹陶片（07SHⅡM33 标：11，07SHⅡM33 标：9）

　　绳纹陶片　2件。07SHⅡM33 标：15，砂质红褐陶，为大型陶器腹片，胎厚 0.6 厘米（图一五三，1）；07SHⅡM33 标：14，砂质红褐陶，为大型陶器腹片，胎厚 0.6 厘米（图一五三，2）。

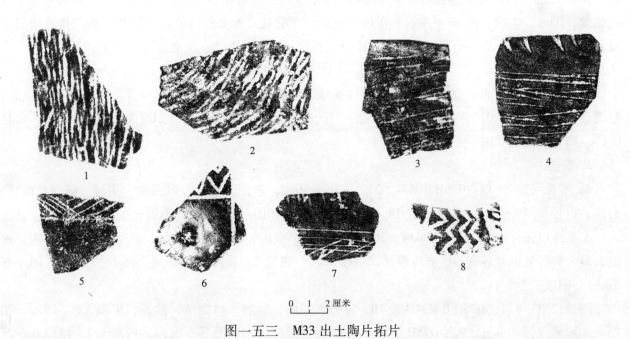

0　　1　　2厘米

图一五三　　M33 出土陶片拓片

1. 07SHⅡM33 标：15　2. 07SHⅡM33 标：14　3. 07SHⅡM33 标：10　4. 07SHⅡM33 标：9　5. 07SHⅡM33 标：11　6. 07SHⅡM33 标：6　7. 07SHⅡM33 标：8　8. 07SHⅡM33 标：1

刻划纹陶片　3 件。07SHⅡM33 标：9，砂质红褐陶，饰弧线之字纹及交错细线纹，胎厚 0.4 厘米（图一五二，9；图一五三，4）；07SHⅡM33 标：11，砂质黄褐陶，饰平行斜线纹，胎厚 0.4 厘米（图一五二，8；图一五三，5）；07SHⅡM33 标：8，砂质红褐陶，饰弧线之字纹及交错细线纹，胎厚 0.4 厘米（图一五三，7）。

3. 角器

角镞 5 件，分三型。

Ad 型　3 件，三棱形镞尖，无后锋，圆铤，镞尖宽度等于或小于铤部。07SHⅡM33：10，长 10.4、截面直径 0.5 厘米（图一五一，2）；07SHⅡM33：36，铤尾端残，残长 10、宽 0.8 厘米（图一五一，1）；07SHⅡM33：48，铤尾端残，残长 5、宽 0.5 厘米（图一五一，5）。

Ba 型　1 件，四棱形镞尖，后锋尖锐。07SHⅡM33：37，前锋微残，弧刃，后锋尖锐，铤截面长方形，尾端残，残长 6.3、镞尖长 3.3、宽 1.1 厘米（图一五一，4）。

C 型　1 件，圆锥形镞尖。07SHⅡM33：35，前锋尖锐，镞身截面圆形，铤为扁铲形，残长 7.5、宽 0.5 厘米（图一五一，3）。

（二十一）M34

位于发掘区东部。开口于 3a 层下。墓口长 400、宽 230、深 130 厘米，方向 50°。该墓人骨保存状况较差，骨骼分布凌乱，大量人骨散布于填土中和墓底部。墓内人骨最小个体数为 4 人：（1）号个体颅骨位于墓室中部填土中，男性，年龄不明；（2）号个体颅骨位于墓底东南部，男性，年龄在 25～30 岁之间；（3）号个体髋骨位于墓室填土中，女性，年龄在 50 岁左右；（4）号个体髋骨位于墓底北端，男性，年龄亦在 50 岁左右。在填土中还发现有马犬齿及后臼齿、鹿臼齿、狗门齿、前臼齿及尺骨等动物遗存。墓内随葬素面陶壶 2 件、白石管、铜泡、铜镞、角镞等（图一五四）。

1. 石器

A 型白石管　18 件，高岭石质地，磨制而成，圆柱形，中部有一圆形穿孔。07SHⅡM34：20，截面直径 0.5、孔径 0.2、高 0.6 厘米（图一五五，13）；07SHⅡM34：21，截面直径 0.35、孔径 0.15、高 0.5 厘米（图一五五，17）。

2. 陶器

Aa 型长颈壶　1 件。07SHⅡM34：27，夹砂黄褐陶，素面，圆唇，口微敞，束颈，圆肩，球腹，台底，口径 6、底径 5.2、最大腹径 13.2、高 17.6 厘米（图一五五，2；图版三三，1）。

A 型钵口壶　1 件。07SHⅡM34：26，夹砂红褐，素面，圆唇，口微敞，束颈，溜肩，垂腹，台底，最大腹径处两侧各有一横向桥形耳，口径 12.8、底径 9、最大腹径 26.4、高 26.8 厘米（图一五五，1；图版三七，4）。

陶壶口沿　4 件。07SHⅡM34 标：10，夹砂红褐陶，圆唇，口微敛，曲颈，束颈，残高 7.2、胎厚 0.8 厘米（图一五五，9）；07SHⅡM34 标：1，夹砂红褐陶，圆唇，直颈，残高 5.3、胎厚 0.6 厘米（图一五五，8）；07SHⅡM34 标：9，夹砂红褐陶，圆唇，直颈，残高 6、胎厚 0.6 厘米（图一五五，4）；07SHⅡM34 标：11，夹砂红褐陶，圆唇，直颈，残高 10.8、胎厚 0.7 厘米（图一五五，3）。

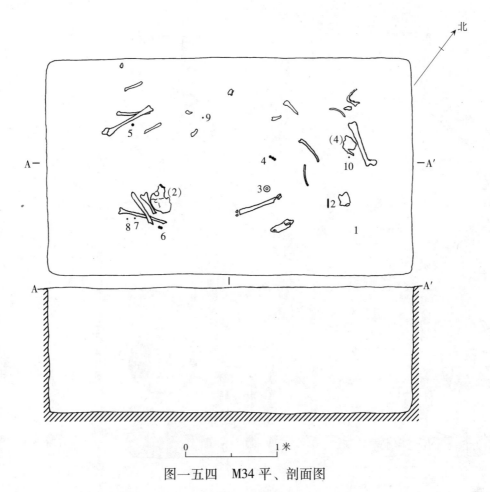

图一五四 M34 平、剖面图

1. A 型钵口壶（M34：26） 2. Ab 型角镞（M34：24） 3. B 型陶纺轮（M34：5） 4. Ab 型铜饰件（M34：11） 5、6. Aa 型铜泡
（M34：12，M34：25） 7～10. A 型白石管（M34：20，M34：21，M34：22，M34：18）

　　叠唇陶罐口沿　2件。07SHⅡM34 标：6，夹砂红陶，外叠唇，尖圆唇，内侧斜抹，叠唇外侧饰左斜向麦粒状戳点纹，残高3.2、胎厚0.5厘米（图一五五，6）；07SHⅡM34 标：3，夹砂红褐陶，外叠唇，圆唇，直口，叠唇外侧饰左斜向麦粒状戳点纹，残高3.4、胎厚0.6厘米（图一五五，5）。

　　陶器耳　3件。07SHⅡM34 标：5，盲耳，夹砂红褐陶，耳部饰椭圆形戳点，耳长5.6、宽1.8厘米（图一五五，10）；07SHⅡM34 标：4，盲耳，夹砂红褐陶，耳长5.6、宽1.8厘米（图一五五，11）。

　　陶器底　2件。07SHⅡM34 标：7，夹砂黄褐陶，平底，器底加厚，器表磨光，底边有刮磨痕，底径8、残高3.2厘米（图一五五，14）；07SHⅡM34 标：8，夹砂黄褐陶，平底，器底加厚，底径8.4、残高2.6厘米（图一五五，15）。

　　戳点纹陶片　1件。07SHⅡM34 标：12，砂质黄褐陶，为陶器腹片，饰呈倒置三角形排布的麦粒状戳点，胎厚0.5厘米（图一五五，7）。

　　B 型陶纺轮　1件。07SHⅡM34：5，砂质黄褐陶，蒜头形，底径2.7、孔径0.8、高2.6厘米（图一五五，18）。

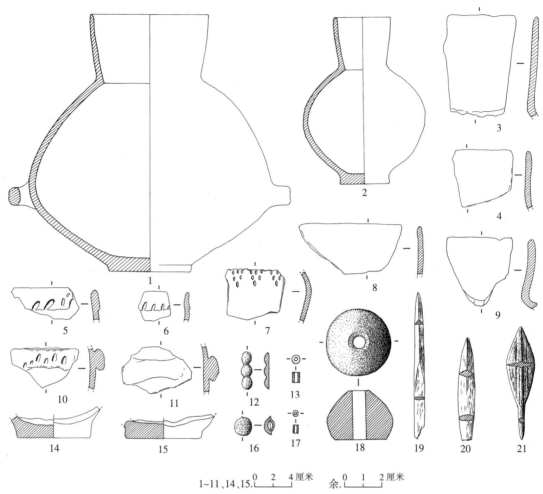

图一五五　M34 出土遗物

1. A 型钵口壶（07SHⅡM34：26）　2. Aa 型长颈壶（07SHⅡM34：27）　3、4、8、9. 陶壶口沿（07SHⅡM34 标：11，07SHⅡM34 标：9，07SHⅡM34 标：1，07SHⅡM34 标：10）　5、6. 叠唇陶罐口沿（07SHⅡM34 标：3，07SHⅡM34 标：6）　7. 戳点纹陶片（07SHⅡM34 标：12）　10、11. 陶器耳（07SHⅡM34 标：5，07SHⅡM34 标：4）　12. Ab 型铜饰件（07SHⅡM34：11）　13、17. A 型白石管（07SHⅡM34：20，07SHⅡM34：21）　14、15. 陶器底（07SHⅡM34 标：7，07SHⅡM34 标：8）　16. Aa 型铜泡（07SHⅡM34：12）　18. B 型陶纺轮（07SHⅡM34：5）　19. Ab 型角镞（07SHⅡM34：24）　20. Bc 型角镞（07SHⅡM34：19）　21. B 型铜镞（07SHⅡM34：23）

3. 青铜器

B 型铜镞　1 件。07SHⅡM34：23，直刃，脊截面圆形，两侧有血槽，铤呈锥状，截面椭圆形，器表附着有纺织物朽痕，长 5.9、宽 1.5 厘米（图一五五，21；图版四八，6）。

Aa 型铜泡　2 件。07SHⅡM34：12，范铸，椭圆形，正面外凸，背面内凹，两端有断痕，背面有桥形钮，长径 0.9 厘米（图一五五，16）。

Ab 型铜饰件　1 件。07SHⅡM34：11，范铸，三联珠形，背面平，两端有断痕，通长 2、单体直径 0.5 厘米（图一五五，12）。

4. 角器

角镞 2 件，分二型。

Ab 型　1 件，三棱形镞尖。07SHⅡM34：24，上端弧刃，下端直刃，与铤同宽，铤为扁铲形或半圆柱形，铤尾端残，残长 7.75、宽 0.6 厘米（图一五五，19）。

Bc 型　1 件，四棱形镞尖。07SHⅡM34：19，弧刃，铤残，残长 5.4、宽 0.9 厘米（图一五五，20）。

（二十二）M35

位于发掘区东部。开口于 3a 层下。墓口长 330、宽 210、深 120 厘米，方向 40°。接近墓口处填土中出土狗下颌、鸡股骨、羊前臼齿等动物遗存。该墓人骨最小个体数 2 人，成年，保存状况较差，填土内自上至下均有散乱人骨，墓底仅存颅骨、长骨和几块人骨碎块，均腐朽严重，无法做性别、年龄鉴定。墓底南端颅骨西侧随葬 1 件素面陶壶和 1 件刻划纹壶形鼎，填土中出土有陶豆、白石管、铜泡、角镞等器物（图一五六）。

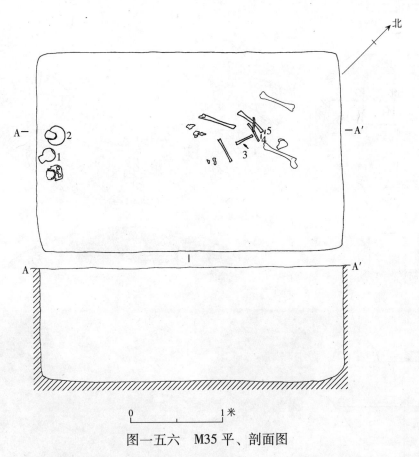

图一五六　M35 平、剖面图

1. Aa 型粗颈壶（M35：8）　　2. 壶形鼎（M35：7）　　3、4. Ac 型角镞（M35：9，M35：10）　　5. Ad 型角镞（M35：11）

1. 石器

A 型白石管　3 件，高岭石质地，磨制而成，圆柱形，中部有一圆形穿孔。07SHⅡM35：6，截面直径 0.5、孔径 0.15、高 0.15 厘米（图一五八，2）。

2. 陶器

壶形鼎 1件。07SHⅡM35：7，夹砂灰褐陶，尖圆唇，内侧抹斜，敞口，束颈，圆肩，鼓腹，足部残缺，腹部饰三个盲耳，等距分布，最大腹径以上部位施刻划三角网格纹，口径8.6、最大腹径18、残高20厘米（图一五七，1；图版四二，2）。

Aa型粗颈壶 1件。07SHⅡM35：8，夹砂红陶，素面，尖唇，内侧抹斜，直口，直颈，圆肩，斜弧腹，平底，器底加厚，口径7.8、底径5.6、最大腹径12、高13.4厘米（图一五七，2；图版三八，2）。

A型陶豆 2件。07SHⅡM35：2，夹砂灰陶，素面，圆唇，敞口，斜弧壁，豆座喇叭口形，底端残，口径14.4、柄径5.4、残高8.4厘米（图一五七，3；图版四五，3）；07SHⅡM35 标：6，夹砂红褐陶，口沿及豆座底端均残，敞口，斜弧壁，残高10厘米（图一五八，1）。

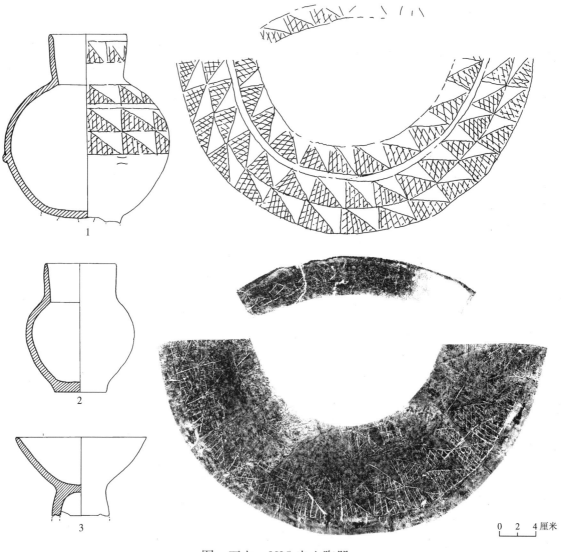

图一五七 M35 出土陶器

1. 壶形鼎（07SHⅡM35：7） 2. Aa 型粗颈壶（07SHⅡM35：8） 3. A 型陶豆（07SHⅡM35：2）

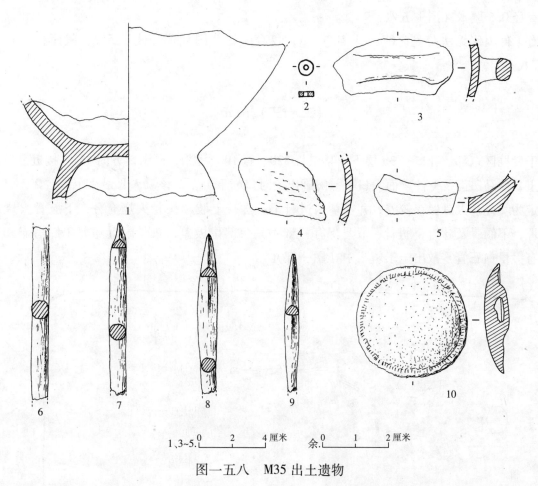

图一五八　M35 出土遗物

1. A 型陶豆（07SHⅡM35 标∶6）　2. A 型白石管（07SHⅡM35∶6）　3. 陶器耳（07SHⅡM35 标∶1）　4. 细
绳纹陶片（07SHⅡM35 标∶5）　5. 陶器底（07SHⅡM35 标∶3）　6. 角镞（07SHⅡM35∶4）　7. Ad 型角镞
（07SHⅡM35∶11）　8、9. Ac 型角镞（07SHⅡM35∶10，07SHⅡM35∶9）　10. Bb 型铜泡（07SHⅡM35∶1）

陶器桥耳　1 件。07SHⅡM35 标∶1，夹砂红褐陶，器表磨光，横桥耳，耳长 5、宽 1.4 厘米（图
一五八，3）。

陶器底　1 件。07SHⅡM35 标∶3，夹砂红褐陶，残高 2.2、底厚 0.8 厘米（图一五八，5）。

细绳纹陶片　1 件。07SHⅡM35 标∶5，砂质红褐陶，胎厚 0.4 厘米（图一五八，4）。

3. 青铜器

Bb 型铜泡　1 件。07SHⅡM35∶1，范铸，圆形，正面外凸，背面内凹，有桥形钮，正面边缘有
短放射线纹，直径 3.4 厘米（图一五八，10）。

4. 角器

角镞 4 件，分二型。

Ac 型　2 件。07SHⅡM35∶9，三棱形镞尖，弧刃，铤为圆柱形，铤尾残，残长 4.1、镞尖长
2.2、铤截面直径 0.3 厘米（图一五八，9）；07SHⅡM35∶10，三棱形镞尖，弧刃，铤为圆柱形，铤
尾残，残长 4.8、镞尖长 2、铤截面直径 0.45 厘米（图一五八，8）。

Ad 型　1 件。07SHⅡM35∶11，三棱形镞尖，直刃，铤为圆柱形，铤尾残，残长 5.1、镞尖长 1、

锭截面直径 0.5 厘米（图一五八，7）。

另有 1 件因残无法分型。07SHⅡM35：4，仅存镞铤，圆柱形，残长 5.2、截面直径 0.5 厘米（图一五八，6）。

（二十三）M36

位于发掘区东部。开口于 3a 层下。墓口长 320、宽 190、深 55 厘米，方向 45°。接近墓口处的填土中出土 2 颗马臼齿及 1 件素面大口罐，陶罐出土时口朝下倒置。该墓人骨最小个体数 2 人，其中一人经鉴定为女性。人骨保存较差，并在墓内进行了火葬，上肢及头骨火烧充分，下肢骨火烧未毕就掩土填埋，下颌骨及牙齿、肋骨、股骨保存一般，其余部位极差，头骨附近随葬 2 件陶壶和 1 件陶钵，并有大量白石管零散出土于填土中（图一五九）。

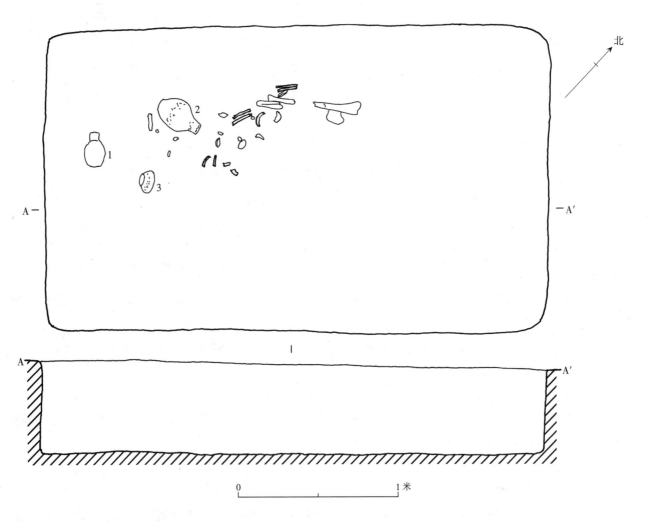

图一五九　M36 平、剖面图

1. Aa 型长颈壶（M36：34）　2. 杯口壶（M36：5）　3. D 型陶钵（M36：21）

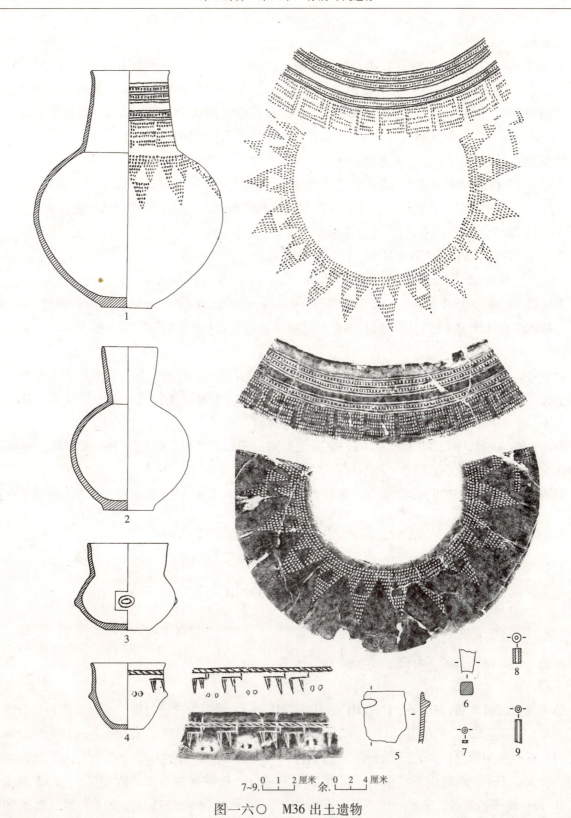

图一六〇　M36 出土遗物

1. 杯口壶（07SHⅡM36：5）　　2. Aa 型长颈壶（07SHⅡM36：34）　　3. 大口罐（07SHⅡM36：1）　　4. D 型陶钵（07SHⅡM36：21）　　5. 陶器口沿（07SHⅡM36 标：2）　　6. 陶器足（07SHⅡM36 标：1）　　7 ~ 9. A 型白石管（07SHⅡM36：17，07SHⅡM36：32，07SHⅡM36：30）

1. 石器

A 型白石管　29 件，高岭石质地，磨制而成，圆柱形，中部有一圆形穿孔。07SHⅡM36：17，截面直径 0.4、孔径 0.15、高 0.15 厘米（图一六〇，7）；07SHⅡM36：30，截面直径 0.4、孔径 0.2、高 1.4 厘米（图一六〇，9）；07SHⅡM36：32，截面直径 0.55、孔径 0.2、高 0.9 厘米（图一六〇，8）。

2. 陶器

杯口壶　1 件。07SHⅡM36：5，砂质红褐陶，器表磨光，尖圆唇，唇部微侈，敛口，斜直颈，圆肩，鼓腹，下腹急收，小平底，器底加厚，颈部及肩部施戳点纹饰，口径 9.6、底径 6.4、最大腹径 23.2、高 28.8 厘米（图一六〇，1；图版二六，2）。

Aa 型长颈壶　1 件。07SHⅡM36：34，夹砂红褐陶，器表磨光，圆唇，敞口，束颈，圆肩，球腹，台底，口径 6.8、底径 6.2、最大腹径 18.8、高 19.8 厘米（图一六〇，2；图版三二，3）。

大口罐　1 件。07SHⅡM36：1，夹砂黄褐陶，器表磨光，圆唇，敞口，束颈，溜肩，扁圆腹，平底，最大腹径处饰三个柱状钮，口径 10、底径 5.6、最大腹径 12.4、高 10.4 厘米（图一六〇，3；图版四〇，4）。

D 型陶钵　1 件。07SHⅡM36：21，砂质灰褐陶，器表磨光，圆唇，侈口，弧腹，腹较深，小平底，上腹部饰四个乳突状鋬耳，上腹部施压印篦点纹，以简化鹿纹及斜线纹为主体纹饰，口径 9.2、底径 3.8、最大腹径 9、高 8 厘米（图一六〇，4；图版四四，5）。

陶器口沿　1 件。07SHⅡM36 标：2，夹砂红褐陶，圆唇，直口，口沿下有一横鋬耳，残高 5.8、胎厚 0.5 厘米（图一六〇，5）。

陶器足　1 件。07SHⅡM36 标：1，夹砂红褐陶，方柱状实足根，截面边长 1.6、残高 2.6 厘米（图一六〇，6）。

第三节　房址

房址 1 处，位于Ⅰ区，为长方形半地穴式。

ⅠF2

位于发掘区西南部，被 G6、H9、H13、H14、H15、F1 等多个遗迹打破。平面呈圆角长方形，南北长 800、东西宽 620、残存深度 15 厘米，方向 116°。房址为半地穴式，直壁，活动面为略经踩实的生土面，未经特别修整，表面凸凹不平。房内有圆形柱洞 14 个，有的环壁分布，有的无规律地散布于房内，大小不一，深度也不尽相同。其中 D1 位于被 G6 打破处的南部，直径 20、深 13 厘米，凹底；D2 位于房子西南端，底部凸凹不平，直径 40、深 15～20 厘米；D3 位于房子东端，直径 70、深 8～20 厘米；D4 位于房子最北端，直径 32、深 8 厘米；D5 位于房子中部偏东处，直径 45、深 40 厘米，内中出土一块动物肢骨；D6 位于 D4 和 D5 之间，洞底不规整，直径 45、深 5～15 厘米；D7 位于 D6 东南，被 H9 打破，直径 45、深 30 厘米；D8 位于 D5 南侧，椭圆形，底部不平，长径 58、短径

50、深20~30厘米，内中出土一件饰压印篦点纹的陶壶残片；D9位于D8南，直径35、深15~18厘米，内中出土5件用一根鹿角分段制成的管状饰件，D8和D9东侧的位置出土一件素面陶豆和一件饰压印篦点纹陶钵的残片；D10和D11位于房子西北侧边处，直径20、深50，两柱洞间距90厘米，D12位于房子最南端，直径25、深50厘米；D13和D14均位于D12的北侧，被G6打破，直径40、深20、间距55厘米，D14北部地面上出土一件素面陶鬲。门道长方形，位于房址东侧偏北处，长62、宽36、深12厘米。灶址位于房内东北部，靠近门道，平面大致呈不规则等腰梯形，长36、宽24，低于房址地面15厘米，坑底有不规则形红烧土面，长20、宽15厘米，灶坑附近出土一件陶碗。房址内西部有一不规则形坑，长240、宽200、深50厘米，坑内填土土色较深，但未见包含物，推测为一储物坑（图一六一；图版二〇，1）。房内堆积一层，为灰色土，包含较多动物骨骼，种属有马、

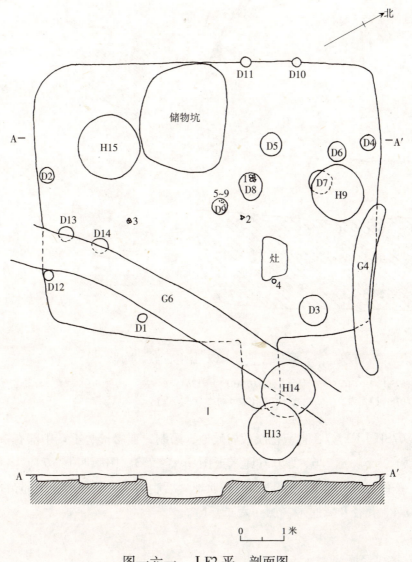

图一六一　Ⅰ F2 平、剖面图

1. Ab 型平底纹饰壶（F2：18）　2. B 型陶豆（F2：6）　3. 陶鬲（F2：5）　4. C 型陶钵（F2：20）　5~7. 角饰（F2：11，F2：12，F2：13）　8、9. 角管（F2：14，F2：15）

牛、狍子、羊、马鹿、狗、猪、兔、狗獾、雉、蛙、鲤鱼、鲶鱼、草鱼、鳙鱼、乌鳢等。此外，还出土有砺石、陶纺轮、陶范、石坠、卜骨、角镞、角锥、牙饰件、蚌刀等器物。

1. 石器

砺石　2件。07SHⅠF2：9，灰褐色，长方体，残缺一角，表面平整，长15、残宽12、厚5厘米（图一六二，4）；07SHⅠF2：17，青灰色，方柱体，器表磨光，可能用作研磨器，残长5.3、宽4.5、厚4.2厘米（图一六二，2）。

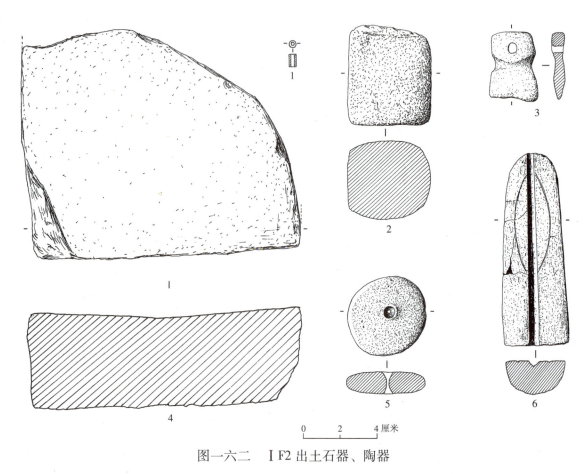

图一六二　ⅠF2出土石器、陶器

1. A型白石管（07SHⅠF2：16）　2. 柱状石器（07SHⅠF2：17）　3. 石坠（07SHⅠF2：7）　4. 砺石（07SHⅠF2：9）
5. A型陶纺轮（07SHⅠF2：2）　6. 陶范（07SHⅠF2：4）

石坠　1件。07SHⅠF2：7，青灰色凝灰岩质地，磨制，亚腰形，上端中部有一直径0.45厘米的圆孔，下端残，残长3.5、宽2.6、厚0.6厘米（图一六二，3；图版四七，7）。

A型白石管　1件。07SHⅠF2：16，高岭石质地，磨制而成，圆柱形，中部钻孔，两端磨平，长0.65、截面直径0.4、孔径0.2厘米（图一六二，1）。

2. 陶器

均为手制，器表多经磨光。

陶鬲　1件。07SHⅠF2：6，夹砂灰黑陶，器表磨光，方唇，直口微侈，中腹部饰三个柱状錾耳，袋足，圆锥状实足根，口径10.4、最大径12.4、裆高4.4、通高11.6厘米（图一六三，4；图版四二，3）。

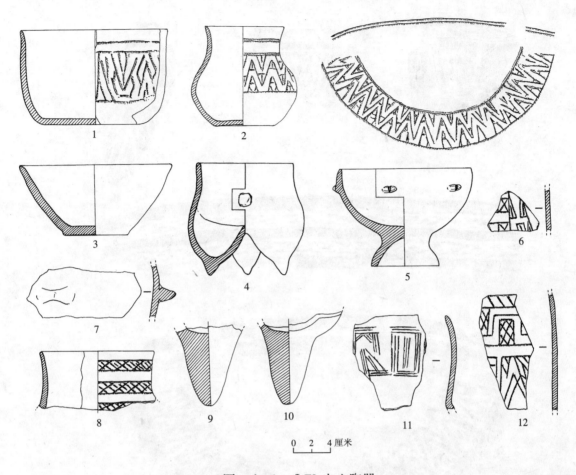

图一六三　ⅠF2 出土陶器

1. Bb 型陶钵（07SHⅠF2：23）　　2. Ab 型平底纹饰壶（07SHⅠF2：18）　　3. C 型陶钵（07SHⅠF2：20）　　4. 陶鬲
（07SHⅠF2：6）　　5. B 型陶豆（07SHⅠF2：5）　　6、12. 篦点纹陶片（07SHⅠF2 标：7－2，07SHⅠF2 标：7－1）　7.
陶器耳（07SHⅠF2 标：5）　　8、11. 陶壶口沿（07SHⅠF2 标：1，07SHⅠF2 标：2）　　9、10. 三足器足（07SHⅠF2 标：
4，07SHⅠF2 标：3）

B 型陶豆　1 件。07SHⅠF2：5，夹砂红褐色，器表磨光，圆唇，直口，深弧腹，圈足豆座，座底方唇，盘外壁饰 5 个简化鸡冠耳，等距分布，口径 14.2、豆座高 3.2、底宽 7.2、通高 10.2 厘米（图一六三，5；图版四五，6）。

陶钵 2 件，分二型。

Bb 型　1 件。07SHⅠF2：23，砂质红褐陶，器表磨光，圆唇，直口微侈，直壁，下腹微鼓，平底，通体施压印篦点纹，主体纹饰为勾连纹，口径 16、底径 11、通高 10 厘米（图一六三，1；图一六四，2；图版四四，6）。

C 型　1 件。07SHⅠF2：20，夹砂红褐陶，尖唇，口沿内侧抹斜，敞口，斜直壁，平底，器底加厚，口径 16.4、底径 7、通高 7.4 厘米（图一六三，3；图版四五，4）。

Ab 型平底纹饰壶　1 件。07SHⅠF2：18，砂质红褐陶，器表磨光，尖唇，侈口，曲颈，溜肩，鼓腹，平底，最大腹径以上施压印篦点纹，颈部为弦纹，肩部为波折纹，口径 8.4、底径 6.4、最大腹径 11.4、高 10.4 厘米（图一六三，2；图一六四，5；图版二四，4）。

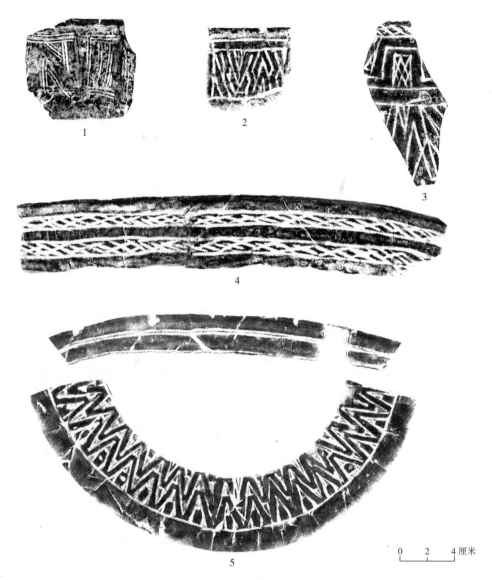

图一六四　ⅠF2 出土陶器拓片

1. 07SHⅠF2 标：2　2. 07SHⅠF2：23　3. 07SHⅠF2 标：7 – 1　4. 07SHⅠF2 标：1　5. 07SHⅠF2：18

　　陶壶口沿　3 件。07SHⅠF2 标：1，残，仅存颈部，砂质红褐陶，器表磨光，圆唇，直口微侈，颈部饰三圈压印篦点网格纹，口径 12.4、残高 6.2 厘米（图一六三，8；图一六四，4）；07SHⅠF2 标：2，夹砂黄褐陶，器表磨光，尖唇，直口微敛，束颈，曲颈，颈部刻划三线之字雷纹，残高 10、胎厚 0.55 厘米（图一六三，11；图一六四，1）。

　　三足器足　2 件。07SHⅠF2 标：3，夹砂红褐陶，袋足，圆锥状实足根，器表磨光，残高 9.2 厘米（图一六三，10）；07SHⅠF2 标：4，夹砂红褐陶，袋足，圆锥状实足根，器表磨光，残高 8.6 厘米（图一六三，9）。

　　陶器耳　1 件。07SHⅠF2 标：5，夹砂黄褐陶，横向桥状盲耳，位于陶器腹部，耳长 4、胎厚 0.6 厘米（图一六三，7）。

　　篦点纹陶片　2 件，为同一件筒形罐腹片，器表磨光，饰几何形压印篦点纹。07SHⅠF2 标：7 –

1，砂质灰褐陶，胎厚0.5厘米（图一六三，12；图一六四，3）；07SHⅠF2标：7-2，砂质灰褐陶，胎厚0.5厘米（图一六三，6）。

A型陶纺轮 1件。07SHⅠF2：2，夹砂红褐陶，圆饼形，圆穿，穿孔略偏一侧，直径4.3、孔径0.6、厚1.1厘米（图一六二，5）。

陶范 1件。07SHⅠF2：4，泥质红褐陶，手制，器表磨光，浇铸面平整，中部有一用于浇注铜液的沟槽，平面上有一椭圆形凹面，应为柳叶形铜镞范，长10、最宽处3.4、厚1.8厘米（图一六二，6；图版四六，2）。

3. 骨角器

卜骨 1件。07SHⅠF2：19，羊左侧肩胛骨，先凿后灼，形成多个钻孔，下半部残，残长11.5、宽5.9厘米（图一六五，1）。

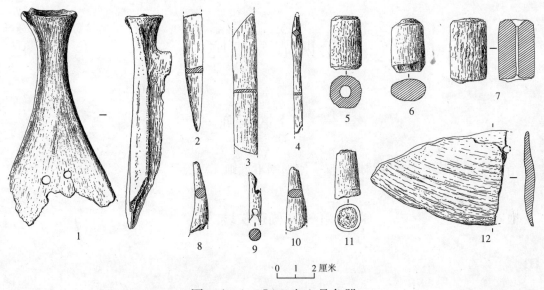

0 1 2厘米

图一六五 ⅠF2 出土骨角器

1. 卜骨（07SHⅠF2：19） 2. B型骨锥（07SHⅠF2：10） 3. 片状骨器（07SHⅠF2：3） 4. Bc型角镞（07SHⅠF2：8） 5、7. 角管（07SHⅠF2：14, 07SHⅠF2：15） 6、10、11. 角饰（07SHⅠF2：13, 07SHⅠF2：11, 07SHⅠF2：12） 8. A型角锥（07SHⅠF2：1） 9. 牙饰（07SHⅠF2：21） 12. 蚌刀（07SHⅠF2：22）

B型骨锥 1件。07SHⅠF2：10，动物肢骨骨片加工而成，片状，形制较规整，柄端残，残长6.15、宽1厘米（图一六五，2）。

片状骨器 1件。07SHⅠF2：3，以动物角片磨制而成，器表有磨痕，残长7.4、宽1.3厘米（图一六五，3）。

Bc型角镞 1件。07SHⅠF2：8，四棱形镞尖，弧刃，扁铤，残长6.2、镞尖长2、铤宽0.4厘米（图一六五，4）。

角管 2件。07SHⅠF2：14，截取马鹿角分枝中部一段加工而成，切割面上有削痕，中空，长2.8、外径1.7、内径0.6厘米（图一六五，5）；07SHⅠF2：15，截取马鹿角分枝中部一段加工而成，器表磨光，两端有切割痕，长3.4、直径2、孔径0.15厘米（图一六五，7）。

角饰　3件。07SHⅠF2：11，由狍子角分枝尖端削磨而成，切割面上有削痕，长3.4、宽1.1厘米（图一六五，10）；07SHⅠF2：12，截取鹿角分枝加工而成，切割面上有人工削痕，长2.5、直径1.4厘米（图一六五，11）；07SHⅠF2：13，截取马鹿角分枝中部一段加工而成，切割面上有削痕，残长2.8、宽1.9厘米（图一六五，6）。

A型角锥　1件。07SHⅠF2：1，利用狍子角分枝天然形制加工而成，尖部略磨，两端均有残缺，残长3.7厘米（图一六五，8）。

蚌刀　1件。07SHⅠF2：22，利用大型丽蚌蚌壳边缘做刀刃，蚌身上端钻圆孔，用于固定刀柄，残长7.2、残宽5、厚0.5、孔径0.3厘米（图一六五，12）。

牙饰　1件。07SHⅠF2：21，鹿门齿齿根处加工而成，残断，齿根处有一钻孔，残长2.5、宽0.65厘米（图一六五，9）。

第四节　灰坑

一　Ⅰ区灰坑

共11个，绝大多数为规整的圆形，仅一座形制不规则。

（一）圆形灰坑

Ⅰ H1

位于发掘区东部，开口于2层下，打破G8。平面近圆形，直壁，平底，坑口长径135、短径125、坑底长径130、短径120、深23厘米（图一六六）。坑内填土为一次堆积，黑色，砂质，土质疏松，包含大量蚌壳、羊、蛙、鼠、鱼等动物骨骼及少量夹砂陶片，从坑内包含物判断应为废弃物填埋坑。

Ⅰ H2

位于发掘区中部偏北，开口于1层下，打破G6。平面圆形，直壁，平底，直径220、深70厘米。坑内有三层堆积，1层主要集中于坑北端，包含较多蚌壳及少量动物骨骼和陶片，土色灰黑；2层分布于整个灰坑内，南高北低，包含大量鱼骨和鱼鳞，其他包含物相对较少，土色相对较浅；3层集中于坑底南部，包含大量动物骨骼和陶片，蚌壳、鱼骨相对较少，土色深黑（图一六七；图版二〇，2）。坑内出土的陶片有素面陶壶口沿及底、锥状三足器足等。包含的动物种属有马、牛、狍子、羊、马鹿、狗、猪、狐狸、兔、貉、狗獾、鼠、雉、鸟、蛙、鳖、鲤鱼、鲇鱼、草鱼、鳙鱼、鲫鱼、乌鳢等。出土石镞、白石管、尖状器、陶纺轮、骨管、骨锥、骨针、骨镞、角镞、角锥、角甲片、蚌饰件等共计18件。该灰坑形制规整，应为利用废弃窖穴而形成的生活垃圾倾倒坑。

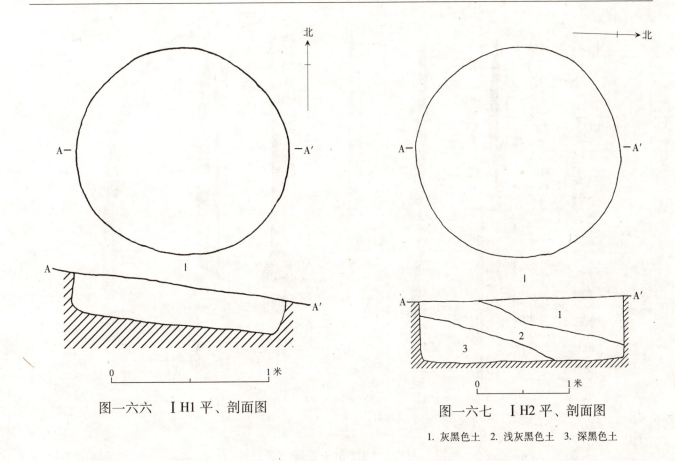

图一六六　ⅠH1 平、剖面图

图一六七　ⅠH2 平、剖面图

1. 灰黑色土　2. 浅灰黑色土　3. 深黑色土

1. 石器

尖状器　1件。07SHⅠH2③:2，白色石英质地，半透明，打制，形制不规则，长2、宽1.8、厚0.5厘米（图一六八，1）。

石镞2件，均为磨制，分二型。

A型　1件。07SHⅠH2①:4，青色页岩质地，三角形，凹底，前锋残断，后锋尖锐，残长2、宽1.8厘米（图一六八，4）。

B型　1件。07SHⅠH2①:1，黑色板岩质地，三棱形镞尖，铤部呈圆锥状，通长6.5、宽0.8、铤长1.9厘米（图一六八，5）。

A型白石管　2件，高岭石质地，磨制而成，圆柱形，中部钻孔，两端磨平。07SHⅠH2①:3，长1、截面直径0.45、孔径0.25厘米（图一六八，2）；07SHⅠH2②:2，长0.7、截面直径0.5、孔径0.2厘米（图一六八，3）。

2. 陶器

陶器底　2件。07SHⅠH2③标:3，夹砂红褐陶，手制，平底，器底加厚，底径4.6、残高5.4厘米（图一六九，4）；07SHⅠH2②标:1，夹砂红褐陶，手制，台底，外底微凹，底径1、残高2厘米（图一六九，7）。

陶壶口沿　1件。07SHⅠH2③标:7，夹砂红褐陶，手制，圆唇，直口，直颈，残高5.6厘米（图一六九，2）。

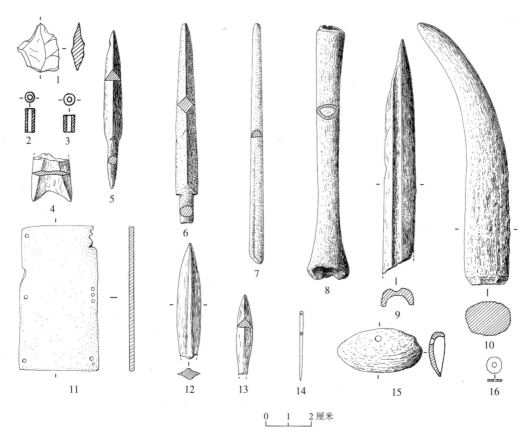

0　　1　　2厘米

图一六八　ⅠH2 出土石器、骨角器

1. 尖状器（07SHⅠH2③：2）　2、3. A 型白石管（07SHⅠH2①：3，07SHⅠH2②：2）　4. A 型石镞（07SHⅠH2①：4）　5. B 型石镞
（07SHⅠH2①：1）　6. Bb 型角镞（07SHⅠH2②：1）　13. Ac 型角镞（07SHⅠH2②：8）　7. B 型骨锥（07SHⅠH2②：3）　8. A 型骨
管（07SHⅠH2①：2）　9. 骨匕首（07SHⅠH2②：5）　10. A 型角锥（07SHⅠH2③：4）　11. 角甲片（07SHⅠH2②：4）　12. 骨镞
（07SHⅠH2②：9）　14. 骨针（07SHⅠH2③：3）　15、16. 蚌饰件（07SHⅠH2①：5，07SHⅠH2②：6）

　　叠唇陶罐口沿　2 件。07SHⅠH2③标：4，夹砂黄褐陶，外叠唇，尖唇，内侧抹斜，残高 5.8、
胎厚 0.4 厘米（图一六九，3）。

　　陶钵口沿　2 件。07SHⅠH2③标：8，夹砂红陶，尖唇，内侧抹斜，口微敛，器表饰平行刻划纹，
胎厚 0.5 厘米（图一六九，5）；07SHⅠH2③标：9，夹砂红陶，轮制，尖唇，内侧斜抹，口微敛，器
表饰平行刻划纹，胎厚 0.4 厘米（图一六九，6）。

　　鬲足　1 件。07SHⅠH2③标：6，夹砂红褐陶，手制，圆锥状实足根，残高 6.4 厘米（图一六九，
1）。

　　B 型陶纺轮　2 件，蒜头形。07SHⅠH2②：7，泥质红褐陶，直径 3.5、孔径 0.5、高 2.9 厘米
（图一六九，8）；07SHⅠH2③：1，夹砂灰陶，直径 3.5、孔径 0.6、高 3 厘米（图一六九，9）。

　　3. 骨角器

　　骨针　1 件。07SHⅠH2③：3，动物骨片磨制而成，穿端扁圆形，钻圆形针孔，针体截面圆形，
器表打磨光滑，长 2.9、截面直径 0.1 厘米（图一六八，14）。

　　A 型骨管　1 件。07SHⅠH2①：2，以羊（或狍子）胫骨远端磨制而成，长 10.6、宽 0.95 厘米

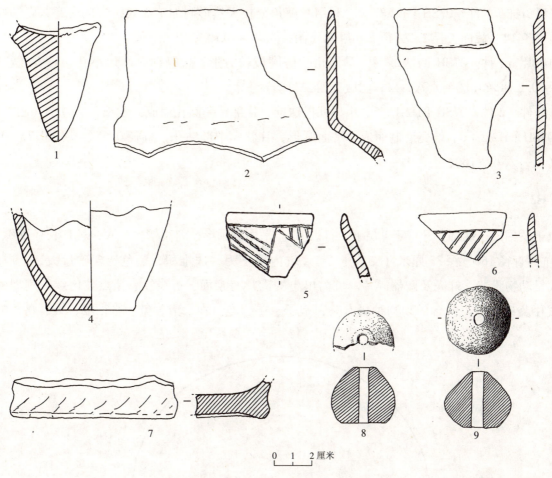

图一六九　ⅠH2 出土陶器

1. 陶器足（07SHⅠH2③标：6）　2. 陶壶口沿（07SHⅠH2③标：7）　3. 叠唇陶罐口沿（07SHⅠH2③标：4）　4、7. 陶器底（07SHⅠH2③标：3，07SHⅠH2②标：1）　5、6. 陶钵口沿（07SHⅠH2③标：8，07SHⅠH2③标：9）　8、9. B型陶纺轮（07SHⅠH2②：7，07SHⅠH2③：1）

（图一六八，8）。

骨匕首　1件。07SHⅠH2②：5，截取狍子跖骨骨片中部一段，将内侧面磨平，断口一端磨尖而成，柄部残，残长9.8、宽1.4厘米（图一六八，9）。

骨镞　1件。07SHⅠH2②：9，骨壁较厚的动物肢骨骨体骨片磨制而成，柳叶形，前锋尖锐，弧刃，中部有脊，铤部残，表面有竖向磨痕，残长4.7、宽1厘米（图一六八，12；图版五四，5）。

B型骨锥　1件。07SHⅠH2②：3，器表打磨光滑，以用动物肢骨骨壁较厚处磨制而成，首尾均残，器身截面半圆形，残长10厘米（图一六八，7）。

角镞2件，分二型。

Ac型　1件。07SHⅠH2②：8，劈裂鹿角下角片，磨制而成，三棱形镞尖，弧刃，铤残，残长3.3、宽0.7厘米（图一六八，13）。

Bb型　1件。07SHⅠH2②：1，鹿角切割磨制而成，四棱形镞身，直刃，铤截面椭圆形，残长8.5、宽0.65、镞身长1.2、铤长1.3厘米（图一六八，6；图版五五，7）。

A 型角锥　1 件。07SHⅠH2③：4，利用马鹿角分枝天然形制加工而成，尖部略磨，底端外周有刀削痕，长 14、截面长径 2、短径 1.6 厘米（图一六八，10）。

角甲片　1 件。07SHⅠH2②：4，马鹿角柄劈磨成长方形，边缘钻有圆形小孔，长 6、宽 3.2 ~ 3.4、厚 0.2 厘米（图一六八，11；图版五四，2）。

蚌饰件　2 件。07SHⅠH2①：5，小型杜氏珠蚌，顶部钻一圆孔而成，残长 3.7 厘米（图一六八，15）；07SHⅠH2②：6，蚌壳磨制而成，平面圆形，片状，中部钻孔，直径 0.65、孔径 0.75、厚 0.1 厘米（图一六八，16）。

Ⅰ H3

位于发掘区东北部，开口于 1 层下，打破 H7。平面近圆形，斜直壁，平底，坑口长径 200、短径 192、坑底直径 160、深 35 厘米（图一七〇）。坑内填土为一次堆积，黑色，含砂量大，土质疏松，包含大量动物骨骼、蚌壳及陶器碎片。坑内出土的陶片有素面、折线纹、篦点几何纹、刻划网格纹陶器腹片及口沿等。包含的动物种属有马、狍子、羊、鹿、狗、猪、兔、貉、鼠、雉、鸟、蛙、鲤

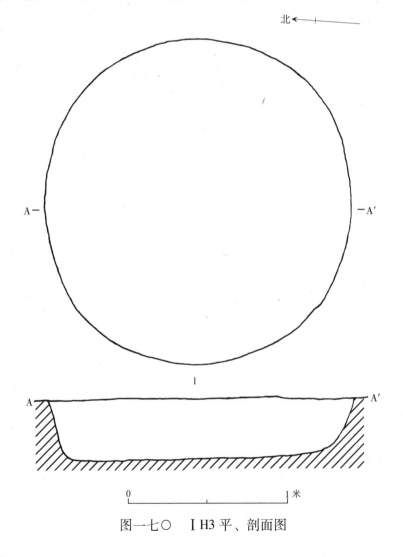

图一七〇　Ⅰ H3 平、剖面图

鱼、鲶鱼、草鱼、鲫鱼、乌鳢等。出土骨饰件、骨管、骨针、角镞、角锥、白石管等13件。该灰坑
形制规整，应为利用废弃窖穴而形成的填埋坑。

1. 石器

A型白石管　2件，高岭石质地，磨制而成，圆柱形，中部钻孔，两端磨平。07SHⅠH3：5，长
0.9、截面直径0.4、孔径0.1厘米（图一七一，5）；07SHⅠH3：6，长0.5、截面直径0.35、孔径
0.2厘米（图一七一，6）。

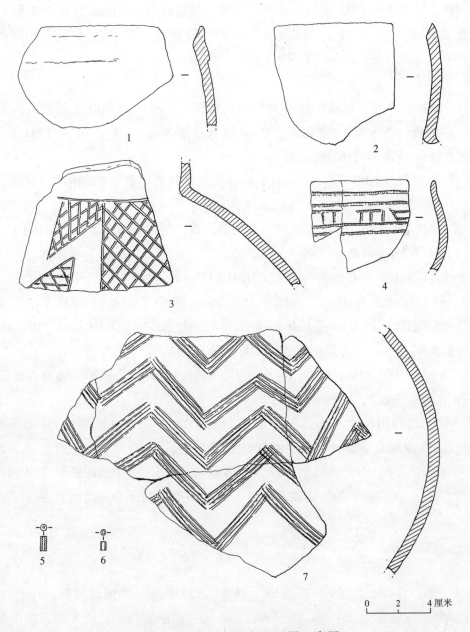

图一七一　ⅠH3出土石器、陶器

1、4. 陶钵口沿（07SHⅠH3标：7，07SHⅠH3：3）　　2. 陶壶口沿（07SHⅠH3标：8）　　3、7. 刻划纹陶片（07SHⅠH3标：
2，07SHⅠH3标：1）　　5、6. A型白石管（07SHⅠH3：5，07SHⅠH3：6）

2. 陶器

陶钵口沿 2件。07SHⅠH3 标：7，砂质红褐陶，外叠唇，尖唇，内侧抹斜，敛口，残高6、胎厚0.6厘米（图一七一，1）；07SHⅠH3 标：3，为陶钵口沿，泥质黑陶，手制，圆唇，敛口，鼓腹，器表磨光，最大腹径以上饰压印篦点纹，残高5.4、胎厚0.4厘米（图一七一，4；图一八七，1）。

陶壶口沿 1件。07SHⅠH3 标：8，为陶壶颈部，夹砂红褐陶，尖唇，内侧抹斜，直口，曲颈，残高7.2、胎厚0.6厘米（图一七一，2）。

刻划纹陶片 2件。07SHⅠH3 标：1，砂质黄褐陶，慢轮修整，为陶器腹片，以平行线波折纹为主，胎厚0.6厘米（图一七一，7；图一八七，8）；07SHⅠH3 标：2，夹砂红陶，为陶器肩部残片，饰网格纹，胎厚0.6厘米（图一七一，3；图一八七，2）。

3. 骨角器

骨针 2枚，动物骨片磨制而成，穿端扁圆形，钻圆形针孔，针体截面圆形，器表打磨光滑。07SHⅠH3：7，穿端残，残长2.9、截面直径0.15厘米（图一七二，1）；07SHⅠH3：12，针尖残，残长1.8、截面直径0.35厘米（图一七二，2）。

A 型骨管 1件。07SHⅠH3：4，截取中小型动物肢骨较直的骨管磨制而成，截面呈圆角三角形，残长6.5、宽1.3厘米（图一七二，11）。

曲尺形骨器 1件。07SHⅠH3：8，以鹿角叉削磨而成，两端均残，器身钻有圆孔，器表打磨光滑，经火烧，残长4.5、厚0.8厘米（图一七二，6）。

骨饰件 3件，以动物距骨打磨钻孔而成。07SHⅠH3：2，獐或羊的距骨加工而成，边缘残，残长2.2、宽1.5、厚1.3、孔径0.35厘米（图一七二，5）；07SHⅠH3：3，獐或羊的距骨加工而成，边缘残，残长2.1、宽1.3、厚1.1、孔径0.35厘米（图一七二，3）；07SHⅠH3：10，狍子距骨加工而成，长2.6、宽1.8、厚1.5、孔径0.3厘米（图一七二，4）。

Ad 型角镞 1件。07SHⅠH3：11，三棱形镞尖，弧刃，镞身截面圆形，铤为扁铲形，通长10、截面直径0.6厘米（图一七二，10）。

A 型角锥 3件，均利用动物角天然形制加工而成。07SHⅠH3：1，以幼年狍子未分叉的角切割、削制而成，表面削磨平整，一端呈锥状，一端切齐，长10.7、截面直径1.9厘米（图一七二，8）；07SHⅠH3：9，山羊角磨制而成，整体呈梭形，长12、截面长径2.2厘米（图一七二，7）；07SHⅠH3：13，狍子角分枝加工而成，角体略磨，长8.3、截面直径1.2厘米（图一七二，9）。

ⅠH5

位于发掘区中部，开口于1层下，打破G6。该灰坑形制规整，平面近圆形，直壁，平底，坑口长径160、短径155、坑底直径150、深20厘米（图一七三；图版二一，1）。坑内填土为一次堆积，黑色，砂质，土质较疏松，包含少量动物骨骼及碎陶片，另有两件大型陶器的錾耳。坑内填土中包含的动物种属有狍子、羊、鹿、狗、猪、鲤鱼、鲶鱼、鳙鱼等。出土石斧、骨凿、骨锥等器物共计3件。

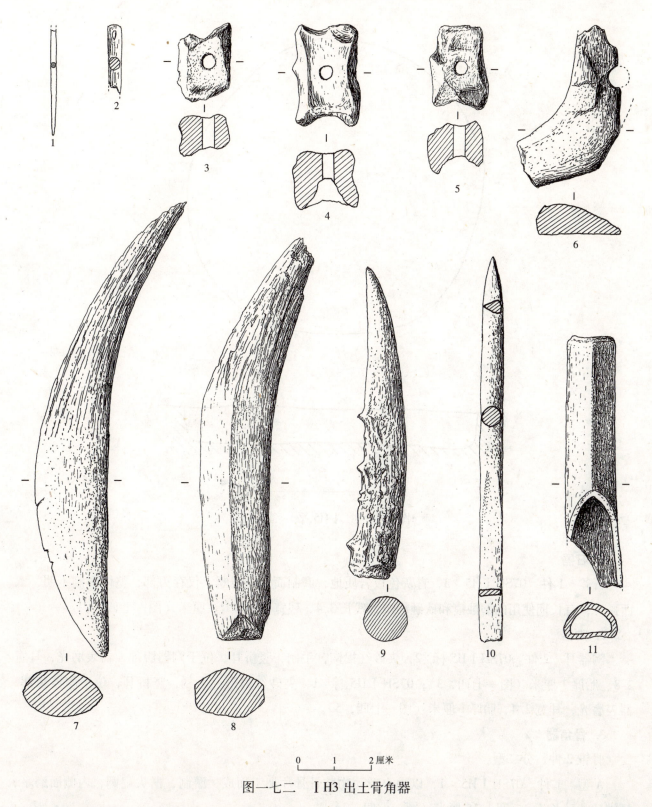

图一七二　ⅠH3 出土骨角器

1、2. 骨针（07SHⅠH3：7, 07SHⅠH3：12）　3~5. 骨饰件（07SHⅠH3：3, 07SHⅠH3：10, 07SHⅠH3：2）　6. 曲尺形骨器（07SHⅠH3：8）　7~9. A 型角锥（07SHⅠH3：9, 07SHⅠH3：1, 07SHⅠH3：13）　10. Ad 型角镞（07SHⅠH3：11）　11. A 型骨管（07SHⅠH3：4）

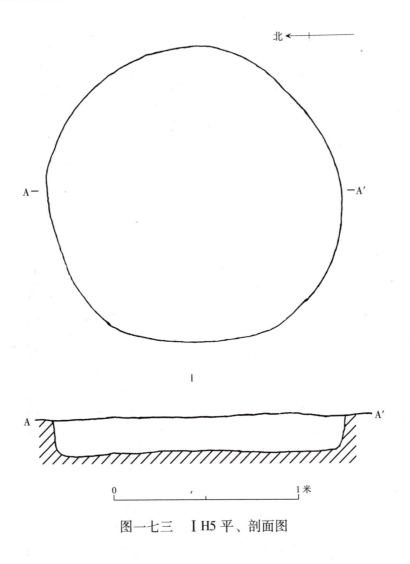

图一七三　Ⅰ H5 平、剖面图

1. 石器

石斧　1件。07SHⅠH5：3，青灰色板岩质地，磨制而成，残断，仅存刃部，整体形制不明，双面弧刃，有长期使用的磨蚀痕和砍砸豁口，残长3.4、残宽6、厚1.6厘米（图一七四，4）。

2. 陶器

陶器耳　2件。07SHⅠH5 标：2，夹砂红褐陶，手制，竖桥耳，位于陶器腹部，器表磨光，耳宽2.8、胎厚1厘米（图一七四，3）；07SHⅠH5 标：1，夹砂红褐陶，手制，竖桥耳，位于陶器腹部，器表磨光，耳宽2.4、胎厚1厘米（图一七四，5）。

3. 骨角器

骨锥2件，分二型。

A型　1件。07SHⅠH5：1，以中小型动物肢骨骨片加工而成，磨制，凿尖扁圆，内侧面磨平，柄端残，残长4.7、宽1.15厘米（图一七四，2）。

B型　1件。07SHⅠH5：2，以中小型动物肢骨骨片加工而成，片状，形制较规整，柄端残，残长7.4、宽1厘米（图一七四，1）。

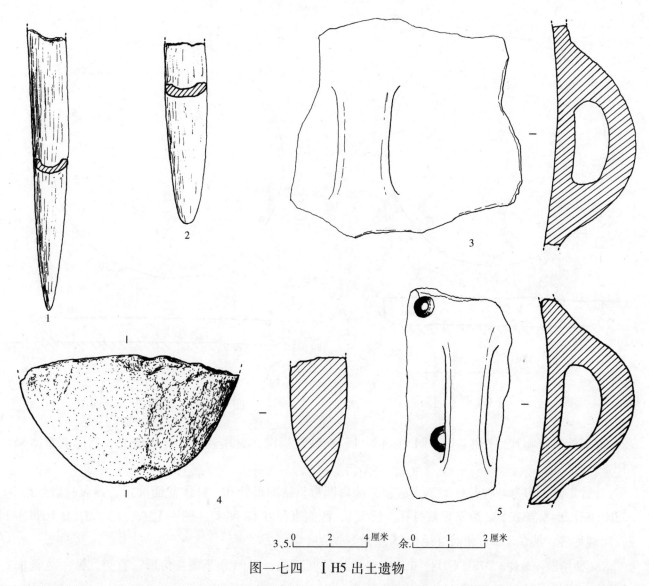

图一七四　Ⅰ H5 出土遗物

1. B 型骨锥（07SHⅠH5：2）　2. A 型骨锥（07SHⅠH5：1）　3、5. 陶器耳（07SHⅠH5 标：2，07SHⅠH5 标：1）　4. 石斧（07SHⅠH5：3）

Ⅰ H6

位于发掘区中部，开口于 1 层下。该灰坑形制规整，平面圆形，直壁，平底，坑口直径 135、坑底直径 130、深 18 厘米（图一七五）。坑内填土为一次堆积，黑色、砂质、土质疏松，包含物极少，仅少量素面夹砂陶片以及鲤鱼、鲶鱼骨和牙齿。

Ⅰ H8

位于发掘区中部偏北，开口于 1 层下。该灰坑形制规整，平面圆形，直壁，平底，坑口直径 174、坑底直径 170、深 18 厘米（图一七六）。坑内填土为一次堆积，黑色、砂质、土质疏松，包含少量素面、网格纹陶片与动物骨骼。出土骨针、角锥、角镞等 4 件。

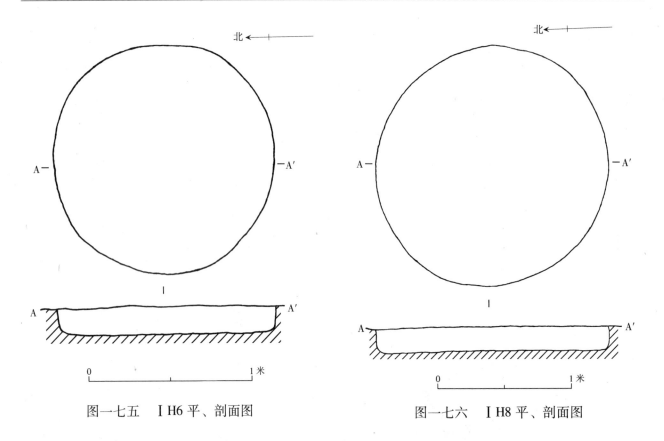

图一七五　ⅠH6 平、剖面图　　　　图一七六　ⅠH8 平、剖面图

刻划网格纹陶片　1 件。07SHⅠH8 标：1，夹砂红褐陶，火候较高，器表磨光，胎厚 0.5 厘米（图一八七，6）。

骨针 2 枚，均为动物骨片磨制而成，穿端扁圆形，钻圆形针孔，针体截面圆形，器表打磨光滑。07SHⅠH8：2，穿部残，之后又重新打孔，长 5.1、截面直径 0.12 厘米（图一七八，1）；07SHⅠH8：3，两端均残，残长 2.3、截面直径 0.15 厘米（图一七八，2）。

Da 型角镞　1 件。07SHⅠH8：1，鹿角角片磨制而成，平面呈等腰三角形，直刃，镞尖处截面呈菱形，平底，长 3.5、截面长 2、厚 0.2 厘米（图一七八，3；图版五六，4）。

B 型角锥　1 件。07SHⅠH8：4，鹿角劈裂下尖型角片磨制而成，不规则形扁椎体，残长 9.4 厘米（图一七八，4）。

ⅠH9

位于发掘区西部，开口于 1 层下，打破 F2。该灰坑较浅，形制较规整，平面近圆形，直壁，平底，坑口长径 118、短径 110、坑底直径 105、深 18 厘米（图一七七）。坑内填土为一次堆积，黑色，含砂量大，土质疏松，包含大量动物骨骼及少量绳纹陶片和一鬲足等。动物种属有狗、马、牛、猪、鲶鱼、乌鳢等。出土骨饰件、骨管、骨针、骨器、角镞、角锥、白石管等 13 件。

绳纹陶片　1 件。07SHⅠH9 标：1，砂质红褐陶，为筒形罐腹片，器表施竖向细密绳纹，胎厚 0.5 厘米（图一八七，4）。

三足器足　1 件。07SHⅠH9 标：2，夹砂红褐陶，手制，圆锥状实足根，残高 6.8 厘米（图一七八，5）。

ⅠH11

位于发掘区中南部，开口于 1 层下，其东北部打破 G7。平面圆形微椭，直壁，平底，坑口长径 195、短径 180、坑底长径 180、短径 178、深 40 厘米（图一七九）。坑内填土为一次性堆积，黑色，含砂量大，土质疏松，包含有大量动物骨骼、蚌壳、素面陶器口沿及器底等。包含的动物种属有马、牛、羊、马鹿、狗、猪、貉、狗獾、雉、鳖、鱼、乌鳢等。出土蚌饰件、角锥等器物 2 件。

1. 陶器

陶器口沿 1 件。07SHⅠH11 标：1，夹砂红褐陶，手制，方唇，直口，口沿下侧有一横錾耳，残高 7.4、胎厚 0.7 厘米（图一八〇，2）。

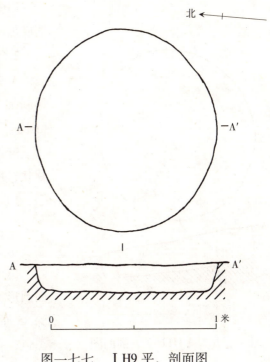

图一七七 ⅠH9 平、剖面图

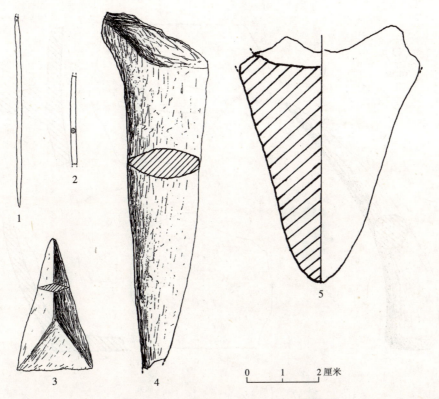

图一七八 ⅠH8、ⅠH9 出土遗物

1、2. 骨针（07SHⅠH8∶2, 07SHⅠH8∶3） 3. Da 型角镞（07SHⅠH8∶1） 4. B 型角锥（07SHⅠH8∶4） 5. 三足器足（07SHⅠH9 标∶2）

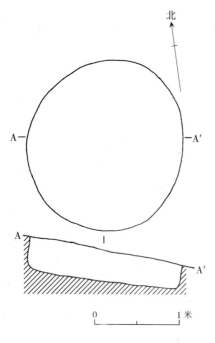

图一七九　ⅠH11 平、剖面图

陶器底　1件。07SHⅠH11 标：2，夹砂红褐陶，手制，平底，器底加厚，残高7.2、底厚0.8厘米（图一八〇，4）。

2. 骨角器

A 型角锥　1件。07SHⅠH11：2，利用鹿角分枝尖部天然形制加工而成，尖部略磨，柄端外周有刀削痕，长7.5厘米（图一八〇，3）。

蚌饰件　1件。07SHⅠH11：1，蚌壳磨制而成，平面圆形，片状，中部钻孔，直径0.6、孔径0.2、厚0.1厘米（图一八〇，1）。

ⅠH12

位于发掘区西北部，开口于1层下，被H10和F1打破。平面圆形，直壁，平底，坑口直径215、坑底长径210、短径208、深85厘米（图一八一；图版二一，2）。坑内填土为一次堆积，黑色，含砂量大，土质疏松，包含大量动物骨骼和少量素面陶片，可辨识器形有陶壶等。包含的动物种属有牛、羊、狍子、

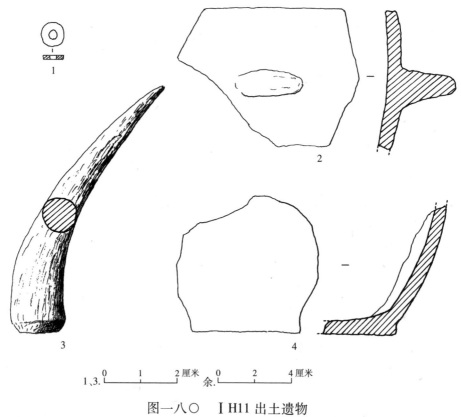

图一八〇　ⅠH11 出土遗物

1. 蚌饰件（07SHⅠH11：1）　2. 陶器口沿（07SHⅠH11 标：1）　3. A 型角锥（07SHⅠH11：2）　4. 陶器底（07SHⅠH11 标：2）

马鹿、猪、狗獾、鳖、鲤鱼、鲶鱼、乌鳢等。出土骨锥、蚌刀、砺石等5件器物。该灰坑形制规整，应为利用废弃窖穴而形成的垃圾填埋坑。

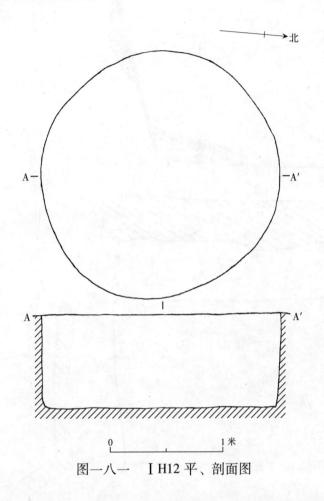

图一八一　ⅠH12平、剖面图

1. 石器

砺石　1件。07SHⅠH12∶5，青灰色，大致长方体，上表面较为平整，其他部位形制不规则，残长9、残宽7.4、厚1.8厘米（图一八二，1）。

2. 陶器

陶壶口沿　1件。07SHⅠH12标∶1，夹砂红褐陶，手制，尖唇，口沿内侧抹斜，直口，束颈，鼓肩，残高8.4、胎厚0.6厘米（图一八二，4）。

3. 骨角器

骨针　1件。07SHⅠH12∶1，鱼刺加工而成，穿端残，残长9.6、直径0.2厘米（图一八二，2）。

骨锥2件，分二型。

A型　1件。07SHⅠH12∶2，较长的骨片内侧面磨平，一端磨扁而成，凿尖扁圆，微残，器表磨光，长13.3、宽1.4厘米（图一八二，6）。

B型　1件。07SHⅠH12∶4，动物骨片加工而成，扁圆锥体，器表磨光，残长9.8、最宽处0.7厘米（图一八二，3）。

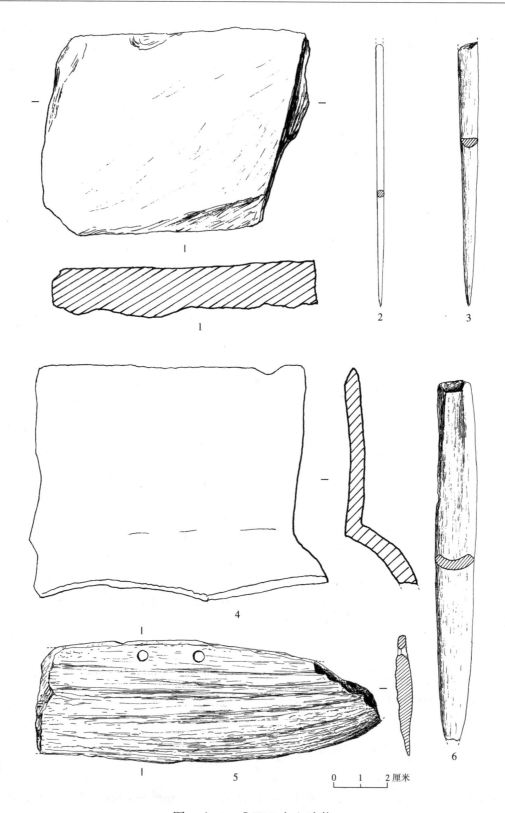

图一八二　ⅠH12 出土遗物

1. 砺石（07SHⅠH12：5）　　2. 骨针（07SHⅠH12：1）　　3. B 型骨锥（07SHⅠH12：4）　　4. 陶壶口沿（07SHⅠH12 标：1）　　5. 蚌刀（07SHⅠH12：3）　　6. A 型骨锥（07SHⅠH12：2）

蚌刀　1件。07SHⅠH12：3，利用大型丽蚌蚌壳边缘做刀刃，蚌身上端钻圆孔，用于固定刀柄，长13、宽4.5、厚0.6、孔径0.4、孔间距1.8厘米（图一八二，5；图版五四，4）。

Ⅰ H15

位于发掘区西南部，开口于1层下，打破F2。该灰坑较浅，形制较规整，平面圆形，直壁，平底，坑口直径140、深19厘米（图一八三）。坑内填土为一次性堆积，黑色，土质较疏松，几无包含物。

（二）不规则形灰坑

1个。

Ⅰ H7

位于发掘区东北部，开口于2层下，西部被H3打破。平面呈瓢形，直壁，平

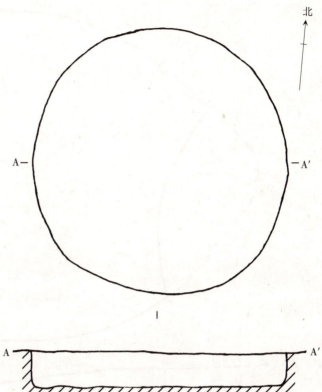

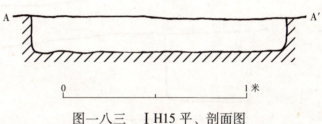

图一八三　Ⅰ H15平、剖面图

底，坑口长径235、短径173、坑底长径230、短径170、深45厘米，方向90°（图一八四）。坑内填土为一次堆积，黑色，砂质，土质疏松，包含大量动物骨骼、蚌壳及陶片。包含的动物种属有兔、鸟、鲶鱼、草鱼、鳖等。陶片有素面、刻划纹、戳点纹等，均为口沿或腹片。出土石斧、白石管、陶纺轮、鱼牙饰件、骨锥、骨匕首、鸣镝、骨管、骨针、角镞、角锥、蚌饰件、蚌刀等器物。

1. 石器

石斧　1件。07SHⅠH7：16，青灰色页岩质地，磨制而成，残断，仅存刃部，呈舌形，茬口局部被磨平，当是残断后并未立即废弃，而是进行了再次利用的结果，残长5.7、宽6.5、厚2厘米（图一八五，7）。

锤斧　1件。07SHⅠH7：10，青灰色板岩质地，磨制，器表光滑，上半部为长方形，下半部残，中部有直径2.9厘米的圆形钻孔，残长9、宽7.6、厚5厘米（图一八五，6；图版四七，1）。

A型白石管　2件，高岭石质地，磨制而成，圆柱形，中部钻孔，两端磨平。07SHⅠH7：11，长0.2、截面直径0.45、孔径0.2厘米（图一八五，3）；07SHⅠH7：17，长0.9、截面直径0.4、孔径0.25厘米（图一八五，2）。

2. 陶器

陶器口沿　1件。07SHⅠH7标：8，夹砂黑褐陶，尖唇，直口微敛，唇下刻划一条横向凹棱，残

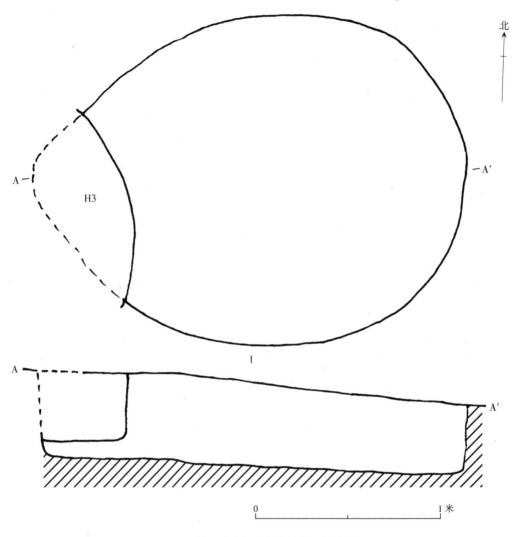

图一八四　ⅠH7 平、剖面图

高 3、胎厚 0.5 厘米（图一八五，1）。

豆座　1 件。07SHⅠH7 标：5，夹砂红褐陶，残高 4.6 厘米（图一八五，4）。

戳点纹陶片　2 件。07SHⅠH7 标：2，夹砂红褐陶，器表饰圆形戳点纹，胎厚 0.4 厘米（图一八七，7）；07SHⅠH7 标：7，夹砂红褐陶，器表饰圆形戳点纹，胎厚 0.4 厘米（图一八七，3）。

刻划纹陶片　1 件。07SHⅠH7 标：6，夹砂红褐陶，器表刻划斜向平行线纹，胎厚 0.4 厘米（图一八七，5）。

A 型陶纺轮　1 件。07SHⅠH7：2，夹砂灰褐陶，手制，圆饼形，椭圆形穿，形制不甚规整，长径 2.9、短径 2.5、孔长径 0.4、短径 0.3、厚 1.1 厘米（图一八五，5）。

3. 骨角器

骨针　1 件。07SHⅠH7：5，动物骨片磨制而成，穿端扁圆形，钻圆形针孔，针体截面圆形，器表打磨光滑，长 3.15、截面直径 0.15 厘米（图一八六，7）。

C 型骨管　1 件。07SHⅠH7：4，截取鸟类的跗跖骨中部一端加工而成，残长 2.01、截面外径

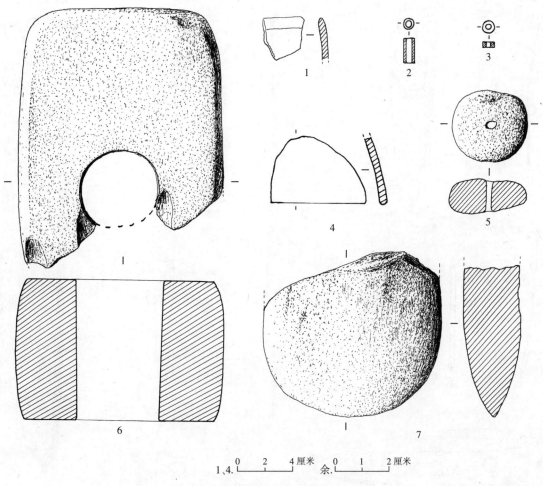

图一八五 ⅠH7 出土石器、陶器

1. 陶器口沿（07SHⅠH7 标：8） 2、3. A 型白石管（07SHⅠH7：17，07SHⅠH7 标：11） 4. 豆座（07SHⅠH7 标：5） 5. A 型陶纺轮（07SHⅠH7：2） 6. 锤斧（07SHⅠH7：10） 7. 石斧（07SHⅠH7：16）

0.5、内径 0.2 厘米（图一八六，9）。

骨匕首 1 件。07SHⅠH7：12，劈裂鹿跖骨近端背侧骨片，将内侧面磨平，刃端残，残长 12.5、宽 2.3 厘米（图一八六，5）。

骨锥 4 件，分二型。

A 型 1 件。07SHⅠH7：9，截取中型哺乳动物肢骨后侧骨片，将内侧面磨平，首端残，器身截面半圆形，残长 8、宽 0.6 厘米（图一八六，3）。

B 型 3 件。07SHⅠH7：7，鱼刺加工而成，通体略磨，柄端残，长 4.15、截面直径 0.3 厘米（图一八六，1）；07SHⅠH7：8，动物骨片加工而成，圆柱状锥体，锥身有弧度，柄端残，残长 4.3 厘米（图一八六，6）；07SHⅠH7：13，动物腓骨骨体中部磨制而成，首端较粗，尾端尖锐，器身截面椭圆形，长 10.25 厘米（图一八六，4）。

骨鸣镝 1 件。07SHⅠH7：14，磨制，椭圆形，中空，残半，器壁有一圆孔，残长 2、直径 1.8、壁厚 0.1 厘米（图一八六，13）。

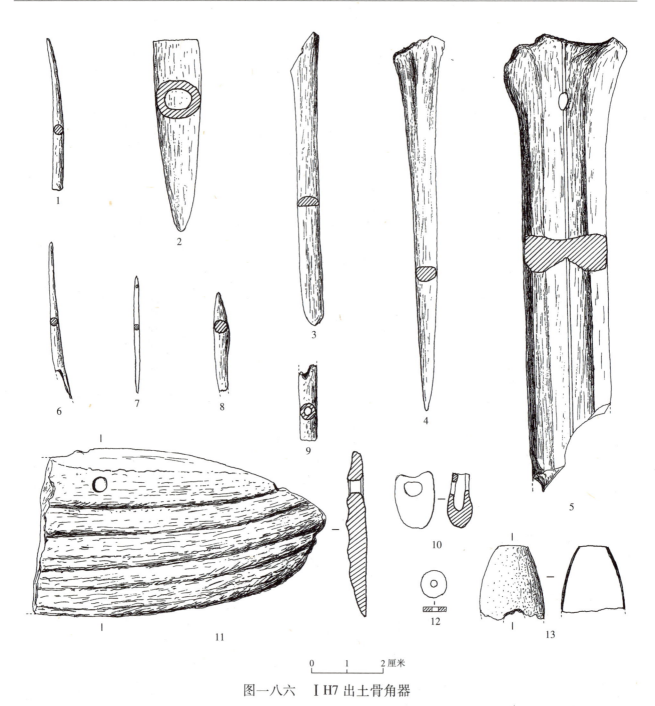

图一八六　ⅠH7 出土骨角器

1、4、6. B 型骨锥（07SHⅠH7：7，07SHⅠH7：13，07SHⅠH7：8）2. A 型骨锥（07SHⅠH7：1）3. A 型骨锥（07SHⅠH7：
9）5. 骨匕首（07SHⅠH7：12）7. 骨针（07SHⅠH7：5）8. C 型角镞（07SHⅠH7：6）9. C 型骨管（07SHⅠH7：4）
10. 牙饰（07SHⅠH7：3）11. 蚌刀（07SHⅠH7：18）12. 蚌饰件（07SHⅠH7：15）13. 鸣镝（07SHⅠH7：14）

　　C 型角镞　1 件。07SHⅠH7：6，圆锥状镞尖，圆铤，残长 2.7、截面直径 0.4 厘米（图一八六，
8）。

　　A 型角锥　1 件。07SHⅠH7：1，利用鹿角分枝尖部天然形制加工而成，中空，长 5.2、宽 1.3
厘米（图一八六，2；图版五四，3）。

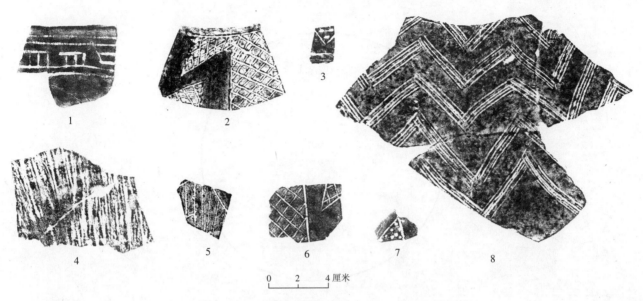

图一八七 Ⅰ区青铜时代灰坑出土陶片拓片

1.07SHⅠH3 标:3 2.07SHⅠH3 标:2 3.07SHⅠH7 标:7 4.07SHⅠH9 标:1 5.07SHⅠH7 标:6 6.07SHⅠH8 标:1 7.07SHⅠH7 标:2 8.07SHⅠH3 标:1

蚌刀 1件。07SHⅠH7:18,残长8.1、宽4.5、厚0.5、孔径0.3厘米(图一八六,11)。

蚌饰件 1件。07SHⅠH7:15,蚌壳磨制而成,平面圆形,片状,中部钻孔,直径0.7、孔径0.15、厚0.1厘米(图一八六,12)。

牙饰 1件。07SHⅠH7:3,鱼牙牙根处钻孔而成,通体磨光,长1.55、宽1.1、厚0.7厘米(图一八六,10)。

二 Ⅱ区灰坑

共4个,其中2个开口于4层下,2个开口于3a层下。

Ⅱ H8

位于发掘区中部偏南,开口于4层下,被时代晚于它的M3打破,平面呈圆形,坑壁微弧,平底微凹,坑口直径170、坑底直径120、深80厘米(图一八八)。坑内填土为一次性堆积,黑色沙质土,质地相对疏松,坑内包含大量陶片、动物骨骼和蚌壳。陶片经拼对修复两件带鸡冠耳陶壶,为晚商时期典型器物,动物骨骼可辨识的有羊髋骨、猪肩胛骨、兔髋骨及跖骨、鹿角、雉跗跖骨、肱骨及胫骨,还有其他一些动物的椎骨、肋骨、头骨、下颌骨等,因残损严重无法辨识。另出土1枚陶匙和1件片状石器。

1. 石器

石片 1件。07SHⅡH8:4,黄褐色,磨制而成,片状,表面及边缘打磨光滑,器表有竖向磨痕,残长2.7、最宽处1.7、厚0.3厘米(图一八九,10)。

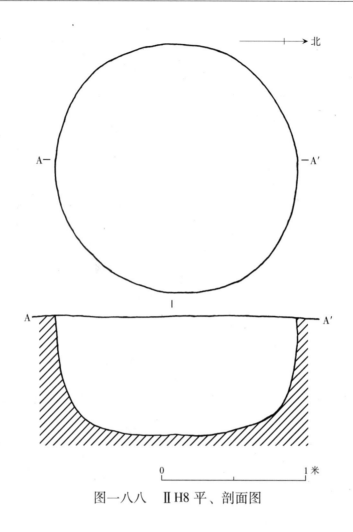

图一八八　ⅡH8 平、剖面图

2. 陶器

均为手制，器表略经抹光。

鸡冠耳陶壶　2件。07SHⅡH8：2，砂质灰褐陶，圆唇，直口，直颈，圆肩，鼓腹，下腹急收，小平底，器底加厚，颈部饰一横向鸡冠耳，肩部对称分布两个横向鸡冠耳，颈部以下通体施细绳纹，口径10.4、底径6.4、最大腹径13.2、高15.2厘米（图一八九，2；图版二二，1）；07SHⅡH8：3，砂质红褐陶，器表磨光，圆唇，唇部外凸，直口，直颈，圆肩，鼓腹，下腹急收，小平底，器底加厚，最大腹径偏上，肩部两侧饰两个舌形錾耳，颈以下通体施细绳纹，口径15.6、底径8、最大腹径24.4、高30厘米（图一八九，1；图版二二，2）。

陶罐口沿　3件。07SHⅡH8 标：8，砂质红褐陶，手制，为筒形罐残片，圆唇，直口微敛，器表饰细绳纹，残高6.4、胎厚0.4厘米（图一八九，6）；07SHⅡH8 标：5，砂质红褐陶，圆唇，口微敛，残高6.4、胎厚0.5厘米（图一八九，7）；07SHⅡH8 标：10，夹砂灰褐陶，尖唇，直口，外叠唇，唇外侧饰一周竖向戳点纹，直口，残高11.2、胎厚0.6厘米（图一八九，4）。

陶壶口沿　2件。均为手制，夹砂红褐陶。07SHⅡH8 标：7，圆唇，直口，直颈，颈与肩结合处有一横錾耳，残高8.4、胎厚0.5厘米（图一八九，9）；07SHⅡH8 标：3，尖唇，直口，直颈，颈中部有一横向鸡冠耳，残高5.5、胎厚0.5厘米（图一八九，8）。

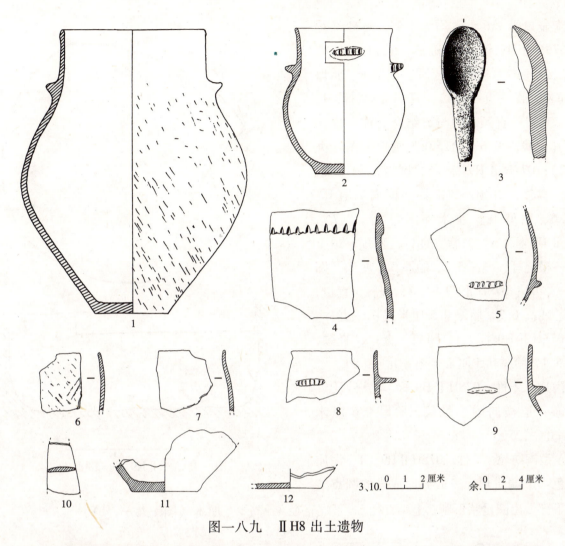

图一八九　ⅡH8 出土遗物

1、2. 鸡冠耳陶壶（07SHⅡH8：3，07SHⅡH8：2）　3. 陶匙（07SHⅡH8：1）　4、6、7. 陶罐口沿（07SHⅡH8
标：10，07SHⅡH8 标：8，07SHXXⅡH8 标：5）　5. 陶器腹片（07SHⅡH8 标：4）　8、9. 陶壶口沿（07SHⅡH8
标：3，07SHⅡH8 标：7）　10. 石片（07SHⅡH8 标：4）　11、12. 陶器底（07SHⅡH8 标：2，07SHⅡH8 标：1）

陶器底　2件。07SHⅡH8 标：1，夹砂红褐陶，素面，平底，器底加厚，底径6.8、厚0.5 厘米（图一八九，12）；07SHⅡH8 标：2，夹砂红褐陶，手制，素面，平底，器底加厚，底径7.2、厚1 厘米（图一八九，11）。

陶器腹片　2件。07SHⅡH8 标：4，砂质红陶，饰一横向鸡冠耳，胎厚0.4 厘米（图一八九，5）。

陶匙　1件。07SHⅡH8：1，泥质灰褐色，匙身椭圆形，匙柄截面圆形，端部渐细，残长7.1、最宽处2.4 厘米（图一八九，3）。

ⅡH9

位于发掘区西部，开口于4层下，被时代晚于它的 M6、G1 打破，平面呈圆形，直壁微内弧，平底，坑口直径200、坑底直径195、深80 厘米（图一九〇）。坑内填土为一次堆积，黑色沙质土，质地相对疏松，包含大量素面红褐色陶片，从器形看有微侈口沿、横向鸡冠耳、平底器底等。

陶壶口沿　6件。均为手制，夹砂红褐陶。07SHⅡH9标:2，圆唇，直口，微侈，直颈，颈部饰一横向鸡冠耳，残高8、胎厚0.6厘米（图一九一，3）；07SHⅡH9标:1，圆唇，直口，直颈，颈与肩结合处饰一横向鸡冠耳，残高9.6、胎厚0.5厘米（图一九一，2）；07SHⅡH9标:5，圆唇，微外翻，直口，微侈，直颈，颈部饰一横向鸡冠耳，残高6、胎厚0.6厘米（图一九一，7）；07SHⅡH9标:6，尖唇，直口，直颈，颈下部有一横鋬耳，残高5.2、胎厚0.5厘米（图一九一，6）；07SHⅡH9标:3，圆唇，直口，直颈，残高6.2、胎厚0.5厘米（图一九一，4）；07SHⅡH9标:4，圆唇，直口，直颈，残高6.4、胎厚0.5厘米（图一九一，8）。

陶片　2件。07SHⅡH9标:8，砂质红陶，饰一道横向附加堆纹，胎厚0.6厘米（图一九一，5）。

A型陶纺轮　1件。07SHⅡH9:1，泥质红褐色，上端饼形，表面戳印成排的圆点装饰，下部做出圈足状形制，上端直径5、下端直径3、高1.8厘米（图一九一，1）。

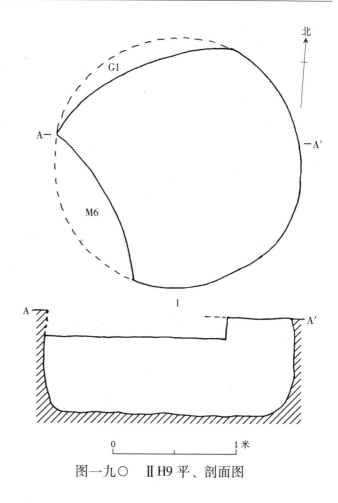

图一九〇　ⅡH9平、剖面图

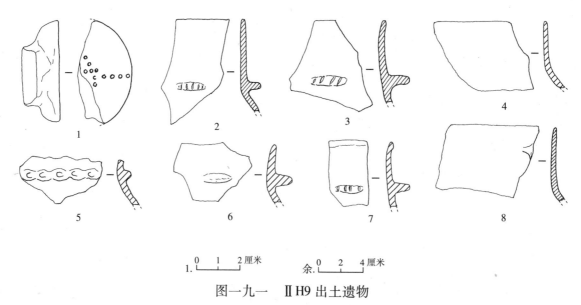

图一九一　ⅡH9出土遗物

1. A型陶纺轮（07SHⅡH9:1）　　2~4、6~8. 陶壶口沿（07SHⅡH9标:1，07SHⅡH9标:2，07SHⅡH9标:3，07SHⅡH9标:6，07SHⅡH9标:5，07SHⅡH9标:4）　　5. 陶片（07SHⅡH9标:8）

Ⅱ H3

位于遗址发掘区南部。开口于 3a 层下, 平面椭圆形, 弧壁, 圜底, 坑口长径 150、短径 120、深 50 厘米, 方向 20°（图一九二）。坑内填土为一次堆积, 土色灰黑, 土质较硬, 零星出土碎小陶片, 多为夹砂红褐陶, 素面, 极少细绳纹陶片, 无法辨识器形。

Ⅱ H6

位于遗址发掘区中部偏北, 打破 M19。开口于 3a 层下, 形制规整, 平面近圆形, 直壁, 平底, 坑口长径 160、短径 148、坑底直径 145、深 55 厘米（图一九三）。坑内填土为一次堆积, 土色较黑, 尤其坑口土色更黑。坑内填土中无包含物, 坑底正中部放置一枚褶纹蚌壳。

第五节 灰沟

灰沟共 3 条, 均位于 Ⅰ 区。

Ⅰ G6

位于发掘区中南部, 开口于 1 层下, 打破 F2, 又被 H2 打破, 下端汇入 G8 之中, 方向 62°。斜直壁, 平底, 形制规整, 发掘长度 1700、宽 80、平均深度 45 厘米（图一九四）。沟内堆积一层, 为灰黑色沙质土, 填土中包含大量动物骨骼, 种属有马鹿、狍子、牛、羊、狗、猪、狗獾、雉、鳖、鲤鱼、鲶鱼、乌鳢等。出土有角锥、戳点纹陶罐残片、素面带錾耳陶器口沿等遗物。从形制看该灰沟应为排水沟。

1. 陶器

陶罐口沿 3 件。07SHⅠG6 标: 1, 夹砂黄褐陶, 手制, 慢轮修整, 圆唇, 折沿, 圆肩, 口

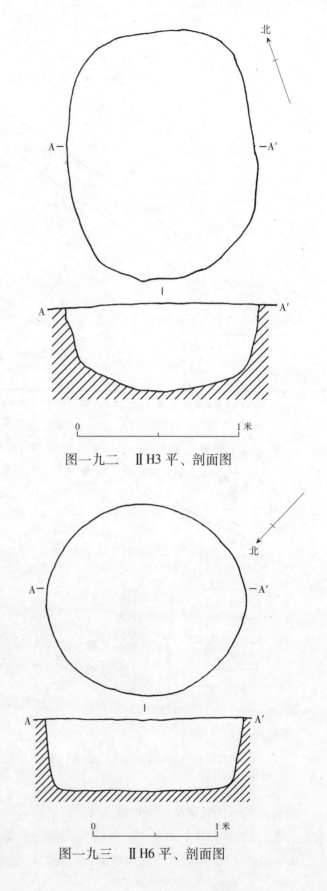

图一九二 Ⅱ H3 平、剖面图

图一九三 Ⅱ H6 平、剖面图

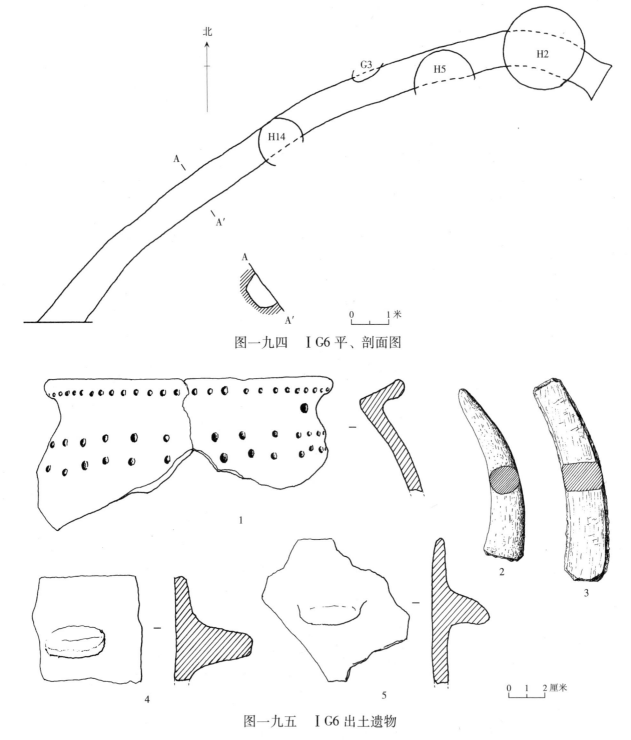

图一九四　ⅠG6 平、剖面图

图一九五　ⅠG6 出土遗物

1、4、5. 陶罐口沿（07SHⅠG6 标：1，07SHⅠG6 标：3，07SHⅠG6 标：2）　2. A 型角锥（07SHⅠG6：1）　3. 条状角器
（07SHⅠG6：2）

沿外侧饰一周较密集的圆形戳点纹，肩部饰两周较稀疏的圆形戳点纹，残高 8、胎厚 0.8 厘米（图一
九五，1）；07SHⅠG6 标：2，夹砂黄褐陶，手制，圆唇，直口，口沿下有一横錾耳，残高 7.6、胎厚
0.8 厘米（图一九五，5）；07SHⅠG6 标：3，夹砂黄褐陶，手制，圆唇，直口，口沿下有一横錾耳，

残高5.6、胎厚0.8厘米（图一九五，4）。

2. 骨角器

A型角锥　1件。07SHⅠG6：1，截取鹿角分枝尖部，利用其天然形制加工而成，尖部略磨，断面处有切割痕，长9.5、宽2.1厘米（图一九五，2）。

条状角器　1件。07SHⅠG6：2，截取鹿角分枝将内外两侧削成平面，长10.8、宽2.1、厚1.5厘米（图一九五，3）。

ⅠG7

位于发掘区东南部，开口于1层下，被H4、H11打破。平面大致呈不规则曲尺形，上端呈椭圆形，下端汇入G8之中，西南—东北走向，斜直壁，沟口及沟底西高东低，沟上端宽80厘米，下端转向并加宽至230厘米，平均深度90厘米，方向135°（图一九六）。沟内填土为灰黑色，尤其上端，土色纯黑，似烟灰，土质疏松，向下土色稍浅直至汇入G8，与G6和G8皆没有明确分界。沟内填土中包含大量的陶片及动物骨骼。根据出土陶片修复两件素面夹砂灰陶壶，此外还有较多素面及带有刻划纹的陶片，器形有竖桥耳口沿、叠唇口沿、器底、锥状器足、豆柄等。填土中包含大量的动物骨骼，种属有鹿、牛、狍子、马、猪、狗、羊、狗獾、鳖、蛙、乌鳢、草鱼、鲶鱼、鲤鱼、黑鱼等。出土石镞、白石管、陶纺轮、陶范、卜骨、骨匕首、骨针、角镞、角锥等20件器物。该灰沟从形制判断应为长期倾倒废弃物而形成的冲积沟。

1. 石器

A型石镞　1件。07SHⅠG7：3，灰绿色页岩质地，三角形，凹底，弧刃，后锋尖锐，长3、宽1.5厘米（图一九八，5）。

A型白石管　1件，高岭石质地，磨制而成，圆柱形，中部钻孔，两端磨平。07SHⅠG7：12，孔偏向一侧，长1.2、截面直径0.45、孔径0.25厘米（图一九八，12）。

2. 陶器

双耳罐　1件。07SHⅠG7：15，夹砂红褐陶，手制，尖唇，直口，圆肩，鼓腹，台底，肩两侧各有一个竖向环耳，口径16、底径8.4、最大腹径20、高19.6厘米（图一九七，1；图版四〇，5）。

Aa型单耳杯　1件。07SHⅠG7：16，夹砂灰黑陶，手制，器表磨光，尖唇，敛口，圆肩，鼓腹，平底，器底加厚，口沿与肩部连接一竖向环耳，口径8、底径5.2、最大腹径9.6、高7.6厘米（图一九七，4；图版四三，6）。

陶器口沿　3件。07SHⅠG7标：3，为陶壶口沿，夹砂黑褐陶，手制，器表磨光，圆唇，直口，直颈，溜肩，有刮磨痕和烟垢，残高10、胎厚0.6厘米（图一九七，3）；07SHⅠG7标：6，夹砂红褐陶，器表磨光，内壁有刮磨痕，侈口，残高8.8、胎厚0.6厘米（图一九七，5）；07SHⅠG7标：7，夹砂黄褐陶，外叠唇，尖唇，直口微敛，残高5、胎厚0.6厘米（图一九七，11）。

陶器耳　1件。07SHⅠG7标：5，夹砂灰褐陶，手制，竖桥耳，位于陶器口沿与肩连接处，器表磨光，有烟熏痕，耳宽2.4、胎厚1厘米（图一九七，2）。

豆柄　1件。07SHⅠG7标：9，夹砂红褐色，器表磨光，上部残，高圈足，残高8.4、底径5.4厘米（图一九七，6）。

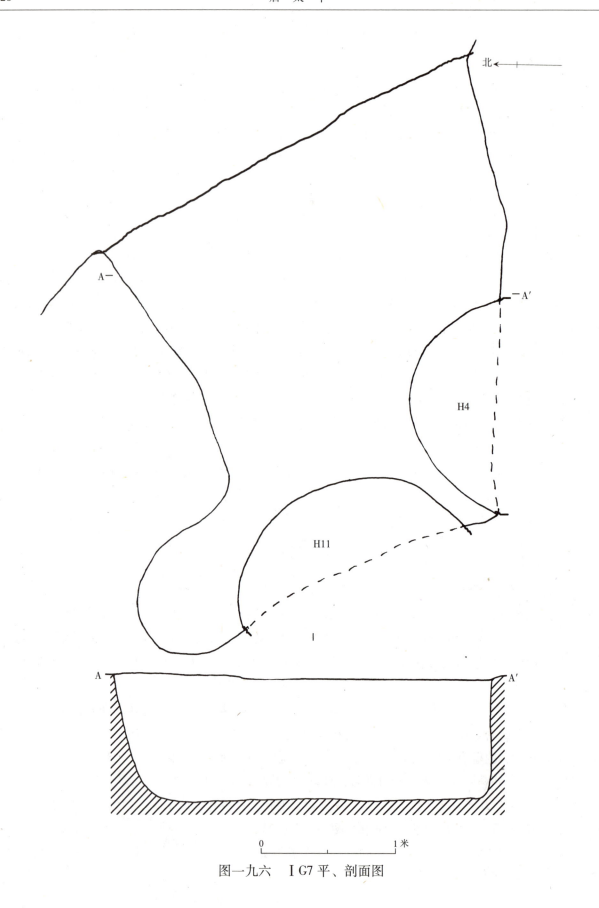

北

A—

—A′

H4

H11

A　　　　　　　　　　　　　　　A′

0　　　　　　　　　1米

图一九六　ⅠG7平、剖面图

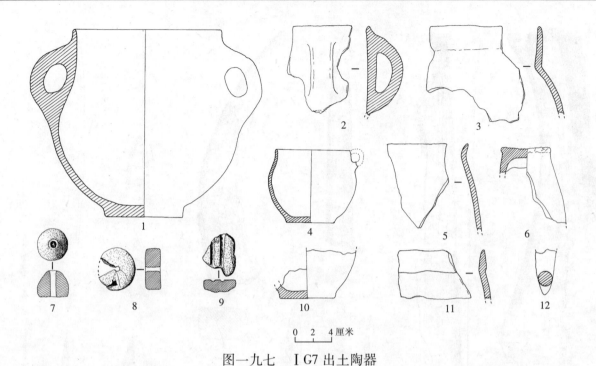

图一九七　ⅠG7 出土陶器

1. 双耳罐（07SHⅠG7：15）　2. 陶器耳（07SHⅠG7 标：5）　3、5、11. 陶器口沿（07SHⅠG7 标：3，07SHⅠG7 标：6，07SHⅠG7 标：7）　4. Aa 型单耳杯（07SHⅠG7：16）　6. 豆柄（07SHⅠG7 标：9）　7. B 型陶纺轮（07SHⅠG7：14）　8. A 型陶纺轮（07SHⅠG7：4）　9. 陶范（07SHⅠG7：13）　10. 陶器底（07SHⅠG7 标：4）　12. 陶器足（07SHⅠG7 标：8）

　　陶器足　1 件。07SHⅠG7 标：8，夹砂红褐陶，手制，器表磨光，圆锥状实足根，残高 5 厘米（图一九七，12）。

　　陶器底　1 件。07SHⅠG7 标：4，夹砂红褐陶，手制，平底，器底加厚，器表磨光，底径 6、残高 5.2 厘米（图一九七，10）。

　　陶纺轮 2 件，分二型。

　　A 型　1 件。07SHⅠG7：4，砂质红褐陶，圆饼形，残，直径 4.6、孔径 0.5、厚 1.6 厘米（图一九七，8）。

　　B 型　1 件。07SHⅠG7：14，砂质红褐陶，蒜头形，直径 3.3、孔径 0.6、高 2.8 厘米（图一九七，7）。

　　陶范　1 件。07SHⅠG7：13，砂质红褐陶，手制，上表面有两道平行凹槽，因残缺，形制不明，残长 4.5、残宽 3.5、厚 1.2 厘米（图一九七，9）。

　　3. 骨角器

　　卜骨　1 件。07SHⅠG7：20，鹿肩胛骨，有灼无凿，残，残长 19.5 厘米（图一九八，1）。

　　骨针　5 枚，多为动物骨片磨制而成，穿端扁圆形，钻圆形针孔，针体截面圆形，器表打磨光滑。07SHⅠG7：2，长 11.2、截面直径 0.2 厘米（图一九八，7）；07SHⅠG7：6，穿端残，残长 4.5、截面直径 0.1 厘米（图一九八，9）；07SHⅠG7：9，针尖残，残长 4.8、截面直径 0.1 厘米（图一九八，15）；07SHⅠG7：17，长 4.6、截面直径 0.1 厘米（图一九八，8）；07SHⅠG7：19，穿端残，仅剩针尖部分，残长 2.7、截面直径 0.1 厘米（图一九八，4）。

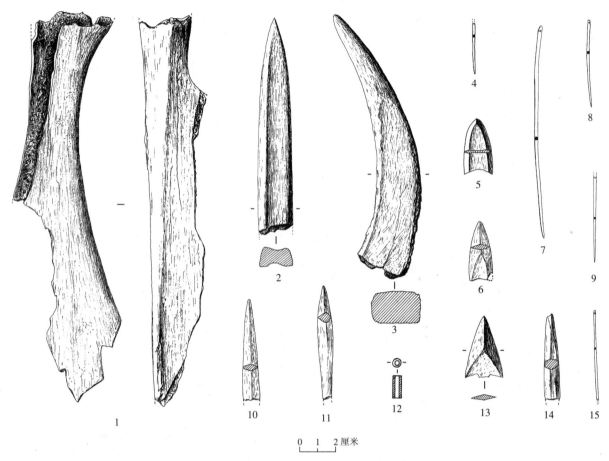

图一九八　ⅠG7 出土石器、骨角器

1. 卜骨（07SHⅠG7∶20）　　2. 骨匕首（07SHⅠG7∶10）　　3. A 型角锥（07SHⅠG7∶5）　　4、7～9、15. 骨针（07SHⅠG7∶19,
07SHⅠG7∶2, 07SHⅠG7∶17, 07SHⅠG7∶6, 07SHⅠG7∶9）　　5. A 型石镞（07SHⅠG7∶3）　　6. Da 型角镞（07SHⅠG7∶18）
10. Bb 型角镞（07SHⅠG7∶8）　　11. Bc 型角镞（07SHⅠG7∶7）　　12. A 型白石管（07SHⅠG7∶12）　　13. Db 型角镞（07SHⅠG7∶
11）　　14. B 型角锥（07SHⅠG7∶1）

　　骨匕首　1 件。07SHⅠG7∶10, 截取鹿跖骨骨体中部背侧骨片, 前锋锐利, 器身打磨光滑, 柄部残, 残长 11.3、宽 1.8 厘米（图一九八, 2）。

　　角镞 4 件, 分二型。

　　B 型 2 件, 分两个亚型。

　　Bb 型　1 件。07SHⅠG7∶8, 鹿角角片加工而成, 四棱形镞尖, 直刃, 铤残, 残长 5.4、宽 0.9 厘米（图一九八, 10）。

　　Bc 型　1 件。07SHⅠG7∶7, 鹿角角片加工而成, 四棱形镞尖, 弧刃, 圆铤, 残长 6、镞尖长 3、铤截面直径 0.5 厘米（图一九八, 11）。

　　D 型 2 件, 分两个亚型。

　　Da 型　1 件。07SHⅠG7∶18, 鹿角角片加工而成, 磨制, 三角形, 凹底, 弧刃, 镞尖截面菱形, 长 3.1、宽 1.25 厘米（图一九八, 6; 图版五六, 2）。

　　Db 型　1 件。07SHⅠG7∶11, 三角形, 凹底, 直刃, 镞尖截面呈菱形, 铤扁平呈楔形, 铤尾残，通长 3.3、最宽处 2 厘米（图一九八，13；图版五六，7）。

角锥 2 件，分二型。

A 型　1 件。07SH Ⅰ G7：5，利用鹿角天然形制，切割角分枝尖部，并将两侧削成平面，长 14.1、最宽处 2.6 厘米（图一九八，3；图版五三，4）。

B 型　1 件。07SH Ⅰ G7：1，鹿角角片切割、削制而成，器表形成多个削切面，残长 4.6、宽 0.85 厘米（图一九八，14）。

Ⅰ G8

位于发掘区东部，开口于 2 层下，G6 与 G7 均汇入其内。由于未全面揭露，因而整体形制不确定，从已揭露形制判断其走势应为南北向。斜壁，不甚规整，弧底，最深处 190 厘米。沟内堆积 5 层，第 1 层土色灰黑，第 2 层黑褐色，第 3 层深黄色，第 4 层深灰色，第 5 层浅灰色，五层土的质地均为砂质，除第 3 层土较致密外，其余诸层土质均较松软，所见遗物大多出土于第 4 层中。五层堆积内的包含物种类无本质区别，推测堆积形成时间跨度应当不大（图一九九）。灰沟填土内包含大量陶片及动物骨骼。陶片中可辨识器形有豆、锥状三足器（鬲为主）、壶、叠唇口沿陶罐等，多为素面，少量带有附加堆纹、戳点纹、压印篦点纹、刻划网格纹等。包含的动物种属有马、牛、狍子、羊、马鹿、狗、猪、兔、貉、狗獾、鼬、鼠、雉、鸟、蛙、鳖、鲤鱼、黑鱼、鲇鱼、

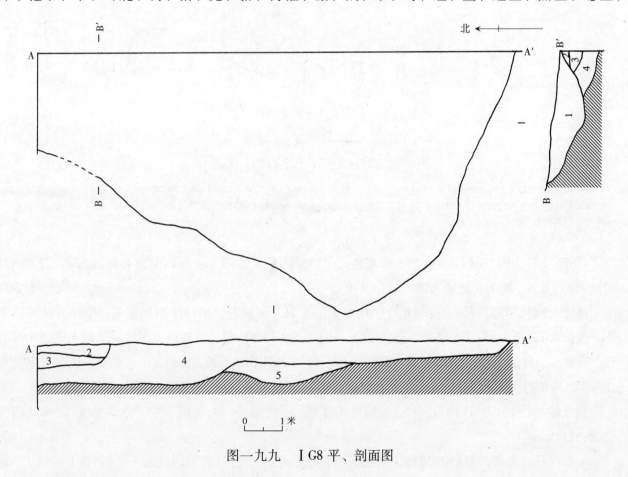

图一九九　Ⅰ G8 平、剖面图

草鱼、鳙鱼、鲫鱼、乌鳢、丽蚌、杜氏珠蚌、剑状矛蚌、背角无齿蚌等。出土有锤斧、石镞、刮
削器、研磨器、白石管、陶鬲、陶壶、陶纺轮、卜骨、骨针、骨匕首、骨笄、骨锥、骨饰件、角
镞、角管、角锥、角饰件、蚌刀、蚌饰件等33件器物。从形制看该灰沟可能为自然沟，被人为用
于排废水和倾倒生活垃圾。

1. 石器

砺石　2件。07SH Ⅰ G8：9，青灰色，形制不规则，两侧有两个光滑的平面，宽7、残高5.8厘
米（图二〇〇，1）；07SH Ⅰ G8：10，青灰色，残，形制不规则，器表有一个光滑的磨砺面，长12厘
米（图二〇〇，6）。

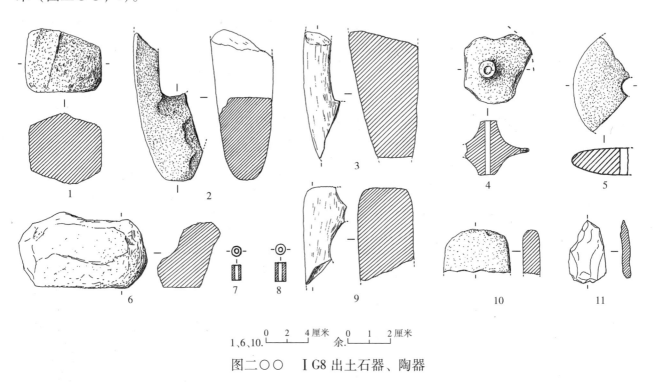

图二〇〇　Ⅰ G8 出土石器、陶器

1、6. 砺石（07SH Ⅰ G8：9，07SH Ⅰ G8：10）　　2、3、9. 锤斧（07SH Ⅰ G8：29，07SH Ⅰ G8：24，07SH Ⅰ G8：11）　　4. C 型陶纺轮
（07SH168：16）　　5. A 型陶纺轮（07SH Ⅰ G8：4）　　7、8. A 型白石管（07SH Ⅰ G8：1，07SH Ⅰ G8：2）　　10. 石斧（07SH Ⅰ G8 标：
51）　　11. 尖状器（07SH Ⅰ G8：12）

石斧　1件。07SH Ⅰ G8 标：51，青灰色，平面呈圆角长方形，正反两面均有磨蚀凹面，刃端残，
残长3.8、宽6、厚1.6厘米（图二〇〇，10）。

锤斧　3件，均为磨制，器表光滑。07SH Ⅰ G8：11，灰褐色，因残缺形制不明，中部有椭圆形穿
孔，残长4.4、宽2、厚2.6厘米（图二〇〇，9）；07SH Ⅰ G8：24，青灰色，因残缺形制不明，中部有
长方形穿孔，残长5.7、厚3.2厘米（图二〇〇，3）；07SH Ⅰ G8：29，青色，上半部残，下半部呈圆头
三角形，中部有宽1.2厘米的长方形钻孔，残长6.7、残宽2.3、厚2.8厘米（图二〇〇，2）。

尖状器　1件。07SH Ⅰ G8：12，红褐色，打制，不规则形，长2.8、宽1.7、厚0.35厘米（图二
〇〇，11）。

A 型白石管 2 件，高岭石质地，磨制而成，圆柱形，中部钻孔，两端磨平。07SH Ⅰ G8：1，长

0.7、截面直径 0.45、孔径 0.2 厘米（图二〇〇，7）；07SHⅠG8：2，长 0.85、截面直径 0.5、孔径 0.2 厘米（图二〇〇，8）。

2. 陶器

均为手制。

陶鬲　1 件。07SHⅠG8：32，砂质黄褐陶，器表磨光，圆唇，直口，袋足，圆锥状实足根，口沿外侧及裆部外侧各饰一周附加堆纹，口径 16.4、最大径 18.4、裆高 6、通高 16.8 厘米（图二〇一，2；图版四二，4）。

鬲足　6 件。07SHⅠG8 标：45，夹砂灰褐陶，袋足，圆锥状实足根，器表磨光，有烟熏痕，足根高 6、残高 14 厘米（图二〇一，20）；07SHⅠG8 标：39，夹砂灰褐陶，圆锥状实足根，器表有刮磨痕，残高 7.2 厘米（图二〇一，17）；07SHⅠG8 标：37，夹砂红褐陶，实足根短小，残高 3 厘米

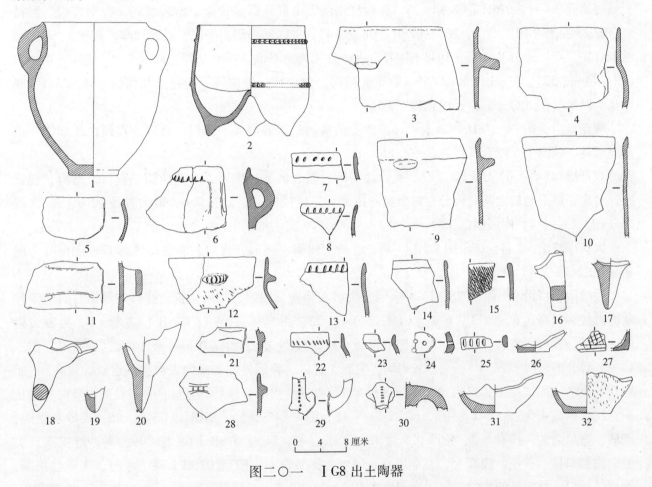

0　　4　　8厘米

图二〇一　ⅠG8 出土陶器

1. 双耳罐（07SHⅠG8：27）　2. 陶鬲（07SHⅠG8：32）　3、9、15、22、28. 直口陶器口沿（07SHⅠG8 标：47，07SHⅠG8 标：46，07SHⅠG8：9，07SHⅠG8 标：2，07SHⅠG8 标：24）　4. 大口罐口沿（07SHⅠG8 标：48）　5. 陶钵（07SHⅠG8 标：50）　6～8、10、13、14、23. 叠唇陶器口沿（07SHⅠG8 标：18，07SHⅠG8 标：5，07SHⅠG8 标：21，07SHⅠG8 标：49，07SHⅠG8 标：3，07SHⅠG8 标：25，07SHⅠG8 标：29）　11、21、25、29、30. 陶器耳（07SHⅠG8 标：26，07SHⅠG8 标：27，07SHⅠG8 标：35，07SHⅠG8 标：30，07SHⅠG8 标：57）　12. 陶壶口沿（07SHⅠG8 标：16）　16. 鼎足（07SHⅠG8 标：41）　17～20. 鬲足（07SHⅠG8 标：39，07SHⅠG8 标：44，07SHⅠG8 标：37，07SHⅠG8 标：45）　24. 甑底（07SHⅠG8 标：14）　26、27、31、32. 陶器底（07SHⅠG8 标：36，07SHⅠG8 标：55，07SHⅠG8 标：43，07SHⅠG8 标：42）

（图二〇一，19）；07SHⅠG8 标：44，夹砂红褐陶，圆锥状实足根，器表有刮磨痕，残高 11.6 厘米（图二〇一，18）。

鼎足　1 件。07SHⅠG8 标：41，夹砂灰褐陶，方形，器表磨光，有烟熏痕，残高 9.2 厘米（图二〇一，16）。

陶器耳　5 件，均为手制。07SHⅠG8 标：26，夹砂红褐陶，横桥耳，位于陶器中腹部，耳宽3.7、胎厚 0.6 厘米（图二〇一，11）；07SHⅠG8 标：27，夹砂黄褐陶，横向桥状盲耳，耳长 3.6、胎厚 0.6 厘米（图二〇一，21）；07SHⅠG8 标：30，夹砂灰褐陶，竖桥耳，耳外表面饰一排竖向圆形戳点纹，耳宽 2 厘米（图二〇一，29；图二〇三，26）；07SHⅠG8 标：35，鸡冠耳，夹砂红褐陶，器表磨光，耳长 5、宽 1.8 厘米（图二〇一，25）；07SHⅠG8 标：57，竖桥耳，夹砂红褐陶，器表磨光，耳面上饰一排竖向戳点纹，耳宽 2 厘米（图二〇一，30；图二〇三，25）。

陶器底　4 件。07SHⅠG8 标：36，夹砂红褐陶，平底，器底加厚，器表磨光，有刮磨痕，底径5、残高 3 厘米（图二〇一，26）；07SHⅠG8 标：43，夹砂红褐陶，平底，器底加厚，底径 7、残高 6 厘米（图二〇一，31）；07SHⅠG8 标：42，夹砂红褐陶，平底，器底加厚，底径 7.6、残高 6.4 厘米（图二〇一，32）；07SHⅠG8 标：55，砂质红褐陶，大平底，外壁饰压印篦点几何纹，残高 3.1、底厚 0.4 厘米（图二〇一，27；图二〇三，16）。

陶壶口沿　1 件。07SHⅠG8 标：16，砂质黄褐陶，器表磨光，圆唇，直口，直颈，颈部饰一横向鸡冠耳，残高 7.6 厘米（图二〇一，12）。

双耳罐　1 件。07SHⅠG8：27，夹砂红褐陶，器表磨光，尖唇，内侧抹斜，直口，圆肩，斜弧腹，台底，口沿与肩之间对称分布两个竖向桥形耳，口径 16.2、底径 7.6、最大腹径 20.6、高 23 厘米（图二〇一，1；图版四〇，6）。

大口罐口沿　1 件。07SHⅠG8 标：48，砂质红褐陶，圆唇，直口，溜肩，残高 12、胎厚 0.7 厘米（图二〇一，4）。

叠唇陶器口沿　9 件。07SHⅠG8 标：2，夹砂灰褐陶，圆唇，口沿微折，叠唇外侧饰右斜向麦粒状戳点纹，残高 3.6、胎厚 0.6 厘米（图二〇一，22；图二〇三，7）；07SHⅠG8 标：5，夹砂黄褐陶，圆唇，直口，叠唇外侧饰左斜向椭圆形戳点纹，残高 3.6、胎厚 0.5 厘米（图二〇一，7；图二〇三，8）；07SHⅠG8 标：3，夹砂灰褐陶，尖唇，直口，叠唇外侧饰竖向麦粒状戳点纹，残高 8、胎厚 0.6 厘米（图二〇一，13）；07SHⅠG8 标：21，夹砂红褐陶，圆唇，直口，叠唇外侧饰竖向麦粒状戳点纹，残高 4.5、胎厚 0.5 厘米（图二〇一，8；图二〇三，5）；07SHⅠG8 标：25，夹砂灰褐陶，圆唇，直口微敛，残高 7.2、胎厚 0.5 厘米（图二〇一，14）；07SHⅠG8 标：49，夹砂红褐陶，尖唇，内侧斜抹，直壁，残高 15.2、胎厚 0.6 厘米（图二〇一，10）；07SHⅠG8 标：31，夹砂红褐陶，圆唇，敞口，叠唇外侧饰一排斜向椭圆形戳点纹，残高 3.5、胎厚 0.5 厘米（图二〇三，6）；07SHⅠG8 标：18，夹砂红褐陶，尖唇，内侧抹斜，敛口，叠唇外侧戳印一排竖向锯齿状纹饰，口沿与肩部有一竖向桥耳，残高 10 厘米（图二〇一，6；图二〇三，4）；07SHⅠG8 标：29，砂质红褐陶，尖唇，侈口，残高 3.2、胎厚 0.65 厘米（图二〇一，23）。

直口陶器口沿　7 件。07SHⅠG8 标：46，夹砂褐陶，尖圆唇，内侧斜抹，外壁有一舌形錾耳，残高 12.8、胎厚 0.6 厘米（图二〇一，9）；07SHⅠG8 标：47，夹砂褐陶，尖圆唇，内侧斜抹，外壁有一舌形錾耳，残高12、胎厚0.7厘米（图二〇一，3）；07SHⅠG8标：9，砂质红褐陶，圆唇，器表饰网状细绳纹，残高5.6、胎厚0.5厘米（图二〇一，15；图二〇三，9）；07SHⅠG8标：24，夹砂灰褐陶，口沿下有一横向鸡冠状盲耳，残高7.2、胎厚0.5厘米（图二〇一，28）；07SHⅠG8标：22，砂质黄褐陶，器表磨光，口沿下饰两排横向指甲纹，残高5.6、胎厚0.5厘米（图二〇三，3）；07SHⅠG8标：23，砂质黄褐陶，口沿下饰一道横向附加堆纹，残高6、胎厚0.5厘米（图二〇三，2）。

甗底 1件。07SHⅠG8标：14，夹砂黄褐陶，厚0.9、孔径0.5厘米（图二〇一，24）。

陶钵 1件。07SHⅠG8标：50，夹砂褐陶，尖唇，内侧抹斜，敛口，鼓腹，残高6.4、胎厚0.5厘米（图二〇一，5）。

戳点纹陶片 6件，均为陶器腹片。07SHⅠG8标：32，夹砂黄褐陶，饰成排的竖向麦粒状戳点纹，胎厚0.6厘米（图二〇二，11；图二〇三，21）；07SHⅠG8标：7，夹砂黑褐陶，在三角形纹饰带中填充不规则分布的圆形戳点构成纹饰，胎厚0.4厘米（图二〇二，16；图二〇三，14）；07SHⅠ

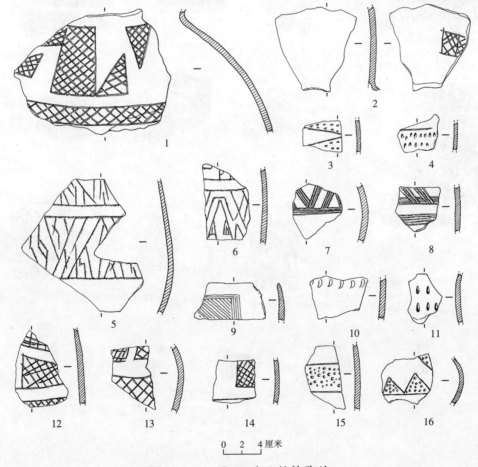

0 2 4厘米

图二〇二 ⅠG8 出土纹饰陶片

1、2、12～14. 刻划网格纹陶片（07SHⅠG8标：17，07SHⅠG8标：12，07SHⅠG8标：11，07SHⅠG8标：8，07SHⅠG8标：10） 3、4、11、15、16. 戳点纹陶片（07SHⅠG8标：28，07SHⅠG8标：34，07SHⅠG8标：32，07SHⅠG8标：33，07SHⅠG8标：7） 5、6. 压印篦点纹陶片（07SHⅠG8标：52，07SHⅠG8标：53） 7～9. 刻划折线纹陶片（07SHⅠG8标：13，07SHⅠG8标：1，07SHⅠG8标：54） 10. 指甲纹陶片（07SHⅠG8标：56）

G8 标∶33，夹砂黄褐陶，在条状纹饰带中填充不规则分布的圆形戳点构成纹饰，胎厚 0.6 厘米（图二〇二，15；图二〇三，18）；07SHⅠG8 标∶34，夹砂红褐陶，在条状纹饰带中填充成排的竖向戳点构成纹饰，胎厚 0.4 厘米（图二〇二，4；图二〇三，23）；07SHⅠG8 标∶28，夹砂红褐陶，在三角形纹饰带中填充不规则分布的椭圆形戳点构成纹饰，胎厚 0.4 厘米（图二〇二，3；图二〇三，22）；07SHⅠG8 标∶15，夹砂红褐陶，器表磨光，饰刻划三角形纹饰带内填不规则分布的戳点，胎厚 0.4 厘米（图二〇三，19）。

刻划折线纹陶片 3 件，均为陶器腹片，以平行线波折纹为主。07SHⅠG8 标∶1，夹砂红褐陶，

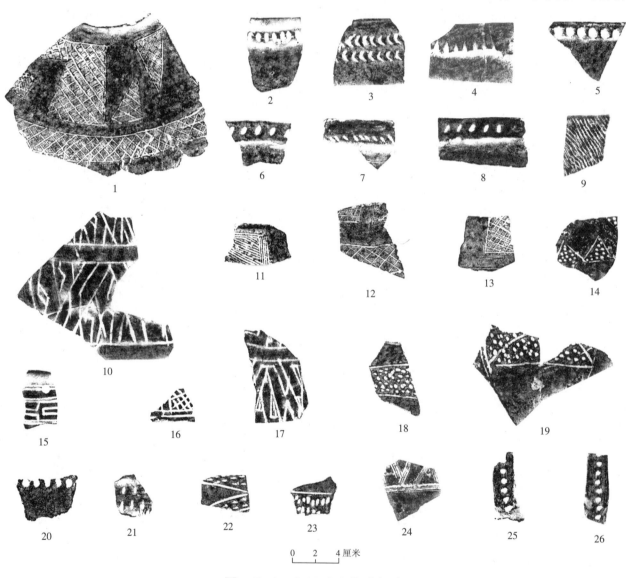

0　　2　　4厘米

图二〇三 ⅠG8 出土陶片拓片

1.07SHⅠG8 标∶17　2.07SHⅠG8 标∶23　3.07SHⅠG8 标∶22　4.07SHⅠG8 标∶18　5.07SHⅠG8 标∶21　6.07SHⅠG8 标∶31　7.07SHⅠG8 标∶2　8.07SHⅠG8 标∶5　9.07SHⅠG8 标∶9　10.07SHⅠG8 标∶52　11.07SHⅠG8 标∶54　12.07SHⅠG8 标∶8　13.07SHⅠG8 标∶10　14.07SHⅠG8 标∶7　15.07SHⅠG8 标∶4　16.07SHⅠG8 标∶55　17.07SHⅠG8 标∶53　18.07SHⅠG8 标∶33　19.07SHⅠG8 标∶15　20.07SHⅠG8 标∶56　21.07SHⅠG8 标∶32　22.07SHⅠG8 标∶28　23.07SHⅠG8 标∶34　24.07SHⅠG8 标∶13　25.07SHⅠG8 标∶57　26.07SHⅠG8 标∶30

慢轮修整，器表磨光，胎厚 0.6 厘米（图二〇二，8）；07SHⅠG8 标：13，夹砂红褐陶，慢轮修整，器表磨光，胎厚 0.6 厘米（图二〇二，7；图二〇三，24）；07SHⅠG8 标：54，夹砂黄褐陶，器表磨光，胎厚 0.5 厘米（图二〇二，9；图二〇三，11）。

刻划网格纹陶片　5件。07SHⅠG8 标：8，夹砂红褐陶，胎厚 0.6 厘米（图二〇二，13；图二〇三，12）；07SHⅠG8 标：17，夹砂红褐陶，慢轮修整，为陶器肩部残片，胎厚 0.6 厘米（图二〇二，1；图二〇三，1）；07SHⅠG8 标：10，夹砂红褐陶，胎厚 0.4 厘米（图二〇二，14；图二〇三，13）；07SHⅠG8 标：11，夹砂红褐陶，器表磨光，胎厚 0.6 厘米（图二〇二，12）；07SHⅠG8 标：12，夹砂红褐陶，为陶器肩部残片，器表磨光，纹饰刻划于器壁内侧，胎厚 0.6 厘米（图二〇二，2）。

指甲纹陶片　1件。07SHⅠG8 标：56，砂质黄褐陶，为陶器腹片，胎厚 0.6 厘米（图二〇二，10；图二〇三，20）。

篦点纹陶片　3件，均为筒形罐腹片，器表磨光，以几何形纹饰为主。07SHⅠG8 标：53，砂质灰褐陶，胎厚 0.5 厘米（图二〇二，6；图二〇三，17）；07SHⅠG8 标：4，砂质红褐陶，器表磨光，有铜孔，胎厚 0.5 厘米（图二〇三，15）；07SHⅠG8 标：52，砂质黄褐陶，内壁有刮磨痕，胎厚 0.5 厘米（图二〇二，5；图二〇三，10）。

陶纺轮 2 件，分二型。

A 型　1件。07SHⅠG8：4，夹砂红陶，圆饼形，残，直径 5.4、孔径 0.9、厚 1.2 厘米（图二〇〇，5）。

C 型　1件。07SHⅠG8：16，砂质红褐陶，陀螺形，边缘残，直径 4、孔径 0.25、高 2.45 厘米（图二〇〇，4）。

3. 骨角器

卜骨　1件。07SHⅠG8：28，猪左侧肩胛骨，有灼无凿，下半部残，残长 19 厘米（图二〇四，4）。

骨针　3 枚，动物骨片磨制而成，穿端扁圆形，钻圆形针孔，针体截面圆形，器表打磨光滑。07SHⅠG8：13，长 4.1、截面直径 0.15 厘米（图二〇四，18）；07SHⅠG8：18，长 6.2、截面直径 0.1 厘米（图二〇四，17）；07SHⅠG8：19，长 3.3、截面直径 0.12 厘米（图二〇四，19）。

B 型骨锥　2 件，以动物肢骨骨壁较厚处磨制而成。07SHⅠG8：26，截取狍子跖骨背侧骨片，磨制而成，锥身较细，长 11、最宽处 0.65 厘米（图二〇四，11）；07SHⅠG8：33，截取狗胫骨远端的骨片加工而成，不规则形，长 8.3 厘米（图二〇四，12）。

骨饰件　2 件。07SHⅠG8：8，以狍子第一趾骨远端内外两侧钻孔而成，长 3.5、孔径 0.3 厘米（图二〇四，1）；07SHⅠG8：20，以羊的第二趾骨磨制钻孔而成，长 2.5、孔径 0.3 厘米（图二〇四，2）。

角镞 5 件，分三型。

A 型 2 件，分两个亚型。

Ac 型　1件。07SHⅠG8：23，三棱形镞尖，圆柱状镞身，铤部削成楔形，器表打磨光滑，通长 12、镞尖长 2.5、铤 9.5、铤截面直径 0.5 厘米（图二〇四，6；图版五五，8）。

Ad 型　1件。07SHⅠG8：15，马鹿角干较直处劈裂下的细长角片加工而成，三棱形镞尖，截面

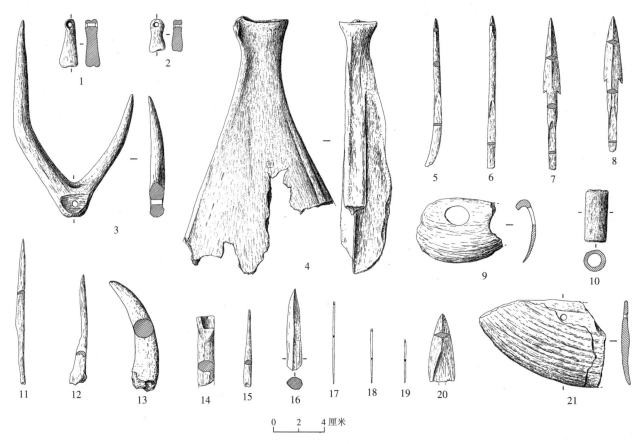

图二〇四　ⅠG8 出土骨角器

1、2. 骨饰件（07SHⅠG8：8，07SHⅠG8：20）　3. 角饰（07SHⅠG8：25）　4. 卜骨（07SHⅠG8：28）　5. Ad 型角镞（07SHⅠG8：15）　6. Ac 型角镞（07SHⅠG8：23）　7、8. Ba 型角镞（07SHⅠG8：30，07SHⅠG8：14）　9. 蚌饰件（07SHⅠG8：22）　10. 角管（07SHⅠG8：3）　11、12. B 型骨锥（07SHⅠG8：26，07SHⅠG8：33）　13、15. A 型角锥（07SHⅠG8：6，07SHⅠG8：5）　14. 不明角器（07SHⅠG8：7）　16. B 型角锥（07SHⅠG8：31）　17 ~ 19. 骨针（07SHⅠG8：18，07SHⅠG8：13，07SHⅠG8：19）　20. Db 型角镞（07SHⅠG8：21）　21. 蚌刀（07SHⅠG8：17）

圆形，尖端削制成多棱形，末端削成楔形，微上翘，长 11.2 厘米（图二〇四，5）。

Ba 型　2 件。07SHⅠG8：14，四棱形镞尖，直刃，后锋尖锐，镞尖截面菱形，关部截面扁圆形，铤部削成楔形，器表打磨光滑，通长 10.2、镞尖 4.8、宽 1.45、铤长 5.4 厘米（图二〇四，8）；07SHⅠG8：30，四棱形镞尖，直刃，后锋尖锐，镞尖截面菱形，关部截面扁圆形，铤部削成楔形，器表打磨光滑，通长 11.5、镞尖长 5.5、关长 2.5、铤长 3.5 厘米（图二〇四，7；图版五五，6）。

Db 型　1 件。07SHⅠG8：21，三角形，弧刃，镞尖截面呈菱形，铤部残，残长 5.1、宽 2、厚 0.4 厘米（图二〇四，20；图版五六，3）。

角锥 3 件，分二型。

A 型　2 件。07SHⅠG8：6，马鹿角分枝尖部天然形制加工而成，尖部略磨，断面有切割痕，器表磨光，长 8.8、宽 2 厘米（图二〇四，13）；07SHⅠG8：5，鹿角角片切割、削制而成，器表形成多个削切面，通体打磨，柄端残，残长 5.8 厘米（图二〇四，15）。

　　B 型　1件。07SHⅠG8：31，鹿角分枝切割、削制而成，通体砍削，器表形成多个削切面，长6.1、最宽处1.2厘米（图二〇四，16）。

　　不明角器　1件。07SHⅠG8：7，狍子角分枝尖部加工而成，尖部略磨，扁圆柱体，一端斜削成楔形，长5.2、宽1.3厘米（图二〇四，14）。

　　角饰　1件。07SHⅠG8：25，截取狍子角第一虎口处，经砍削，刮磨，钻孔而制成，长15、宽9、厚1.1厘米（图二〇四，3；图版五四，1）。

　　角管　1件，器表磨光，两端有切割痕。07SHⅠG8：3，鹿角分枝中部加工而成，长3.9、直径1.7厘米（图二〇四，10）。

　　蚌刀　1件。07SHⅠG8：17，利用大型丽蚌蚌壳边缘做刀刃，蚌身上端钻圆孔，用于固定刀柄，残长9.9、宽6.4、厚0.5、孔径0.3厘米（图二〇四，21）。

　　蚌饰件　1件。07SHⅠG8：22，丽蚌蚌壳中部穿一圆孔，残长6.7、宽4.9、孔径1.5厘米（图二〇四，9）。

第六节　地层出土遗物

　　由于Ⅰ区无与该时期对应的地层，此处所述之地层出土遗物均为Ⅱ区相应地层出土。

一　地层第4层出土遗物

1. 石器

　　A型白石管　1件。07SHⅡT23④：1，高岭石质地，圆柱形，中部有穿孔，截面直径0.4、孔径0.15、高0.6厘米（图二〇五，6）。

2. 陶器

　　容器均为砂质红褐陶，手制。

　　陶器口沿　2件。07SHⅡT22④标：1，圆唇，侈口，唇部刻印花边状豁口，颈部饰两个平行横向鸡冠耳，一大一小，残高7、胎厚0.8厘米（图二〇五，2）；07SHⅡT22④标：2，圆唇，口微敞，直颈，唇部刻印花边状豁口，颈与肩之间饰一横向鸡冠耳，残高9.2、胎厚0.6厘米（图二〇五，1）。

　　细绳纹陶片　1件。07SHⅡT22④标：3，为陶器腹片，胎厚0.5厘米（图二〇五，3）。

　　陶器耳　1件。07SHⅡT9④标：3，桥状耳，残半，耳宽3.2厘米（图二〇五，10）。

　　陶器底　2件。07SHⅡT9④标：1，平底，微凹，底径7.8、厚0.7厘米（图二〇五，5）；07SHⅡT9④标：2，平底，微凹，底径6.8、厚0.65厘米（图二〇五，4）。

　　A型陶纺轮　1件。07SHⅡT30④：1，手制，砂质灰褐色，圆饼形，中部有圆形穿孔，上表面饰圆形戳点，呈放射状分布，直径5.5、孔径0.7、厚1.2厘米（图二〇五，9）。

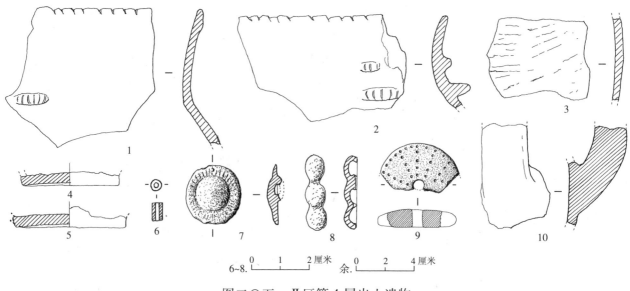

图二〇五　Ⅱ区第4层出土遗物

1、2. 陶器口沿（07SHⅡT22④标：2，07SHⅡT22④标：1）　3. 细绳纹陶片（07SHⅡT22④标：3）　4、5. 陶器底（07SHⅡT9④标：2，07SHⅡT9④标：1）　6. A型白石管（07SHⅡT23④：1）　7. Bb型铜泡（07SHⅡT3④：1）　8. Ab型铜泡（07SHⅡT13 扩④：1）　9. A型陶纺轮（07SHⅡT30④：1）　10. 陶器耳（07SHⅡT9④标：3）

3. 青铜器

铜泡2件，均为范铸，分二型。

Ab型　1件。07SHⅡT13 扩④：1，由3个半球形铜泡饰组成，钮部相连，通长2.5、宽0.75、高0.45厘米（图二〇五，8）。

Bb型　1件。07SHⅡT3④：1，圆形，正面中部外凸，外周饰一圈呈放射状短线纹，背部有桥形钮，钮部残，直径2、残高0.5厘米（图二〇五，7）。

二　地层第3层出土遗物

1. 陶器

Ab型长颈壶　1件。07SHⅡT14③：2，夹砂红褐陶，手制，素面，器表磨光，尖唇，内侧抹斜，口微敞，束颈，圆肩，球腹，台底，最大腹径处贴塑三个盲耳，等距分布，口径8.2、底径5.5、最大腹径14.5、高20厘米（图二〇六，1；图版三三，2）。

豆盘　1件。07SHⅡT20③标：1，夹砂红褐陶，素面，尖唇，敞口，残高4、胎厚0.4厘米（图二〇六，2）。

陶器口沿　3件。07SHⅡT26③标：1，砂质红褐陶，外叠唇，唇外侧饰竖向麦粒状戳点纹，残高3、唇厚0.9厘米（图二〇六，5）；07SHⅡT21③标：1，夹砂红褐陶，素面，尖唇，内侧抹斜，直口，残高4、胎厚0.8厘米（图二〇六，4）；07SHⅡT20③标：2，夹砂红褐陶，素面，圆唇，直口，残高3.6、胎厚0.5厘米（图二〇六，3）。

陶器耳　8件。07SHⅡT1③标：3，夹砂红褐陶，横錾耳，耳长3、宽3、厚1.8厘米（图二〇

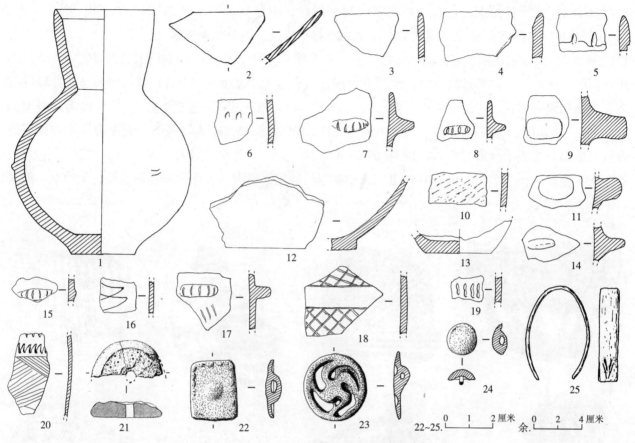

图二〇六　Ⅱ区第 3 层出土遗物

1. Ab 型长颈壶（07SHⅡT14③：2）　2. 豆盘（07SHⅡT20③标：1）　3～5. 陶器口沿（07SHⅡT20③标：2，07SH
ⅡT21③标：1，07SHⅡT26③标：1）　6、10、16、18～20. 纹饰陶片（07SHⅡT20③标：3，07SHⅡT21③标：2，07SHⅡT25③标：1，07SHⅡT6③标：1，
07SHⅡT26③标：2，07SHⅡT17③标：2）　7～9、11、14、15、17. 陶器耳（07SHⅡT15③标：1，07SHⅡT15③标：2，07SHⅡT1③标：
3，07SHⅡT14③标：2，07SHⅡT24③标：1，07SHⅡT19③标：1，07SHⅡT24③标：2）　12、13. 陶器底（07SHⅡT17③标：1，07SHⅡ
T1③标：1）　21. A 型陶纺轮（07SHⅡT17③：1）　22. F 型铜泡（07SHⅡT18③：1）　23. E 型铜泡（07SHⅡT14③：4）　24. Aa 型铜
泡（07SHⅡT14③：1）　25. A 型铜环（07SHⅡT14③：3）

六，9）；07SHⅡT24③标：1，夹砂红褐陶，横鋬耳，耳长 1.6、宽 2.2、厚 0.9 厘米（图二〇六，
14）；07SHⅡT14③标：2，夹砂红褐陶，横鋬耳，耳长 1.5、宽 3、厚 1.8 厘米（图二〇六，11）；
07SHⅡT15③标：1，夹砂红褐陶，横鸡冠耳，耳长 1.4、宽 3、厚 1 厘米（图二〇六，7）；07SHⅡ
T15③标：2，夹砂红褐陶，横鸡冠耳，耳长 2.2、宽 0.6 厘米（图二〇六，8）；07SHⅡT19③标：1，
夹砂红褐陶，横鸡冠耳，耳宽 3、厚 0.9 厘米（图二〇六，15）；07SHⅡT24③标：2，夹砂红褐陶，
横鸡冠耳，耳长 1.2、宽 3.2、厚 1 厘米（图二〇六，17）。

　　陶器底　2 件。07SHⅡT17③标：1，夹砂红褐陶，素面，台底，底厚 0.9 厘米（图二〇六，12）；
07SHⅡT1③标：1，砂质红褐陶，素面，平底，底径 5.6、厚 1 厘米（图二〇六，13）。

　　纹饰陶片　12 件。07SHⅡT1③标：2，夹砂黄褐陶，表面饰细绳纹，胎厚 0.4 厘米（图二〇七，
4）；07SHⅡT6③标：1，夹砂黄褐陶，表面饰刻划网格纹，胎厚 0.5 厘米（图二〇六，18；图二〇
七，6）；07SHⅡT10③标：2，夹砂红褐陶，表面饰指压纹，胎厚 0.4 厘米（图二〇七，7）；07SHⅡ

T17③标：2，砂质黄褐陶，表面刻划之字纹和细线纹，胎厚0.3厘米（图二〇六，20；图二〇七，5）；07SHⅡT8③标：1，砂质红褐陶，表面刻划平行折线纹，胎厚0.4厘米（图二〇七，2）；07SHⅡT21③标：2，夹砂黄褐陶，表面饰细绳纹，胎厚0.5厘米（图二〇六，10）；07SHⅡT20③标：3，砂质红褐陶，表面饰一排圆形戳点纹，胎厚0.5厘米（图二〇六，6）；07SHⅡT24③标：3，夹砂红褐陶，表面刻划交错弦纹，胎厚0.4厘米（图二〇七，8）；07SHⅡT25③标：1，夹砂红褐陶，表面刻划之字纹，胎厚0.4厘米（图二〇六，16）；07SHⅡT26③标：2，砂质红褐陶，表面饰一排椭圆形戳点纹，胎厚0.5厘米（图二〇六，19）；07SHⅡT29③标：1，夹砂红褐陶，表面饰一排斜向戳点纹，胎厚0.4厘米（图二〇七，1）；07SHⅡT29③标：2，砂质红褐陶，表面饰压印篦点纹，胎厚0.4厘米（图二〇七，3）。

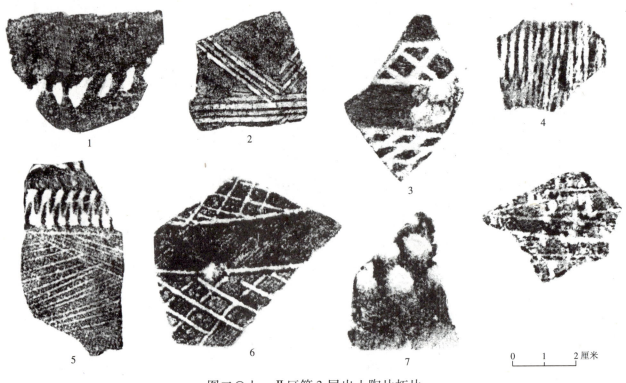

图二〇七　Ⅱ区第3层出土陶片拓片

1. 07SHⅡT29③标：1　2. 07SHⅡT8③标：1　3. 07SHⅡT29③标：2　4. 07SHⅡT1③标：2　5. 07SHⅡT17③标：2　6. 07SHⅡT6③标：1
7. 07SHⅡT10③标：2　8. 07SHⅡT24③标：3

　　A型陶纺轮　1件。07SHⅡT17③：1，砂质红褐陶，手制，圆饼形，外缘较厚，圆穿，外表面饰有戳点纹，直径6.2、孔径0.7、厚1.3厘米（图二〇六，21）。

　　2. 青铜器

　　铜泡3件，均为范铸，分三型。

　　Aa型　1件。07SHⅡT14③：1，圆形，正面外凸，背面内凹，有桥形钮，直径1.3厘米（图二〇六，24）。

　　E型　1件。07SHⅡT14③：4，圆形，上有四条旋状镂孔，背面微偏上处有一桥形钮，直径2.7

厘米（图二〇六，23；图版五〇，4）。

F 型　1 件。07SHⅡT18③：1，长方形，中部微外凸，背面有竖向桥形钮，长 2.4、宽 2 厘米（图二〇六，22）。

A 型铜环　1 件。07SHⅡT14③：3，范铸，条状，弯折成椭圆形，一端刻有放射线状花纹，宽 0.8 厘米（图二〇六，25；图版五〇，3）。

3. 动物骨骼

该层出土动物遗存较少，主要出土于 T7、T24、T26 之中。种属及类别有牛臼齿、前臼齿、髋骨、桡骨，马臼齿等。

第四章 其他时期遗存

第一节 新石器时代晚期遗存

Ⅰ区未见该时期遗迹遗物，亦无与该时期对应的地层。

Ⅱ区与该时期对应的地层为第5层，堆积较厚，但包含物极少，且集中出土于地层偏上部位。该时期遗物较多见于晚期地层或遗迹之中。有夹砂红褐、黄褐陶片，纹饰有"之"字纹、细绳纹等，均为手制。未见遗迹单位。

陶器口沿 1件。07SHⅡT7⑤标：2，夹砂红褐陶，手制，圆唇，直口，表面饰横向及斜向刻划纹，胎厚0.5厘米（图二〇八，2）。

之字纹陶片 1件。07SHⅡT3⑤标：1，夹砂红褐陶，表面饰刻划之字纹，为陶器腹片，胎厚0.4厘米（图二〇八，1）。

细绳纹陶片 3件。均为陶器腹片。07SHⅡT22⑤标：1，夹砂黄褐陶，表面饰横向细绳纹，胎厚0.35厘米（图二〇八，3）；07SHⅡT7⑤标：1，夹砂红褐陶，表面饰细绳纹，胎厚0.4厘米（图二〇八，4）。

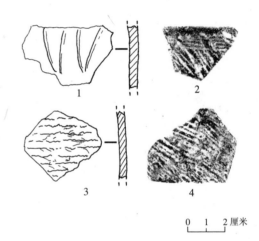

0　1　2厘米

图二〇八 Ⅱ区第5层出土陶片

1. 之字纹陶片（07SHⅡT3⑤标：1） 2. 陶器口沿（07SHⅡT7⑤标：2） 3、4. 细绳纹陶片（07SHⅡT22⑤标：1，07SHⅡT7⑤标：1）

第二节 汉代遗存

Ⅰ区无与该时期对应的地层，遗迹遗物均发现较少，仅见灰坑1个（图二〇九）。Ⅱ区未见该时期遗存。

ⅠH14

位于Ⅰ区中部偏西南，被H13打破，又打破F2和G6。平面近圆形，斜弧壁，平底微凹，坑口长

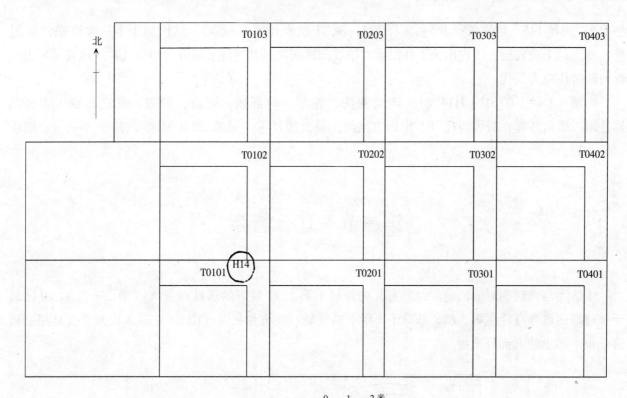

图二○九　Ⅰ区汉代遗址分布图

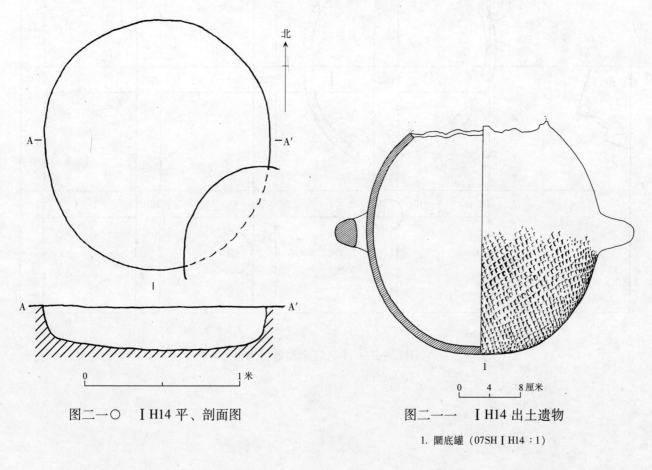

图二一○　Ⅰ H14 平、剖面图

图二一一　Ⅰ H14 出土遗物

1. 圜底罐（07SHⅠH14：1）

径155、短径145、坑底长径145、短径135、深27厘米（图二一〇）。坑内填土为一次堆积，灰黑色，砂土，土质较松，坑内出土1件泥质方格纹圜底灰陶罐及些许素面陶器口沿残片。该灰坑从出土物判断时代应为汉代。

陶罐　1件。07SHⅠH14∶1，泥质灰陶，轮制，口部残，圆肩，鼓腹，圜底，最大腹径两侧各饰一横向环耳，最大腹径以下拍印方格纹，最大腹径30、残高28.4厘米（图二一一，1；图版六〇，2）。

第三节　辽金遗存

Ⅰ区无与该时期对应的地层，见有几处开口于第1、2层下的房址和灰坑（图二一二）。Ⅱ区属于该时期的遗存有地层第2层，开口于2层下的房址、灰坑和灰沟（图二一三），以及这些地层和遗迹单位中出土的大部分遗物。

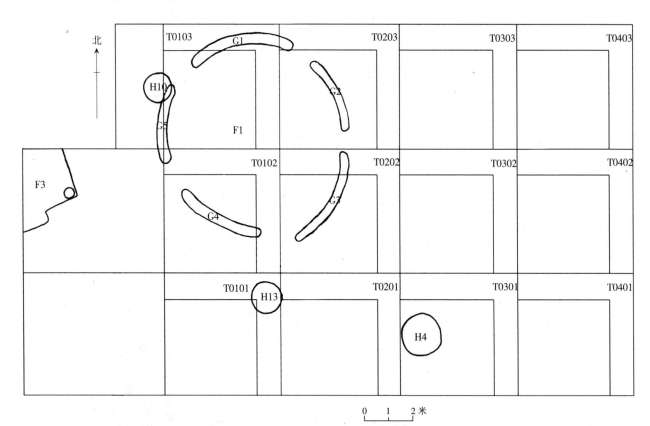

图二一二　Ⅰ区辽金遗迹分布图

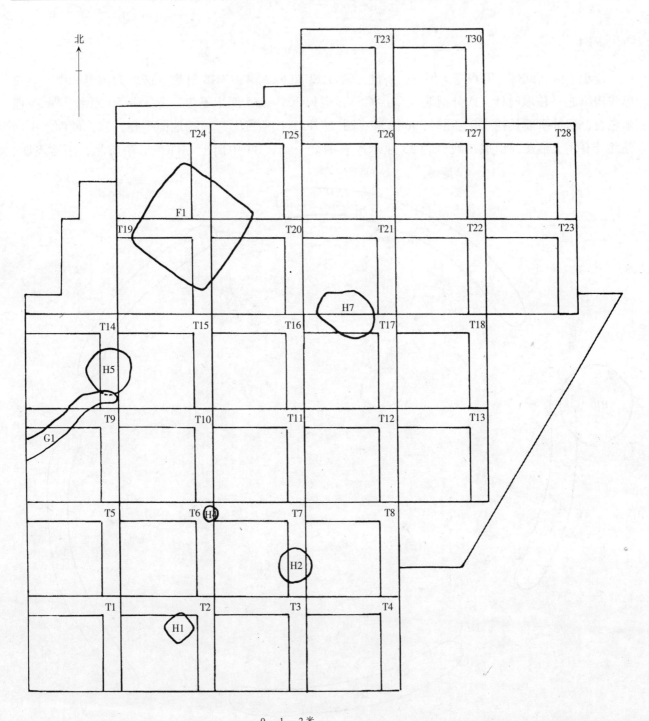

北

图二一三　Ⅱ区辽金遗迹分布图

一　房址

共3座，其中2座位于Ⅰ区，1座位于Ⅱ区。

Ⅰ F1

位于Ⅰ区西北部，开口于1层下，打破G6、H12和F2，又被H10打破。房址为圆形，由5条弧形浅沟组成（依顺时针方向分别编号G1～G5），沟长305～435厘米不等，宽35～50厘米，深35厘米左右，房址平面长径850、短径790厘米（图二一四；图版五七，2）。地面平整，但无硬面，中部偏北处有用火痕迹，形成一块直径35厘米左右的烧土面，G3中出土一件条形角质品，用途不明，

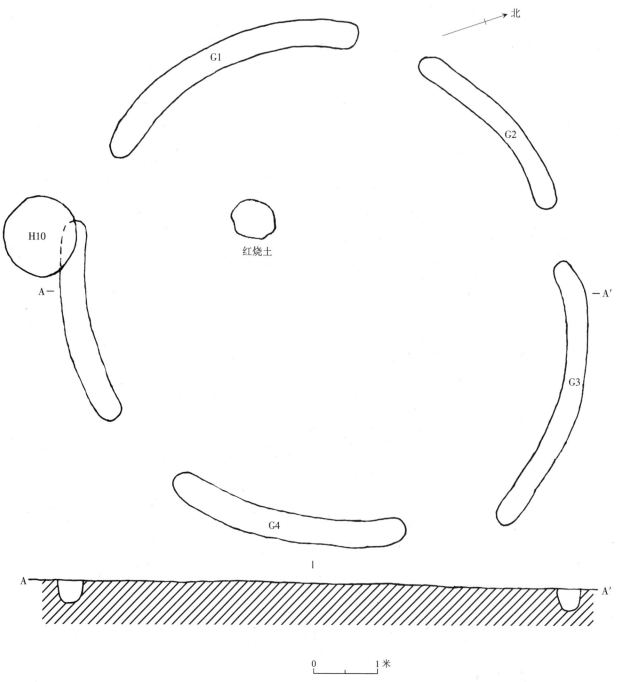

图二一四　Ⅰ F1 平、剖面图

G4 中出土鹿角、狍子角及狗头等动物遗存，G5 中出土 1 枚铁钩。该房址从形制上推测为辽代游牧民族帐篷址。

1. 铁器

铁钩　1 件。07SHⅠF1G5：1，锻铸，弯钩状，截面方形，表面锈蚀，截面边长 0.4 厘米（图二一七，5）。

2. 角器

条状角器　1 件。07SHⅠF1G3：1，马鹿角加工而成，条状，截面大致呈椭圆形，长 8.5、最宽处 1.2、厚 0.45 厘米（图二一七，7）。

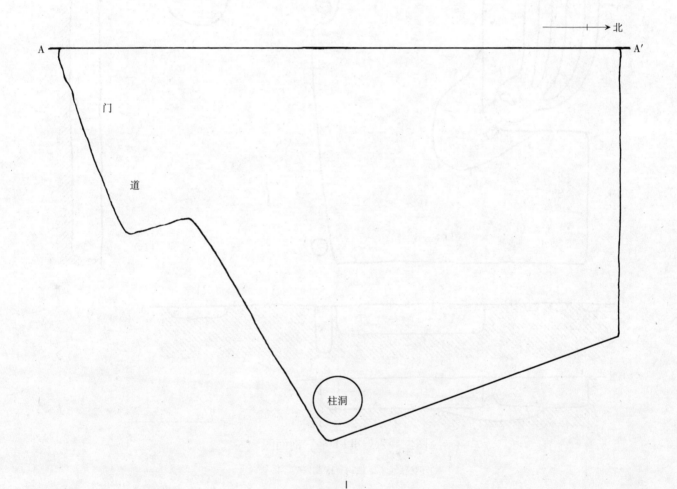

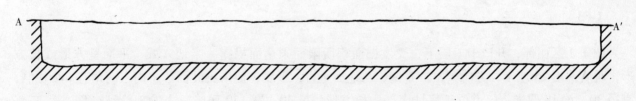

图二一五　ⅠF3 平、剖面图

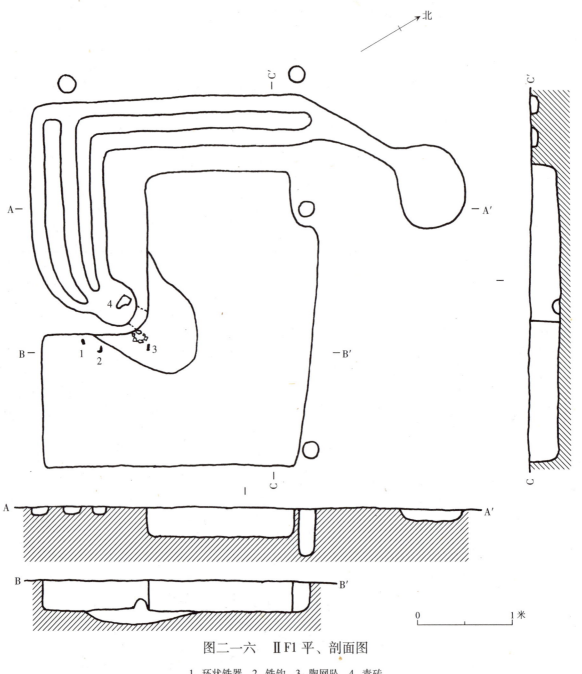

图二一六　ⅡF1 平、剖面图

1. 环状铁器　2. 铁钩　3. 陶网坠　4. 青砖

ⅠF3

位于Ⅰ区西部，开口于1层下，受发掘面积所限而未全面揭露。半地穴式，平面呈方形或长方形，垂直深度25厘米，方向153°。直壁，与地面垂直，平底，但未见硬面。房内东南角有1个柱洞，直径30、深18厘米。门道位于房址南部，长方形，长40、宽120厘米，未发现灶址（图二一五）。房内堆积一层，土色为黄褐色，质地较为疏松。堆积内包含物极少，仅在门道处发现有轮制泥质灰陶卷沿陶瓮及单耳杯残片，未能修复。从形制及出土物判断，该房址为金代平民居住址。

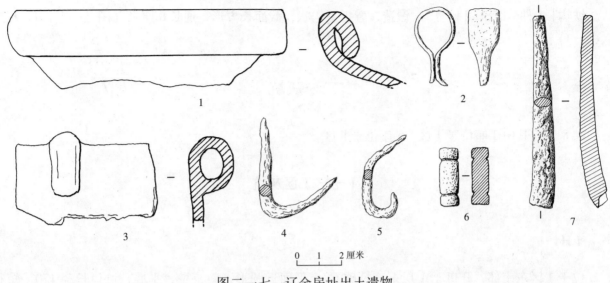

图二一七　辽金房址出土遗物

1. 陶瓮口沿（07SHⅠF3 标：1）　2. 环状铁器（07SHⅡF1：1）　3. 单耳杯口沿（07SHⅠF3 标：2）　4、5. 铁钩（07SHⅡF1：2，
07SHⅠF1G5：1）　6. 陶网坠（07SHⅡF1：3）　7. 条状角器（07SHⅠF1G3：1）

陶瓮口沿　1 件。07SHⅠF3 标：1，泥质灰陶，轮制，卷沿，素面，口径 18、残高 3.2 厘米（图二一七，1）。

单耳杯口沿　1 件。07SHⅠF3 标：2，泥质黑陶，手制，素面，圆唇，直口，口沿处有一竖向环状耳，口径 6.4、耳宽 1.2、残高 4 厘米（图二一七，3）。

ⅡF1

位于Ⅱ区西北部。开口于 2 层下，方向 118°，为带有取暖设施火炕的长方形半地穴式房址。由于保存状况较差，并未发现墙体，故无法测出准确的尺寸，直壁，地面系于当时地表处下挖而成，低于当时地表 30 厘米，较为平坦，未经特殊处理，南北长 314、东西宽 308 厘米，房内取暖设施位于西北侧，灶台和火炕连为一体，呈曲尺形，灶台外角有一直径 45 厘米的圆形灶坑，灶坑边缘有长期经火烤形成的红烧土及黑灰，灶坑下的地面被挖出一不规则形浅坑，当是用于添加柴草，坑内有青砖残块、碎石及大量黑灰。3 条烟道与灶口相接，烟道宽 15 厘米，平均深度 9 厘米，通向西方，在房子拐角处，外侧与中间烟道汇合为一条，并与内侧烟道同时折向北方，此时烟道宽约 18 厘米，在房子西北角汇合成一条，并通向房外一椭圆形平底凹坑之中，该坑长径 86、短径 72 厘米，应为烟囱所在位置。房外东北侧有 2 个圆形柱洞，分别位于北端和东端，柱洞直径 18、深 50 厘米，房外西北侧亦有 2 个规格相同的柱洞，分别位于北端和西端。未发现门道（图二一六；图版五七，1）。房内出土铁环、铁钩、陶网坠等遗物，均位于房内倒塌堆积中。从形制及出土物判断该房址为辽金时代。

陶网坠　1 件。07SHⅡF1：3，泥质红褐陶，磨制，圆柱状，两端各有一圈凹槽，长 2.6、截面直径 1 厘米（图二一七，6；图版六〇，6）。

环状铁器　1 件。07SHⅡF1：1，范铸，弯曲呈环状，一端有突出的柄，环径 1.8、宽 1.5、残高 3.5 厘米（图二一七，2；图版六〇，8）。

铁钩　1件。07SHⅡF1∶2，锻造，弯折呈钩状，截面长方形，通长8厘米（图二一七，4；图版六〇，3）。

二　灰坑

共8座，其中3座位于Ⅰ区，5座位于Ⅱ区。

（一）　Ⅰ区灰坑

ⅠH4

位于Ⅰ区东南部，开口于1层下，打破G7。平面近圆形，斜直壁，平底，坑口长径170、短径165、坑底直径160、深30厘米（图二一八，图版五九，2）。坑内填土为一次性堆积，黑色，沙质土，土质疏松，包含少量陶片及动物骨骼。陶片多为素面，有少量刻划纹、戳点纹及方格纹陶片。包含的动物种属有马、狗、猪、蛙等。该灰坑为废弃物填埋坑，从出土的年代最晚的陶片判断时代不

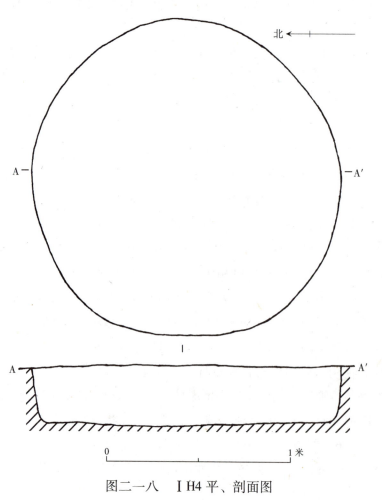

图二一八　ⅠH4平、剖面图

早于辽金时期。

方格纹陶片　1件。07SHⅠH4 标：2，泥质黄褐陶，轮制，为陶器腹片，外表面饰压印方格纹，胎厚0.5厘米（图二二六，6）。

戳点纹陶片　2件。07SHⅠH4 标：3，砂质红褐陶，手制，为陶器腹片，外表面饰竖向麦粒状戳点纹，胎厚0.5厘米（图二二六，7）；07SHⅠH4 标：1，轮制，泥质灰陶，为大型陶罐腹片，饰有斜向椭圆形戳点纹饰带，胎厚0.4厘米（图二二七，3）。

Ⅰ H10

位于Ⅰ区西北部，开口于1层下，打破F1及H12。平面圆形，斜弧壁，圜底，坑口直径115、深35厘米（图二一九）。坑内填土为一次堆积，黑色，砂质，土质疏松，包含大量动物骨骼，种属有狗、马鹿、猪、鸟、蛙、鲤鱼、鲇鱼、鳖、中华圆田螺等。出土石锛1件，黑石管1件，铜钱21枚。从形制及出土物判断该灰坑为金代废弃物填埋坑。

1. 石器

石凿　1件。07SHⅠH10：1，灰绿色，磨制，平刃，长3.5、刃宽1.7厘米（图二二六，4）。

黑石管　1件。07SHⅠH10：23，石墨质地，磨制，圆柱形，中部钻孔，长0.2、直径0.35、孔径0.15厘米（图二二六，10）。

2. 铜钱　共21枚。

"开元通宝" 1枚。07SHⅠH10：2，八分篆隶书体，顺读，有内、外廓，直径2.5、孔边长0.7厘米（图二二八，1）。

"治平元宝" 1枚。07SHⅠH10：3，篆书，旋读，有内、外廓，直径2.3、孔边长0.55厘米（图二二八，2）。

"熙宁元宝" 2枚。07SHⅠH10：4，篆书，旋读，有内、外廓，直径3.4、孔边长0.7厘米（图二二八，3）；07SHⅠH10：9，楷书，旋读，有内、外廓，直径2.25、孔边长0.65厘米（图二二八，8）。

"嘉祐通宝" 1枚。07SHⅠH10：5，篆书，顺读，有内、外廓，直径2.5、孔边长0.7厘米（图二二八，4）。

"元丰通宝" 5枚。07SHⅠH10：8，篆书，旋读，有内、外廓，直径2.3、孔边长0.65厘米（图二二八，7）；07SHⅠH10：10，篆书，旋读，有内、外廓，直径2.4、孔边长0.65厘米（图二二八，9）；07SHⅠH10：14，篆书，旋读，有内、外廓直径2.3、孔边长0.65厘米（图二二八，13）；07SHⅠH10：15，行

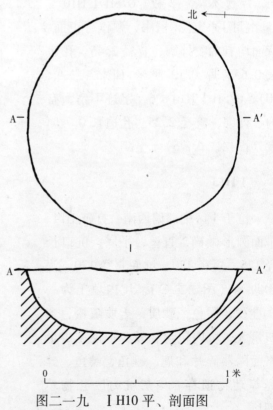

图二一九　Ⅰ H10平、剖面图

书,旋读,有内、外廓,直径2.3、孔边长0.6厘米（图二二八,14）;07SHⅠH10:20,篆书,旋读,有内、外廓,直径2.4、孔边0.6厘米（图二二八,19）。

"皇宋通宝"3枚。07SHⅠH10:7,楷书,顺读,有内、外廓,直径2.4、孔边长0.7厘米（图二二八,6）;07SHⅠH10:12,楷书,顺读,有内、外廓,直径2.4、孔边长0.65厘米（图二二八,11）;07SHⅠH10:21,楷书,顺读,有内、外廓,直径2.3、孔边0.6厘米（图二二八,20）。

"大定通宝"1枚。07SHⅠH10:13,楷书,顺读,有内、外廓,直径2.4、孔边长0.6厘米（图二二八,12）。

"政和通宝"1枚。07SHⅠH10:16,隶书,顺读,有内、外廓,直径2.45、孔边长0.6厘米（图二二八,15）。

"淳化元宝"1枚。07SHⅠH10:17,行书,旋读,有内、外廓,直径2.5、孔边长0.6厘米（图二二八,16）。

"圣宋元宝"2枚。07SHⅠH10:18,行书,旋读,有内、外廓,直径2.4、孔边长0.55厘米（图二二八,17）;07SHⅠH10:19,楷书,旋读,有内、外廓,直径2.3、孔边长0.65厘米（图二二八,18）。

"元祐通宝"1枚。07SHⅠH10:22,篆书,旋读,有内、外廓,直径2.35、孔边长0.65厘米（图二二八,21）。

字迹不清 2枚。07SHⅠH10:11"□□通宝",楷书,顺读,正面、背面均有内、外廓,直径2.45、孔边长0.65、厚0.12厘米（图二二八,10）;07SHⅠH10:6,字迹不清,有内、外廓,直径2.25、孔边长0.7厘米（图二二八,5）。

ⅠH13

位于Ⅰ区中部偏西南,打破H14。平面圆形微椭,直壁,平底,坑口长径125、短径120、坑底直径120、深30厘米（图二二〇）。坑内填土为一次堆积,黑色,砂质,土质疏松,含灰量大,坑内包含物较少,仅见少量素面陶器碎片和鹿、鲤鱼、鲶鱼、蚌壳等动物遗存。该灰坑为废弃物填埋坑。

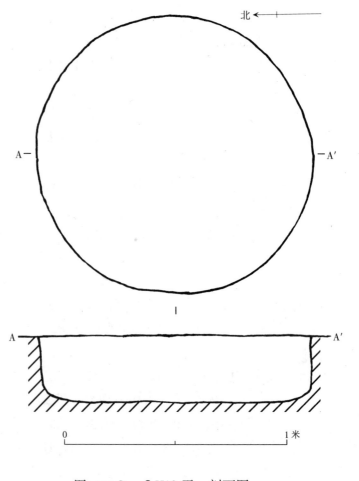

图二二〇 ⅠH13平、剖面图

（二）Ⅱ区灰坑

Ⅱ H1

位于Ⅱ区西南部。开口于1层下。平面圆角长方形，斜直壁，近平底，坑口长145、宽118、坑底长120、宽98、深40厘米，方向50°（图二二一）。坑内填土为一次堆积，土色灰白，土质松软，夹杂少量木炭。坑内出土1具狗骨架，以及猪下颌骨、尺骨，牛臼齿及掌骨等动物骨骼（图版五八，1）。另出土有黑釉大瓮口沿、白釉支圈垫烧瓷碗底、泥质灰陶片、夹砂红褐陶片、勾纹砖及红烧土块等。出土两枚完整的铜钱，以及铜泡饰、铁刀各1件。

陶范 1件。07SHⅡH1：5，砂质红褐色，利用废旧绳纹砖断面制成的凹槽状范，中部有一圆孔，残长8、厚5.5厘米（图二二六，2）。

铜泡 1枚。07SHⅡH1：4，范铸，圆形，正面外凸，背面内凹，有桥形钮，直径1.4厘米（图

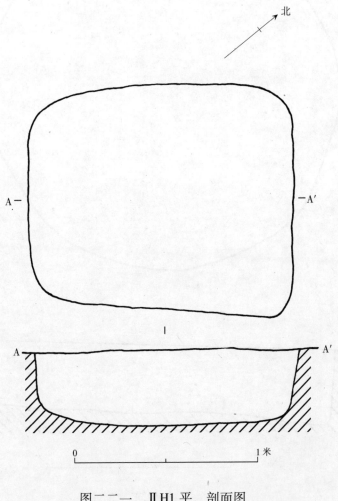

图二二一 Ⅱ H1 平、剖面图

二二六，9）。

铜钱 2枚。07SHⅡH1：1，"祥符元宝"，楷书，旋读，背面有廓，直径2.5、孔边长0.5、厚0.1厘米（图二二八，23）；07SHⅡH1：2，"元祐通宝"，行书，旋读，背面无廓，直径2.9、孔边长0.7、厚0.15厘米（图二二八，22）。

铁刀 1件。07SHⅡH1：3，刀锋残，直背，直刃，柄端向后渐窄，长15.5、最宽处1.7厘米（图二二六，1；图版六〇，5）。

ⅡH2

位于Ⅱ区南部，开口于1层下，打破M7东部。平面近圆形，直壁，平底，坑口长径196、短径180、深40厘米（图二二二；图版五八，2）。坑内填土为一次堆积，黑色，砂质，颗粒较细，土质

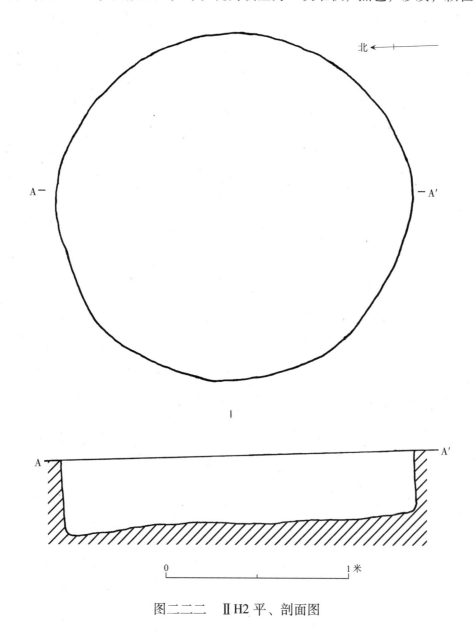

图二二二 ⅡH2平、剖面图

疏松。包含少量素面夹砂红褐陶片、篦齿纹泥质灰陶片及一块不规则形石块。

刻划网格纹陶片　2件。07SHⅡH2 标：1，夹砂红褐陶，手制，器表磨光，饰带状刻划网格纹，胎厚 0.5 厘米（图二二七，1）；07SHⅡH2 标：2，夹砂红褐陶，手制，胎厚 0.5 厘米（图二二七，2）。

弦纹陶罐口沿　1件。07SHⅡH2 标：3，夹砂红褐陶，手制，圆唇，直口，器表饰横向平行弦纹，残高 2.5、胎厚 0.6 厘米（图二二七，4）。

戳点纹陶罐口沿　1件。07SHⅡH2 标：4，夹砂红褐陶，手制，外叠唇，叠唇处饰斜向戳点纹，残高 2.2、胎厚 0.6 厘米（图二二七，5）。

篦齿纹陶片　1件。07SHⅡH2 标：5，泥质灰陶，轮制，为大型陶器腹片，饰多排细密篦齿纹，胎厚 0.4 厘米（图二二七，6）。

Ⅱ H4

位于Ⅱ区中部偏南，开口于 1 层下，打破 M9。平面近圆形，斜直壁，平底，坑口长径 100、短径 92、坑底长径 85、短径 80、深 82 厘米（图二二三）。坑内填土为一次堆积，黑色，砂质。坑内包含少量素面夹砂红褐陶片，出土狗下颌及牛（？）肢骨。

Ⅱ H5

位于Ⅱ区中部偏西，开口于 2 层下，南侧被 G1 打破。坑口为不规则椭圆形，坑壁形制不规则，坑底不平，坑口长径 235、短径 118、坑底长径 200、短径 100、深 50 厘米（图二二四）。坑内填土为一次堆积，黑褐色，土质松软。出土少量马牙和动物残骨，以及辽代青砖，泥质褐陶片等。

Ⅱ H7

位于Ⅱ区中部偏北，开口于 1 层下。平面呈不规则椭圆形，斜弧壁，圜底，坑口长径 320、短径 230、深 50 厘米，方向 20°（图二二五）。坑内填土为一次堆积，土色灰黑，土质较软，坑内近底部堆积大量蚌壳及动物骨骼，可辨识的有猪门齿、肩胛骨及下颌骨，马趾骨及跗骨，牛股骨及椎骨，羊肩胛骨，兔髋骨等（图版五九，1）。填土中包含部分泥质灰陶、红褐陶片及夹砂红褐陶片，多为素面，少量带有篦齿纹等纹饰，器形有底、口沿等。

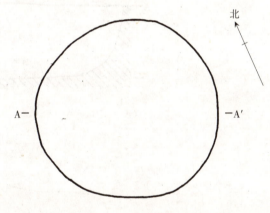

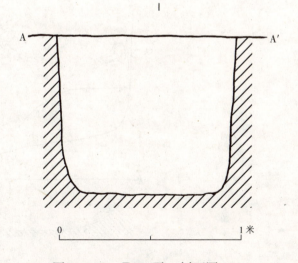

图二二三　Ⅱ H4 平、剖面图

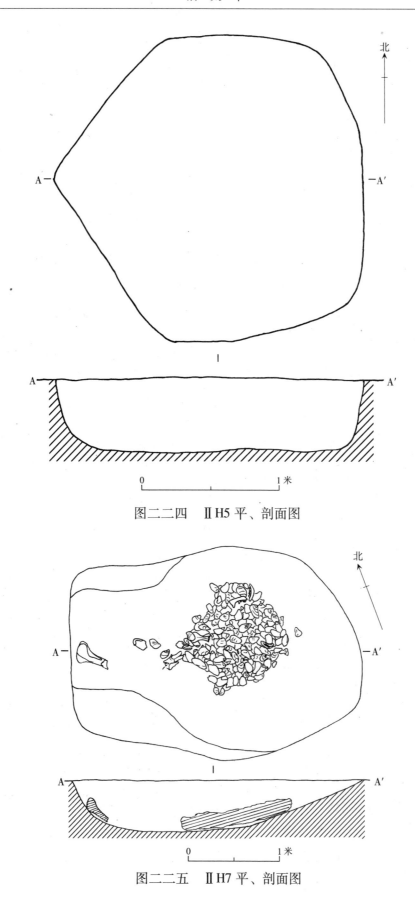

北

A—　　　　—A'

图二二四　ⅡH5 平、剖面图

北

A—　　　　—A'

图二二五　ⅡH7 平、剖面图

　　陶器底　1件。07SHⅡH7 标：1，夹砂红褐陶，手制，平底，器底加厚，素面，底径8、残高2厘米（图二二六，8）。

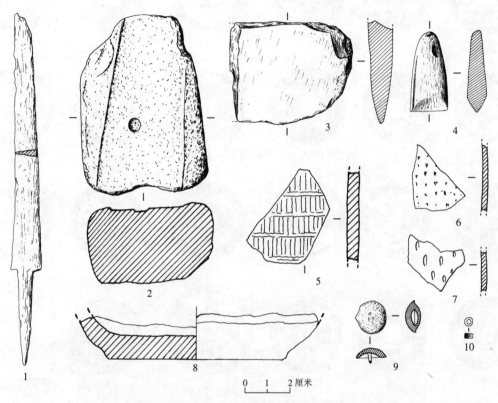

图二二六　辽金灰坑、灰沟出土遗物

1. 铁刀（07SHⅡH1：3）　2. 陶范（07SHⅡH1：5）　3. 石刀（07SHⅡG1：1）　4. 石凿（07SHⅠH10：1）　5. 篦齿纹陶片（07SHⅡH7 标：2）　6. 方格纹陶片（07SHⅠH4 标：2）　7. 戳点纹陶片（07SHⅠH4 标：3）　8. 陶器底（07SHⅡH7标：1）　9. 铜泡（07SHⅡH1：4）　10. 黑石管（07SHⅠH10：23）

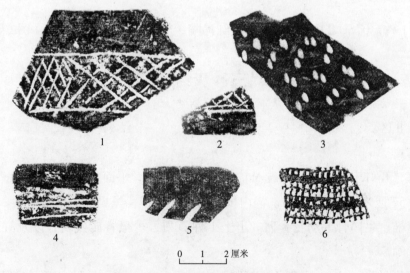

图二二七　辽金灰坑出土陶片拓片

1. 07SHⅡH2 标：1　2. 07SHⅡH2 标：2　3. 07SHⅠH4 标：1　4. 07SHⅡH2 标：3　5. 07SHⅡH2 标：4　6. 07SHⅡH2 标：5

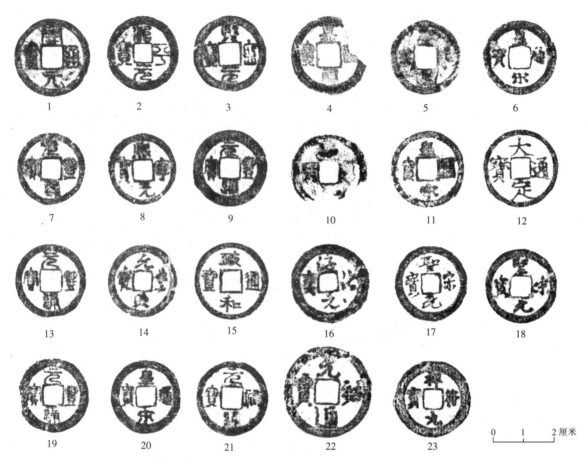

图二二八　辽金灰坑出土铜钱拓片

1.07SHⅠH10∶2　2.07SHⅠH10∶3　3.07SHⅠH10∶4　4.07SHⅠH10∶5　5.07SHⅠH10∶6　6.07SHⅠH10∶7　7.07SHⅠH10∶8　8.07SHⅠH10∶9　9.07SHⅠH10∶10　10.07SHⅠH10∶11　11.07SHⅠH10∶12　12.07SHⅠH10∶13　13.07SHⅠH10∶14　14.07SHⅠH10∶15　15.07SHⅠH10∶16　16.07SHⅠH10∶17　17.07SHⅠH10∶18　18.07SHⅠH10∶19　19.07SHⅠH10∶20　20.07SHⅠH10∶21　21.07SHⅠH10∶22　22.07SHⅠH1∶2　23.07SHⅡH1∶1

篦齿纹陶片　1件。07SHⅡH7 标∶2，泥质红褐陶，轮制，胎厚0.6厘米（图二二六，5）。

三　灰沟

仅1条，位于Ⅱ区。

ⅡG1

位于Ⅱ区西部，开口于1层下，打破 M6、H5，方向55°。平面呈条带状，斜壁，弧底，发掘长度480、宽70、深57厘米（图二二九）。沟内填土为一次堆积，黑褐色，土质松软。沟内包含大量蚌壳及猪颌骨、狗枢椎、牛髋骨等动物骨骼。出土1件石刀，少量青砖残块，以及缸胎黑釉双系罐残片、白釉泛黄瓷片等。

石刀　1件。07SHⅡG1∶1，青灰色，打制而成，楔形，直背，弧刃，表面略经打磨，刃端有打击痕，残长5.2、残宽4.4、刀背厚1.1厘米（图二二六，3）。

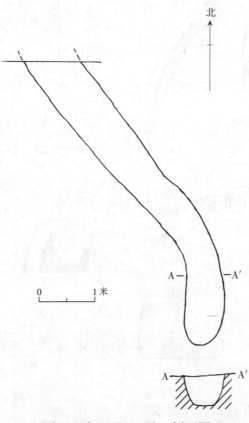

图二二九 Ⅱ G1 平、剖面图

四 地层出土遗物

由于Ⅰ区无与该时期对应的地层，此处所述之地层出土遗物均为Ⅱ区相应地层出土。

1. 石器

研磨器 2件，均用用河卵石磨制而成，黄褐色，形制不规则。07SHⅡT29②：2，有一较光滑的平面，高7.6厘米（图二三〇，11）；07SHⅡT29②：3，有两个平行的光滑平面，高4.8厘米（图二三〇，12）。

2. 陶器

陶器口沿 2件。07SHⅡT22②标：2，夹砂红陶，手制，外叠唇，口沿下部有舌形錾耳，胎厚0.6厘米（图二三〇，4）；07SHⅡT29②标：1，泥质灰陶，轮制，卷沿圆唇，敛口，圆肩，肩部压划弦纹带与垂帐纹，残高11.2、胎厚0.75厘米（图二三〇，1；图二三一，1）。

陶器耳 2件。07SHⅡT13②标：1，砂质红褐陶，手制，横錾耳，耳长2、宽6、厚1厘米（图二三〇，6）；07SHⅡT13②标：2，砂质灰褐陶，手制，横錾耳，耳长4.4、宽4.1、厚2.5厘米（图二三〇，2）。

陶器底 2件。07SHⅡT25②标：1，泥质灰陶，轮制，平底，器表饰细方格纹，底厚0.6、残高

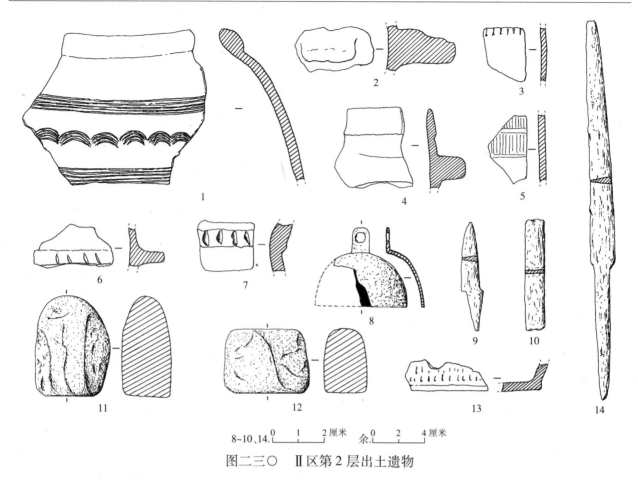

8~10、14. 0　1　2厘米　余. 0　2　4厘米

图二三〇　Ⅱ区第2层出土遗物

1、4. 陶器口沿（07SHⅡT29②标：1，07SHⅡT22②标：2）　2、6. 陶器耳（07SHⅡT13②标：2，07SHⅡT13②标：1）　3、5、7. 纹饰陶片（07SHⅡT23②标：1，07SHⅡT25②标：3，07SHⅡT22②标：1）　8. 铜铃（07SHⅡT29②：1）　9、14. 铁刀（07SHⅡT19②：2，07SHⅡT19②：1）　10. 铁片（07SHⅡT19②：3）　11、12. 石研磨器（07SHⅡT29②：2，07SHⅡT29②：3）　13. 陶器底（07SHⅡT25②标：1）

2厘米（图二三〇，13；图二三一，3）；07SHⅡT25②标：2，泥质灰陶，轮制，平底，器表接近底部饰篦齿纹，残高2.2厘米（图二三一，2）。

　　饰纹陶片　4件。07SHⅡT13②标：3，夹砂红褐陶，手制，器表饰成排的指甲纹，胎厚0.5厘米（图二三一，4）；07SHⅡT22②标：1，砂质红褐陶，手制，器表饰一道横向附加堆纹，胎厚0.8厘米（图二三〇，7；图二三一，5）；07SHⅡT25②标：3，泥质红褐陶，轮制，器表饰竖向成排的篦齿纹，胎厚0.55厘米（图二三〇，5）；07SHⅡT23②标：1，泥质灰陶，轮制，器表饰篦齿纹，胎厚0.4厘米（图二三〇，3）。

　　3. 青铜器

　　铜铃　1件。07SHⅡT29②：1，范铸，半球形，中空，顶端有钮，钮上部有圆形穿孔，直径3.5、通高3、钮高1厘米（图二三〇，8；图版六〇，1）。

　　4. 铁器

　　铁刀　2件。07SHⅡT19②：1，刀锋微残，直背，直刃，柄部向下渐窄，残长14.5、刃部长8.8、背厚0.3厘米（图二三〇，14；图版六〇，7）；07SHⅡT19②：2，范铸，直背，弧刃，柄部向

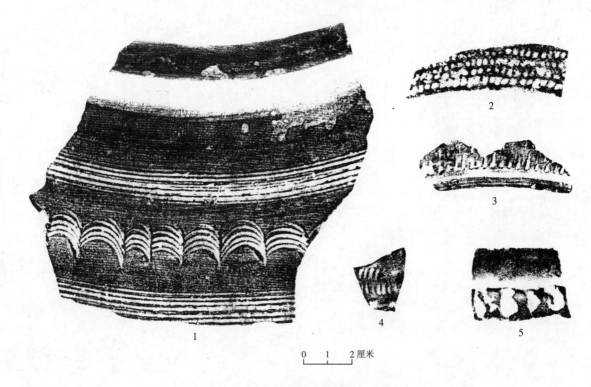

图二三一　Ⅱ区第2层出土陶片拓片

1. 07SHⅡT29②标：1　2. 07SHⅡT25②标：2　3. 07SHⅡT25②标：1　4. 07SHⅡT13②标：3　5. 07SHⅡT22②标：1

下渐窄，呈三角形，残长4.1、最宽处0.8、厚0.25厘米（图二三〇，9）。

铁片　1件。07SHⅡT19②：3，范铸，长方形，片状，两端均残，残长4、宽0.75、厚0.2厘米（图二三〇，10）。

5. 动物骨骼

该层出土动物遗存主要为牛、马、狗等的骨骼和牙齿，可辨识的有牛臼齿、前臼齿，马臼齿、前臼齿，狗趾骨等。出土于T7、T10、T13、T15、T19、T29之中。

第四节　其他出土遗物

在两处发掘区第1层中均出土较多遗物，主要为陶器残片，青铜制品、铁器以及少量石器、骨角器和动物骨骼，时代早晚不等。

一　Ⅰ区表土层出土遗物

1. 石器

砺石　1件。07SHⅠT0103①：3，磨制，形制不规则，残长11、厚3厘米（图二三二，1）。

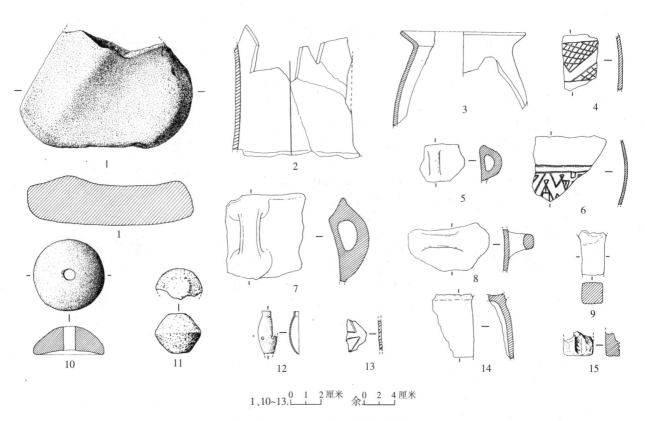

1、10~13. ⊢—⊣ 0　1　2厘米　　余 ⊢—⊣ 0　2　4厘米

图二三二　Ⅰ区第1层出土遗物

1. 砺石（07SHⅠT0103①：3）　　2. 陶壶颈部（07SHⅠT0403①标：1）　　3. 陶罐口沿（07SHⅠT0103①标：4）　　4. 刻划纹陶片（07SH
Ⅰ T0101①标：1）　　5、7、8. 陶器耳（07SHⅠT0303①标：1，07SHⅠT0103①标：3，07SHⅠT0103①标：5）　　6. 篦点纹陶片（07SHⅠ
T0103①标：1）　　9. 鼎足（07SHⅠT0401①标：1）　　10、11. 陶纺轮（07SHⅠT0401①：1，07SHⅠT0102 扩①标：2）　　12. 鸣镝
（07SHⅠT0301①：1）　　13. 刻纹骨片（07SHⅠT0102 扩①标：1）　　14. 圈足豆座（07SHⅠT0303①标：2）　　15. 陶范（07SHⅠT0202①
标：1）

2. 陶器

陶罐口沿　2件。07SHⅠT0103①标：4，夹蚌灰褐陶，手制，器表有烟熏痕，方唇，侈口，溜肩，鼓腹，口径15.8、残高12厘米（图二三二，3）；07SHⅠT0402①标：1，夹砂黄褐陶，手制，外叠唇，唇外侧饰一排斜向戳点纹，残高4.2、胎厚0.5厘米（图二三三，1）。

陶壶颈部　1件。07SHⅠT0403①标：1，夹砂红褐陶，手制，直径15、残高16.4厘米（图二三二，2）。

陶器耳　3件。07SHⅠT0103①标：3，砂质红褐陶，手制，竖桥耳，位于陶器肩与颈部的连接处，耳宽2.4厘米（图二三二，7）；07SHⅠT0303①标：1，砂质黄褐陶，手制，竖桥耳，位于陶器口沿下部，耳宽1.3厘米（图二三二，5）；07SHⅠT0103①标：5，夹砂红褐陶，手制，横桥耳，耳宽1.6厘米（图二三二，8）。

圈足豆座　1件。07SHⅠT0303①标：2，夹砂红褐陶，手制，底径7.2、残高7.8厘米（图二三二，14）。

鼎足　1件。07SHⅠT0401①标：1，夹砂黄褐陶，手制，方柱状，器表磨光，宽2.7、残高5.6

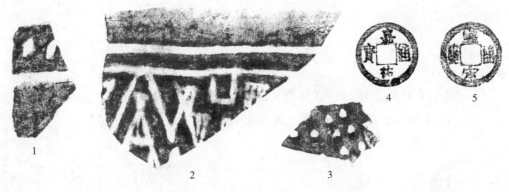

图二三三　　Ⅰ区第1层出土遗物拓片

1. 陶罐口沿（07SHⅠT0402①标∶1）　　2、3. 饰纹陶片（07SHⅠT0103①标∶1，07SHⅠT0103①标∶2）　　4、5. 铜钱
（07SHⅠT0103①∶1，07SHⅠT0103①∶2）

厘米（图二三二，9）。

饰纹陶片　3件。07SHⅠT0101①标∶1，为陶壶颈部，砂质红褐陶，手制，外表面饰刻划网格纹，胎厚0.5厘米（图二三二，4）；07SHⅠT0103①标∶1，为陶器腹片，砂质黄褐陶，手制，慢轮修整，外表面饰压印篦点勾连纹，胎厚0.35厘米（图二三二，6；图二三三，2）；07SHⅠT0103①标∶2，轮制，泥质灰陶，器表磨光，饰圆形戳点纹，为大型陶器腹片，胎厚0.5厘米（图二三三，3）。

陶范　1件。07SHⅠT0202①标∶1，泥质黄褐陶，手制，长方形，正面有条状浇铸凹槽，残长3、宽3.6、厚1.8厘米（图二三二，15）。

陶纺轮　2件。07SHⅠT0401①∶1，夹砂红褐陶，手制，器表磨光，馒头形，正面外凸，背面内凹，中部有圆形穿孔，直径4.6、高1.7、孔径0.7厘米（图二三二，10）；07SHⅠT0102扩①标∶2，砂质黄褐陶，手制，算珠形，直径3、残高2.6厘米（图二三二，11）。

3. 骨器

鸣镝　1件。07SHⅠT0301①∶1，磨制而成，残半，细长灯笼形，直颈，鼓腹，腹内空腔，有圆形鸣孔，残长2.6、壁厚0.1、最大径1厘米（图二三二，12；图版五二，4）。

刻纹骨片　1件。07SHⅠT0102扩①标∶1，磨制，浅黄色，外表面刻划双线三角纹，残长2、残宽1.2厘米（图二三二，13）。

4. 铜钱

共2枚。07SHⅠT0103①∶1，"嘉祐通宝"，楷书，顺读，正面、背面均有内、外廓，直径2.4、孔边长0.75、厚0.12厘米（图二三三，4）；07SHⅠT0103①∶2，"皇宋通宝"，楷书，旋读，有内、外廓，直径2.4、孔边长0.75、厚0.12厘米（图二三三，5）。

5. 动物骨骼

表土层中所见动物遗存主要为骨骼和牙齿、角等。种属有牛、马、马鹿、狍子、猪、羊、狗、狐狸、貉、兔、鸟、蛙、草鱼、鲫鱼、鲤鱼、鲶鱼等，以头骨和肢骨数量为多。

二　Ⅱ区表土层出土遗物

1. 石器

石斧　1件。07SHⅡT14扩①：1，青灰色，磨制，平面大致呈长方形，器表磨光，边缘有斜磨痕，刃部残，残长13.4厘米、最宽处5、厚1.8厘米（图二三四，1）。

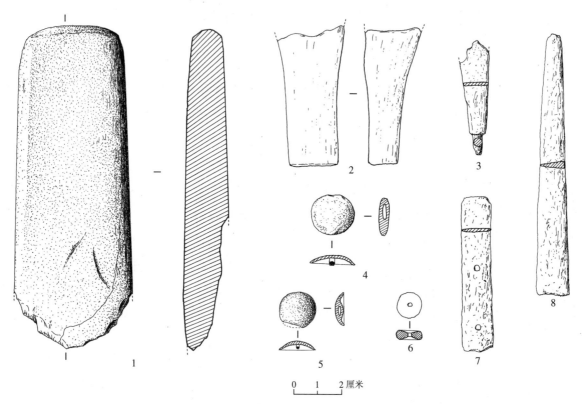

图二三四　Ⅱ区第1层出土石器、铜器、铁器

1. 石斧（07SHⅡT14扩①：1）　2. 砺石（07SHⅡT14①：1）　3. 铁镞（07SHⅡT24①：1）　4、5. 铜泡（07SHⅡT2①：1、07SHⅡT9①：1）　6. 玛瑙珠（07SHⅡT7①：1）　7. 片状铁器（07SHⅡT5①：2）　8. 铁刀（07SHⅡT5①：1）

砺石　1件。07SHⅡT14①：1，褐色，磨制，长方体，一端较宽，残长5.5、宽2~2.9、厚1.4~2厘米（图二三四，2）。

玛瑙珠　1枚。07SHⅡT7①：1，红色，磨制而成，圆形，外厚内薄，中部穿孔，直径1、孔径0.15、高0.4厘米（图二三四，6）。

2. 陶器

陶壶口沿　1件。07SHⅡT9①标：4，横錾耳，夹砂红褐陶，手制，器表磨光，耳长1.6、宽2.4、厚0.8厘米（图二三五，1）。

叠唇陶罐口沿　2件。07SHⅡT5①标：1，夹砂红褐陶，手制，外叠唇，唇外侧饰左斜向戳点，残高4.8、厚0.5厘米（图二三五，2；图二三六，1）；07SHⅡT15①标：2，夹砂红褐陶，手制，外叠唇，残高3.6、厚0.5厘米（图二三五，3）。

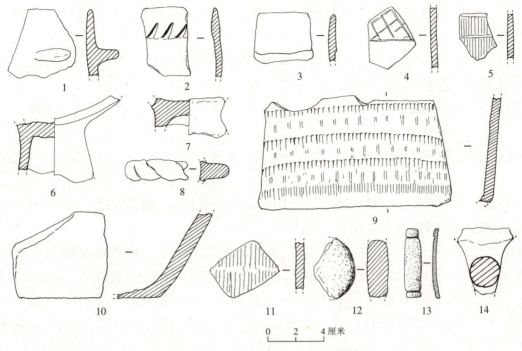

图二三五　Ⅱ区第1层出土陶器

1. 陶壶口沿（07SHⅡT9①标：4）　　2、3. 叠唇陶罐口沿（07SHⅡT5①标：1，07SHⅡT15①标：2）　　4、5、9、11. 饰纹陶片（07SHⅡT14①标：1，07SHⅡT19①标：3，07SHⅡT24①标：1，07SHⅡT8①标：2）　　6、7. 豆柄（07SHⅡT25①标：1，07SHⅡT15①标：1）　　8. 陶器耳（07SHⅡT26①标：1）　　10. 陶器底（07SHⅡT25①标：2）　　12. 陶纺轮（07SHⅡT22①标：1）　　13. 陶网坠（07SHⅡT9①：1）　　14. 陶器足（07SHⅡT9①标：2）

图二三六　Ⅱ区第1层出土遗物拓片

1. 叠唇陶罐口沿（07SHⅡT5①标：1）　　2、5、6. 刻划纹陶片（07SHⅡT8①标：1，07SHⅡT7①标：1，07SHⅡT27①标：1）　　3. 篦点纹陶片（07SHⅡT11①标：1）　　4. 篦齿纹陶片（07SHⅡT19①标：1）　　7、8. 铜钱（07SHⅡT5①：3，07SHⅡT25①：1）

陶器耳　1件。07SHⅡT26①标：1，夹砂红褐陶，手制，鸡冠耳，宽4.4、厚0.7厘米（图二三五，8）。

豆柄　2件。07SHⅡT15①标：1，夹砂红陶，手制，直径4.8、残高2.2厘米（图二三五，7）；07SHⅡT25①标：1，夹砂红陶，手制，直径6.7、残高6厘米（图二三五，6）。

陶器足　1件。07SHⅡT9①标：2，夹砂红褐陶，手制，圆锥状实足根，残高4.8厘米（图二三五，14）。

陶器底　3件。07SHⅡT25①标：2，砂质红褐陶，手制，平底，残高6、胎厚1厘米（图二三五，10）。

篦点纹陶片　1件。07SHⅡT11①标：1，砂质红褐陶，手制，为陶壶腹片，器表饰竖向成排的三角形压印篦点纹，胎厚0.4厘米（图二三六，3）。

刻划纹陶片　4件。07SHⅡT7①标：1，夹砂红褐陶，手制，器表饰交错刻划弦纹，胎厚0.35厘米（图二三六，5）；07SHⅡT14①标：1，砂质红褐陶，手制，器表饰刻划网格纹，胎厚0.4厘米（图二三五，4）；07SHⅡT8①标：1，夹砂红褐陶，手制，器表饰刻划网格纹，胎厚0.4厘米（图二三六，2）；07SHⅡT27①标：1，夹砂红褐陶，手制，器表饰刻划网格纹，胎厚0.4厘米（图二三六，6）。

篦齿纹陶片　5件。07SHⅡT8①标：2，泥质灰陶，轮制，器表饰竖向篦齿纹，胎厚0.6厘米（图二三五，11）；07SHⅡT24①标：1，泥质灰陶，轮制，器表饰成排竖向篦齿纹，胎厚0.6厘米（图二三五，9）；07SHⅡT9①标：3，泥质灰陶，轮制，器表饰竖向篦齿纹，胎厚0.5厘米（图二三五，5）；07SHⅡT9①标：1，泥质灰陶，轮制，器表饰竖向篦齿纹，胎厚0.5厘米（图二三六，4）。

陶网坠　1件。07SHⅡT9①：2，青灰色，条状，采用残破陶器腹片磨制而成，两端各有一条凹槽，长4.9、宽1.6厘米（图二三五，13；图版六〇，4）。

陶纺轮　1件。07SHⅡT22①标：1，夹砂红褐色，手制，圆饼形，直径4、高1.5厘米（图二三五，12）。

3. 青铜器

铜泡　2件，均为范铸，圆形，正面外凸，背面内凹，中部有桥形钮。07SHⅡT2①：1，直径1.7厘米（图二三四，4）；07SHⅡT9①：1，直径1.5厘米（图二三四，5）。

4. 铜钱

共2枚。07SHⅡT5①：3，"祥符元宝"，楷书，旋读，背面有内外廓，直径2.5、孔径0.5、厚0.12厘米（图二三六，7）；07SHⅡT25①：1，"嘉祐□□"，篆书，残半，旋读，背面无廓，直径2.4、孔径0.5、厚0.15厘米（图二三六，8）。

5. 铁器

铁刀　1件。07SHⅡT5①：1，范铸，黄褐色，直背，直刃，柄部残，残长11、最宽处1.4、背厚0.3厘米（图二三四，8）。

铁镞　1件。07SHⅡT24①：1，镞身扁平，尖部残，关部大致呈方形，铤部稍细，截面圆形，残长4.8、最宽处1.1、关宽0.75、铤截面直径0.5厘米（图二三四，3）。

片状铁器 1件。07SHⅡT5①∶2，范铸，黄褐色，长方形，呈片状，中部有两个圆孔；残长6.3、最宽处1.4、背厚0.2、孔径0.2、孔间距2.5厘米（图二三四，7）。

6. 动物骨骼

该层出土动物遗存主要为牛、马、猪等的骨骼，可辨识的有牛臼齿、下颌骨、距骨，马臼齿、肩胛骨，猪臼齿等以及其他一些因残损无法辨识的碎骨。出土于T4、T7、T16、T24、T25之中。

第五章　后太平遗址青铜时代遗存相关问题探讨

第一节　文化因素分析

　　青铜时代遗存是后太平遗址的主体文化遗存，在后太平遗址两处地点均占据主体地位。通过两个区域即居住区和墓葬区的发掘所获材料可知，后太平遗址青铜时代遗存是具有多种考古学文化因素的遗存。此外，在Ⅱ区即墓葬区的发掘中，还发现上下叠压的两层青铜时代文化层，分别开口于其下的遗迹单位具有截然不同的性质和时代特征迥异的遗物，可知时代上存在明显的早晚区别。

　　后太平遗址最具文化特征的是陶器。陶器多为红褐色，手制，有饰压印篦点纹、刻划网格纹等的纹饰陶器，亦有大量素面陶器，质地上有砂质陶和夹砂陶两种，上述特征反映出它是一个包含多种考古学文化因素的遗存。根据器形特征可将这些陶器分为如下五组陶器群。

　　A组：砂质红褐陶，器形较小，多数器表饰压印篦点纹，少量饰戳点纹或素面，纹饰题材以几何纹为主，常见三角纹、带状纹、之字雷纹、网格纹及抽象动物纹等，器表打磨光滑。器类有壶、筒形罐、钵、单耳杯、鬲等。壶大都口部较大，短弧颈，平底，器身常见小型盲耳，器体最大腹径以上施纹；筒形罐口微敛，直腹，腹部有盲耳，大平底，通体施纹；钵均为小平底，最大径以上施纹；单耳杯有两种形制，一种为直口、直腹、中腹部有盲耳，底径与口径大致相等，通体施文，形似缩小版的筒形罐，一种为敛口、鼓腹，底径小于口径，腹与耳间连接一环耳，素面；鬲仅见于第一地点，为直口、直腹、袋足。该类陶器在Ⅰ区的青铜时代房址、灰沟中有所发现，在Ⅱ区墓葬中有大量出土。

　　B组：夹砂红褐陶，器形均较大，素面。器类单一，仅见壶，直口，短颈，颈部较粗，台底，颈部与腹部分制套接而成，最大腹径处多带有一对横桥耳。该类陶器在Ⅱ区墓葬中有少量出土，Ⅰ区的青铜时代灰沟中见有形似的局部残片。

　　C组：夹砂红褐陶，器形多较A组大，较B组小，均素面，部分器表施红陶衣。器类以壶为主，另有豆、罐、钵等。多数陶壶为束颈，颈部较细长，腹部圆鼓或扁圆，器底加厚呈台底，颈部与腹部分制套接而成，口沿内侧常见抹斜，腹部偶见二至四个盲耳，个别为竖桥耳，另有少量形态各异的直口、口径较大的陶壶；豆均为残器，敞口，浅盘，圈足豆座；罐数量较少，形态各异，有的形体较大，领部有双耳，有的形体稍小，腹部多带有盲耳；钵为敞口，斜弧浅腹，器底加厚呈台底状。该类陶器在Ⅱ区墓葬中有大量出土，Ⅰ区的青铜时代房址和灰沟中亦较为多见，但大多为残片。

　　D组：夹砂红褐陶，器形亦相对较大，器表最大腹径以上饰刻划纹饰，纹饰题材以之字雷纹、三角纹为主。器类有壶、壶形鼎、钵等。壶有两件，一件为带流壶，器体较大，小口，扁圆腹，台底，一件为直口长颈、颈下端"系领带"，平底；壶形鼎形制与"系领带"陶壶形似，只是多出三足；钵为敛口、深腹、小平底。该类陶器在Ⅱ区墓葬中有较多出土，Ⅰ区的部分青铜时代遗迹单位中亦见有较多此类器物的残片。

E组：砂质灰褐陶，器形较大，多数器表施稀疏的细绳纹。该类陶器器类单一，仅见陶壶，多为直口、直颈，颈部饰横向鸡冠耳，小平底。该类陶器仅见于Ⅱ区地层第4层下开口的H8、H9，以及个别开口于3层下的墓葬填土之中，以残片为主，完整器很少，Ⅰ区未见该类陶器。

上述五组陶器中，C组和D组是目前在其他地区少见或不见的器形。C组陶器中以陶壶最具特色，该类陶壶与A、B组陶壶具有明显不同的特征，可称其为后太平式陶器。D组陶器因器类特殊，且数量单一，没有明显的文化倾向，可将其归入后太平式陶器范畴之内。

（一）高台山文化因素

后太平遗址出土的E组陶器与辽宁省新民高台山遗址出土的鸡冠耳陶壶形制一致，应为典型的高台山文化[①]遗存。

由于该类遗存在后太平遗址并未大量发现，而仅是在数量较少的几处遗迹单位中有所出土，数量和器类均较为匮乏，且未发现较能说明问题的遗迹现象，因而，对该文化因素在后太平遗址中所处地位并不太明确。但该文化因素在后太平遗址中时代上具有唯一性，即目前尚未在后太平遗址中发现与之同期的其他文化因素。

（二）白金宝文化因素

后太平遗址出土的A组陶器，为典型的白金宝文化[②]遗存。

该类陶器的形态大多与出土于黑龙江西部肇源地区的白金宝文化器物相同，施纹特征更是如出一辙。这类陶器在后太平遗址第一地点和第二地点中均有出土，两地点出土器物类型大体一致。纹饰上，以各种形态的压印篦点纹为主，部分为戳点纹，纹饰题材以折线几何纹、网格纹、三角纹、抽象动物纹为主，除筒形罐通体施纹外，其他器类纹饰均施于器物最大腹径以上。

后太平遗址的墓葬均为土坑墓，未用任何葬具，这与邻近的辽东地区同时期墓葬盛行使用石棺椁葬具的情况差异较大，却与远在嫩江流域的青铜时代至早期铁器时代墓葬情况一致，虽不能排除受当地石材匮乏的客观条件制约造成，但二次葬和多人合葬的盛行，与白金宝文化、汉书文化等的墓地情况极为相似，不可否认与白金宝文化因素的影响有一定关系。

房址为长方形半地穴式，虽与白金宝文化房址不尽相同，但出土的陶器中有相当一部分为典型的白金宝文化器物，可见其与白金宝文化具有较为密切的关系。

---

① 沈阳市文物管理办公室：《沈阳新民县高台山遗址》，《考古》1982年2期。
② 黑龙江文物考古工作队：《黑龙江肇源白金宝遗址第一次发掘》，《考古》1980年4期。

（三）双房文化因素

后太平遗址出土的 B 组陶器均为墓葬随葬品。该类陶器形态上与西丰诚信村①、消防队②等多见于辽东地区的石棺墓中的弦纹壶极为相似，在东辽县泉太镇黎明村钓鱼台遗址也出土同类器物③。弦纹壶因壶体常饰有各种形制的弦纹而得名，也有部分是素面，亦具有束颈，颈部短小似钵，腹部扁圆，最大腹径处有 2~4 个横耳或竖耳等特征，该类型陶器已被划入双房文化④范畴，其分布范围为辽东地区。后太平遗址 B 组陶器虽为素面，形制不完全等同于弦纹壶，但这种来自辽东地区的文化因素显而易见。

此类器物仅出土 4 件，且器类比较少，仅见壶这一类器形，可见，该文化对后太平遗址的影响比较单一。

（四）后太平式陶器文化因素

后太平遗址出土的 C 组陶器是目前在其他地区少见或不见的器形，器体大小大多介于 A、B 二组陶器之间，均素面，器物的典型特征不同于前述二组。尤以陶壶最具特色，如长颈素面壶，该类陶壶在辽东地区曾出土过，相同器形见于马城子洞穴墓⑤、沈阳郑家洼子墓地⑥以及辽源龙首山南大庙石棺墓⑦，虽在朝阳吴家杖子墓地⑧也有类似器物出土，但仍可看出，该类器物的主要分布区在东辽河下游和下辽河北部地区。而上述地区出土的该类陶器数量极少，且时代跨度很大又缺乏连贯性，并未形成一定的规模或有序的发展态势，如马城子洞穴墓出土的此类陶壶时代约相当于晚商时期，郑家洼子、吴家杖子等墓地时代则晚至战国。在后太平遗址，该类器物却有大量出土。此外，通过对东辽河下游右岸的考古调查和相关遗址的试掘情况亦可证明，这类素面束颈陶壶在东辽河下游右岸的多处青铜时代遗址内均有出现，应当可确定该地区为这类陶壶的主要分布区，可视为本地文化因素的典型代表。而在北部处于松辽平原腹地的吉林省乾安县出土该类型陶壶⑨，可见此种文化因素已向北有所发展。

后太平遗址出土的 C 组、D 组陶器，即后太平式陶器当中以素面陶器为主，包含部分饰纹陶器，但不见压印篦点纹饰，取而代之的施纹方式为刻划纹，另有少许形态不甚规整，手工粗糙，形制不成体系的素面陶器。该组陶器中的刻划纹带流壶，当是后太平特有的文化因素，该类纹饰的陶器以

---

① 许超、张大为：《西丰县振兴镇诚信村石棺墓 2006 年清理简报》，《东北史地》2010 年 4 期。
② 辽宁省西丰县文物管理所：《辽宁西丰县新发现的几座石棺墓》，《考古》1995 年 2 期。
③ 见于辽源市博物馆陈列厅内。
④ 赵宾福：《中国东北地区夏至战国时期的考古学文化研究》，科学出版社，2009 年。
⑤ 辽宁省文物考古研究所等：《马城子——太子河上游洞穴墓遗存》，文物出版社，1994 年。
⑥ 沈阳故宫博物馆、沈阳市文物管理办公室：《沈阳郑家洼子的两座青铜时代墓葬》，《考古学报》1975 年 1 期。
⑦ 唐洪源：《辽源龙首山再次考古调查与清理》，《博物馆研究》2000 年 2 期。
⑧ 田立坤、万欣、杜守昌：《朝阳吴家杖子墓地发掘简报》，《辽宁考古文集（二）》，科学出版社，2010 年。
⑨ 吉林省文物工作队：《吉林乾安县大布苏泡东岸遗址调查简报》，《考古》1984 年 5 期。

往在对大布苏泡东岸遗址调查中于后入字井遗址有所发现①，但因数量单一，且无地层依据和共存遗物关系，文化属性并不明确；刻划纹陶壶及壶形鼎，器形与白金宝文化的典型陶壶有些许形似，但夹粗砂的胎质和颈与腹分制套接的制作手法均与白金宝文化有差异。其表面刻划纹装饰的风格及纹饰题材亦为本地的独特形态，此外，该组陶器中还出现了喇叭口高圈足豆这一新的器形。

C 组和 D 组陶器在出土数量上占据重要优势，可将以它们为代表的陶器群视作东辽河下游地区一种新发现的、较为独特的文化因素。

（五）文化属性探讨

综上可知，后太平遗址出土的陶器以 C 组和 D 组最具特征，出土数量亦占绝对优势，可视为本土文化因素的表征，以它们为代表的陶器群在东辽河下游一带有广泛分布。与之共出的具有白金宝文化因素和双房文化因素的器物说明该地区与南、北同时期考古学文化均存在交流和相互影响作用，尤其北部的白金宝文化对其影响颇深，这大大丰富了这一地区考古学文化的内涵，也形成了不同于周边任何一种考古学文化的新的文化类型。由于目前对东辽河下游地区青铜时代遗存的具体情况了解尚浅，对后太平墓地管中窥豹式的发掘也仅能对此文化类型做一初步的认识，无法确知其总体情况，故可暂称之为"后太平类型"。就目前掌握的材料来看，后太平类型遗存陶器以素面为代表，尤以长颈壶最具特色，掺杂有白金宝文化篦点纹陶器因素和双房文化素面壶因素，持有该类陶器的人群以竖穴土坑墓作为死后的安身之所，并喜好将生前所用之实用器具随葬于墓中。

第二节　年代学认识

由于以往在东辽河下游地区工作较少，对这一地区各时期尤其青铜时代考古学文化认识不够，因而，对于后太平遗址年代的确定没有当时当地可比对的材料，只能参照遗址中所见其他地区已确认年代的文化因素、碳十四测年结果予以探讨。

前文已述，后太平遗址包含来自北部嫩江流域的白金宝文化因素和来自南部下辽河流域的双房文化因素，并有一套代表自身文化的东西，这套自身的东西反过来在下辽河流域又有些许传播。此外，在后太平遗址青铜时代遗存中还存在遗存时代特征迥异的情况。因此，我们可从这几种不同文化因素入手，进行年代分析和分期。

（一）年代分析

1. 高台山文化

高台山文化因沈阳新民高台山遗址的发掘而得名，主要分布在秀水河及下辽河主河道以西地区，时

---

① 吉林省文物工作队：《吉林乾安县大布苏泡东岸遗址调查简报》，《考古》1984 年 5 期。

代相当于夏代中晚期至晚商。后太平遗址Ⅱ区 H8 出土的鸡冠耳陶壶与沈阳新民县腰高台山①、东高台山②出土的颈部饰对称的横向鸡冠耳陶罐风格趋同，为典型的高台山文化晚期遗存，结合炭十四测年结果，可明确后太平遗址以 H8、H9 出土的鸡冠耳陶壶为代表的青铜时代遗存时代大致处于晚商时期。

2. 白金宝文化

目前学术界对白金宝文化时代的界定大致是相当于中原地区的西周～春秋时期，时间跨度大约五六百年。对白金宝文化的分期目前学术界虽尚无定论，存在三期说和四期说，但不同的分期结果界限却大同小异。参照白金宝文化各期陶器形制，可发现，后太平遗址Ⅰ区房址及Ⅱ区墓葬中出土的具有白金宝文化因素的陶器形制大多与白金宝文化中期陶器形制相同或相似，可见，白金宝文化中期，即西周中晚期的文化对后太平遗址影响较大。由此推断，后太平遗址以房址和墓葬为代表的青铜时代遗存时代不早于西周中期，因东辽河流域与嫩江流域距离上的问题，致使文化的传播和被普遍接受需要一定的时间，因此，其时代可能略晚于这个上限。

3. 双房文化

双房文化因辽宁新金双房遗址③的发掘而得名，目前学术界已将该文化分布范围北扩至下辽河流域北端的东西两岸，涵盖了以往在辽东北地区发现的多处以石棺墓为代表的青铜时代考古学文化类型④，本文所指"双房文化"为广义上的双房文化。双房文化时代与白金宝文化同，亦相当于中原地区的西周～战国时期，时间跨度长达八百年左右。对双房文化的分期，参照赵宾福先生的分期结果，可分为三期，对比各期出土陶器形制，可看出后太平遗址 C 组陶器中的几件有耳钵口壶形制与双房文化早期即西周时期弦纹壶特征相似，均为平折外敞口，平耳，弧鼓腹，腹较矮。这可证明该类型的钵口壶时代也大致处于西周时期。

4. 本土文化因素

后太平遗址本土文化因素的典型代表应为颈部细长的束颈陶壶。该类器物在后太平遗址大量集中出土，形态特征不同于周边已知考古学文化，当可认定为本地特有的一种文化现象。与之形态相近的陶壶在下辽河流域及东辽河上游南部地区的少量发现似为该文化因素南行而致。而目前已发现有类似器物的遗址时代多处于春秋晚期以后，器形较后太平遗址也有一定的变化。这也印证了后太平遗址青铜时代遗存下限应不晚于春秋时期。

（二）分期

通过上述文化因素的辨识和分析可知，后太平遗址青铜时代遗存至少存在截然不同的两期遗存。

1. 第一期遗存

第一期遗存为高台山文化遗存，以Ⅱ区第 4 层及开口于 4 层下的 H8、H9 为代表，出土陶器为砂

① 沈阳市文物管理办公室：《沈阳新民县高台山遗址》，《考古》1982 年 2 期。
② 沈阳市文物管理办公室：《新民东高台山第二次发掘》，《辽海文物学刊》1986 年 1 期。
③ 许明纲、许玉林：《辽宁新金县双房石盖石棺墓》，《考古》1983 年 4 期。
④ 赵宾福：《中国东北地区夏至战国时期的考古学文化研究》，科学出版社，2009 年。

质红褐陶壶，直口，直领，鼓肩，斜腹，小平底，领部饰横向鸡冠耳，器表饰斜向稀疏细绳纹，并经抹光处理。该期遗存的一组碳十四测年数据为 BP2705±35，树轮校正 1780BC～1520BC（94.4%），已进入高台山文化下限时段。

2. 第二期遗存

第二期遗存为后太平类型遗存，以Ⅱ区墓葬Ⅰ区 F2、H2、G7、G8 等遗迹单位为代表。以最具特征、出土数量亦占绝对优势的后太平式陶器为典型代表，与之共出的具有白金宝文化因素和双房文化因素的器物说明该地区与南、北同时期考古学文化均存在交流和相互影响作用，尤其北部的白金宝文化对其影响颇深，也使其成为不同于周边任何一种考古学文化的新的文化类型。后太平遗址的多组碳十四测年数据中，除一组数据偏早之外，其他数据均在 BP2955±50～2390±40 之间，树轮校正为 600BC～1000BC。该期遗存发现较多，分布范围也较大，是东辽河下游右岸的主体文化期。

综上所述，我们大致可将后太平遗址青铜时代遗存时代定为：第一期相当于中原地区晚商时期，以高台山文化为典型代表；第二期相当于中原地区西周晚期至春秋这一时段，下限不晚于春秋，以后太平类型为典型代表。

第三节 葬俗分析

后太平遗址的葬俗较为复杂。从埋葬人数来看，有单人葬和多人葬之分；从葬式上看，有一次葬和二次葬两种情况并存。

一次葬多为仰身直肢，多人埋于一墓的情况下往往将死者头向相反埋葬，一些葬式不明的多人合葬墓中出现的陶器分置于墓两端随葬的现象，可说明该墓在被扰动前应当也是将同处一墓的多位死者头向相反埋葬。二次葬的数量占绝大多数，表现形式也不尽相同。二次葬是古代埋葬习俗中常见的情况，其时代和地域跨度大，且表现形式多样。传统意义上的二次葬多指迁入葬，是一种很认真的埋葬方式，人骨相对集中，也有一定的摆放姿势[1]，在葬式方面，它们和一次葬者没有本质上的区别[2]。随着考古发掘工作的大量开展，学术界所获知的墓葬材料日渐丰富，葬式形态的多样化及各地葬俗地方性特征的差异也使得"二次葬"这一概念更加宽泛，可概指一切具有二次埋葬行为的葬式。本报告所用的"二次葬"概念为后者，即广义的二次葬。

后太平遗址中的墓葬，死者的埋葬情况大致包含以下几种。

---

[1] 陈洪海：《甘青地区史前文化中的二次扰乱葬辨析》，《考古》2006 年 1 期。
[2] 北京大学历史系考古教研室：《元君庙仰韶墓地》，文物出版社，1983 年。

（一） 一次葬

（1）单人一次葬——具有单人仰身直肢个体的墓葬。该类墓葬所葬个体性别、年龄均有较大差异，但有一共同之处，即墓口方向较为一致，是在后太平遗址中为数不多的西北—东南向，和大多数墓葬方向不同，且随葬品较少或没有随葬品。属于该种情况的墓葬有：M13、M30。

（2）多人一次葬——具有多个骨架完整的个体的墓葬。该类墓葬因个体叠压紧密，亦未发现其他多次下葬的痕迹，故将其归入一次葬范畴，视为同时死亡或短期内死亡后同时埋葬。所葬个体间性别、年龄亦有较大区别，骨架往往头向相反，层层叠擦，个体数量 2~5 个不等。属于该种情况的墓葬有：M14、M17、M27、M32。

（二） 二次葬

1. 迁葬，即将已埋葬的死者从原墓坑中挖出迁至其他墓坑内重新埋葬，可能是单独埋于新的墓坑内，也可能是与其他相同情况的死者共入一坑，抑或是埋入另外一座已具有一次葬个体的墓坑内。

（1）单人葬——尸骨被迁出原墓坑并被单独埋于新的墓坑内，未用任何葬具而直接倾入新的埋葬地点之中。该类墓葬中的骨骼均未经刻意地规整摆放，而是凌乱无序地堆铺于墓内，主要随葬品有的破碎，有的完整。属于该种情况的墓葬有：M7、M20、M31、M37。

（2）多人合葬——尸骨被迁出原墓坑并与其他相同情况的死者共入一坑，均未用任何葬具而直接倾入新的埋葬地点之中。该类墓葬中不同个体骨骼混杂凌乱，在墓坑内深度亦不尽相同，主要随葬品大多破碎并与人骨混杂在一起，部分完整陶器往往位于墓室端部。属于该种情况的墓葬有：M1、M5、M6、M12、M15、M18、M21、M22、M26、M28、M29、M33、M34、M35、M36。

2. 扰乱葬，即原坑再葬，指出于某种人为原因（盗墓、报复性或无意识性破坏等非葬俗行为除外）将已埋葬有死者的墓坑再次挖开、埋葬的行为。

（1）原坑扰乱——将已埋葬有死者的墓坑挖开，将尸骨原地扰乱后将墓坑再次填埋（即"二次扰乱葬"）。该类墓葬中个体头部和主要随葬品位置基本未变，其他部位大多移位。属于该种情况的墓葬有：M4、M24、M25。

（2）外来个体迁扰——将已埋葬有死者的墓坑再次挖开，迁入从其他墓坑中迁出的个体。该类墓葬中主要随葬品通常保存完好，且放置比较有规律。属于该种情况的墓葬有：M2、M9、M16。

3. "空"墓——尸骨大部分被迁出后的墓葬，也是二次葬造成的结果。该类墓葬并非真正意义上的空墓，而是残余少量人骨甚至完整陶器等重要的随葬品，出现这种情况可能是迁移时的疏忽使得少部分遗物滞留于原墓中，也可能是出于某种意义的特意行为所致。在后太平遗址的墓葬区，我们发现多数该类墓葬中存有肢骨等体积较大较不易被忽视的部位，且多数墓葬中出土完整的陶器，因而推测后者的可能性较大，应为故意留存部分被迁葬者的遗骨于原墓中以示纪念，并陪以重要随葬品。属于该种情况的墓葬有：M3、M8、M10、M11、M19、M23。

综上统计，后太平遗址 Ⅱ 区所发掘的 37 座墓葬中，一次葬墓葬 6 座，占总数的 16.2%，二次葬墓葬 31 座，占总数的 83.8%。由统计情况来看，在后太平遗址，二次葬是极为盛行的埋葬方式，死者大都须经历二次埋葬的洗礼。而这种二次埋葬以合葬的方式居多，一合葬墓内人骨个体有男有女，年龄跨度也常常比较大，推测是以家庭为单位的合葬，即同一家庭成员在死亡并分别埋葬若干时间，待筋肉腐烂后，将他们迁出原墓坑，共同埋入新的墓坑之内，或是该家庭有重要人物死亡，下葬时将与之同一宗室并已死亡的其他家庭成员迁至其墓中与之"团聚"，发掘区中为数不多的几座一次葬墓葬也多数是年龄不等的多人合葬的情况。仅有的两座单人一次葬墓口方向与其他大多数墓葬有所不同，或许由些许目前无法知晓的原因和特殊情况造成。特别之处在于，该遗址密集的墓葬中往往一次葬和二次葬混杂分布，排列无规律，说明死者的迁出墓葬与迁入墓葬处于同一墓区之内，没有区域上的划分，而一件陶器残部分别出土于两座墓葬之内的情况，应当是迁葬所形成，这也证明迁出墓葬与迁入墓葬地点相去不远，说明该墓地的使用相对随意，没有严格的家庭墓域划分。

第四节　经济形态与社会性质

对这一地区社会发展阶段的认识，主要基于墓葬方面的资料，并通过结合当时社会生产力发展水平及产业结构等方面的情况来进行。

后太平遗址的墓葬以多人合葬为主，其中多数为二次葬，墓葬规模不等，排列亦无明显秩序，埋葬人数也较为悬殊，发掘的 37 座墓葬中，伴出随葬品的墓葬共 36 座，随葬率为 97.3%，结合墓葬平面分布情况和埋葬人数、随葬品的种类及数量来看，并无明显的等级区别。二次葬和不同性别、不同年龄段的多人合葬现象，体现了当时以家族为单位合葬的丧葬习俗。

在该遗址发掘出土的动物遗存数量和种类都极为丰富，仅Ⅱ区墓葬出土动物骨骼的就有 24 座，占已发掘的墓葬总数的 64.9%，可见动物在当时人们的生活中扮演着十分重要甚至是必不可少的角色。马、鼬、兔、狐等典型的草原动物，结合马鹿、狍、雉等林栖动物的发现，反映了这一地区当时为典型的疏林草原环境，气候偏于干燥寒冷。受地理环境、气候制约，及周边多种经济形态的影响，使得其生业模式也具有多样性的特点。从墓葬内出土的动物骨骼中绝大多数为野生动物来看，当时人们的经济形态中狩猎业占相当比重，出土的各种工具类遗物中，与渔猎有关的也占绝对多数，如Ⅱ区墓葬共出土各类工具类随葬品 148 件，其中与渔猎等有关的工具及武器多达 110 件，约占总数的 74.3%。此外，大量家养动物的出现说明畜牧业已有所发展，其中，家猪的出现反映出当时人们已过上了定居的生活，农业有了一定的发展，但此次发掘几乎没有发现专用于农业生产的工具，推测农业还处于相对滞后的阶段，亦可能与东辽河下游沿岸多为半固定沙丘，气候偏干寒冷，不利于农业发展有关。

狩猎及畜养活动不仅为当时的人们带来了可观的肉食资源，也为人们提供了大量用于制作各类生产、生活工具的原材料。在后太平遗址的发掘中出土的大量骨角器及其半成品，均为就地取材，无论数量和种类都相当丰富，发达的骨角器弥补了青铜器欠缺、石材匮乏的不足，但从同类器形制上存在较大差异的情况看，这些骨角器的制作随意性较强，当非出自专业手工作坊的批量生产，而更像是以家庭为单位的自给自足。

后太平遗址中清理的青铜时代房址内出土的陶器等与墓葬中的随葬品相同，这也说明墓葬中随葬的器物均为实用器。后太平遗址出土的陶器制作手法成熟，陶器形制及饰纹风格比较统一，以此推测当时可能已经有专门的制作陶器的工匠，即制陶业已成为一门独立的行业。墓葬中随葬品的分量及丰富程度往往体现在随葬陶器的数量上，说明陶器在当时人们的生活中占有相当重要的地位，而出土的陶器中较多带有铜孔的现象反映了陶器制作在规模上还不是很大，生产出的陶器数量不大，供不应求，因而，即便破碎了的陶器也不被人们舍弃，而是修补后继续使用。

青铜器的铸造和使用是生产力发展的重要体现，但后太平遗址出土的青铜器均为小型器，未见大型的青铜礼器、工具和武器等，可见其冶铸业并不十分发达。从出土的用于铸造青铜镞、环、渔钩等的陶范来看，这些青铜器应为本地铸造的，铸范大多出自同一座墓葬中，反映当时可能出现了以家庭为单位的小型铜器冶炼和铸造作坊。遗憾的是目前尚未发现青铜冶铸方面的遗迹。所见青铜器均出自第二地点即墓葬区，作为逝者的随葬之物，第一地点即居住区内并未发现青铜器，可见青铜制品在当时人们生活中极为珍贵，即使破损也不会随意丢弃。

纺织业也有一定的发展，从出土的数量不菲，形制各异的陶质、骨角质纺轮来看，以家庭为单位的纺织生产比较普遍，从出土的青铜装饰品上残留的纺织物痕迹来看，可能以麻为原料，经络及纹理均较粗。

第三部分　总结

第一章　东辽河下游右岸考古工作收获与认识

此次对东辽河下游右岸的调查、发掘和资料整理工作历时八个月，对包含有青铜时代遗存的十三处遗址的基本情况进行了梳理，使得我们对该地区所存在的文化期有了大致的了解，尤其对青铜时代文化遗存有了深入的认识。

第一节　分期与年代

综合此次调查发掘结果，可知东辽河下游右岸目前已知具有六期考古学文化遗存。

第一期为新石器时代晚期，以盘山遗址 H1、H2 为代表，包括后太平遗址 II 区第 5 层遗存。该期遗存发现较少，分布范围也较小，可见当时人类在此活动不太频繁。所见遗存主要为陶器残片、蚌壳、兽骨之类，其中的附加堆纹陶片、斜向压印纹口沿及之字纹陶片，为镇赉黄家围子类型遗存①十分接近。

第二期为晚商时期，以后太平遗址 II 区第 4 层及 H8、H9 为代表，出土陶器为砂质红褐陶壶，直口，直领，鼓肩，斜腹，小平底，领部饰横向鸡冠耳，器表饰斜向稀疏细绳纹，并经抹光处理，与沈阳新民县腰高台山②、东高台山③出土的颈部饰对称的横向鸡冠耳陶罐风格趋同，为典型的高台山文化遗存。该期遗存的一组碳十四测年数据为 BP2705±35，树轮校正 1780BC~1520BC（94.4%），已进入高台山文化下限时段。该期遗存仅见于后太平遗址 II 区，地层堆积较薄，分布范围较小，亦无太多包含物，所见遗物大多出土于灰坑和一些时代较之晚的墓葬填土之内。

第三期为西周晚期—春秋时期，以后太平遗址 II 区墓葬及后太平遗址 I 区 F2、H2、G7、G8 等遗迹单位为代表。出土陶器大致有两类，一类为以壶、筒形罐、小平底折腹钵、单耳杯、高领鬲为陶器组合，饰繁缛压印篦点几何纹，这类陶器具有典型的来自嫩江流域的白金宝文化因素，在东辽河下游右岸仅见于后太平村的后太平遗址、盘山遗址和黄土坑遗址等几处遗址之中；一类为以素面束颈壶、刻划纹壶形鼎、大口罐、单耳杯、圈足豆为组合，该类素面陶器在东辽河下游右岸的多处遗址中均有发现，应当为该地区的本土文化因素。后太平遗址 II 区墓葬和后太平遗址 I 区灰坑的多组

---

① 吉林省文物考古研究所：《吉林镇赉县黄家围子遗址发掘简报》，《考古》1988 年 2 期。
② 沈阳市文物管理办公室：《沈阳新民县高台山遗址》，《考古》1982 年 2 期。
③ 沈阳市文物管理办公室：《新民东高台山第二次发掘》，《辽海文物学刊》1986 年 1 期。

碳十四测年数据中，除一组数据偏早之外，其他数据均在 BP2955±50~2390±40 之间，树轮校正为 600BC~1000BC，时代处于西周~春秋时期。该期遗存发现较多，分布范围也较大，是东辽河下游右岸的主体文化期。

第四期为春秋战国时期，以大金山遗址及东岗遗址为代表，出土的戳点纹高柄豆残片较为典型。该期遗存发现较少，且未见明确为该期的遗迹单位，所见遗存主要为特征点较强的陶器残片等，亦无碳十四测年数据作参照，但所出表征性器物以往多见于东辽河上游南部地区，与宝山文化特征相同。宝山文化以吉林省东丰县宝山遗址下层和大架山遗址为代表①，碳十四测年结果为距今 2600±125 年（树轮校正值）②。由于该期遗存发现不多，且较为零散，因而其在东辽河下游的分布范围及发展脉络尚不清晰，但至少可确定宝山文化遗存在东辽河下游已有较为广泛的分布。

第五期为汉代，以后太平遗址 I 区 H4、H14 及东岗遗址为代表，出土方格纹泥质灰陶罐残片和五铢钱币。该期遗存发现极少，所见遗存数量及种类均较单一。

第六期为辽金时期，以后太平遗址 II 区第 2 层、F1 及后太平遗址 I 区 F1、F3、H10 为代表，包括盘山遗址 F1 等，出土篦齿纹泥质灰陶片及青砖、铁镞、铁钉、铜钱等遗物。该期遗存在考古调查过程中就有较多的发现，且分布广泛，为东辽河下游右岸普遍存在的文化期。

第二节　青铜时代文化与周邻地区的关系

由于东辽河下游特殊的地理环境，使之成为南北东西的多种文化间相互交流和发展都不可回避的地区，因而受多种文化影响，包含多种文化因素的影子亦无可厚非，这并不影响该地区形成自身独特的考古学文化。从出土的器物形制可见，它受来自嫩江下游的白金宝文化，第二松花江流域的西团山文化、宝山文化，西辽河流域的夏家店上层文化及下辽河流域青铜时代早期的马城子文化、高台山文化，以及晚期的双房文化等的影响。对这一地区青铜时代考古学文化的认识对研究整个辽河流域及其与嫩江、松花江流域文化的碰撞交流及发展趋势，都将产生极为重要的影响。

一　与下辽河右岸地区文化的关系

下辽河右岸地区青铜时代晚期的代表文化为高台山文化。目前已知的高台山文化的主要分布范围是处于下辽河以西的新民、彰武、阜新，以及法库、康平等地区③。

后太平遗址 II 区以 H8、H9 为代表的遗迹单位中出土的鸡冠耳陶器，数量虽少，但从形制上已能明确为高台山文化晚期遗存。由此已可证明高台山文化的影响力至少在晚商时期已到达东辽河下游

---

① 吉林省文物考古研究所：《吉林省文物考古五十年》，《新中国考古五十年》，第 113 页，文物出版社，1999 年。

② 金旭东：《东辽河流域的若干种古文化遗存》，《考古》1992 年 4 期。

③ 赵宾福：《中国东北地区夏至战国时期的考古学文化研究》，科学出版社，2009 年。

右岸地区。

由于此次调查发掘的十余处遗址中，仅后太平遗址这一处地点见有这一文化的遗存，其他诸遗址中既未见高台山文化遗存，又未见与之同时期其他考古学文化的踪迹，故而无法明确认定此处是否属于高台山文化的势力范围，抑或是仅存在少许高台山文化因素的影响。这一问题有待于日后的考古发掘获取新材料来加以印证。

二 与辽东北部地区诸文化的关系

以下辽河流域为中心的辽东、北地区青铜时代晚期广泛分布有一种以曲刃青铜短剑为重要特征的文化，这类文化遗存以辽宁地区分布最为密集，被通称为"辽宁式曲刃青铜短剑文化"[1]，这类文化遗存的发现多为各类具有石棺葬具的墓葬遗存，以曲刃青铜短剑和"美松里式"陶壶为基本器物组合，时代从西周延续至战国时期，个别甚至晚到西汉。辽宁式曲刃青铜短剑文化的起源大约在距今3000年前后，其形成与辽东地区早期青铜文化有着直接的关联，这一点从其代表性陶器与辽东地区青铜时代早期的马城子文化陶器器形有着很强发展演变关系即可看出。加之其葬俗中采用各种类型的石棺葬具这一点又与马城子的石洞穴墓葬具有很深的渊源。

东辽河下游地区虽未见到存在青铜短剑的直接证据，但从后太平遗址Ⅱ区M17中一具人骨个体之上残留的青铜锈蚀痕迹的范围和形状来看，极有可能为青铜短剑。在大金山遗址，当地村民也曾捡拾到青铜短剑柄端的枕状加重器，这些现象都能间接地证明青铜短剑曾在此出没。后太平遗址出土的B组陶器，与西丰诚信村、消防队等石棺墓[2]中所见钵口壶极为相似，应为受双房文化[3]因素的影响，而后太平类型的C组陶器的长颈等特征亦似与早期的马城子文化存在一定的渊源关系。虽然后太平墓地的墓葬均为土坑墓，并未发现一例石棺类葬具的现象与前者有着截然不同的区别，但这不能完全否认二者之间的关系。葬具的使用也应是就地取材。辽东山区多洞穴，石料随处可见，早期青铜时代利用山地洞穴为墓地埋葬死者，其后的晚期青铜时代人们在洞穴已被先人占据殆尽时，利用当地石材修建石棚、石棺椁等各类石质葬具以取代并象征石洞穴，延续了祖先的习俗。而东辽河下游属冲积平原，地貌特征为土丘和稀树草原，当地并无石料可寻，难以采用以石材为葬具这种葬俗，只得因地制宜，建造土坑墓葬作为他们死后的安身之所。但他们并未彻底摒弃先人的习俗，多人合葬、火葬等在马城子文化及其后的石棺墓文化中常见的葬俗被延续了下来。

三 与西辽河流域文化的关系

西辽河流域青铜时代晚期大面积分布的考古学文化为夏家店上层文化[4]，其分布以西拉木伦河流

---

① 郭大顺、张星德：《东北文化与幽燕文明》，第482页，江苏教育出版社，2005年。

② 辽宁省西丰县文物管理所：《辽宁西丰县新发现的几座石棺墓》，《考古》1995年2期。

③ 赵宾福：《中国东北地区夏至战国时期的考古学文化研究》，科学出版社，2009年。

④ 中国社会科学院考古研究所内蒙古工作队：《赤峰药王庙、夏家店遗址试掘报告》，《考古学报》1974年1期。

域和老哈河流域最为密集，北界约在大兴安岭以南，东部和南部进入大凌河流域，西部可达冀西南的张家口地区，时代约在西周晚期到春秋时期①。陶器以素面红褐陶不饰纹和鬲等三足器发达为主要特征，多为夹砂红陶或红褐陶。青铜器较为发达，石制品相对不太发达。

与夏家店上层文化发达的三足器及青铜器相比，后太平文化似与其没有什么相通之处，但后太平遗址Ⅱ区出土的各类青铜泡饰及翘锋齿柄青铜刀等，无论形制及功能却均与夏家店上层文化一致。M9、M30 等多个墓葬中人骨额头处均见有青铜泡置于其上，当是死者面部覆盖之物上的装饰品，这与夏家店上层文化中为死者覆面习俗一致。此外，在后太平遗址、东岗遗址等均发现有与夏家店上层文化所见形制相同或相似的锤斧；后太平遗址及大金山遗址中亦出土较多卜骨，其只灼不钻的占卜方式又与夏家店上层文化相同。

四　与嫩江流域文化的关系

嫩江流域具有代表性的青铜时代文化遗存主要为白金宝文化以及早于它的小拉哈文化②、古城类型③和晚于它的汉书二期文化。四者具有前后相继的关系。后太平墓地及后太平遗址出土大量形制特征纯净的白金宝文化器物，可见其与白金宝文化之间存在着特殊的关系。

白金宝文化因黑龙江肇源县白金宝遗址的发掘而得名，主要分布于以嫩江中下游和松花江中上游为中心的松嫩平原上，南缘可至松辽分水岭至吉林农安一线④，向西可至嫩江支流绰尔河下游，最北可到嫩江县境内。

后太平遗址所见饰压印箆点纹的陶壶、筒形罐、陶钵，以及素面单耳杯等，均为典型的白金宝文化遗存，Ⅱ区 F2 无论形制及出土的陶器均可确认其受白金宝文化影响甚深，与后太平遗址距离较近的盘山遗址也曾于地表采集到少量具有白金宝文化因素的陶片。后太平遗址中出土的后太平类型陶器中也不乏受白金宝文化影响的器物。如Ⅱ M24：29 为一件肩部饰有刻划网格纹的陶壶，夹砂红褐陶，束颈，平底，该陶壶从材质及束颈的特征来看，属后太平式陶器范畴，但其底部未用粗砂胎加厚，而是与白金宝文化陶器底部类似，所饰刻划纹虽与白金宝文化的压印箆点纹施纹方式不同，但以网格为主题的饰纹内容却为白金宝文化陶器纹饰所常见；又如壶形鼎，形制特征为曲颈，颈部与壶身分体制作后套接，圜底，圆锥状实足，该类器物虽未在白金宝文化中出现过，但从中仍可看见白金宝文化因素的身影，如短而外撇的三足，实则起到支脚的作用，用以保持圜底器放置的稳定，而支座较多见于白金宝文化及其后的汉书二期文化等为代表的松嫩平原地区；又如后太平墓地M27：12，为一件最大腹径以上施戳点纹的壶形鼎，其饰纹方式与属于白金宝文化晚期的二克浅类型

①　郭大顺、张星德：《东北文化与幽燕文明》，第 468 页，江苏教育出版社，2005 年。

②　黑龙江省文物考古研究所等：《黑龙江肇源县小拉哈遗址发掘报告》，《考古学报》1998 年 1 期。

③　赵宾福、关强：《白金宝遗址四期说与白金宝文化遗存三段论》，《庆祝张忠培先生七十岁论文集》，科学出版社，2005 年。

④　a. 郭大顺、张星德：《东北文化与幽燕文明》，第 523 页，江苏教育出版社，2005 年。

b. 朱永刚：《肇源白金宝遗址第三次发掘与松嫩平原汉代以前古文化遗存的年代序列》，《吉林大学社会科学学报》1998 年 2 期。

中所见纹饰风格类似。

后太平类型陶器中还见有少量红衣陶。红衣陶器在白金宝文化中虽不多见，但在晚于白金宝文化的汉书二期文化中较常见。汉书二期文化是继白金宝文化之后发展而来的青铜时代晚期考古学文化，其时代可延续至铁器时代，分布范围基本与白金宝文化重叠，并向北有更大的扩张。代表性陶器中也常见压印篦点纹及呈三角形分布的戳点纹饰，但饰纹内容较白金宝文化有所简化。

此外，后太平遗址中出土的铸范均为陶质。东北地区青铜时代所用的铸范大多为石范，仅白金宝、汉书二期等嫩江流域文化中见有陶范与石范并存，后太平遗址中出土的铸范均为陶质，尤其Ⅱ M15：46，与吉林大安汉书遗址出土的渔钩陶范如出一辙。陶范的出土可能与北部地区文化的传入有关，但不排除后太平人就地取材，烧制陶范代替石范，以弥补当地石料匮乏造成的缺陷。

但在东辽河下游右岸的其他几处遗址点中几乎未见白金宝文化的痕迹。由此可见，白金宝文化在东辽河下游的中心位置，即后太平遗址所处地点是以相对独立的姿态出现的，其文化的影响力尚未渗透至整个东辽河下游地区。后太平类型陶器无论形制、材质、制作方法等，都与白金宝文化风格截然不同，两者同出于一片墓地，甚至同处一座墓葬之中，又相对独立，且数量不菲，不仅说明它们在时代上的一致性，也反映出这两类人群之间微妙的关系。

五　与第二松花江流域文化的关系

吉林省中部的第二松花江流域，是东北青铜时代一个重要的考古文化区，这里的代表性文化为西团山文化。西团山文化因吉林市郊西团山墓地的发掘而得名，其分布范围以吉林市及下辖五县（永吉、舒兰、蛟河、磐石、桦甸）为中心，西至伊通河，东抵威虎岭，北从拉林河沿岸，南达东辽河一线，时代上限达商代，下限至战国中期前后[①]。

西团山文化的特征是，陶器均为素面夹砂红褐陶，流行各种横桥耳和瘤状把手，以陶壶的数量最多。青铜器多见于墓葬之中，以小型的工具和装饰品为主。大量使用石制品作为农业生产工具。墓葬多以石棺为葬具，房址多为圆角长方形半地穴式，内有灶膛，有的房内有窖穴。

后太平类型陶器也以素面夹砂红褐陶为基本特征，亦以素面陶壶的数量为最，虽从形制和制作工艺上略显不同——西团山文化陶壶颈部较粗，多数在制作工艺上颈部与腹部一体而成，后太平类型素面陶壶颈部较细长，与腹部系分制套接而成，但从陶器质地和整体形态看，二者仍然存在一定的共性，后太平遗址Ⅱ区墓地随葬的完整陶器中虽未见瘤状把手，仅见有少量横桥耳器物，但东辽河下游的其他多处遗址中却见有大量带有桥耳和瘤状把手的陶器残片。此外，后太平遗址中所见的青铜器亦以小型的工具类和装饰品为主，并只见于墓葬之中，房址也为圆角长方形半地穴式，内有灶膛及窖穴。由上述推测，这两种分布于不同流域但又相距不甚远的考古学文化可能具有相同的文化渊源。但石制品在此并不多见，亦未发现大量其他质地的用于农业的工具，最大的不同之处是后太平遗址的墓葬均为土坑墓，无葬具。

此外，在东岗遗址、大金山遗址中都出土有一种柄部饰麦粒状戳点纹的高柄豆。这和宝山文化

---

①　郭大顺、张星德：《东北文化与幽燕文明》，第514页，江苏教育出版社，2005年。

典型器物特征如出一辙。

　　宝山文化是第二松花江流域的又一种青铜时代文化，它以吉林省东丰县宝山遗址下层和大架山遗址为代表①，时代约在春秋战国时期，形成时间晚于西团山文化。墓葬多为石棺葬具的二人合葬或多人火葬，陶器以砂质红褐陶及灰褐陶为主，流行瘤状耳和小型桥状竖耳，器形以侈口矮体鼓腹罐、浅盘饰各种镂孔的喇叭形高圈足豆、饰戳印成组的麦粒状纹饰陶壶为特色。在东辽河下游发现宝山文化典型陶器，也使得我们对宝山文化的分布情况有了新的认识。但在这一地区发现的宝山文化遗存较少，且分布零散不连续，它与早于它的后太平类型有着怎样的关联，是否存在前后相继的关系，有待于进一步工作的开展来考察。

---

①　吉林省文物考古研究所：《吉林省文物考古五十年》，《新中国考古五十年》，第 113 页，文物出版社，1999 年。

第二章　学术意义与工作展望

　　东辽河下游特殊的地理位置，使它与多种经济形态各异的文化类型毗邻，并成为南北东西诸种文化交流传播的必经之处，与周边的多种文化均存在交流和影响的可能，因而其文化内涵具有多样性的特点，稍显复杂，亦尤为重要。

　　就目前我们所掌握的材料看，虽已对东辽河下游地区青铜时代文化的基本情况和时代序列有了大致的了解，但仍存有许多未解的问题。如对该地区青铜文化的解读大多依靠地面踏查和个别遗址的小范围试掘，掌握的材料比较单一，尤其对本土文化的具体内涵和属性的确认需得到更多新材料的充实；此次在与嫩江流域相去甚远的东辽河流域发现白金宝文化的遗存，虽使得学术界为之耳目一新，但它是以怎样的路线进入东辽河流域的，以及它与本土文化之间具有怎样的密切关系等问题，还有待于周边地区考古工作发现的新材料来廓清；宝山文化自发现至今，由于受考古发现材料稀少的局限，使得对该文化的深入研究产生了障碍，此次在东辽河下游右岸地区发现的宝山文化遗存为我们认识这一文化补充了新资料，虽数量较少且零散，但也是在认知过程中有了一定程度的新进展；该区域青铜时代文化面貌较为复杂，尚需进行进一步的分析及分期研究。

　　此次考古调查及发掘工作主要围绕青铜时代遗存的发现和研究进行，对于青铜时代以外的遗存关注较少。此后，随着这一地区考古发掘工作的开展和研究工作的深入，相信在建立该地区考古学文化时代序列及研究各时代间传承、发展、演变关系等方面均能形成重要的成果，对东北地区考古学研究起到重要的推动作用。

附表一 加速器质谱（AMS）碳十四测试报告

测量日期 08－10

Lab 编号	样品	样品原编号	碳十四年代（BP）	树轮校正后年代	
				1σ（68.2%）	2σ（95.4%）
BA08236	木炭	07SHⅡM1∶1	2935±40	925BC（68.2%）835BC	1000BC（95.4%）820BC
BA08237	木炭	07SHⅡM1∶2	2705±35	810BC（68.2%）765BC	830BC（80.8%）740BC 690BC（8.4%）660BC 640BC（6.3%）590BC
BA08238	木炭	07SHⅡM1∶3	2710±35	245AD（68.2%）345AD	230AD（95.4%）410AD
BA08239	木炭	07SHⅡM2∶1	2950±35	1000BC（68.2%）900BC	1020BC（95.4%）830BC
BA08240	木炭	07SHⅡM2∶2	2685±35	810BC（68.2%）770BC	830BC（83.8%）740BC 690BC（7.0%）660BC 640BC（4.7%）590BC
BA08241	木炭	07SHⅡM3∶1	3370±50	1005BC（68.2%）905BC	1050BC（95.4%）830BC
BA08242	木炭	07SHⅡM4∶1	2805±35	1870BC（3.3%）1850BC 1780BC（64.9%）1680BC	1880BC（10.3%）1840BC 1830BC（85.1%）1620BC
BA08243	木炭	07SHⅡM5∶1	2865±35	770BC（11.9%）740BC 690BC（11.5%）660BC 650BC（44.9%）550BC	800BC（95.4%）510BC
BA08244	木炭	07SHⅡM5∶2	2810±35	900BC（68.2%）825BC	930BC（95.4%）800BC
BA08245	土（木炭）	07SHⅡM5∶3	2430±40	1950AD（68.2%）1955AD	1950AD（95.4%）1955AD
BA08246	木炭	07SHⅡM7∶1	2390±40	845BC（68.2%）795BC	900BC（95.4%）790BC
BA08247	木炭	07SHⅡM9∶1	2550±35	750BC（19.7%）680BC 670BC（7.3%）640BC 590BC（27.9%）480BC 470BC（13.3%）410BC	760BC（23.7%）680BC 670BC（71.7%）400BC
BA08248	土（木炭）	07SHⅡM9∶2	2520±35	1670BC（68.2%）1530BC	1740BC（3.6%）1710BC 1700BC（91.8%）1500BC
BA08249	土（木炭）	07SHⅡM15∶1	2830±40	1220BC（68.2%）1050BC	1270BC（95.4%）1010BC

续表

Lab 编号	样品	样品原编号	碳十四年代（BP）	树轮校正后年代	
				1σ（68.2%）	2σ（95.4%）
BA08250	木炭	07SHⅡM17：1	2955±50	895BC（25.8%）865BC 860BC（42.4%）815BC	920BC（95.4%）800BC
BA08251	木炭	07SHⅡM18：1	2575±35	895BC（68.2%）820BC	920BC（95.4%）800BC
BA08252	土（木炭）	07SHⅡM19：1	2755±35	1260BC（12.7%）1230BC 1220BC（55.5%）1110BC	1300BC（95.4%）1040BC
BA08253	木炭	07SHⅡM25：1	2935±40	895BC（14.6%）875BC 850BC（53.6%）800BC	910BC（95.4%）790BC
BA08254	木炭	07SHⅡH8：1	2705±35	1740BC（68.2%）1610BC	1870BC（1.0%）1850BC 1780BC（94.4%）1520BC
BA08255	土（木炭）	07SHⅠH2：1	2710±35	1005BC（68.2%）915BC	1050BC（90.5%）890BC 880BC（4.9%）840BC
BA08256	木炭	07SHⅠH2：2	2950±35	1120BC（68.2%）970BC	1160BC（1.1%）1140BC 1130BC（94.3%）920BC
BA08257	木炭	07SHⅠH2：3	2685±35	1005BC（68.2%）915BC	1060BC（91.6%）890BC 880BC（3.8%）840BC
BA08258	木炭	07SHⅠH2：4	3370±50	720BC（7.8%）690BC 540BC（60.4%）400BC	750BC（18.3%）680BC 670BC（5.8%）630BC 600BC（71.3%）400BC
BA08259	木炭	07SHⅠH2：5	2805±35	730BC（12.1%）690BC 540BC（56.1%）400BC	760BC（19.8%）680BC 670BC（9.5%）610BC 600BC（66.1%）400BC
BA08260	木炭	07SHⅠH2：6	2865±35	520BC（68.2%）390BC	750BC（11.4%）680BC 670BC（2.7%）640BC 560BC（81.3%）380BC
BA08261	木炭	07SHⅠH3：1	2810±35	800BC（38.9%）750BC 690BC（13.9%）660BC 640BC（15.4%）590BC	810BC（44.1%）730BC 700BC（16.4%）600BC 650BC（34.9%）540BC
BA08262	土（木炭）	07SHⅠH7：1	2425±35	780BC（16.0%）740BC 690BC（12.3%）660BC 650BC（39.9%）550BC	800BC（95.4%）520BC
BA08263	土（木炭）	07SHⅠH7：2	2430±40	1040BC（68.2%）920BC	1130BC（95.4%）890BC

续表

Lab 编号	样品	样品原编号	碳十四年代（BP）	树轮校正后年代	
				1σ（68.2%）	2σ（95.4%）
BA08264	木炭	07SHⅠG6：1	2390±40	1270BC（62.5%）1110BC 1100BC（4.1%）1080BC 1070BC（1.6%）1050BC	1370BC（2.0%）1340BC 1320BC（93.4%）1010BC
BA08265	木炭	07SHⅠG8：1	2550±35	810BC（59.8%）760BC 690BC（8.4%）670BC	820BC（66.1%）740BC 690BC（12.4%）660BC 650BC（17.0%）550BC
BA08266	土（木炭）	07SHⅠG8：2	2520±35	925BC（68.2%）835BC	1000BC（95.4%）820BC
BA08267	木炭	07SHⅠG8：3	2830±40	800BC（28.1%）740BC 690BC（12.9%）660BC 650BC（23.4%）590BC 580BC（3.8%）560BC	810BC（95.4%）530BC

注：所用碳十四半衰期为 5568 年，BP 为距 1950 年的年代。

树轮校正所用曲线为 lntCal04（1），所用程序为 OxCal v3. 10（2）。

1. Reimer PJ, MGL Baillie, E Bard, A Bayliss, JW Beck, C Bertrand, PG Blackwell, CE Buck, G Burr, KB Cutler, PE Edwards, RG Fairbanks, M Friedrich, TP Guilderson, KA Hughen, B Kromer, FG McCormac, S Manning, C Bronk Ramsey, RW Reimer, S Remmele, JR Southon, M Stuiver, S Talamo, FW Taylor, J van der Plicht, and CE Weyhenmeyer. 2004 *Radiocarbon* 46：1029 – 1058.

2. Christopher Bronk Ramsey 2005，www. rlaha. ox. ac. uk/orau/oxcal. html

北京大学　加速器质谱实验室

第四纪年代测定实验室

2008 年 10 月 25 日

附表二 后太平遗址人骨性别和年龄鉴定表

男：♂ 女：♀ 年龄：岁

墓葬编号	性别	年龄	墓葬编号	性别	年龄	墓葬编号	性别	年龄
M1：1	♂	40 ±	M7	（？）	成年	M16：2	♀	40 ±
M1：2	♀（？）	25 ±	M8：1	♂（？）	成年	M17：1	♂	20 ~ 25
M2：1	（？）	20 ~ 25	M8：2	（？）	（？）	M17：2	♂	35 ~ 40
M2：2	♂	35 ~ 40	M9：1	♂	40 ±	M17：3	♂	35 ~ 40
M2：3	♂	35 ±	M9：2	♀	45 ~ 50	M17：4	♀	成年
M2：4	♀	25 ~ 30	M9：3	♂	25 ±	M17：5	（？）	5 岁 ±1
M2：5	♂	成年	M9：4	♀	20 ~ 25	M17：6	（？）	5 岁 ±1
M2：6	♀	成年	M9：5	♀	30 ~ 35	M17：7	♀	成年
M2：7	♂	25 ±	M9：6	♀（？）	成年	M18：1	♀（？）	30 ±
M2：8	♂	成年	M9：7	♀	成年	M18：2	♀（？）	40 ±
M2：9	♀	成年	M10	（？）	（？）	M18：3	♀（？）	20 ~ 25
M3：1	（？）	成年	M11	♀	成年	M19：1	（？）	（？）
M3：2	（？）	成年	M12：1	♀	20 ~ 25	M19：2	（？）	（？）
M4：1	♂	成年	M12：2	♂	40 ~ 45	M20	♂	（？）
M4：2	♀	35 ±	M13	♂	4 ±	M21：1	♂	成年
M4：3	（？）	35 ~ 40	M14：1	♂	成年	M21：2	♀	40 ~ 45
M4：4	（？）	（？）	M14：2	（？）	（？）	M22：1	♂（？）	成年
M5：1	♀（？）	成年	M14：3	（？）	（？）	M22：2	♀（？）	成年
M5：2	♂	（？）	M15：1	♂	30 ±	M22：3	（？）	（？）
M5：3	♂	成年	M15：2	♂	成年	M23：1	♀	3 ±
M5：4	（？）	（？）	M15：3	♀（？）	成年	M24：1	（？）	（？）
M6：1	♂（？）	45 ~ 50	M15：4	♀	30 ~ 35	M24：2	（？）	（？）
M6：2	♀	25 ~ 30	M15：5	♀（？）	成年	M25	♀	45 ±
M6：3	♂（？）	成年	M15：6	♂	>40	M26：1	（？）	（？）
M6：4	♂	25 ~ 30	M15：7	（？）	（？）	M26：2	（？）	（？）
M6：5	（？）	<14	M16：1	♂	30 ~ 35	M26：3	（？）	（？）

续表

墓葬编号	性别	年龄	墓葬编号	性别	年龄	墓葬编号	性别	年龄
M26：4	♀	30±	M28：2	（?）	（?）	M33：5	♀	50~55
M26：5	♂（?）	30±	M29：1	♀（?）	成年	M33：6	（?）	（?）
M26：6	♂	30±	M29：2	♀	25±	M33：7	♂	（?）
M26：7	（?）	儿童	M30：1	♀	25~30	M34：1	♂（?）	25~30
M26：8	♀	30±	M31：1	（?）	儿童	M34：2	♂	（?）
M27：1	♂	55±	M32：1	♂	40±	M34：3	♀	50±
M27：2	♂（?）	50±	M32：2	♀	45±	M34：4	♂	50±
M27：3	♀	（?）	M32：3	（?）	婴幼儿	M35：1	（?）	（?）
M27：4	♀	45±	M33：1	♂	50±	M35：2	（?）	（?）
M27：5	♀	40±	M33：2	♀（?）	（?）	M36：1	♀	（?）
M27：6	（?）	45±	M33：3	♀	（?）	M36：2	（?）	（?）
M28：1	（?）	（?）	M33：4	♀	25~30	M37	（?）	儿童

附表三　后太平遗址墓葬登记表

墓号	规格（厘米）	开口层位	墓向	葬式	头向（完整个体）	葬俗	性别	随葬器类
M1	270×145-110	3a层下	38°	乱骨葬		二次葬	1男1女	石器、陶器、铜器、骨角器
M2	345×190-80	3a层下	15°	5仰身直肢、4乱骨葬	3南2北	二次葬	5男3女、1不明	石器、陶器、铜器、骨角器
M3	340×210-105	3a层下	28°	乱骨葬		二次葬	2不明	石器、陶器、铜器
M4	370×150-110	3a层下	35°	乱骨葬		二次葬	1男1女、2不明	石器、陶器、铜器
M5	415×215-85	3a层下	29°	乱骨葬		二次葬	2男1女、1不明	石器、陶器、铜器、骨角器
M6	275×155-110	3a层下	55°	乱骨葬		二次葬	3男1女、1不明	石器、陶器、铜器、骨角器
M7	235×120-75	3a层下	36°	乱骨葬		二次葬	1不明	石器、陶器、骨角器
M8	280×160-70	3a层下	35°	乱骨葬		二次葬	1男、1不明	陶器
M9	400×210-150	3a层下	42°	2仰身、5乱骨葬	东北	二次葬、火葬	2男5女	石器、陶器、铜器、骨角器
M10	310×172-90	3a层下	20°	乱骨葬		二次葬	1不明	陶器
M11	260×150-85	3a层下	25°	乱骨葬		二次葬	1女	石器、陶器、铜器、骨角器
M12	350×180-100	3a层下	28°	乱骨葬		二次葬	1男1女	石器、陶器、铜器
M13	188×80-40	3a层下	145°	仰身直肢	东南	一次葬	1男	无
M14	300×160-30	3a层下	215°	2仰身直肢、1乱骨葬	西南	一次葬	1男、2不明	石器、陶器
M15	525×300-122	3a层下	30°	乱骨葬		二次葬	3男3女、1不明	石器、陶器、铜器、骨角器
M16	300×150-80	3a层下	30°	1仰身、乱骨葬	东北	二次葬	1男1女	石器、陶器、铜器、骨角器
M17	390×180-130	3a层下	43°	5仰身直肢	3东北2西南	一次葬	3男2女、2小孩	石器、陶器、铜器、骨角器

续表

墓号	规格（厘米）	开口层位	墓向	葬式	头向（完整个体）	葬俗	性别	随葬器类
M18	360×200－125	3a 层下	34°	乱骨葬		二次葬	3 女	石器、陶器、铜器、骨角器
M19	325×245－140	3a 层下	42°	乱骨葬		二次葬	2 不明	石器、陶器、骨角器
M20	220×104－100	3a 层下	47°	乱骨葬		二次葬	1 男	陶器
M21	295×150－75	3a 层下	120°	乱骨葬		二次葬	1 男 1 女	石器
M22	540×320－130	3a 层下	35°	乱骨葬		二次葬	1 男 1 女，1 不明	石器、陶器、铜器、骨角器
M23	280×160－70	3a 层下	60°	乱骨葬		二次葬	1 女	石器
M24	370×220－100	3a 层下	32°	乱骨葬		二次葬	2 不明	石器、陶器、铜器、骨角器
M25	365×230－95	3a 层下	30°	乱骨葬		二次葬	1 女	石器、陶器、铜器、骨角器
M26	500×350－160	3a 层下	32°	乱骨葬		二次葬	2 男 2 女，1 儿童，3 不明	石器、陶器、铜器、骨角器
M27	370×190－130	3a 层下	37°	3 仰身直肢，1 侧身屈肢	2 南 2 北	一次葬	2 男 3 女	石器、陶器、铜器
M28	370×208－130	3a 层下	118°	乱骨葬		二次葬	2 不明	石器、陶器、铜器、骨角器
M29	450×300－120	3a 层下	35°	仰身直肢		二次葬	2 女	石器、陶器、铜器
M30	300×130－86	3a 层下	302°	仰身直肢	西	一次葬	1 女	石器、陶器、铜器、骨角器
M31	240×140－20	3a 层下	10°	乱骨葬		二次葬	1 儿童	石器、陶器、铜器、骨角器
M32	270×130－100	3b 层下	130°	仰身直肢	1 西北 2 东南	一次葬	1 男 1 女，1 婴儿	石器、陶器、铜器
M33	370×195－150	3a 层下	40°	乱骨葬		二次葬	2 男 4 女，1 不明	石器、陶器、骨角器
M34	400×230－130	3a 层下	50°	乱骨葬		二次葬	3 男 1 女，	石器、陶器、铜器、骨角器
M35	330×210－120	3a 层下	40°	乱骨葬		二次葬	2 不明	石器、陶器、铜器、骨角器
M36	320×190－55	3a 层下	45°	乱骨葬		二次葬，火葬	1 女，1 不明	石器、陶器
M37	260×150－80	3a 层下	26°	乱骨葬		二次葬	1 儿童	陶器

附表四 后太平遗址墓葬出土遗物统计表

器类 单位	陶器		青铜器		石器		骨角器		总计
	容器	其他	工具类	装饰类	工具类	装饰类	工具类	装饰类	
M1	壶1，罐2，钵1		镞1，刀1	泡1，坠饰1		白石管17，黑石管12	角镞1		38
M2	壶4	陶片2	锥1	泡1		白石管37，黑石管5，绿松石饰件1，玛瑙珠1	角镞2		54
M3	壶1		镞1			黑石管2，白石珠1			7
M4	壶5	陶片7		饰件1，环1		白石管26，黑石管2，玉管1，凝灰石管1			44
M5	壶2			泡1		白石管10	角镞3	角饰1	17
M6	壶5，钵1	陶塑1，陶片12	镞1，锥1	泡4，饰件3，铜片1		白石管5	骨管2，角镞4		40
M7	罐1	纺轮1，网坠1，陶塑1				白石管4			8
M8	壶1	陶片1							2
M9	壶5，杯1	陶片3	刀1	泡7，坠饰1		白石管20	骨管1，骨锥1，角镞7		47
M10	壶1	陶塑1							2

续表

器类 单位	陶器 容器	陶器 其他	青铜器 工具类	青铜器 装饰类	石器 工具类	石器 装饰类	骨角器 工具类	骨角器 装饰类	总计
M11	壶 1			环 1		白石管 1	骨管 1		4
M12	壶 3, 罐 1	陶片 2		泡 1	石镞 1	白石管 21, 黑石管 6			36
M14	壶 1	器耳 1				白石管 1			3
M15	壶 7, 罐 1	纺轮 1, 陶塑 1, 范 4, 陶片 10	镞 3	泡 8, 饰件 3, 环 1		白石管 27, 黑石管 3, 白石珠 22, 绿松石饰件 1	骨纺轮 1, 骨管 1, 镞 14, 角锥 1	角	109
M16	壶 1, 罐 1	陶塑 1		泡 1		白石管 35, 黑石管 3	角镞 2		44
M17	壶 4	陶塑 2, 范 1, 陶片 4		饰件 1	锤斧 1	白石管 111, 绿松石饰件 2	骨锥 1, 骨针 1, 角镞 20	角镳 1	149
M18	壶 2, 钵 1	陶片 1		泡 1	石镞 2	白石管 12, 黑石管 1	骨管 1, 角镞 1		23
M19	壶 1	纺轮 1, 陶片 31				白石管 1, 绿松石饰件 1	角镞 1, 片状骨器 1		37
M20	钵 1	陶片 4							5
M21						白石管 1			1
M22	壶 3	陶片 11	刀 1, 锥 1	环 3, 泡 1, 饰件 2		白石管 37, 黑石管 2, 玛瑙珠 1	骨锥 1, 角镞 5		68
M23		陶片 4				白石管 7			11
M24	壶 4, 杯 1	陶塑 2, 陶片 7		饰件 1	尖状器 1	白石管 31, 黑石管 8	骨匕首 1, 角镞 1, 锥 1, 角凿 1	牙饰 2	62
M25	壶 4	纺轮 1, 陶塑 1, 陶片 4	镞 1	泡 4, 饰件 2, 铜片 1		白石管 38, 黑石管 8, 白石珠 9	骨管 1, 角镞 2		76
M26	壶 4, 杯 1	陶片 26		泡 6, 环 3		白石管 55, 黑石管 3	骨纺轮 2, 骨锥 1, 角镳 19, 角镞 2, 角纺轮 1	骨板 2	125
M27	壶 3, 鼎 1	陶塑 1, 陶片 1		泡 4		白石管 172, 黑石管 134, 绿松石饰件 2, 凝灰石管 1			319

续表

器类 单位	陶器		青铜器		石器		骨角器		总计
	容器	其他	工具类	装饰类	工具类	装饰类	工具类	装饰类	
M28	壶2，杯1	陶片10	镞1	泡4		白石管17，黑石管1	骨管1		36
M29	壶3	陶片1	镞1	泡2		白石管3			10
M30	壶1	陶片1	刀1，锥1	泡3，坠饰1		白石管9，黑石管2	骨针1		20
M31	壶2，杯1，钵1			泡10		白石管8，绿松石饰件1			23
M32	壶1		刀1		石镞1	白石管6，黑石管1			10
M33	壶3	陶片17			石镞1	白石管31，黑石管8	角镞5		65
M34	壶2	纺轮1，陶片12	镞1	泡2，饰件1		白石管18	角镞2		39
M35	壶1，豆1，壶形鼎1	陶片4		泡1		白石管3	角镞4		15
M36	壶2，罐1，钵1	陶片2				白石管29			35
M37	壶1								1
总计	103	200	18	90	7	1041	121	5	1585

附表五　后大平遗址墓葬出土动物骨骼统计表

单位	种属	部位	位置	年龄	保存程度	性别	风化程度	人工作用	病理	备注
07SH II M1	未知种属	跖骨	—	—	残断	—	3级	烧痕	—	最少代表三个个体，包括未知种属小型动物一个，牛两个
	牛	臼齿	—	老年	残断	—	4级	—	—	
	牛	跖骨	远端	未成年	残断	—	3级	—	—	
07SH II M2	马	臼齿	—	—	残断	—	3级	—	—	最少代表两个个体，包括马一个，蚌一个，出有碎烧骨
	丽蚌	—	—	—	—	—	—	—	—	
07SH II M3	牛	臼齿	—	—	残断	—	2级	—	—	最少代表两个个体，包括牛二个
	牛	臼齿	—	老年	残断	—	5级	—	—	
	马	臼齿	—	—	完整	—	3级	—	—	
	马	下颌骨	右侧	成年	残断	—	4级	—	—	
07SH II M5	马	游离齿	—	—	—	—	—	—	—	最少代表四个个体，包括马一个，牛一个，鹿一个，狗一个
	牛	肩胛骨	—	—	—	—	—	—	—	
	鹿	游离齿	—	—	—	—	—	—	—	
	狗	下颌骨	—	—	—	—	—	—	—	
	马	臼齿	—	成年	残断	—	3级	—	—	
07SH II M6	牛	肱骨	右侧	—	残断	—	3级	砸痕	—	最少代表七个个体，包括牛三个，
	牛	臼齿	—	老年	残断	—	4级	—	—	
	牛	臼齿	—	老年	完整	—	3级	—	—	
	牛	臼齿	—	—	残断	—	2级	—	—	
	牛	臼齿	—	未成年	残断	—	5级	—	—	

续表

单位	种属	部位	位置	年龄	保存程度	性别	风化程度	人工作用	病理	备注
07SH II M6	未知种属	尺骨	骨体	—	残断	—	4级	—	—	猪两个、马两个，出有碎烧骨
	未知种属	肋骨	骨体	—	残断	—	4级	—	—	
	猪	臼齿	M2	未成年	完整	—	3级	—	—	
	猪	臼齿	M2	未成年	残断	—	3级	—	—	
	猪	犬齿	上	—	残断	雌性	1级	—	—	
	牛	臼齿	—	—	残断	—	3级	—	—	
07SH II M9	牛	臼齿	—	—	残断	—	3级	—	—	最少代表三个个体，出有碎烧骨
	牛	臼齿	—	—	残断	—	3级	—	—	
	牛	臼齿	—	—	残断	—	3级	—	—	
	牛	臼齿	—	—	残断	—	3级	—	—	
	马	臼齿	—	—	残断	—	3级	—	—	
07SH II M12	狗	肱骨	远端	幼年	残断	—	4级	烧痕	—	最少代表四个个体，包括牛两个、马一个、狗一个
	马	门齿	—	成年	残断	—	4级	—	—	
	牛	臼齿	—	未成年	残断	—	2级	—	齿冠发黑	
	牛	前臼齿	—	成年	残断	—	2级	—	—	
	狗	下颌骨	右侧	成年	残断	—	4级	—	P_4、M_2齿槽消失，M_1齿槽异常粗大	
07SH II M17	狗	下颌骨	右侧	—	残断	—	4级	—	—	最少代表四个个体，包括牛两个、狗一个、马一个，出有碎烧骨
	狗	下颌骨	左侧	成年	残断	—	4级	—	—	
	马	臼齿	—	—	残断	—	3级	—	—	
	马	臼齿	—	—	残断	—	3级	—	—	
	牛	肱骨	远端	—	残断	—	4级	砸痕	—	
	牛	臼齿	—	幼年	残断	—	3级	—	—	

续表

单位	种属	部位	位置	年龄	保存程度	性别	风化程度	人工作用	病理	备注
07SH II M17	牛	白齿	—	未成年	残断	—	3级	—	—	
	牛	白齿	—	—	残断	—	3级	—	—	
	牛	白齿	—	—	残断	—	3级	—	—	
	牛	白齿	—	—	残断	—	3级	—	—	
	牛	白齿	—	幼年	残断	—	4级	—	—	
	牛	白齿	—	未成年	完整	—	3级	烤痕	—	
	未知种属	股骨	骨干	—	残断	—	4级	—	—	
	未知种属	白齿	—	老年	残断	—	4级	—	—	
	未知种属	头骨	—	—	残断	—	4级	—	—	
	未知种属	头骨	—	—	残断	—	4级	—	—	
	未知种属	头骨	枕骨	—	残断	—	4级	—	—	
	未知种属	头骨	枕髁	—	残断	—	4级	—	—	
	未知种属	肢骨	骨干	—	残断	—	4级	烤痕	—	
	未知种属	下颌骨	水平支	—	残断	—	4级	—	—	
07SH II M18	鹿	趾骨	第一节	—	残断	—	4级	烧痕	—	
	马	白齿	—	—	完整	—	3级	—	—	
	牛	白齿	—	—	残断	—	3级	—	—	
	牛	门齿	—	未成年	完整	—	1级	—	—	
	牛	趾骨	第一节	—	残断	—	5级	—	—	
	牛	门齿	—	未成年	完整	—	1级	—	—	
	未知种属	白齿	—	—	残断	—	3级	—	—	
	未知种属	头骨	—	—	残断	—	5级	—	—	
	未知种属	下颌骨	—	—	残断	—	4级	—	—	
	猪	颌前骨	—	成年	残断	—	4级	—	—	
	猪	白齿	—	—	残断	—	3级	—	—	

292　　　　　　　　　　　　后　太　平

续表

单位	种属	部位	位置	年龄	保存程度	性别	风化程度	人工作用	病理	备注
07SH II M18	猪	臼齿	—	—	残断	—	3级	—	—	最少代表五个个体，包括鹿、马、牛各一个，猪两个，出有碎烧骨
	猪	前臼齿	—	未成年	残断	—	3级	—	—	
	猪	前臼齿	—	未成年	残断	—	3级	—	—	
	猪	前臼齿	—	未成年	残断	—	3级	—	—	
	猪	臼齿	—	未成年	完整	—	3级	—	—	
	猪	下颌骨	右侧	未成年	残断	—	4级	—	—	
	猪	下颌骨	左侧	—	残断	—	4级	—	—	
	牛	臼齿	左侧	—	残断	—	1级	—	—	
	牛	下颌骨	右侧	—	残断	—	3级	—	—	
07SH II M19	狗	上颌骨	—	—	残断	—	3级	—	—	最少代表两个个体，包括牛、狗各一个，出有碎烧骨
	未知种属	臼齿	—	—	残断	—	3级	—	—	
	未知种属	臼齿	—	—	残断	—	3级	—	—	
	狗	头骨	颌骨	—	残断	—	5级	—	—	
	狗	尺骨	近端	—	残断	—	5级	—	—	
	狗	胫骨	近端	—	残断	—	5级	—	—	
07SH II M20	未知种属	肱骨	—	—	残断	—	4级	—	—	最少代表两个个体，包括狗、猪各一个
	未知种属	肋骨	—	—	残断	—	4级	—	—	
	未知种属	桡骨	—	—	残断	—	5级	—	—	
	猪	门齿	第一齿	未成年	完整	—	3级	—	—	
	马	臼齿	—	—	完整	—	3级	—	—	
	马	臼齿	—	未成年	残断	—	3级	—	—	
	牛	臼齿	—	—	残断	—	4级	—	—	
07SH II M22	牛	臼齿	—	未成年	残断	—	3级	—	—	最少代表四个个体，包括马、牛、羊、猪各一个
	羊	距骨	—	—	完整	—	4级	烧痕	—	
	猪	上颌骨	—	未成年	残断	—	5级	—	—	
	猪	下颌骨	—	雌性	残断	—	4级	—	—	

续表

单位	种属	部位	位置	年龄	保存程度	性别	风化程度	人工作用	病理	备注
07SH Ⅱ M25	鹿	臼齿	—	—	残断	—	3级	—	—	最少代表五个个体，包括鹿、马、猪各一个，牛两个，出有碎烧骨
	马	臼齿	—	—	残断	—	3级	—	—	
	马	下颌骨	—	—	残断	—	4级	—	—	
	牛	股骨	—	—	残断	—	4级	—	—	
	牛	臼齿	—	未成年	残断	—	5级	—	—	
	牛	臼齿	—	—	残断	—	3级	—	—	
	牛	臼齿	—	老年	完整	—	3级	—	—	
	牛	臼齿	—	—	完整	—	3级	—	—	
	牛	前臼齿	远端	—	残断	—	3级	—	—	
	未知种属	肱骨	—	—	残断	—	3级	—	—	
	未知种属	荐椎	—	未成年	残断	—	4级	—	—	
	未知种属	臼齿	—	—	残断	—	3级	—	—	
	未知种属	头骨	—	—	残断	—	3级	—	—	
	猪	臼齿	—	未成年	残断	—	3级	—	—	
	猪	下颌骨	—	未成年	残断	雌性	5级	—	—	
07SH Ⅱ M26	马	臼齿	—	—	残断	—	3级	—	—	
	马	臼齿	—	成年	完整	—	3级	—	—	
	马	门齿	—	—	完整	—	3级	—	—	
	牛	臼齿	—	—	残断	—	3级	—	—	
	牛	臼齿	—	—	残断	—	3级	—	—	
	牛	臼齿	—	—	残断	—	3级	—	—	
	牛	臼齿	—	—	残断	—	3级	—	—	
	未知种属	髋骨	髂骨翼	—	残断	—	3级	—	—	
	未知种属	肋骨	—	—	残断	—	3级	—	—	

续表

单位	种属	部位	位置	年龄	保存程度	性别	风化程度	人工作用	病理	备注
07SH II M26	未知种属	趾骨	远端	—	残断	—	4级	烧痕	—	最少代表四个个体，包括马、牛、羊、猪各一个，出有碎烧骨
	羊	距骨	—	—	完整	—	3级	烧痕	—	
	羊	距骨	—	—	完整	—	3级	—	—	
	猪	胫骨	远端	—	残断	—	4级	烧痕	—	
	猪	烧骨	近端	—	残断	—	3级	烧痕	—	
	狗	尺骨	远端	—	残断	—	3级	烧痕	—	
	牛	角	角心	—	残断	—	4级	—	—	
	牛	下颌骨	—	成年	残断	—	4级	—	—	
	鹿	白齿	—	—	残断	—	4级	—	—	
	马	白齿	—	—	完整	—	3级	—	—	
07SH II M27	未知种属	跗骨	—	—	残断	—	4级	—	—	最少代表五个个体，包括狗、牛、鹿、马、猪各一个
	未知种属	肱骨	远端	—	残断	—	4级	—	—	
	未知种属	胫骨	远端	—	残断	—	5级	—	—	
	猪	白齿	—	—	残断	—	3级	—	—	
	猪	距骨	—	—	残断	—	5级	—	—	
	狗	头骨	角环处	—	残断	—	3级	—	—	
	牛	角	—	—	残断	—	3级	—	—	
	牛	白齿	—	老年	残断	—	3级	—	—	
	牛	白齿	—	—	残断	—	4级	—	—	
07SH II M28	牛	白齿	—	—	残断	—	4级	—	—	
	牛	白齿	—	—	残断	—	4级	—	—	
	牛	白齿	—	老年	残断	—	3级	—	—	
	牛	白齿	—	幼年	完整	—	4级	—	—	
	牛	前白齿	—	—	完整	—	3级	—	—	
	牛	前白齿	—	—	完整	—	3级	—	—	

续表

单位	种属	部位	位置	年龄	保存程度	性别	风化程度	人工作用	病理	备注
07SH Ⅱ M28	牛	前白齿	—	—	残断	—	3级	—	—	最少代表五个个体，包括狗、马、猪各一个，牛两个，出有碎烧骨
	牛	前白齿	—	—	残断	—	3级	—	—	
	牛	白齿	—	—	残断	—	3级	—	—	
	马	门齿	—	—	残断	—	4级	—	—	
	马	前白齿	—	—	残断	—	3级	—	—	
	马	下颌骨	水平支	—	残断	—	4级	—	—	
	马	白齿	—	—	完整	—	3级	—	—	
	未知种属	前白齿	—	—	残断	—	4级	—	—	
	未知种属	肢骨	—	—	残断	—	3级	烧痕	—	
	猪	白齿	—	—	残断	—	3级	—	—	
	猪	髋骨	髂骨	—	残断	—	4级	—	—	
	牛	跗骨	骨体	—	完整	—	5级	—	—	
	牛	肱骨	股骨头	—	残断	—	5级	—	—	
	牛	股骨	—	—	残断	—	5级	—	—	
	牛	白齿	—	—	残断	—	5级	—	—	
	牛	白齿	—	—	残断	—	5级	—	—	
	牛	白齿	—	—	残断	—	5级	—	—	
07SH Ⅱ M29	牛	白齿	—	—	残断	—	5级	—	—	最少代表两个个体，包括牛、猪各一个
	牛	白齿	—	—	残断	—	5级	—	—	
	牛	白齿	—	—	残断	—	5级	—	—	
	牛	距骨	近端	—	残断	—	5级	—	—	
	牛	跖骨	第一节	未成年	残断	—	5级	—	—	
	牛	趾骨	—	未成年	残断	—	5级	—	—	
	猪	门齿	—	—	完整	—	5级	—	—	
	猪	下颌骨	—	—	残断	—	5级	—	—	

续表

单位	种属	部位	位置	年龄	保存程度	性别	风化程度	人工作用	病理	备注
07SH II M30	牛	跟骨	—	—	残断	—	5级	—	—	最少代表二个体，牛、羊各一个
	羊	臼齿	—	—	完整	—	3级	—	—	
	狗	犬齿	—	—	完整	—	3级	—	—	
	狗	上颌骨	—	—	残断	—	5级	—	—	
	马	臼齿	—	—	残断	—	4级	—	—	
	马	臼齿	—	—	完整	—	3级	—	—	
	马	臼齿	—	—	残断	—	3级	—	—	
07SH II M33	马	门齿	—	—	完整	—	3级	—	—	最少代表三个体，包括狗、马、牛各一个
	马	门齿	—	—	完整	—	3级	—	—	
	马	下颌骨	—	—	残断	—	3级	—	—	
	牛	后臼齿	—	—	残断	—	5级	—	—	
	牛	臼齿	—	—	残断	—	3级	—	—	
	牛	门齿	—	—	残断	—	3级	—	—	
	未知种属	肢骨	骨体	—	残断	—	3级	烧痕	—	
07SH II M34	狗	尺骨	—	—	残断	—	4级	—	—	最少代表三个体，包括狗、鹿、马各一个
	狗	门齿	—	—	残断	—	2级	—	—	
	狗	前白齿	—	—	残断	—	2级	—	—	
	鹿	臼齿	—	—	残断	—	3级	—	—	
	马	臼齿	—	—	残断	—	3级	—	—	
	马	犬齿	—	—	残断	—	2级	—	—	

续表

单位	种属	部位	位置	年龄	保存程度	性别	风化程度	人工作用	病理	备注
07SHⅡM35	狗	下颌骨	—	成年	残断	雄性	3 级	—	—	最少代表三个个体，包括狗、雉、羊各一个
	狗	下颌骨	—	成年	残断	—	3 级	—	—	
	雉	股骨	骨体	—	残断	—	1 级	—	—	
	羊	前白齿	—	—	完整	—	1 级	—	—	
	未知种属	头骨	—	—	残断	—	3 级	烧痕	—	
07SHⅡM36	马	白齿	—	—	残断	—	3 级	—	—	最少代表马一个个体
	马	白齿	—	—	完整	—	3 级	—	—	

注：表中风化程度划分标准如下：

1 级——骨骼表面的釉质层保存完好，骨体重。
2 级——骨骼表面的釉质层遭到破坏，但仍保留一部分，骨体较重。
3 级——骨骼表面的釉质层完全被风化掉。
4 级——骨骼表面开始出现少量蜂窝状小孔，骨体变轻。
5 级——骨骼表面大部分呈蜂窝状，骨体很轻，易碎。

附录

附录一 吉林省双辽市后太平遗址遗骸的
人类学研究

张敬雷（南京大学历史系）　　朱泓（吉林大学边疆考古研究中心）

本文研究之人骨，均出自于吉林省双辽市后太平遗址第二地点，鉴定标本涉及墓葬 37 座，鉴定个体共计 114 例。人骨遗骸性别年龄的详细鉴定结果请见附表二。

一　性别与年龄鉴定

在对人骨遗骸进行人类学和考古学的研究之前，必须首先对其进行可靠的性别和年龄鉴定。不能比较准确地作出性别和年龄鉴定，就无法对观察和测量的结果进行正确地分析和研究，进而会影响到研究结论的正确性。本文性别和年龄的鉴定方法主要依据吴汝康等[1]、邵象清[2]、朱泓[3] 和 Tim D. White 等[4]在有关论著中提出的标准。对于较难作过细年龄判别的个体，仅将其判断为未成年个体、成年个体或老年个体。

在全部 114 例骨骼标本中，性别明确者 80 例，性别不明者 34 例，鉴定率为 70.18%；年龄阶段明确者 56 例，具体年龄不详者 58 例，鉴定率仅为 49.12%，详细的统计数据见表 1。

表 1　吉林双辽后太平遗址古代居民死亡年龄分布统计

年龄阶段		男性	（%）	女性	（%）	性别不明	（%）	合计	（%）
婴儿期	（0~2）	0	（0.00）	0	（0.00）	1	（14.29）	1	（1.79）
幼儿期	（3~6）	1	（4.35）	1	（3.85）	2	（28.57）	4	（7.14）
少年期	（7~14）	0	（0.00）	0	（0.00）	1	（14.29）	1	（1.79）
青年期	（15~24）	1	（4.35）	3	（11.54）	1	（14.29）	5	（8.93）
壮年期	（25~34）	8	（34.78）	11	（42.31）	0	（0.00）	19	（33.93）
中年期	（35~55）	13	（56.52）	11	（42.31）	2	（28.57）	26	（46.43）
老年期	（56~X）	0	（0.00）	0	（0.00）	0	（0.00）	0	（0.00）
合　计		23	（100.00）	26	（100.00）	7	（100.00）	56	（100.00）

---

[1] 吴汝康、吴新智、张振标：《人体测量方法》，科学出版社，1984 年。

[2] 邵象清：《人体测量手册》，上海辞书出版社，1985 年。

[3] 朱泓：《体质人类学》，高等教育出版社，2004 年。

[4] Tim D. White, Pieter A. Folkens：The human bone manual, Amsterdam；Boston：Elsevier Academic, 2005.

续表

年龄阶段	男性（%）	女性（%）	性别不明（%）	合计（%）
未成年（年龄不详）	0	0	3	3
成年（年龄不详）	11	12	3	26
未判定（年龄不详）	4	4	21	29
合　计	15	16	27	58
总　计	38	42	34	114

　　从表1的数据可以看出，吉林双辽后太平遗址古代居民的死亡年龄段主要集中在中年期，壮年期次之，两者的死亡比例合计可以达到80.36%。未满14岁夭折个体的比例很高，占可鉴定人口总数的10.71%。青年组的死亡比例也较高，占可鉴定人口总数的8.93%。在全部可鉴定具体年龄的56例个体中没有一例是老年个体。在不考虑年龄不详者的情况下，吉林双辽后太平遗址古代居民的平均年龄只有33.32岁。这充分反映出，当时居民的寿命应该是普遍偏低的。

　　根据表1的统计数据，绘制出吉林双辽后太平遗址古代居民男女两性在各个年龄段死亡之百分比图（图一）。

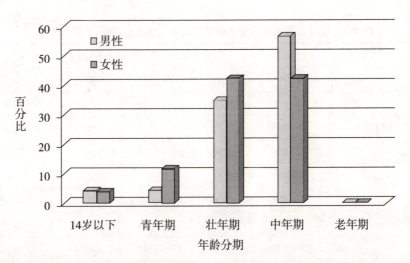

图一　吉林双辽后太平遗址古代居民男女两性各个年龄段死亡之百分比

注：图中百分比按可判断性别和年龄阶段之个体总数统计

　　由图一可以看出，男女两性死亡比例都是以中年期、壮年期为多，青年期、少年期次之。但是，两者在各年龄段中的表现是不均衡的，女性在青年期和壮年期的死亡比例要高于男性，而在少年期和中年期，男性的死亡比例又高于女性。女性在青、壮年期的高死亡比例，说明在这一年龄阶段，存在着某些不利于女性的致死因素。有学者推测，这种现象很可能与妇女在妊娠、分娩或产褥期医疗保健条件差有关。而男性在中年期相对于女性的高死亡比例，目前尚无确切的解释。从现代医学角度分析，男性的死亡生物学弱点比女性高，即男性对疾病的抵抗力低于女性。对绝大多数疾病而言，男性的死亡率要比女性高，例如脑血管病、肺炎、恶性肿瘤、慢性下呼吸道疾病等。从社会学角度分析，男性是社会的主要劳动力，承担高危行为和重体力劳动的机会比女性多，例如野外狩猎、耕种、开采、战争等。是否可以推测，由于以上的内外因素，导致了随着年龄的增加，男性个体相对比例逐渐减少。

14岁以下未成年个体的死亡比例，在区分性别进行对比时有所下降，主要是受到了未成年个体鉴定率的影响。由于骨骼上性别特征的出现与个体内分泌活动中性激素的作用密切相关，因此，未成年个体的性别鉴定要比成年个体困难，本文对14岁以下的未成年个体性别鉴定率仅为18.18%。在不考虑性别的情况下，14以下个体的死亡比例达到7.89%，这可能与当时缺乏科学的儿童医疗保健有关。

二　颅骨形态特征的观察

因为吉林双辽后太平遗址人骨遗骸的颅骨保存情况较差，所以形态特征观察所选用的颅骨标本（包括下颌骨）仅有6例，其中男性个体（♂）2例，女性（♀）个体4例，排除了未成年个体和鉴定为性别不明的个体，因为颅骨保存情况很差，导致部分标本的观察项目无法观察或辨识不清，本文尽量对所选用的标本进行了客观的观察。观察方法主要依据邵象清、吴汝康等所确立的标准①，各项统计结果详见表2。

表2　吉林双辽后太平遗址遗骸颅骨之连续性形态特征观察统计表

项目	性别	例数	形态分类及出现率					
			圆形	椭圆形	卵圆形	楔形	五角形	菱形
颅型	♂	2	0 (0.00)	0 (0.00)	1 (50.00)	1 (50.00)	0 (0.00)	0 (0.00)
	♀	3	0 (0.00)	0 (0.00)	3 (100.00)	0 (0.00)	0 (0.00)	0 (0.00)
	合计	5	0 (0.00)	0 (0.00)	4 (80.00)	1 (20.00)	0 (0.00)	0 (0.00)
			微显	稍显	中等	显著	特显	粗壮
眉弓突度	♂	2	0 (0.00)	0 (0.00)	1 (50.00)	1 (50.00)	0 (0.00)	0 (0.00)
	♀	4	1 (25.00)	2 (50.00)	1 (25.00)	0 (0.00)	0 (0.00)	0 (0.00)
	合计	6	1 (16.67)	2 (33.33)	2 (33.33)	1 (16.67)	0 (0.00)	0 (0.00)
			0级	1级	2级	3级	4级	
眉弓范围	♂	2	0 (0.00)	1 (50.00)	1 (50.00)	0 (0.00)	0 (0.00)	
	♀	4	1 (25.00)	1 (25.00)	2 (50.00)	0 (0.00)	0 (0.00)	
	合计	6	1 (16.67)	2 (33.33)	3 (50.00)	0 (0.00)	0 (0.00)	
			不显	微显	中等	显著	极显	粗壮
眉间突度	♂	2	0 (0.00)	0 (0.00)	1 (50.00)	1 (50.00)	0 (0.00)	0 (0.00)
	♀	3	1 (33.33)	1 (33.33)	1 (33.33)	0 (0.00)	0 (0.00)	0 (0.00)
	合计	5	1 (20.00)	1 (20.00)	2 (40.00)	1 (20.00)	0 (0.00)	0 (0.00)

---

①　a. 吴汝康、吴新智、张振标：《人体测量方法》，科学出版社，1984年；b. 邵象清：《人体测量手册》，上海辞书出版社，1985年。

续表

项目		性别	例数	形态分类及出现率				
				0级	1级	2级	3级	4级
鼻根凹		♂	1	0 (0.00)	1 (100.00)	0 (0.00)	0 (0.00)	0 (0.00)
		♀	1	1 (100.00)	0 (0.00)	0 (0.00)	0 (0.00)	0 (0.00)
		合计	2	1 (50.00)	1 (50.00)	0 (0.00)	0 (0.00)	0 (0.00)
颅顶骨缝	前囟段			微波形	深波形	锯齿形	复杂形	
		♂	2	2 (100.00)	0 (0.00)	0 (0.00)	0 (0.00)	
		♀	3	1 (33.33)	0 (0.00)	2 (66.67)	0 (0.00)	
		合计	5	3 (60.00)	0 (0.00)	2 (40.00)	0 (0.00)	
	顶段			微波形	深波形	锯齿形	复杂形	
		♂	2	0 (0.00)	0 (0.00)	2 (100.00)	0 (0.00)	
		♀	3	0 (00.00)	0 (0.00)	1 (33.33)	2 (66.67)	
		合计	5	0 (0.00)	0 (0.00)	3 (60.00)	2 (40.00)	
	顶孔段			微波形	深波形	锯齿形	复杂形	
		♂	2	0 (0.00)	2 (100.00)	0 (0.00)	0 (0.00)	
		♀	4	3 (75.00)	1 (25.00)	0 (0.00)	0 (0.00)	
		合计	6	3 (50.00)	3 (50.00)	0 (0.00)	0 (0.00)	
	后段			微波形	深波形	锯齿形	复杂形	
		♂	2	0 (0.00)	1 (50.00)	1 (50.00)	0 (0.00)	
		♀	4	0 (0.00)	2 (50.00)	1 (25.00)	1 (25.00)	
		合计	6	0 (0.00)	3 (50.00)	2 (33.33)	1 (16.67)	
前额				平直	中等	倾斜		
		♂	2	0 (0.00)	0 (0.00)	2 (100.00)		
		♀	3	0 (0.00)	0 (0.00)	3 (100.00)		
		合计	5	0 (0.00)	0 (0.00)	5 (100.00)		
眶形				圆形	椭圆形	方形	长方形	斜方形
		♂	2	0 (0.00)	1 (50.00)	0 (0.00)	1 (50.00)	0 (0.00)
		♀	2	0 (0.00)	0 (0.00)	0 (0.00)	2 (100.00)	0 (0.00)
		合计	4	0 (0.00)	1 (25.00)	0 (0.00)	3 (75.00)	0 (0.00)
梨状孔				心形	圆形	梨形		
		♂	2	0 (0.00)	1 (50.00)	1 (50.00)		
		♀	3	1 (33.33)	1 (33.33)	1 (33.33)		
		合计	5	1 (20.00)	2 (40.00)	2 (40.00)		

续表

项目	性别	例数	形态分类及出现率					
梨状孔下缘			锐型	钝型	鼻前沟	鼻前窝		
	♂	2	2（100.00）	0（0.00）	0（0.00）	0（0.00）		
	♀	3	1（33.33）	0（0.00）	2（66.67）	0（0.00）		
	合计	5	3（60.00）	0（0.00）	2（40.00）	0（0.00）		
鼻前棘			Ⅰ不显	Ⅱ稍显	Ⅲ中等	Ⅳ显著	Ⅴ特显	
	♂	2	0（0.00）	1（50.00）	0（0.00）	1（50.00）	0（0.00）	
	♀	1	0（0.00）	1（100.00）	0（0.00）	0（0.00）	0（0.00）	
	合计	3	0（0.00）	2（66.67）	0（0.00）	1（33.33）	0（0.00）	
犬齿窝			0 无	1 较浅	2 中等	3 较深	4 极深	
	♂	2	2（100.00）	0（0.00）	0（0.00）	0（0.00）	0（0.00）	
	♀	3	2（66.67）	1（33.33）	0（0.00）	0（0.00）	0（0.00）	
	合计	5	4（80.00）	1（20.00）	0（0.00）	0（0.00）	0（0.00）	
上颌中门齿			铲形	非铲形				
	♂	1	1（100.00）	0（0.00）				
翼区			H 型	I 型	X 型	翼上骨型		
	♂	2	1（50.00）	0（0.00）	0（0.00）	1（50.00）		
乳突			极小	小	中等	大	特大	
	♂	2	0（0.00）	0（0.00）	2（100.00）	0（0.00）	0（0.00）	
	♀	3	1（33.33）	2（66.67）	0（0.00）	0（0.00）	0（0.00）	
	合计	5	1（20.00）	2（40.00）	2（40.00）	0（0.00）	0（0.00）	
枕外隆突			缺如	稍显	中等	显著	极显	喙嘴
	♂	2	0（0.00）	1（50.00）	1（50.00）	0（0.00）	0（0.00）	0（0.00）
	♀	4	1（25.00）	1（25.00）	2（50.00）	0（0.00）	0（0.00）	0（0.00）
	合计	6	1（16.67）	2（33.33）	3（50.00）	0（0.00）	0（0.00）	0（0.00）
腭形			U 形	椭圆形	抛物线形			
	♂	2	1（50.00）	1（50.00）	0（0.00）			
	♀	3	2（66.67）	1（33.33）	0（0.00）			
	合计	5	3（60.00）	2（40.00）	0（0.00）			
腭圆枕			嵴状	丘状	瘤状			
	♂	1	（0.00）	（0.00）	1（100.00）			
	♀	3	（0.00）	1（33.33）	2（66.67）			
	合计	4	（0.00）	1（25.00）	3（75.00）			

续表

项目	性别	例数	形态分类及出现率				
			外翻	直型	内翻		
下颌角形	♂	2	0 (0.00)	2 (100.00)	0 (0.00)		
	♀	2	1 (50.00)	0 (0.00)	1 (50.00)		
	合计	4	1 (25.00)	2 (50.00)	1 (25.00)		
			无	弱	明显	极显	
下颌圆枕	♂	2	2 (100.00)	0 (0.00)	0 (0.00)	0 (0.00)	
	♀	2	1 (50.00)	1 (50.00)	0 (0.00)	0 (0.00)	
	合计	4	3 (75.00)	1 (25.00)	0 (0.00)	0 (0.00)	
			方形	圆形	尖形	不对称形	
颏形	♂	1	0 (0.00)	1 (100.00)	0 (0.00)	0 (0.00)	
	♀	2	0 (0.00)	0 (0.00)	2 (100.00)	0 (0.00)	
	合计	3	0 (0.00)	1 (33.33)	2 (66.67)	0 (0.00)	

通过对各项形态特征的观察，可以将吉林双辽后太平遗址古代居民颅骨的体质特征归纳为：颅型以卵圆形为主，眉间突度和眉弓的发育程度中等偏弱，并结合浅平的鼻根区凹陷，颅顶缝结构比较简单，眶型多为方形，梨状孔多为高而窄的梨形，犬齿窝多为浅或无，腭型宽短，以 U 形及椭圆形为主，颏形为圆形，铲型门齿出现率较高，下颌圆枕的出现率较低。以上这些形态特征显示出比较明显的蒙古人种性质，因此推测，后太平遗址的古代居民应归属于亚洲蒙古大人种的范畴。

女性颅骨与男性颅骨的形态分布基本一致，只是眉弓的发育较弱，乳突及枕外隆突普遍发育较弱，下颌角区内翻者相对较多。这些差异应该属于性别上的差异，不存在种族意义上的区别。

三　颅骨测量特征的分析

本文对吉林双辽后太平遗址遗骸男性颅骨标本的主要颅面部线性、指数和角度值进行了统计分析，各项的平均值及标准差列于表 3。

表 3　吉林双辽后太平遗址遗骸之男性颅骨测量值及指数　长度：mm　角度：度　指数：%

马丁号	测量项目	M9 : 1	M26 : 6	平均值	例数	标准差
1	颅骨最大长（g—op）	192.35	172.20	182.28	2	14.25
8	颅骨最大宽（eu—eu）	148.60	143.25	145.93	2	3.78
17	颅高（b—ba）	135.45	140.75	138.10	2	3.75
21	耳上颅高	118.90	116.80	117.85	2	1.48
9	最小额宽（ft—ft）	87.80	95.40	91.60	2	5.37
7	枕大孔长（enba—o）	33.70	36.28	34.99	2	1.82

续表

马丁号	测量项目	M9：1	M26：6	平均值	例数	标准差
16	枕大孔宽	28.37	31.42	29.90	2	2.16
23	颅周长（g—po—g）	540.50	—	540.50	1	—
24	颅横弧（po—b—po）	320.00	—	320.00	1	—
25	颅矢状弧（n—o）	383.00	360.50	371.75	2	15.91
26	额骨矢状弧（n—b）	135.00	123.00	129.00	2	8.49
27	顶骨矢状弧（b—l）	133.50	126.00	129.75	2	5.30
28	枕骨矢状弧（l—o）	115.00	112.00	113.50	2	2.12
29	额骨矢状弦（n—b）	124.40	112.36	118.38	2	8.51
30	顶骨矢状弦（b—l）	117.50	110.00	113.75	2	5.30
31	枕骨矢状弦（l—o）	97.17	94.30	95.74	2	2.03
5	颅底长（n—enba）	106.90	99.10	103.00	2	5.52
40	面底长（pr—enba）	101.89	95.90	98.90	2	4.24
48	上面高（n—pr）	78.80	61.55	70.18	2	12.20
	上面高（n—sd）	79.52	63.58	71.55	2	11.27
47	全面高（n—gn）	—	107.80	107.80	1	—
45	面宽或颧点间宽（zy—zy）	—	—	—	—	—
43	上面宽（fmt—fmt）	104.50	104.44	104.47	2	0.04
46	中面宽（zm—zm）	113.04	102.70	107.87	2	7.31
50	前眶间宽（mf—mf）	—	18.48	18.48	1	—
51	眶宽（mf—ec）L	42.70	42.50	42.60	2	0.14
	眶宽（mf—ec）R	—	41.66	41.66	1	—
51a	眶宽（d—ec）L	—	38.35	38.35	1	—
	眶宽（d—ec）R	—	38.03	38.03	1	—
52	眶高 L	36.10	34.82	35.46	2	0.91
	眶高 R	35.20	35.36	35.28	2	0.11
MH	颧骨高（fmo—zm）L	50.05	44.88	47.47	2	3.66
	颧骨高（fmo—zm）R	51.20	46.62	48.91	2	3.24
MB	颧骨宽（zm—rim. Orb.）L	30.35	25.16	27.76	2	3.67
	颧骨宽（zm—rim. Orb.）R	32.80	23.00	27.90	2	6.93
54	鼻宽	27.88	25.16	26.52	2	1.92
55	鼻高（n—ns）	59.50	47.40	53.45	2	8.56
SC	鼻骨最小宽	—	6.70	6.70	1	—
SS	鼻骨最小高	—	2.30	2.30	1	—

续表

马丁号	测量项目	M9：1	M26：6	平均值	例数	标准差
60	上颌齿槽弓长（pr—alv）	50.30	52.10	51.20	2	1.27
61	上颌齿槽弓宽（ecm—ecm）	68.20	64.60	66.40	2	2.55
62	腭长（ol—sta）	44.93	—	44.93	1	—
63	腭宽（enm—enm）	44.80	45.44	45.12	2	0.45
11	耳点间宽（au—au）	128.90	125.86	127.38	2	2.15
12	枕骨最大宽（ast—ast）	109.95	112.06	111.01	2	1.49
44	两眶宽（ec—ec）	99.57	99.91	99.74	2	0.24
FC	两眶内宽（fmo—fmo）	98.60	100.26	99.43	2	1.17
FS	鼻根点至两眶内宽矢高	15.66	13.18	14.42	2	1.75
DC	眶间宽（d—d）	—	24.98	24.98	1	—
32 I	额侧角 I （∠n—m FH）	81.00	85.00	83.00	2	2.83
32 II	额侧角 II （∠g—m FH）	74.50	73.00	73.75	2	1.06
	前囟角 I （∠g—b FH）	44.00	56.00	50.00	2	8.49
72	总面角（∠n—pr FH）	90.00	89.50	89.75	2	0.35
73	中面角（∠n—ns FH）	94.00	95.00	94.50	2	0.71
74	齿槽面角（∠ns—pr FH）	81.00	68.00	74.50	2	9.19
75	鼻梁侧角（∠n—rhi FH）	73.50	74.00	73.75	2	0.35
	鼻梁角（∠72—75）	16.50	15.50	16.00	2	0.71
77	鼻颧角（∠fmo—n—fmo）	144.79	150.40	147.60	2	3.97
SSA	颧上颌角（∠zm—ss—zm）	138.75	139.69	139.22	2	0.66
A∠	面三角 I （∠n—pr—ba）	70.75	66.48	68.62	2	3.02
N∠	面三角 II （∠pr—n—ba）	63.32	75.49	69.41	2	8.61
B∠	面三角 III （∠n—ba—pr）	45.93	38.03	41.98	2	5.59
8：1	颅指数	77.26	83.19	80.22	2	4.20
17：1	颅长高指数	70.42	81.74	76.08	2	8.00
17：8	颅宽高指数	91.15	98.25	94.70	2	5.02
9：8	额顶宽指数	59.08	66.60	62.84	2	5.31
16：7	枕骨大孔指数	84.18	86.60	85.39	2	1.71
40：5	面突指数	95.31	96.77	96.04	2	1.03
48：17	垂直颅面指数 pr	58.18	43.73	50.95	2	10.22
	垂直颅面指数 sd	58.71	45.17	51.94	2	9.57
48：45	上面指数（K）pr	—	—	—	—	—
	上面指数（K）sd	—	—	—	—	—

续表

马丁号	测量项目	M9：1	M26：6	平均值	例数	标准差
48：46	上面指数（V）pr	69.71	59.93	64.82	2	6.91
	上面指数（V）sd	70.35	61.91	66.13	2	5.97
47：45	全面指数	—	—	—	—	—
54：55	鼻指数	46.86	53.08	49.97	2	4.40
52：51	眶指数ⅠL	84.54	81.93	83.24	2	1.85
	眶指数ⅠR	—	84.88	84.88	1	—
52：51a	眶指数ⅡL	—	90.80	90.80	1	—
	眶指数ⅡR	—	92.98	92.98	1	—
54：51	鼻眶指数ⅠL	65.29	59.20	62.25	2	4.31
	鼻眶指数ⅠR	—	60.39	60.39	1	—
54：51a	鼻眶指数ⅡL	—	65.61	65.61	1	—
	鼻眶指数ⅡR	—	66.16	66.16	1	—
SS：SC	鼻根指数	—	34.33	34.33	1	—
61：60	上颌齿槽指数	135.59	123.99	129.79	2	8.20
63：62	腭指数	99.71	—	99.71	1	—
45：（1+8）/2	横颅面指数	—	—	—	—	—
17：（1+8）/2	高平均指数	79.45	89.24	84.35	2	6.92
65	下颌髁突间宽（cdl—cdl）	—	—	—	—	—
66	下颌角间宽（go—go）	—	—	—	—	—
67	颏孔间宽	54.79	49.30	52.05	2	3.88
68	下颌体长	—	—	—	—	—
68（1）	下颌体最大投影长	—	—	—	—	—
69	下颌联合高（id—gn）	—	32.90	32.90	1	—
MBH	下颌体高ⅠL	31.52	30.30	30.91	2	0.86
	下颌体高ⅠR	—	—	—	—	—
	下颌体高ⅡL	31.49	27.86	29.68	2	2.57
	下颌体高ⅡR	—	27.36	27.36	1	—
MBT	下颌体厚ⅠL	14.71	13.54	14.13	2	0.83
	下颌体厚ⅠR	14.88	14.28	14.58	2	0.42
	下颌体厚ⅡL	19.54	17.00	18.27	2	1.80
	下颌体厚ⅡR	—	17.20	17.20	1	—
70	下颌支高L	61.08	—	61.08	1	—
	下颌支高R	—	48.00	48.00	1	—

续表

马丁号	测量项目	M9：1	M26：6	平均值	例数	标准差
71	下颌支宽 L	—	—	—	—	—
	下颌支宽 R	—	40.70	40.70	1	—
71a	下颌支最小宽 L	36.19	—	36.19	1	—
	下颌支最小宽 R	—	34.76	34.76	1	—
79	下颌角					
68：65	下颌骨指数					
71：70	下颌支指数 L	—	—	—	—	—
	下颌支指数 R	—	84.79	84.79	1	—
	颏孔间弧	63.80	57.50	60.65	2	4.45

依据表 3 中的主要颅面部指数和角度值，可以将吉林双辽后太平遗址古代居民的体质特征概括为：颅指数属于中颅型和圆颅型，颅长高指数属于正颅型和高颅型，颅宽高指数属于偏狭的中颅型，额顶宽指数显示为狭额型，鼻指数显示为偏阔的中鼻型，腭指数显示为阔腭型，面突指数和面角所反映的面突程度属于正颌型和平颌型，齿槽面角属于特突颌型和中颌型，上颌齿槽指数属短颌型，反映上面部扁平度的鼻颧角为 147.60°，属于中等偏大范畴。

四　种族类型的初步分析

1. 与现代主要人种支干的比较

本文选择了三大人种变异重叠较小的 9 项测量项目和 1 项观察项目与吉林双辽后太平遗址古代居民的相关数据进行比较分析，比较项目主要集中在面颅上最具鉴别东西方人种的一些测量特征，即面宽、上面高、眶高、齿槽面角、鼻颧角、鼻指数、鼻根指数、上颌齿槽指数和垂直颅面指数，对比数据详见表 4。

表 4　吉林双辽后太平遗址古代居民与三大人种支干测量特征的比较

NO.	项目↓组别→	后太平	赤道人种	欧亚人种	亚美人种
54：55	鼻指数	49.97	51~60	43~49	43~53
SS：SC	鼻根指数	34.33	20~45	46~53	31~49
74	齿槽面角	74.50	61~72	82~86	73~81
77	鼻颧角	147.60	140~142	约135	145~149
48	上面高 n－sd	79.52	62~71	66~74	70~80
45	面宽	—	121~138	124~139	131~145
52	眶高 L	35.46	30~34	33~34	34~37

续表

NO.	项目↓组别→	后太平	赤道人种	欧亚人种	亚美人种
61：60	上颌齿槽指数	129.79	109~116	116~118	115~126
48：17	垂直颅面指数	58.71	47~53	50~54	50~60
	犬齿窝	平	深	深	平

注：表中的数据引自文献①、②。各项数据的单位为：长度：mm，角度：度，指数:%。

依据表4的数据可以很直观的看出，吉林双辽后太平遗址古代居民除面宽和上颌齿槽指数以外，其余各项特征均落入亚美人种（即蒙古人种）的变异范围之内。而两项超出的对比项目，面宽值是因为本文标本缺少数据而无法对比，上颌齿槽指数也与亚美人种的界值最为接近。与之相反，在与赤道人种（即尼格罗—澳大利亚人种）和欧亚人种（即欧罗巴人种）的比较时，则有更多的对比项目明显超出了赤道人种和欧亚人种的变异界限，存在很大的偏离现象，仅有鼻根指数这一项测量值落入到赤道人种的变异范围内。因此可以说明，吉林双辽后太平遗址古代居民应归属蒙古人种支干。这个结果与前文的形态观察结果相吻合。

2. 与亚洲蒙古人种及其各区域类型的比较

为进一步确定本文材料的种系类型，我们将吉林双辽后太平遗址遗骸之颅骨的17项线性、指数和角度值与亚洲蒙古人种及其各区域类型的变异范围进行比较，以考察他们之间的关系，对比数据详见表5。

表5　吉林双辽后太平遗址遗骸与亚洲蒙古人种各类型的比较

长度：mm　角度：度　指数:%

| NO. | 项目↓组别→ | 后太平 | 亚洲蒙古人种 | | | | |
			北亚类型	东北亚类型	东亚类型	南亚类型	变异范围
1	颅长	182.28	174.90~192.70	180.70~192.40	175.00~182.20	169.90~181.30	169.90~192.70
8	颅宽	145.93	144.40~151.50	134.30~142.60	137.60~143.90	137.90~143.90	134.30~151.90
17	颅高	138.10	127.10~132.40	132.90~141.10	135.30~140.20	134.40~137.80	127.10~141.10
9	最小额宽	91.60	90.60~95.80	94.20~96.60	89.00~93.70	89.70~95.40	89.00~96.90
32	额角∠n-m FH	83.00	77.30~85.10	77.00~79.00	83.30~86.90	84.20~87.00	77.00~87.00
45	面宽	—	138.20~144.00	137.90~144.80	131.30~136.00	131.50~136.30	131.30~144.80
48	上面高 n-sd	71.55	72.10~77.60	74.00~79.40	70.20~76.60	66.10~71.50	66.10~79.40
8：1	颅指数	80.22	75.4~85.90	69.80~79.00	76.90~81.50	76.90~83.30	69.80~85.90
17：1	颅长高指数	76.08	67.40~73.50	72.60~75.20	74.30~80.10	76.50~79.50	67.40~80.10

---

① 韩康信、谭婧泽、张帆：《甘肃玉门火烧沟古墓地人骨的研究》，《中国西北地区古代居民种族研究》，第191~293页，复旦大学出版社，2005年。

② 王培英、汪连兴、史庆礼等译：《人类学》，（苏）雅·雅·罗金斯基（Рогинский, Я. Я.），（苏）马·格·列文（Левин, М. Г.）著，警官教育出版社，1993年。

续表

NO.	项目↓组别→	后太平	亚洲蒙古人种				
			北亚类型	东北亚类型	东亚类型	南亚类型	变异范围
17：8	颅宽高指数	94.70	85.20~91.70	93.30~102.80	94.40~100.30	95.00~101.30	95.20~102.80
48：17	垂直颅面指数	50.95	55.80~59.20	53.00~58.40	52.00~54.90	48.00~52.20	48.00~59.20
48：45	上面指数	—	51.40~55.00	51.30~56.60	51.70~56.80	49.90~53.30	49.90~56.80
77	鼻颧角	147.6	147.00~151.40	149.00~152.00	145.00~146.60	142.10~146.00	142.10~152.00
72	面角∠n-pr FH	89.75	85.30~88.10	80.50~86.30	80.60~86.50	81.10~84.20	80.50~88.10
52：51	眶指数 R	84.88	79.30~85.70	81.40~84.90	80.70~85.00	78.20~81.00	78.20~85.70
54：55	鼻指数	49.97	45.00~50.70	42.60~47.60	45.20~50.20	50.30~55.50	42.60~55.50
SS：SC	鼻根指数	34.33	26.90~38.50	34.70~42.50	31.00~35.00	26.10~36.10	26.10~42.50

注：数据转引自文献①。

通过表5中的变异范围可以看出，吉林双辽后太平遗址古代居民颅骨的17个比较项目的数值，除颅宽高指数和面角两个项目以外，其余全部落入亚洲蒙古人种的变异范围内。并且，颅宽高指数接近亚洲蒙古人种变异范围的最小界值，面角十分接近亚洲蒙古人种变异范围的最大界值，而与亚洲蒙古人种各类型之间的亲近和疏远程度则不尽相同（面宽及上面指数因缺少数据而不计入统计分析）。

与北亚类型的比较：计有9个项目落入北亚类型的变异范围，包括颅长、颅宽、颅指数、最小额宽、额角、鼻颧角、眶指数、鼻指数和鼻根指数，而未落入北亚类型变异范围的项目多数偏离变异范围的最大界值和最小界值较远。尤其是颅高一项，北亚人种一般具有较低的颅型，本文标本的颅高却相对偏高，从而导致了颅长高指数和颅宽高指数的偏离，而高颅这一性状正是现代东亚蒙古人种最突出的特征之一，与北亚类型的低颅型特征存在明显的差异。

与东北亚类型的比较：落入变异范围的项目仅有4项，说明两者之间的差异还是比较明显的。东北亚类型一般具有很大的颅长值和较长且偏狭的颅型，较狭的鼻型，较宽的额宽和面宽以及很大的面部扁平度。而吉林双辽后太平遗址的古代居民是以中颅型—高颅型—中颅型相结合为颅型特征，额宽明显更狭，面部水平方向的扁平度也不如东北亚蒙古人种强烈，鼻型也以偏阔的中鼻型为特征，表明两者之间存在一定的差异。

与南亚类型的比较：仅有4个项目落入南亚类型的变异范围，即最小额宽、颅指数、垂直颅面指数和鼻根指数，两者之间的差异显著。

与东亚类型的比较：落入东亚类型变异范围的项目包括颅高、颅指数、颅长高指数、颅宽高指数、最小额宽、上面高、眶指数、鼻指数和鼻根指数。虽然仅有9项落入东亚类型的变异范围，但是未落入的对比项目除面角以外，均十分接近东亚类型变异范围的最大界值或最小界值。而本文标本

---

① 潘其风、韩康信：《柳湾墓地的人骨研究》，《青海柳湾——乐都柳湾原始社会墓地》，第261~303页，青海省文物管理处考古队、中国社会科学院考古研究所编，文物出版社，1984年。

的面角，测量值已经超出了亚洲蒙古人种的变异范围，可以视为某种古老的特征，不影响种族类型的判别。由此可见，吉林双辽后太平遗址的古代居民与东亚类型的差异最小。

综上所述，我们可以得出以下结论：吉林双辽后太平遗址的古代居民属于亚洲蒙古大人种。其具有的中颅型、高颅型和中颅型相结合的颅型，狭额、中鼻、阔腭、中等偏大的上面部扁平度等颅骨形态特征与现代东亚蒙古人种非常接近。所不同的是，较为扁平的面型，或许反映出现代东亚蒙古人种的某个祖先类型的基本形态。以上这些特征可以将吉林双辽后太平遗址的古代居民归入"古东北类型"[①] 的体系之中。

---

① 朱泓：《中国东北地区的古代种族》，《文物世界》1998 年 1 期。

附录二 东辽河下游三处遗址的动物遗存研究

杨　春

2007 年吉林省文物考古研究所对东辽河下游地区的双辽后太平遗址、盘山遗址、大金山遗址进行了考古发掘工作，旨在确认白金宝文化、宝山文化等在该地区的存在及分布情况，认识东辽河下游青铜时代本土文化因素。这三处遗址中除发现陶器、石器、青铜器外，还出土了大量动物遗存，鉴定出的动物种属丰富（表1）。现对其进行综合研究如下：

表1　动物种属统计总表

	后太平遗址第二地点	后太平遗址第一地点（青铜时代）	后太平遗址第一地点（汉代）	后太平遗址第一地点（辽金）	盘山遗址	大金山遗址
丽蚌	●					
杜氏珠蚌		●			●	●
楔蚌		●				
闪蚬		●				●
剑状矛蚌		●			●	●
背角无齿蚌		●				
中华圆田螺		●		●	●	●
鲫鱼		●				●
鲤鱼		●		●		
草鱼		●			●	●
鲶鱼		●		●		
乌鳢		●			●	●
鳖		●		●	●	
蛙		●	●		●	
雉	●	●		●	●	●
兔		●			●	●
仓鼠		●			●	
鼢鼠		●				
犬	●	●	●	●		●

续表

	后太平遗址第二地点	后太平遗址第一地点（青铜时代）	后太平遗址第一地点（汉代）	后太平遗址第一地点（辽金）	盘山遗址	大金山遗址
貉		●		●	●	●
狐		●				
鼬		●			●	
狗獾		●			●	●
马	●	●	●			●
猪	●	●	●	●		●
马鹿	●	●		●		●
狍子		●		●	●	●
羊	●	●		●	●	●
牛	●	●		●	●	●
大型鸟类		●		●	●	●

一　后太平遗址第二地点

2007 年后太平遗址的发掘共分为两个区域，其中第二地点位于东明镇后太平村北部台地上，经发掘，共有 26 座墓葬、1 条灰沟和 3 个灰坑中出有动物遗存，总计 418 件。

（一）墓葬中出土的动物遗存

经统计，此次发掘共有 26 座墓葬中出土了动物骨骼，约占墓葬总数的 70%。标本总量为 270 件（注：该总数不包括骨器的数量），包括可鉴定的标本 183 件，不可鉴定的碎块 87 件。动物种属包括软体类的丽蚌和哺乳类的牛、马、犬、猪、羊、鹿以及鸟类的雉，其中以牛、马数量最多，犬、猪次之，羊、鹿、蚌和雉的数量较少（图一）。骨骼大多风化严重，有少量标本上保留有切割痕和烧烤痕。

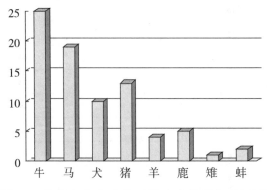

图一　墓葬中出土动物（最小个体数）示意图

软体类 Mollusca

1. 丽蚌 Lamprotula. sp

此类标本仅 2 件，壳体表面风化严重，均残破。

鸟类 Aves

1. 雉科 Phasianidae

此类标本仅 1 件，股骨（图版六一，1），仅存骨体部分，整体纤细，风化程度较轻，表面有被火烧的痕迹。

哺乳动物纲 Mammalia

1. 犬 Canis familaris

该类标本共有 19 件，多为头骨（附表一）。最小个体数为 10。

标本 07SHⅡM26：6 左侧下颌骨（图版六一，2），犬齿已萌出，P_1、P_2 未萌出，M_1 残存齿根，骨体风化较重。

标本 07SHⅡM20：1 右侧胫骨近端，骨骺已愈合，骨体风化严重。

标本 07SHⅡM17：3 右侧下颌骨（图版六一，3），骨体表面风化严重，齿列齐全，牙齿保存 C - P_3，均已开始磨蚀，P_4 - M_3 缺失，P_4、M_2、M_3 齿槽孔愈合，M_1 齿槽孔异常粗大。

经测量，犬齿齿槽后缘点至髁突长 ………………………………………… 129 毫米

犬齿齿槽后缘点至髁角切迹长 …………………………………………… 122 毫米

犬齿齿槽后缘点至角突长 ………………………………………………… 127 毫米

M_1 齿槽长 ………………………………………………………………… 20 毫米

髁突至角突长 ……………………………………………………………… 26 毫米

M_1 齿槽后缘点处颌体高 ………………………………………………… 31 毫米

P_2 齿槽后缘点处颌体高 ………………………………………………… 26 毫米

2. 马 Equus. sp

此类标本共有 37 件，分别为牙齿 33 件、下颌骨 4 件，最小个体数为 19。

标本 07SHⅡM12：4 左侧上门齿（图版六一，4），恒齿，齿冠颊侧残，齿坎痕呈椭圆形，齿根风化较严重。经测量，齿冠长 16 毫米，齿冠残高 30 毫米。

标本 07SHⅡM18：3 右侧上臼齿（图版六一，5），恒齿，保存完整，齿面已磨蚀平整。经测量，齿冠长/宽为 24/25 毫米，齿冠残高 53 毫米。

标本 07SHⅡM6：9 右侧 M_3（图版六一，6），恒齿，齿面已磨蚀平整，齿冠略残，齿根风化较严重。

标本 07SHⅡM22：2 臼齿（图版六一，7），恒齿，保存完整，齿面已磨蚀平整，齿根风化较重。经测量，齿冠长/宽为 37/24 毫米，齿冠残高 20 毫米。

标本 07SHⅡM25：15 右侧下颌骨（图版六一，8），仅保留 P_1 - P_2 段水平支，P_1、P_2 齿面已磨蚀平整，骨体风化严重。

经测量，P_1 - P_2 齿列长 ……………………………………………… 60 毫米

P₁齿冠长/宽 ··· 31/18 毫米

P₁齿冠残高 ··· 21 毫米

P₂齿冠长/宽 ··· 28/18 毫米

P₂齿冠残高 ··· 18 毫米

3. 猪 Sus domestica

此类标本共有 25 件，包括牙齿 15 件、上颌骨 3 件、下颌骨 4 件、桡骨 1 件、胫骨 2 件。最小个体数为 13。

标本 07SHⅡM18：7 上颌骨部分（图版六一，9），骨体表面风化严重，牙齿仅保存 I ²，表面已开始磨蚀。

标本 07SHⅡM26：9 胫骨远端部分，骨骺已愈合，骨体风化严重，通体被烧，呈灰白色。

标本 07SHⅡM26：7 桡骨近端部分，骨骺已愈合，骨体风化严重，通体被烧，呈灰白色。

标本 07SHⅡM09：1 左侧上犬齿（图版六二，1），恒齿，齿冠略残，齿面磨蚀较重，雌性个体。经测量，齿冠长/宽为 15/6 毫米，齿冠残高 9 毫米。

标本 07SHⅡM22：3 上颌骨（图版六二，2），骨体风化严重，仅保留部分颌前骨，D I ¹未脱落，I ¹、I ²未萌出。

标本 07SHⅡM22：4 右侧下颌骨（图版六二，3），骨体风化严重，P₂、P₃已开始使用，M₃已萌出达齿槽处，雌性个体。

经测量，P₄处颌体高 ································· 32 毫米

M₁长/宽 ·· 14/9 毫米

M₂长/宽 ·· 18/8 毫米

4. 马鹿 Cervus elaplus

此类标本仅发现 6 件，包括牙齿 4 件、趾骨 2 件，最小个体数为 5。

标本 07SHⅡM18：4 第一节趾骨（图版六二，4），骨骺已愈合，近端略残，骨体风化较重，通体被烧，呈棕黄色。

经测量，骨体最大长 ··························· 58 毫米

远端最大宽 ·· 21 毫米

骨管最小宽 ·· 19 毫米

标本 07SHⅡM25：3 下臼齿（图版六二，5），恒齿，齿冠表面未磨蚀到齿柱，齿根略残，风化较严重。经测量，齿冠长/宽为 31/13 毫米，齿冠残高 42 毫米。

5. 山羊亚科 Caprinae

此类标本共发现 5 件，包括距骨 3 件、牙齿 2 件，至少可代表 3 个个体。

标本 07SHⅡM22：7 距骨（图版六二，6），骨体保存完整，通体被烧，呈灰白色。经测量，外半侧最大长 29 毫米，内半侧最大长 26 毫米。

6. 牛 Bos. sp

该类标本共有 73 件，多为头骨和蹄骨。最小个体数为 25。

标本 07SHⅡM18：1 下门齿（图版六二，7），恒齿，保存完整，尚在齿槽内未萌出，风化较轻。

经测量，齿冠长/宽为 15/8 毫米，齿冠残高 22 毫米。

标本 07SHⅡM19：1 左侧 M³，恒齿，风化较轻，齿冠略残，齿面已露出三分之一齿质点，尚未磨蚀到齿柱。经测量，齿冠宽 14 毫米，残高 52 毫米。

标本 07SHⅡM17：21 肱骨（图版六二，8），保留远端部分，骨骺已愈合，骨体风化较重。骨体中部被砸断，断口呈锯齿形。

经测量，远端最大宽 ·· 91 毫米

滑车最大宽 ·· 85 毫米

标本 07SHⅡM25：2 上臼齿（图版六二，9），恒齿，保存完整，齿冠已磨蚀平整。经测量，齿冠长/宽为 17/18 毫米，齿冠残高 8 毫米。

（二）其他遗迹内出土动物遗存

在此次发掘中，除墓葬外，还在辽金时期的 1 条灰沟、3 个灰坑内出有动物遗存。出土的动物遗存情况统计如下（表2）：

表 2 后太平遗址第二地点辽金时期动物遗存统计表　　　　　　　　　　　单位：件

单位号	数量（件）	种属	部　位	最小个体数
07SHⅡG1	37	蚌	蚌壳 32 件	20
		猪	颌骨 1 件，	1
		犬	枢椎 1 件，	1
		牛	髋骨 1 件，	1
		未知种属	胫骨 1 件，髋骨 1 件	
07SHⅡH1	98	犬	同一个体标本 67 件，成年雄性；尾椎 1 件；	2
		猪	下颌骨 1 件，尺骨 1 件，	1
		牛	臼齿 1 件，掌骨 1 件，	1
		未知种属	股骨 2 件，髋骨 2 件，跗骨 3 件，肋骨 4 件，距骨 1 件，椎骨 1 件；	
		碎块	13 件	
07SHⅡH4	1	犬	下颌骨 1 件	1
07SHⅡH7	12	牛	臼齿 1 件，距骨 1 件	1
		猪	上颌骨 1 件，门齿 4 件，	1
		马	趾骨 1 件，跗骨 1 件	1
		未知种属	髋骨 1 件	
		碎块	2 件	
合计	148			31

标本 07SHⅡH7：2 牛右侧下臼齿，齿根略残，风化较严重，齿面已磨蚀到齿柱。经测量，其齿冠长/宽为 26/15 毫米，齿冠残高 28 毫米。

标本 07SHⅡH7：1 牛右侧距骨，保存完整，风化严重。经测量，其外半侧最大长（GLⅠ）为 96 毫米，内半侧最大长（GLm）为 92 毫米。

标本 07SHⅡH7：3 猪左侧上颌骨，风化严重，保存 $DP^2 - M^2$，DP^2 未脱落，P^2 已达齿槽，但未萌出，M^1 露出二分之一齿质点，M^2 已完全萌出，开始使用。经测量，其 DP^2 齿冠长/宽为 14/10 毫米，齿冠残高 6 毫米，M^1 齿冠长/宽为 17/12 毫米，齿冠残高 9 毫米，M^2 齿冠长/宽为 21/13 毫米，齿冠残高 12 毫米，$M^1 - M^2$ 齿列长 38 毫米。

标本 07SHⅡH1：73 猪左侧尺骨，近端残，风化较轻，经测量，其鹰嘴最小厚（SDO）为 26 毫米，近端关节面最大宽（BPC）为 19 毫米。

标本 07SHⅡH1：61 犬右侧下颌骨，恒齿齿列已萌出齐全，下颌第二切齿处于尖峰磨灭期。

（三）推测分析

1. 生态环境分析：

该地点位于东辽河下游右岸侵蚀台地上，墓葬中马的数量较多，推测当时的气候偏于干燥寒冷。从牛、马、羊的数量上推测该地区有大片的草本植物覆盖。从喜居在林缘草地上的鹿类和陆生淡水相的丽蚌的出现，推测该地区当时属于较中原干冷的疏林草原与灌丛混交地带，临近河湖。

2. 经济模式：

（1）牧业经济

从动物遗存的出土情况看，有 17 座墓葬中出牛，18 座墓葬中出有马，且牛、马的数量在各墓葬中均占绝对优势以及角镳的出现，推测当时牧业经济较为发达。

（2）农业经济

该地点中有 12 座墓葬殉有猪骨，标本数量较牛、马少，且年龄段集中，未成年个体居多，人为干预因素明显，因此推测可能为家猪。从该地点中出土的器物看，未见农业工具，因此推测当时农业经济已经出现，但却在经济生活中未占主要地位。

（3）渔猎经济

该地点中鹿类动物骨骼殉葬较少，但墓葬中出土了较多用鹿角制作的工具，如镞、锥、凿等。大量角质及青铜质的镞的出土，说明当时的居民对狩猎业较为注重，使其成为经济生活的重要组成部分，丰富了居民的肉食资源。该地点中的鹿角多是非自然脱落的，推测鹿类是其主要狩猎对象，且狩猎季节主要在秋冬之际。

墓葬中还发现一件陆生淡水相的蚌壳标本，推测其可能是源自附近的东辽河之内；这种葬俗也从另一角度反映了渔猎业在当地的经济结构中的存在。

（4）关于骨器加工

从该地点中出土的器物种类看，陶器、青铜器、骨角牙器、石器均有发现。除陶器外，骨角牙器数量较多，青铜器相对较少，石器数量最少。从后太平遗址第二地点中出土的骨角牙器形态上看，角器占主要部分。镞全部是选用鹿科动物的角干通过劈、砍、削、磨而制成；纺轮多是截取鹿角的角环处两面打磨而成；骨纺轮多是用牛、鹿等动物的股骨头制成的，将股骨头从中部横向劈开，将断口处磨平，并在头凹处钻孔即可；锥多是截取鹿角分枝利用其角尖的自然形态来使用；骨管多是用桡骨、掌骨、跖骨的骨体制成，断口处多有锯痕，可能是用皮条、麻绳一类的软锯锯成；骨匕首是用马的掌骨、跖骨从近端劈裂、磨制而成；圆形方孔角饰件是将鹿角切割成圆环后两面打磨而成；另外出土的一些角器如角镞、角凿、施纹角管、钻孔角管等均是利用鹿角的分枝打磨而成。

因标本数量较少，且出土单位的类型单一，上述分析，还需要通过对居住址内的动物遗存进一步分析来证明。

3. 其他

在后太平遗址第二地点的动物以牛、马为主，猪、犬次之，羊较少，同时还配以野生的鹿、雉和蚌，这样的数量比例从一定程度上反映了当地的经济模式。通过对可鉴定性别的猪骨进行观察，发现均为雌性，这可能是当地的一种葬俗，具体意义还有待于进一步研究，从另一方面也可推测此时期家猪驯养的存在。

从部位上看，随葬的动物均以头骨为主，多为牙齿和下颌骨，肢骨较少，且多残断，推测先民以此代表完整个体。此外，从年龄观察，该地点中的动物多以幼年为主，成年和老年个体较少，推测这可能是因为幼年个体的肉食量较少，且不能用作畜力工具；而成年个体肉食量多，且可以用于劳作；老年个体虽不适于劳作，但其肉食量还是很大的。这样做既表达了祭祀之意，又节约了肉食资源。

从动物遗存的出土位置看，后太平遗址第二地点的动物遗存散落于各层填土中，多与人骨相伴，可能是后期人为扰动造成的。该地点还有将牛牙置于成年男性头骨西侧上方的现象，朝向西南。

值得指出的是，有50%的墓葬在其填土内发现有烧骨（表3），多为中小型动物的肢骨部分，但是将殉牲焚烧后埋入墓中或是在墓中焚烧后直接掩埋还不能确定。

表3　后太平遗址第二地点墓葬烧骨统计表　　　　　　　　　　　单位：件

单位号	种属	部位	数量
07SHⅡM1	未知种属	跖骨骨体	1
07SHⅡM2	未知种属	碎块	—
07SHⅡM6	未知种属	碎块	—
07SHⅡM9	未知种属	碎块	—
07SHⅡM12	犬	左侧肱骨	1
07SHⅡM17	未知种属	股骨	2
	未知种属	碎块	—
07SHⅡM18	鹿	第一节趾骨	1
	未知种属	碎块	—
07SHⅡM19	未知种属	碎块	—

单位号	种属	部位	数量
07SHⅡM22	羊	左侧距骨	1
	未知种属	碎块	—
07SHⅡM25	未知种属	碎块	—
	未知种属	趾骨远端	1
	羊	右侧距骨	1
07SHⅡM26	猪	胫骨远端	1
		桡骨近端	1
	未知种属	碎块	—
07SHⅡM28	未知种属	碎块	—

二　后太平遗址第一地点

后太平遗址第一地点位于双辽市东明镇后太平村东部的台地上，与后太平遗址第二地点相距1000米。动物遗存分别出土于青铜时代、汉代、辽金时期的2座房址、6条灰沟、12个灰坑内。可鉴定标本4046件，碎块1675件，共计5721件。鉴定出的种属包括软体类、鱼类、鸟类、两栖类、爬行类和哺乳类动物。现分述如下：

（一）动物分类与描述

青铜时代

这一阶段的动物遗存共5305件，其中可鉴定的标本3796件，碎块1509件。鉴定出的种属如下：

软体类动物 Mollusca

该类动物发现有1目2科5属4种。

1. 杜氏珠蚌 Unio douglasiae

此类标本发现较多，壳体表面风化较重，多残破，少数保存较完整。

标本07SHⅠG8：1290右侧壳体，保存完整，壳体表面布满细密的生长线。壳体最大长49.16毫米，高26.22毫米，厚9.52毫米。

2. 楔蚌 Cuneopsis sp.

此类标本较多，多数保存完整，风化较重。

标本07SHⅠG8：1288壳体保存完整，壳体最大长109.79毫米，宽59.09毫米，厚22.91毫米（图版六三，1）。

3. 剑状矛蚌 Lanceolaria glodiola

此类标本保存完整的较多，风化程度较轻。

标本 07SH Ⅰ G8：1291 右侧壳体，后端尖部残断。壳体残长 153.95 毫米，高 31.91 毫米，厚 15.61 毫米。

4. 背角无齿蚌 Anodontawoodianawoodiana

此类标本发现较少，多为残片。标本 07SH Ⅰ G8：1287 左侧壳体，残断，壳体较薄。壳体残长 189.67 毫米，残高 133.21 毫米，厚 34.88 毫米（图版六三，2）。

5. 闪蚬 Corbicula nitens

此类标本较多，标本 07SH Ⅰ G8：1289，壳体保存完整，呈卵圆形，壳体较厚、坚硬。壳顶略突出背缘，居中。生长线粗壮、突出。壳体最大长 51.57 毫米，宽 43.65 毫米，厚 18.91 毫米（图版六三，3）。

鱼类 Pisces

该类动物发现有 3 目 3 科 5 属 5 种。

1. 鲫鱼 Carassius auratus

此类标本共发现 12 件，包括鳃盖骨和咽喉齿。最小个体数为 8。

标本 07SH Ⅰ H2：596 咽喉齿，仅保存有两颗牙齿，齿面平齐，呈椭圆形。骨体残长 24.82 毫米，齿冠最大长 2.59 毫米，宽 3.26 毫米（图版六三，4）。

2. 鲤鱼 Cyprinus carpio

此类标本有 532 件，包括咽喉齿、鳃盖骨、眼眶骨、上颌骨、鳍，保存较完整，风化程度轻。最小个体数为 256。标本 07SH Ⅰ H3：74 咽喉齿，保存完整，最大齿齿冠长 7.92 毫米，宽 5.32 毫米（图版六三，5）。

3. 草鱼 Ctenopharyngodon idellus

此类标本共 44 件，多为咽喉齿、鳃盖骨、锁骨。多残损，完整标本较少。最小个体数为 13。

标本 07SH Ⅰ H6：1 咽喉齿，保留 4 颗牙齿，最大齿齿冠长 10.81 毫米，宽 5.98 毫米，厚 1.99 毫米、最大齿根宽 4.99 毫米（图版六三，6）。

4. 鲶鱼 Parasilurus asotus

此类标本共发现 207 件，包括咽喉齿、鳍、锁骨。大多保存完整。最小个体数为 53。

标本 07SH Ⅰ G8：1019 咽喉齿，残损，骨体残长 40.66 毫米，前宽 4.38 毫米，后宽 1.41 毫米（图版六三，7）。

标本 07SH Ⅰ H2：462 锁骨，骨体残长 104.85 毫米，内侧宽 58.51 毫米，外侧宽 15.54 毫米（图版六三，8）。

标本 07SH Ⅰ G8：1159 胸鳍，背侧尖部残断，骨体残长 56.55 毫米，关节面最大宽 22.55 毫米（图版六三，9）。

5. 乌鳢 Ophicephalus argus

此类标本共 38 件，均为咽喉齿。多数标本保存完整。最小个体数为 29。

标本 07SH Ⅰ G7：1014 咽喉齿，保存完整。骨体全长 65.97 毫米，宽 14.34 毫米，厚 6.03 毫米。

两栖动物纲 Amphibia

1. 蛙 Rana sp.

此类标本共 44 件，包括椎骨、肱骨、髋骨、股骨、胫骨腓骨。最小个体数为 13。

标本 07SHⅠG8：8 肱骨，保存完整，骨体全长 16.85 毫米，骨管最小宽 2.03 毫米，远端宽 3.91 毫米（图版六三，10）。

爬行纲 Reptilia

1. 鳖 Amyda sp.

此类标本共 12 件，包括背甲、肱骨，最小个体数为 1。标本 07SHⅠG8：377 肋背甲，保存完整，骨板长 62.83 毫米，宽 17.02 毫米，厚 2.51 毫米。

鸟纲 Aves

1. 雉科 Phasianidae

此类标本 68 件，包括喙骨、下颌骨、肩胛骨、肱骨、桡骨、尺骨、掌骨、髋骨、股骨、胫骨、跗跖骨。最小个体数为 9。

标本 07SHⅠG8：1276 左侧掌骨，雄性，保存完整，全长 35.94 毫米，近端宽 7.34 毫米，远端对角线宽 9.82 毫米（图版六三，11）。

此外，该地点中还出土了 15 件体型较大的鸟类标本，少数标本上保留有人工痕迹。

标本 07SHⅠG8：1266 右侧尺骨近端，骨体粗壮，骨体中部被锯断，截面呈圆形。骨体残长 105.32 毫米，近端对角线距离 30.92 毫米，近端宽 30.19 毫米，骨管最小宽 15.34 毫米（图版六三，12）。

标本 07SHⅠG8：1263 下颌骨，骨体细长，外侧面有凹槽，而内侧没有。骨体残长 92.03 毫米，宽 11.44 毫米，厚 1.36 毫米（图版六三，13）。

哺乳动物纲 Mammalia

该类动物发现有 4 目 8 科 13 属 3 种。

1. 兔科 Leporidae

此类标本共 46 件，包括颌骨、肩胛骨、椎骨、肋骨、肱骨、桡骨、尺骨、髋骨、股骨、胫骨、腓骨、跟骨、距骨、跖骨。最小个体数为 3。除 2 件为幼年外，其他标本均为成年。

标本 07SHⅠH2：66 右侧下颌骨，保留五颗牙，角突略残。P_3 具一前内褶曲和一个十分强烈的中间内凹陷，这一凹陷直达牙齿的外侧。骨体全长 46.44 毫米，齿列全长 16.34 毫米，齿隙长 16.42 毫米，M_3 至下齿槽点长 33.59 毫米，下颌支垂直高 36.81 毫米（图版六三，14）。

2. 仓鼠 Cricetulus sp

此类标本共 20 件，包括头骨、下颌骨、肩胛骨、肱骨、尺骨、髋骨、股骨、胫骨。最小个体数为 4。

标本 07SHⅠH2：764 左侧下颌骨，齿列齐全，角突发育（图版六三，15）。

3. 鼢鼠 Myospalax sp.

标本 07SHⅠH2：738 右侧下颌骨，保存完整，角突发育，齿列齐全（图版六三，16），测量数据见表 4。

表 4　后太平遗址第一地点啮齿类动物下颌骨测量表　　　　　　　　单位：毫米

项目 标本	M₁－M₃	M₁前位体高×厚	M₃前位体高×厚	门齿后缘至 M₁齿隙长	角突至冠突
07SHⅠH2：764	7.01	5.49×2.69	5.18×3.37	7.16	13.52
07SHⅠH2：738	10.09	5.99×4.43	6.28×3.33	6.47	17.92

4. 犬 Canis familiaris

此类标本共 168 件，包括头骨、下颌骨、牙齿、肩胛骨、椎骨、肱骨、桡骨、尺骨、掌骨、髋骨、股骨、距骨、跟骨、胫骨、跖骨、趾骨。标本多残破，保留的人工痕迹较多。最小个体数为 9。其中 17% 为幼年个体，其他为成年个体。

标本 07SHⅠG8：295 左侧下颌骨，保存完整，齿列齐全，牙齿磨蚀严重。咬肌窝发育，边缘有数条切割痕（图版六四，1）。

标本 07SHⅠG8：314 头骨，残，各齿磨蚀严重，骨缝部分愈合，门齿及犬齿有被修整磨过的痕迹。

经测量，鼻骨最大长 ………………………………………………………………… 72.91 毫米

鼻长 ………………………………………………………………………………… 50.46 毫米

颊齿长 ……………………………………………………………………………… 54.38 毫米

臼齿长 ……………………………………………………………………………… 16.85 毫米

前臼齿长 …………………………………………………………………………… 42.13 毫米

P^4 长/宽 …………………………………………………………………… 17.63/8.41 毫米

犬齿长 ……………………………………………………………………………… 9.36 毫米

M^1 长/宽 ………………………………………………………………… 10.62/12.36 毫米

M^2 长/宽 ………………………………………………………………… 5.88/8.58 毫米

腭骨最大宽 ………………………………………………………………………… 58.81 毫米

腭骨最小宽 ………………………………………………………………………… 32.48 毫米

眼眶最大内高 ……………………………………………………………………… 27.35 毫米

5. 貉 Nyctereutes sp.

此类标本 11 件，包括头骨、上颌骨、下颌骨、桡骨、掌骨。最小个体数为 3。多为成年个体。

标本 07SHⅠH11：27 左侧上颌骨，保留 M^1－M^3，各齿磨蚀较重，齿质点全部露出。

6. 狐 Vulpes sp.

此类标本仅 2 件，包括上颌骨、下颌骨各 1 件。最小个体数为 1。

标本 07SHⅠH2：41 左侧下颌骨，保存完整，骨体细长，齿列齐全，下臼齿窄，齿尖尖锐，各齿开始磨蚀，上升枝外侧有四条切割痕（图版六四，2）。

经测量，P_1－M_3 齿列长 …………………………………………………… 62.07 毫米

M_1－M_3 齿列长 …………………………………………………………… 27.02 毫米

M_3 长/宽 ……………………………………………………………………… 4.02/3.17 毫米

P_2 齿槽后颌体高 ……………………………………………………………… 13.19 毫米

M_1齿槽后颌体高 ··· 15.21 毫米

下颌角突到下齿槽点长 ·· 107.68 毫米

7. 鼬 Mustela sp.

此类标本仅 1 件。标本 07SHⅠG8：403 左侧下颌骨，门齿缺失，保留五颗臼齿，冠状突短，略呈帆形，M_1具有小的下后尖（图版六四，3）。

经测量，$P_2 - M_2$齿列长 ··· 18.31 毫米

$M_1 - M_2$齿列长 ·· 9.57 毫米

M_1长/宽 ·· 8.08/3.13 毫米

M_2长/宽 ·· 2.02/2.13 毫米

角突到冠突最高点距离 ·· 18.93 毫米

M_1齿槽前颌体高 ·· 8.11 毫米

P_2齿槽后颌体高 ·· 8.05 毫米

M_2齿槽后颌体高 ·· 8.35 毫米

8. 狗獾 Meles meles

此类标本共 25 件，包括头骨、上颌骨、下颌骨、椎骨、肱骨。最小个体数为 6。

标本 07SHⅠH12：27 下颌骨，联合处已愈合，右侧上升枝冠突略残，左 I_1、I_3、M_2，右 I_2、I_3、M_2 均缺失，P_2齿槽愈合，各齿齿冠磨蚀严重（图版六四，4）。

经测量，$P_3 - M_2$齿列长 ··· 31.44 毫米

$M_1 - M_2$齿列长 ·· 22.41 毫米

M_1长/宽 ··· 14.21/6.51 毫米

角突到冠突最高点 ·· 39.14 毫米

M_1齿槽前颌体高 ··· 12.92 毫米

下颌角突到下齿槽点长 ·· 80.96 毫米

9. 马 Equus sp.

此类标本共 49 件，包括下颌骨、牙齿、肩胛骨、肱骨、桡骨、尺骨、掌骨、髋骨、股骨、髌骨、跟骨、距骨、跖骨、趾骨。最小个体数为 2。

标本 07SHⅠF2：32 第一节趾骨，骨体粗壮，远端略残，骨体最大长 82.22 毫米，近端宽 51.31 毫米，厚 35.93 毫米，近端关节面宽 47.59 毫米（图版六四，5）。

10. 猪 Sus sp.

此类标本共 171 件，包括头骨、上颌骨、下颌骨、肩胛骨、椎骨、肱骨、桡骨、尺骨、掌骨、髋骨、距骨、跟骨、胫骨、趾骨。最小个体数为 21。

在该遗址发现的猪骨中有 23 件个体较粗大，疑为野猪骨骼；

标本 07SHⅠH3：10 左侧肱骨远端，骨骺已愈合，骨体中部被砸断，断口呈锯齿形，远端前侧有数刀切割痕，保留有食肉类动物的咬痕。骨体残长 95.09 毫米，远端宽 51.91 毫米（图版六四，6）。

标本 07SHⅠG8：288 左侧上颌骨，I^1开始磨蚀，$DI^2 - DI^3$未脱换，犬齿磨蚀较重，P^2、P^3开始使用，从犬齿的形态特征判断为雄性个体（图版六五，1）。

经测量，P³长/宽 ·· 14.94/10.53 毫米

犬齿长/宽 ·· 16.66/14.47 毫米

犬齿高 ··· 30.14 毫米

其他标本多残损，未成年居多。

11. 马鹿 Cervus sp.

此类标本共 159 件，包括角、肩胛骨、椎骨、肱骨、桡骨、股骨、距骨、胫骨、跖骨、趾骨。最小个体数为 3。

标本 07SHⅠG8：105 角心，角环自然脱落，主枝及分枝被数刀砍掉。角残长 79.13 毫米，宽 70.46 毫米，厚 41.73 毫米，角环横径 73.21 毫米，纵径 63.57 毫米（图版六五，2）。

12. 狍 Capreolus sp.

此类标本共 104 件，包括角、头骨、上颌骨、下颌骨、肩胛骨、椎骨、桡骨、髋骨、股骨、跟骨、胫骨、距骨、趾骨。最小个体数为 21。

标本 07SHⅠG7：131 右侧角，角分三叉，角环处自然脱落，角干及各分枝尖部被磨（图版六五，3）。

经测量，角长 ··· 231.15 毫米

角宽 ·· 21.29 毫米

角环横径 ··· 33.73 毫米

角环纵径 ··· 32.28 毫米

第一分枝长 ··· 49.13 毫米

第二分枝长 ··· 30.83 毫米

冠枝长 ··· 11.62 毫米

13. 山羊 Capra sp.

此类标本共有 146，包括掌骨、头骨、上颌骨、下颌骨、牙齿、肩胛骨、肱骨、桡骨、尺骨、髋骨、股骨、距骨、跟骨、跗骨、胫骨、跖骨、趾骨。除趾骨和距骨外，均残破。最小个体数为 7。

标本 07SHⅠG6：41 左侧距骨，保存完整，风化较轻。外半侧长 30.87 毫米、厚 15.89 毫米，内半侧长 28.31 毫米，厚 16.54 毫米，远端宽 18.22 毫米。

14. 牛 Bos sp.

此类标本共 61 件，包括头骨、下颌骨、肩胛骨、椎骨、桡骨、尺骨、掌骨、髋骨、股骨、跟骨、距骨、胫骨、跖骨、趾骨。最小个体数为 5。

标本 07SHⅠG8：18 右侧距骨，保存完整，髁脊相接处有数条切割痕，外脊外侧有啮齿类动物咬痕。外半侧最大长 65.76 毫米，厚 42.19 毫米，内半侧最大长 61.64 毫米，厚 40.02 毫米，远端最大宽 45.65 毫米。

汉代

属于这一时段的动物遗存共 40 件，其中可鉴定标本 16 件，碎块 24 件。鉴定出的种属如下：

两栖动物纲 Amphibia

1. 蛙 Rana sp.

此类标本仅 1 件，标本 07SHⅠH04：16 胫骨腓骨，保存完整，风化较轻。

哺乳动物纲 Mammalia

该类动物发现有 3 目 3 科 3 属 1 种。

1. 犬 Canis familiaris

此类标本共 3 件，包括牙齿和上颌骨，最小个体数为 1。标本 07SHⅠH4：5 上颌骨，联合处未愈合，I^2、C 均已萌出。

2. 马 Equus sp.

此类标本仅 1 件，07SHⅠH4：1 左侧肩胛骨，肩胛颈处被砸断，保留骨板部分。

3. 猪 Sus sp.

此类标本仅 1 件，右侧下颌骨，其上保留 $DP_3 - DP_4$，M_1 齿槽存在，其他均为乳齿齿槽孔。

辽金时期

属于这一时段的动物遗存共 154 件，其中可鉴定标本 125 件，碎块 29 件。鉴定出的种属如下：

软体类动物 Mollusca

1. 中华圆田螺 Cipangopaludina cahayensis

此类标本共发现 7 件，保存较完整，风化程度轻。标本 07SHⅠH10：55 壳体较大，共有 5 个螺层，螺高 50.51 毫米，最大径 35.12 毫米。

鱼类 Pisces

该类动物发现有 3 目 3 科 5 属 5 种。

1. 鲤鱼 Cyprinus carpio

此类标本有 12 件，包括鳃盖骨、锁骨，风化程度轻。最小个体数为 6。

标本 07SHⅠH10：45 右侧鳃盖主骨，保存完整，整体呈梯形。

2. 鲶鱼 Parasilurus asotus

此类标本共发现 4 件，包括咽喉齿、鳍、锁骨。最小个体数为 1。

标本 07SHⅠG5：51 咽喉齿，保存完整，表面呈蜂窝状。

爬行纲 Reptilia

1. 鳖 Amyda sp.

此类标本共 1 件，均为肱骨，最小个体数为 5。

标本 07SHⅠH10：49 左侧肱骨，骨体两端残，骨体残长 53.76 毫米，骨体最小宽 6.25 毫米。

两栖动物纲 Amphibia

1. 蛙 Rana sp.

此类标本仅 1 件，标本 07SHⅠH04：16 胫骨腓骨，保存完整，风化较轻。

鸟纲 Aves

1. 雉科 Phasianidae

此类标本仅 1 件，07SHⅠG1：1 跗跖骨，骨体略残，雌性个体。

此外还有 1 件标本较为特殊，标本 07SHⅠH10：54 右侧掌骨，保存完整，个体较雄大，骨体细长，全长 79.21 毫米，近端宽 9.09 毫米，远端对角线宽 13.46 毫米。具体种属尚不能确定，疑为雕（图版六五，4）。

哺乳动物纲 Mammalia

该类动物发现有 2 目 8 科 13 属 3 种。

1. 犬 Canis familiaris

此类标本共 3 件，包括头骨、股骨。最小个体数为 1。

标本 07SHⅠG4：2 左侧股骨近端，骨骺愈合，骨体风化较重，股骨头四周有食肉类动物咬痕。

2. 貉 Nyctereutes sp.

此类标本共 50 件，包括头骨、椎骨、肋骨、肱骨、桡骨、尺骨、掌骨、髋骨、股骨、距骨、跟骨、胫骨、腓骨、跗骨、跖骨，为同一个个体。

标本 07SHⅠG5：1 头骨，保存完整，额鼻区隆起矢状脊高，鼓室筒形，顶骨两面较粗糙，听泡大而凸，P^4 齿冠低，长度小于 $M^1 + M^2$ 的长，有第二尖（图版六五，5）。

经测量，颅腔长	81.04 毫米
面长	58.22 毫米
鼻骨最大长	67.73 毫米
颊齿长	40.18 毫米
臼齿长	14.92 毫米
P^4 长/宽	11.54/6.15 毫米
腭骨最大宽	36.06 毫米
眼眶最小宽	25.87 毫米

标本 07SHⅠG5：3 左侧下颌骨，保存完整，下颌体较细长，水平枝下缘平直，次角突发育，齿列齐全，各齿开始磨蚀，联合处未愈合（图版六五，6）。

经测量，从髁点到下齿槽点长	91.77 毫米
髁突到犬齿齿槽后点长	79.82 毫米
M_3 齿槽后点到犬齿齿槽后点长	47.16 毫米
$P_1 - M_3$	45.76 毫米
$M_1 - M_3$	22.12 毫米
犬齿长/宽	5.88/4.53 毫米
M_3 长/宽	3.27/2.91 毫米
P_2 齿槽后颌体高	11.91 毫米

3. 猪 Sus sp.

此类标本共 6 件，包括头骨、上颌骨、下颌骨、肱骨、桡骨、髋骨。最小个体数为 2。

标本 07SHⅠH10：4 右侧下颌骨，保留 $P_4 - M_3$，P_4 开始磨蚀，M_1 齿质点全部露出，齿面已平，M_2 露出二分之一齿质点，M_3 萌出二分之一。雌性个体。$P_4 - M_3$ 齿列长 77.29 毫米，$M_1 - M_3$ 齿列长

63.41 毫米，M_2 长/宽为 22.9/16.64 毫米。

标本 07SHⅠH10：5 左侧肱骨远端，骨骺愈合。骨体中部被砸断，断口呈锯齿形。骨体远端各面有数条切割痕，保留有食肉类动物咬痕。

4. 马鹿 Cervus sp.

此类标本共 5 件，包括角、跖骨、趾骨。最小个体数为 1。标本 07SHⅠH10：12 仅保留角环处，角环自然脱落。

5. 狍 Capreolus sp.

此类标本共 3 件，均为角。最小个体数为 1。标本 07SHⅠF1：3 角，仅存部分角干。

6. 山羊 Capra sp.

此类标本仅有 1 件，标本 07SHⅠG4：3 第二趾骨，保存完整，骨骺愈合。

7. 牛 Bos sp.

此类标本共 6 件，包括头骨、上颌骨、牙齿。最小个体数为 1。

标本 07SHⅠG4：4 左侧上颌骨，保留 $P^4 - M^2$，P^4 齿面已磨蚀平整，M^1 磨蚀严重，接近齿根，M^2 齿面已磨蚀平整（图版六五，7）。

经测量，P^4 长/宽 ·· 16.35/23.86 毫米

M^1 长/宽 ·· 20.82/23.34 毫米

M^2 长/宽 ·· 27.78/24.08 毫米

$P^4 - M^2$ 齿列长 ·· 64.42 毫米

（二）骨骼痕迹分析

1. 自然作用

从骨骼表面物质的保存情况分析，后太平遗址第一地点所出骨骼受风化侵蚀作用程度较轻，少数破坏严重的标本多为肋骨、椎骨，这可能与骨骼本身的组织构造有关。

2. 动物作用

该地点中具有此类特征的标本有 301 件，其中 113 件有啮齿类动物咬痕，188 件有食肉类动物咬痕。啮齿类动物咬痕多位于骨体两端边缘处，食肉类动物咬痕多位于骨松质密集处。痕迹形态多呈圆坑状或纵沟状（图二）。

3. 人工作用

此类痕迹可分为以下几种：

（1）砸痕：具有此类痕迹的标本有 417 件，其中一部分标本作用于长骨骨体中部，将骨体从中间砸断，其目的是砸骨取髓；一部分标本作用于长骨骨体两端，将两端砸掉，截取中部较长的骨管，目的是砸骨取料用于加工骨器；还有一部分是将下颌骨的

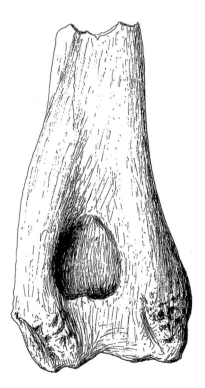

图二 食肉类动物咬痕

水平枝底部砸掉，目的是取其内部骨髓。

（2）砍痕：此类标本共 115 件，多作用于动物角上，在角干及分枝相接处反复砍削，目的是截取角料，加工角器。

（3）烧烤痕：有 64 件标本上具有此类痕迹，其中一部分标本通体发黑或发灰，可能是人类食用后或是加工骨器的废料随意丢弃到火中；一部分标本只在断口边缘保留略呈黄色的烤痕，可能是加工骨器时为了增加骨料的硬脆度更易于加工而有意将骨体略烤一下（图版六五，8）。

（4）磨痕：此类标本共 7 件，多见于骨器加工的最后一、二步，目的是修整器形。

（5）劈痕：此类标本共 26 件，多用于肢骨及肋骨，见于骨器加工的第二、三步，目的是截取骨料，修整雏形。

（6）切割痕：此类标本共 61 件，多作用于骨体韧带附结处，目的是肢解动物。

（7）锯痕：此类标本共 8 件，多作用于角及肢骨上，断口平齐，目的是截取骨、角料。

（三）骨角牙器加工方式

后太平遗址第一地点中的动物不仅为当地先民提供丰富的肉食资源，而且还被用来加工制作各种骨角牙器。从出土骨角牙器的种类、数量的丰富程度看，其骨角牙器加工水平也有了巨大提高。

该遗址的先民在制作饰件时多采用钻孔的加工方式，原料多为狍、羊等中小型动物的距骨、趾骨、牙齿或珠蚌；骨管多采用将小型动物的肢骨锯掉两端的方法制作而成；

笄的制作方法有三种：一是直接将小型动物肢骨的一端磨尖；一是沟裂下小型动物肢骨的部分骨片，将其内侧面磨平磨尖；一是将鹿角沟裂下部分细长角片，通体砍削，外侧面略磨而成。骨针多利用沟裂下的肢骨骨片磨制而成，有的还是利用个体较大的鱼的肋骨通体打磨而成的。骨锥多是将中小型动物较细的肢骨一端骨体或劈裂下的细长骨片磨出尖部而成，角锥大部分是截取马鹿或狍子角的分枝修整而成，少数是将山羊角角柄一端磨扁平而成。

另外出土的镞，除石制的以外，仅 1 件为骨镞，其他的均用鹿角制成。该遗址的先民对鹿角的利用率如此高，不仅与角料本身易于加工的特点有关，而且鹿角易得，除了在狩猎中获得，还可在鹿角脱换的季节拾取。

骨匕首的加工流程

通过对后太平遗址第一地点内出土的用于加工骨器的骨料、成品、半成品、废料进行观察，分析该遗址的先民加工骨匕首主要有以下几个步骤（图三）：

1. 选料：该遗址中出土的骨匕首是选用马、鹿、牛等大型动物的距骨为原料。
2. 截取骨料：根据需要将骨体砸断，截取合适的长度（07SHⅠG8：25）。
3. 修整雏形：将骨体从一端劈裂或砸为前、后两部分（07SHⅠF2：21）。
4. 修整定型：将断口两侧磨平，在断口处打磨出尖部，修整定型（07SHⅠG8：26）。

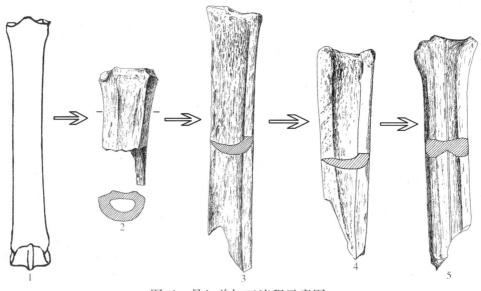

图三　骨匕首加工流程示意图

1. 选料（现代标本）　2. 截取骨料（07SHⅠG8：25）　3. 修整雏形（07SHⅠF2：21）　4. 修整定型（07SHⅠG8：26）
5. 成品（残）

卜骨及其制作技术

后太平遗址第一地点内还出有卜骨，多用羊、鹿、猪的肩胛骨制成。典型标本描述如下：

标本07SHⅠG7：20（器物号）鹿肩胛骨，骨板背侧缘及肩胛冈被修整，远端被砸掉，内侧面有圆形灼痕，未钻。

标本07SHⅠG8：28（器物号）猪肩胛骨，背侧缘及肩峰被修整，内侧面有钻孔，边缘形状不规则，施灼，底部有裂纹（图四，1）。

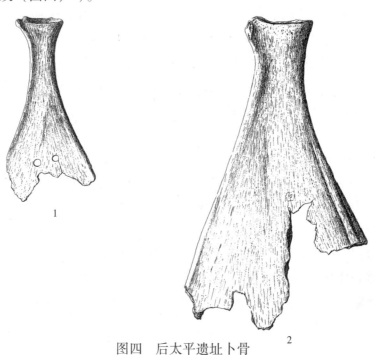

图四　后太平遗址卜骨

1. 07SHⅠG8：28　2. 07SHⅠF2：19

标本 07SHⅠF2：19（器物号）羊肩胛骨，骨板背侧缘及肩胛冈被修去，在内侧面施钻，保留有两圆孔，孔壁浅平、光滑，呈一定转角，底有裂纹，未灼（图四，2）。

（四）生业模式

后太平遗址第一地点出土的动物中牛、马、羊数量较多，在墓葬中殉牲亦较多，且出有马具角镳，可推测当时牧业经济较为发展。

后太平遗址第一地点野生动物种群丰富，陆生、水生动物数量都较多。陆生动物以鹿类为主，是先民主要的狩猎对象，加之大量镞等狩猎工具的发现，推测当时狩猎业十分繁荣。从发现的水生动物看，蚌类、鱼类种属多样，且个体较大，结合后太平遗址第二地点出土的渔猎工具中有网坠及制作鱼钩的陶范，推测当地先民捕鱼主要采用网捞和垂钓的方法。

三　盘山遗址

该遗址位于双辽市东明镇盘山村西部台地上，西距后太平遗址第二地点 500 米左右。动物遗存主要出土于新石器时代的 H1 及 H2 中，共 399 件，多残碎，完整标本较少。其中可鉴定部位的标本 387 件，碎块 12 件。鉴定出的种属包括软体类、鱼类、鸟类、两栖类、爬行类和哺乳类动物。

（一）动物分类与描述

软体类 Mollusca

该类动物发现有 2 纲 2 目 3 科 3 属 3 种。

1. 杜氏珠蚌 Unio douglasiae

该类标本仅发现 1 件。标本 07SPH1：427 右侧壳体，边缘略残，壳体较薄，表面有细密的同心纹，壳长 46.71 毫米，高 22.01 毫米，厚 8.11 毫米。壳长为壳高的两倍多，前端短圆；后端略窄，整体呈长椭圆形（图版六六，1）。本种属于陆相淡水生。

2. 剑状矛蚌 Lanceolaria glodiola

该类标本共发现 11 件，其中左侧壳体 7 件，右侧 4 件，至少可代表 7 个个体。标本均有不同程度破损，其中一件还有被烧过的痕迹。

标本 07SPH1：422 右侧壳体，壳体末端残。整体狭长，前端短圆，末端渐窄，呈尖状，表面布满细密的生长线。壳体残长 98.67 毫米，高 24.97 毫米，厚 8.13 毫米（图版六六，2）。本种属为陆相淡水生。

3. 中华圆田螺 Cipangopaludina cahayensis

该类标本仅发现 1 件。标本 07SPH1：415 壳体较大，壳薄而坚，呈长圆锥形。有 5 个螺层，螺旋部高而略宽，螺体层膨圆，缝合线深。壳表光滑，生长纹细密。壳口呈卵圆形，上方有一锐角。壳高 43.29 毫米，最大径 31.81 毫米（图版六六，3）。本种属为陆相淡水生。

鱼类 Pisces

该类动物发现有 3 目 3 科 4 属 4 种。

1. 鲤鱼 Cyprinus carpio

此类动物标本仅发现 2 件咽喉齿。

标本 07SPH1：384 咽喉齿，咀嚼面磨蚀成褶皱状。最大齿齿冠长/宽为 4.73/4.41 毫米（图版六六，4）。

2. 草鱼 Ctenopharyngodon idellus

此类标本共发现 2 件咽喉齿。标本 07SPH1：349 喉齿全部缺失，仅存部分骨骼（图版六六，5）。

3. 鲶鱼 Parasilurus asotus

此类标本共 11 件，包括 8 件锁骨、3 件胸鳍。至少可代表 5 个个体。

标本 07SPH1：350 鳍，保存完整，两侧呈锯齿形。骨体全长 33.77 毫米，关节面最大宽 7.01 毫米（图版六六，6）。

4. 乌鳢 Ophicephalus argus

此类标本共发现 6 件咽喉齿。至少可代表 5 个个体。

标本 07SPH1：342 咽喉齿，咀嚼面前端保有一簇大小掺杂的牙齿基部，其间有大的圆形窝，在外侧面可观察到神经和血管的穿孔。后端略残，骨体粗壮，残长 50.15 毫米，咀嚼面最大宽 16.08 毫米，骨体最大厚 9.53 毫米（图版六六，7）。

除上述几种鱼的标本外，还出土了无法鉴定具体种属的鱼类椎骨、鱼刺和鳍 26 件，多残破。

两栖类 Amphibia

1. 蛙 Rana sp.

此类标本共 5 件，包括肱骨、桡骨、髋骨、股骨、胫骨、腓骨各 1 件。最小个体数为 1。标本 07SPH1：387 右侧髋骨，骨体纤细，保存完整，骨体长 14.79 毫米，髋臼最大宽 3.44 毫米（图版六六，8）。

爬行类 Reptilia

1. 鳖 Amyda sp.

该类标本共 88 件，包括背甲和肢骨。最小个体数为 3。

标本 07SPH1：218 背甲肋板，表面无盾沟，具有蠕状的纹饰。甲片长 46.68 毫米，宽 20.11 毫米，骨板厚 1.33 毫米（图版六六，9）。

从背甲的纹饰看，该遗址中出土的鳖应属于同一种。

鸟类 Aves

1. 雉科 Phasianidae

此类标本共发现 73 件，包括喙骨、肩胛骨、肱骨、桡骨、尺骨、掌骨、腰骶骨、股骨、胫骨、跗跖骨，最小个体数为 9。

标本 07SPH1：163 喙骨，近端已愈合，骨体全长 48.59 毫米，内侧点长 43.98 毫米，远端最大宽 11.83 毫米，基底关节面宽 8.76 毫米（图版六六，10）。

标本 07SPH1：159 左侧肩胛骨近端，远端残，骨体残长 43.14 毫米，颅侧最大斜线距离 10.63 毫米（图版六六，11）。

标本 07SPH1：116 右侧股骨，保存完整，骨体粗壮，腓侧沟深而宽，十分发育。骨体全长 80.15 毫米，内侧最大长 77.5 毫米，近端最大宽 13.38 毫米，厚 8.51 毫米，骨体最小宽 4.72 毫米，远端最大宽 12.12 毫米，厚 10.65 毫米（图版六六，12）。

标本 07SPH1：174 左侧跗跖骨，保存完整，骨体下端保存距，成钩状，为雄性个体，远端有被火烧的痕迹。骨体全长 69.78 毫米，近端最大宽 9.53 毫米，骨管最小宽 4.04 毫米，远端最大宽 9.59 毫米（图版六六，13）。

此外，还发现了 2 件较为特殊的鸟类骨骼，具体种属未定。

标本 07SPH1：173 跗跖骨，仅保存远端部分，远端平齐，骨体残长 32.73 毫米，骨体最小宽 4.12 毫米，远端最大宽 12.18 毫米（图版六六，14）。

标本 07SPH1：180 胸骨，骨体残长 31.08 毫米、宽 6.99 毫米、厚 0.93 毫米，保留有 6 个肋骨关节面，后面的关节面长，前面短，关节面残长 26.27 毫米（图版六六，15）。

哺乳动物纲 Mammalia

该类动物发现有 5 目 7 科 6 属 1 种。

1. 兔科 Leporidae

此类标本共有 27 件，包括肩胛骨、肱骨、桡骨、尺骨、髋骨、股骨、距骨和趾骨。最小个体数为 4。

标本 07SPH1：279 左侧髋骨，骨体略残，骨体残长 68.73 毫米，髋臼最大宽 9.36 毫米，闭孔最大长 17.07 毫米，髂骨颈宽 9.28 毫米，厚 6.25 毫米（图版六六，16）。

2. 仓鼠科 Cricetidae

此类标本仅 1 件。标本 07SPH1：123 左侧胫骨，近端骨骺未愈合。骨体残长 36.82 毫米，近端宽 4.61 毫米，远端宽 3.97 毫米，骨体最小宽 2.64 毫米（图版六六，17）。

3. 貉 Nyctereutes sp.

此类标本共 52 件，包括头骨、肩胛骨、椎骨、肱骨、尺骨、股骨、胫骨和距骨，最小个体数为 4。完整骨骼较少，骨体风化较轻，少量标本上有人工痕迹。

标本 07SPH1：57 左侧下颌骨，门齿及 P_3 缺失，各齿均已开始使用。下颌体较细长，水平枝下缘平直（图版六六，18）。

经测量，M_3 齿槽后点到犬齿齿槽后点长 ···················· 49.89 毫米

$P_1 - M_3$ 齿列长 ···················· 47.08 毫米

$P_1 - P_4$ 齿列长 ···················· 26.05 毫米

$M_1 - M_3$ 齿列长 ···················· 21.91 毫米

犬齿长/宽 ···················· 5.91/4.52 毫米

P_2 齿槽后颌体高 ···················· 12.48 毫米

M_1 齿槽后颌体高 ···················· 15.41 毫米

4. 鼬 Mustela sp.

此类标本仅发现 1 件。标本 07SPH1：181 趾骨，保存完整。近端关节面较宽略呈月牙形（图版六七，1）。

5. 狗獾 Meles meles

此类标本共 11 件，包括下颌骨、肱骨、桡骨、股骨。最小个体数为 4。

标本 07SPH1∶58 左侧下颌骨，保留 C、P_4、M_1，M_1 开始露出齿质点，呈前尖后圆的狭长形。犬齿齿冠被横向锯掉，断口光滑（图版六七，2）。

经测量，M_2齿槽后点到犬齿齿槽后点长 ································· 37.92 毫米

$P_2 - M_2$齿列长 ······································· 6.35 毫米

$M_1 - M_2$齿列长 ······································ 24.65 毫米

M_1长/宽 ·· 31/7.31 毫米

M_1齿槽前颌体高 ······································ 11.48 毫米

M_2齿槽后颌体高 ······································ 15.57 毫米

6. 狍 Capreolus sp.

此类标本共 7 件，包括角、下颌骨、髋骨、距骨。最小个体数为 1。

标本 07SPH1∶1 右侧下颌骨，齿列已齐全，P_2露出二分之一齿质点，其他牙齿齿质点全部露出。门齿及上升枝部分缺失（图版六七，3）。

经测量，齿隙长 ··· 45.49 毫米

$P_2 - P_4$齿列长 ······································· 30.21 毫米

$M_1 - M_3$齿列长 ······································ 43.84 毫米

M_3长/宽 ··· 18.21/10.29 毫米

P_2前颌体高 ··· 16.28 毫米

M_3后颌体高 ··· 31.29 毫米

7. 山羊 Capra sp.

此类标本共发现 10 件，包括肩胛骨、桡骨、跟骨、距骨、趾骨。最小个体数为 2。

标本 07SPH1∶95 右侧肩胛骨，背侧缘及肩胛冈被砸掉，远端肩臼已愈合。肩胛颈最小宽 17.06 毫米，关节窝长 25.59 毫米，宽 20.41 毫米（图版六七，4）。

8. 牛 Bos sp.

此类标本共发现 6 件，包括桡骨、掌骨、髋骨、股骨、趾骨。最小个体数为 1。标本多残破，有人工砸痕。

标本 07SPH1∶397 左侧股骨，保留近端部分。股骨头厚 58.36 毫米。近端处被砸断，断口呈锯齿形（图版六七，5）。

（二）骨骼痕迹分析

1. 自然作用：

从骨骼表面痕迹分析，盘山遗址内标本所受风化侵蚀程度较低。推测这与该地区半流动沙土的埋藏环境有关。

2. 动物作用：

具有此类痕迹特征的标本较少，共23件，均为啮齿类动物啃咬作用，痕迹多位于小型动物肢骨的两端（图版六七，6）。

3. 人工作用：

此类痕迹可分为以下几种：

（1）锯痕：此类标本仅有1件，是将下颌犬齿齿冠锯掉（图版六七，2），断口平齐，推测是用一类较硬的锯作用的，目的为加工骨器。

（2）砍痕：此类标本仅1件，作用于掌骨的近端，从痕迹的形状上推测可能是为钝器作用。该标本上还有砸击和切割的痕迹，推测是为肢解动物留下的痕迹。

（3）砸痕：有23件标本上具有此类痕迹。其中有15件作用于骨体两端，推测其目的是为了截取较长的骨管用于骨器制作；另有8件作用于骨体中部，推测其是为了敲骨取髓便于食用。

（4）烧烤痕：此类标本有7件，分别为蚌壳、鳖甲以及雉等一些小型动物的肢骨。大多数标本通体发黑。

（三）生业模式

由于盘山遗址内出土的动物标本数量较少，且多残破，多为野生动物。野生动物可分为水生和陆生两类。其中水生动物标本148件，陆生动物标本251件，数量较多。因此推测当时人们的经济类型以渔猎业为主，狩猎对象以兔、貉、獾等中小型为主，捕捞对象以鱼类为主。

四　大金山遗址

大金山遗址位于新立乡大金山村西北部的台地上，出土动物标本共计799件，其中可鉴定标本726件，碎块73件。骨体多残损，风化程度较轻。所有标本均出自T1②。可鉴定出的种属包括软体类、鱼类、爬行类、鸟类和哺乳类。

（一）动物分类与描述

软体类动物 Mollusca

该类动物发现有2目3科5属4种。

1. 杜氏珠蚌 Unio douglasiae

此类标本数量最多，占整个遗址的90%以上，壳体表面风化程度较轻，保存完整。

标本07SJT1②：764 右侧壳体，保存完整，壳体最大长55.13毫米，高25.95毫米，厚11.26毫米。

2. 楔蚌 Cuneopsis sp.

标本数量较少，多残破，风化较轻。标本07SJT1②：762 标本保存完整，壳体最大长84.64毫米，宽 44.15 毫米、厚 15.76 毫米。

3. 剑状矛蚌 Lanceolaria glodiola

此类标本较少，多残破。标本 07SJT1②：759 右侧壳体，壳体残长 133.19 毫米，高 29.64 毫米，厚 12.74 毫米。

4. 闪蚬 Corbicula nitens

标本数量较少，均保存完整。标本 07SJT1②：763 壳体最大长 41.15 毫米，宽 35.15 毫米，厚 14.41 毫米。

5. 中华圆田螺 Cipangopaludina cahayensis

此类标本仅 1 件。标本 07SJT1②：104，仅存壳顶部分，风化较轻。壳体残高 47.39 毫米，最大径 34.56 毫米。

鱼类 Pisces

该类动物发现有 3 目 3 科 5 属 5 种。

1. 鲫鱼 Carassius auratus

此类标本仅发现咽喉齿 1 件，最小个体数为 1。

标本 07SJT1②：754 保留两颗牙齿，骨体残长 32.34 毫米，最大齿齿冠长 2.63 毫米，宽 4.33 毫米。

2. 鲤鱼 Cyprinus carpio

此类标本共 80 件，包括鳍、鳃盖骨、咽喉齿、下颌骨，最小个体数为 42。

标本 07SJT1②：294 咽喉齿，最大齿齿冠长 9.06 毫米，宽 5.97 毫米。

3. 草鱼 Ctenopharyngodon idellus

此类标本共 30 件，包括鳃盖骨和咽喉骨。最小个体数为 15。

标本 07SJT1②：704 咽喉骨，残损，牙齿全部缺失。

4. 鲶鱼 Parasilurus asotus

此类标本共有 53 件，包括锁骨、咽喉齿、鳍。最小个体数为 17。

标本 07SJT1②：325 咽喉齿，保存完整，骨体长 36.08 毫米，前宽 3.92 毫米，后宽 2.21 毫米。

5. 乌鳢 Ophicephalus argus

此类标本共 39 件，均为咽喉骨，最小个体数为 23。

标本 07SJT1②：291 咽喉骨，全长 59 毫米，最大宽 12.6 毫米，厚 4.89 毫米。

爬行纲 Reptilia

1. 鳖 Amyda sp.

此类标本共 59 件，包括背甲、肱骨、锁骨、椎骨。最小个体数为 3。

标本 07SJT1②：582 右侧肱骨，保存完整，骨体全长 53.51 毫米，近端宽 16.22 毫米，远端宽 21.73 毫米，骨体最小宽 6.61 毫米。

标本 07SJT1②：24 背甲肋板，全长 74.63 毫米，宽 20.73 毫米，厚 1.51 毫米。

鸟纲 Aves

1. 雉科 Phasianidae

此类标本共 21 件，包括喙骨、肱骨、桡骨、掌骨、股骨、胫骨、跗跖骨。最小个体数为 4。

标本 07SJT1②：188 左侧肱骨，远端残，骨体残长 69.26 毫米，近端宽 17.05 毫米，骨体最小宽 4.94 毫米。

标本 07SJT1②：206 左侧喙骨，保存完整，全长 51.03 毫米，远端最大宽 13.48 毫米，基底关节面宽 10.78 毫米。

此外，遗址中还出土了 4 件大型鸟类的肢骨，由于残损严重，无法判断具体种属。

标本 07SJT1②：63 掌骨，两端残损，骨体残长 101.05 毫米，近端残宽 14.22 毫米。从形态上推测为雕（图版六八，1）。

哺乳动物纲 Mammalia

该类动物发现有 4 目 7 科 9 属 4 种。

1. 兔科 Leporidae

此类标本共有 5 件，包括肩胛骨、髋骨、胫骨、跖骨。最小个体数为 2。

标本 07SJT1②：211 右侧肩胛骨，前缘处残损。肩胛颈最小宽 4.85 毫米，远端宽 8.71 毫米，肩臼厚 9.91 毫米，肩臼宽 6.22 毫米。

2. 犬 Canis familiaris

此类标本共有 52 件，包括头骨、上颌骨、下颌骨、肩胛骨、椎骨、肱骨、桡骨、尺骨、股骨、跟骨、胫骨、跖骨、趾骨。最小个体数 5。

标本 07SJT1②：447 头骨，骨缝未愈合，齿列齐全，齿槽孔均在，牙齿保留 $C - M^2$，右 P^1 缺失，齿槽孔愈合，各齿开始磨蚀。

标本 07SJT1②：153 右侧下颌骨，保留 $P_2 - M_2$，$P_4 - M_2$ 各齿均磨出齿质点，P_1 齿槽孔愈合，雄性个体。

经测量，下颌角突到下齿槽点长 ·· 124.31 毫米

$P_2 - M_3$ 齿列长 ··· 64.95 毫米

$M_1 - M_3$ 齿列长 ··· 32.86 毫米

犬齿长/宽 ··· 9.72/6.01 毫米

M_2 长/宽 ··· 8.59/6.43 毫米

角突到冠突最高点 ··· 54.37 毫米

M_1 齿槽后颌体高 ··· 26.47 毫米

3. 貉 Nyctereutes sp.

此类标本仅 1 件，标本 07SJT1②：174　枢椎，保存完整，骨体腹侧内凹，骨体最大长 52.79 毫米，椎弓长 46.52 毫米，颅侧关节面宽 25.71 毫米，最体最小宽 21.58 毫米，尾侧关节面宽 16.39 毫米，高 35.21 毫米。

4. 狗獾 Meles meles

此类标本共 7 件，包括头骨、上颌骨、下颌骨。最小个体数为 7。

标本 07SJT1②：138 头骨，骨缝愈合，额骨、鼻骨被砸掉，保留枕骨、顶骨及颧骨部分。保留 I^1

－M^1，M^1磨蚀严重。

经测量，髁底长 ··· 124.13 毫米

颊齿长 ··· 32.78 毫米

臼齿长 ··· 16.15 毫米

P^4长/宽 ··· 8.84/7.11 毫米

M^1长/宽 ·· 16.15/11.38 毫米

枕骨大孔最大宽 ··· 14.74 毫米

腭骨最大宽 ··· 41.96 毫米

腭骨最小宽 ··· 27.77 毫米

标本 07SJT1②：404 下颌骨，联合处已愈合，齿列齐全，保留 I_1、I_2，C、P_3 － M_2，各齿磨蚀严重。

经测量，下颌角突到下齿槽点长 ······························· 87.75 毫米

P_2 － M_2齿列长 ·· 36.64 毫米

M_1 － M_2齿列长 ·· 21.22 毫米

犬齿长/宽 ··· 8.95/5.94 毫米

M_1长/宽 ·· 16.39/7.82 毫米

M_2齿槽后颌体高 ··· 19.38 毫米

P_2齿槽后颌体高 ··· 14.22 毫米

5. 马 Equus sp.

此类标本共 6 件，包括白齿、尺骨、胫骨、距骨、趾骨。最小个体数为 1。

标本 07SJT1②：147 左侧胫骨远端，骨骺已愈合，骨体靠近远端处被砸断，断口呈长斜面，顶部呈尖形。骨体残长 124.71 毫米，远端最大宽 65.79 毫米，厚 38.65 毫米（图版六八，2）。

6. 猪 Sus sp.

此类标本共 12 件，包括头骨、上颌骨、下颌骨、肩胛骨、股骨、跟骨。最小个体数为 4。

标本 07SJT1②：162 左侧下颌骨，保留 M_1 － M_3，M_1磨蚀严重，M_2齿面已磨蚀平整，M_3完全萌出，露出三分之二齿质点，上升支被砸掉。从形态特征和测量数据上分析，推测该个体为野猪（图版六八，3）。

经测量，M_1 － M_3齿列长 ······································ 79.68 毫米

M_2长/宽 ·· 21.97/15.43 毫米

M_3长/宽 ·· 41.71/18.83 毫米

M_1齿槽后颌体高 ··· 47.44 毫米

M_3齿槽后颌体高 ··· 50.81 毫米

其他标本残损严重，无法判断其是家养或是野生。

7. 马鹿亚属 Cervus

此类标本共 5 件，最小个体数为 1。

标本 07SJT1②：448 头骨，角柄与额骨相接处，骨缝未愈合，角柄处有数刀砍锯痕，额骨被砍

断，角柄横径 50.89 毫米，纵径 63.65 毫米。

8. 狍 Capreolus sp.

此类标本共 9 件，包括角、上颌骨、下颌骨、肱骨、距骨、跗骨。最小个体数为 2。

标本 07SJT1②：154 右侧下颌骨，齿列齐全，齿质点全部露出，水平枝底部被砸掉。

经测量，齿隙长 ·· 45.1 毫米

$P_2 - P_4$ 齿列长 ··· 31.06 毫米

$M_1 - M_3$ 齿列长 ··· 44.77 毫米

M_3 长/宽 ··· 17.21/8.12 毫米

P_2 前颌体高 ··· 16.44 毫米

9. 山羊 Capra sp.

此类标本仅有 2 件，包括角、肱骨各 1 件。最小个体数为 1。

标本 07SJT1②：137 右侧角，保存完整，额骨骨缝未愈合，角干截面呈三角形。全长 114.91 毫米，宽 19.12 毫米，厚 25.99 毫米，角柄长 19.24 毫米，角干长 98.89 毫米。

10. 牛 Bos sp.

此类标本共有 10 件，包括上颌骨、舌骨、下颌骨、臼齿、肩胛骨、掌骨、趾骨。最小个体数为 2。

标本 07SJT1②：142 左侧下颌骨，保留 $DP_4 - M_2$，M_1 已磨蚀到齿柱，M_2 齿面未磨蚀平整，尚未磨蚀到齿柱（图版六八，4）。

经测量，$M_1 - M_2$ 齿列长 ·· 57.14 毫米

M_1 长/宽 ·· 25.91/13.52 毫米

M_2 长/宽 ·· 29.56/11.92 毫米

（二）骨骼痕迹分析

1. 自然作用

大金山遗址内出土的动物遗存所受风化作用较轻，骨体表面釉质层大多保存较好，只有少数标本的釉质层被风化掉，骨体表面出现蜂窝状小孔。

2. 动物作用

作用于骨骼上的动物痕迹主要有啮齿类动物咬痕和食肉类动物咬痕两种。具有此类痕迹的标本共 41 件，其中有啮齿类动物咬痕的 22 件，有食肉类动物咬痕的 19 件。痕迹多出现在骨体的两端及断口处。

3. 人工作用

该遗址内可以观察到的人工痕迹中，大多数是用于骨器加工的砍、砸、锯、磨、劈等痕迹，另外一部分则是用于敲骨取髓、肢解动物的砸、烤、切割等痕迹。

（三）卜骨的加工方法

该遗址内出有卜骨，共 3 件。对其描述如下：

标本 07SJT1②：2（器物号）羊肩胛骨，肩峰处有砸痕，在内侧面、外侧面施灼，灼点密集（见图五）。

标本 07SJT1②：5（器物号）羊肩胛骨，远端骨骺未愈合，在内侧面施灼，骨板出现裂纹。肩峰处被啮齿类动物啃咬。

标本 07SJT1②：11（器物号）猪肩胛骨，背侧缘及部分肩胛冈被砸掉，在外侧面施钻。

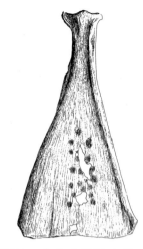

图五　大金山遗址卜骨

（四）经济模式

大金山遗址内的动物遗存种属与后太平遗址第一地点的相近，不同的是，该遗址内的渔猎对象数量所占比例明显高于后太平遗址第二地点，占绝对优势，且以蚌类为主，推测当地先民的生活以渔猎业为主，兼营家畜驯养业，或是由于发掘地点的特殊用途性质所致。

五　结语

1. 东辽河下游这三处遗址分布在东辽河右岸的二级台地上，地表覆盖质地松散的半流动沙土。出土的野生动物中有蚌、螺、鳖、鱼、蛙等淡水水生动物，有马、鼬、兔、狐等典型的草原动物，还有马鹿、狍、雉等林栖动物。由此推测这一地区当时的植被比现代更为丰茂，为典型的疏林草原环境，附近有低矮的灌木丛。

2. 盘山遗址的先民虽以渔猎业为主，但骨料利用率较低，骨器类型单一；

3. 相对于盘山遗址，后太平遗址的先民家畜驯养业较为发展。由于骨、角器加工技术水平的提高，当地先民狩猎、渔猎对象的种类更加丰富，数量迅速增多。

4. 从鹿角的形态特征看，有自然脱落的；也有人为砍断的，带有部分额骨。推测当地先民全年均可狩猎，对象以鹿类等中小型动物为主，且多为成年个体。

5. 在三个遗址的先民生活中渔猎业均占有重要地位，以蚌类、鱼类为主，大金山遗址尤为突出。

6. 后太平遗址和大金山遗址的先民保留有占卜之风。卜骨主要选用鹿、羊、猪的肩胛骨，其制作方法主要有以下两类：

1）对肩胛骨不作修整，直接在骨板内侧面或外侧面施灼。

2）对肩胛骨远端、肩胛冈、背侧缘进行修整，在内侧面或外侧面施以钻灼。

（摄影　赵　昕　绘图　马　洪）

附表一　后太平遗址第二地点墓葬出土哺乳动物遗存数量统计表　　（单位：件）

墓号	犬 牙齿	犬 上颌骨	犬 下颌骨	犬 肱骨	犬 尺骨	犬 胫骨	牛 牙齿	牛 下颌骨	牛 肩胛骨	牛 肱骨	牛 股骨	牛 跟骨	牛 距骨	牛 趾骨	马 牙齿	马 下颌骨	猪 牙齿	猪 上颌骨	猪 下颌骨	猪 桡骨	猪 胫骨	鹿 牙齿	鹿 趾骨	羊 牙齿	羊 距骨
M1							1						1												
M2															1										
M3							2																		
M5			1						1						2	1						1			
M6							4			1					1		2								
M7															2										
M9							5								1		1								
M11															1										
M12				1			2								1										
M17			3				7		1						2										
M18							3						1	1			6	1	2				1		
M19		1					1	1																	
M20		1	1		1	1									1										
M22							2								2			1	1						1
M24															1										
M25							5			1					1	1	1		1			1			
M26							5								3					1	1				2
M27						1		2							1						1		1		
M28		1					11	1							3	1	1					1			
M29							7			1	1	3	1				1	1							
M30														1										1	
M32															1										
M33	1	1					3								5	1									
M34	2				1										2								1		
M35			2																						1
M36															2										

附录三　双辽后太平遗址出土
青铜器金相学研究

贾莹　金旭东　高秀华　赵殿坤

摘要　本文利用光学显微镜和扫描电镜－X射线能谱仪对双辽后太平遗址出土的青铜器样品进行金相检测及成分测定，从微观结构揭示出青铜器的合金性质和工艺内涵。铜块样品表明当时已经具有熔炼铜的能力，遗址出土的陶范也证实了当地有熔炼铜以及铸造器物的能力。检测分析的器物多为饰物，质地包括铜器、铜锡铅合金、含砷或含锌的铜锡铅合金。加工成型工艺包括铸造后冷加工和热加工两种，铜锡铅合金热加工成型的样品含锡量在3.5%～12.36%，与现代加工青铜合金成分接近，具有较高的强度和理想的塑性。

关键词：双辽后太平遗址、青铜器金相、合金成分、工艺

一　引言

后太平遗址位于双辽市东明镇后太平村，东辽河右岸二级台地之上。遗址出土的青铜器种类包括镞、锥、环饰、泡饰、牌饰，年代为西周至春秋时期。本文所考察的样品有9件，包括铜块1件，铜环5件，青铜饰2件，铜片1件。在M15中，出土了8件陶范，器形有鱼钩、锥、镯，M22出土的青铜环07SHⅡM22：29与M15出土的陶范07SHⅡM15：56的器形相同，铜块和陶范的出现表明该地能够自己熔炼铜并且铸造器物。

二　金相检测结果

采用日本尤尼恩光学株式会社（Union Optical Co. LTD）Versamet－2型金相显微镜完成金相检测。

1　青铜块07SHⅡM20：3

青铜块07SHⅡM20：3呈不规则形状，由液体凝固而成。金相组织为铸造α相。α相具有成分偏析，中心区富铜，晶界附近富含其他元素，在照片中显示出不同色泽。晶界处存在一些杂质相（图版六九，1）。

2 青铜片饰 07SHⅡM1∶39

青铜片饰 07SHⅡM1∶39 出土于 M1 填土中，可辨别出两层结构，层之间有明显缝隙，以样品横断面为观察面。金相显微镜观察，断面为铸造 α 相组织。金相结构表现出器物反复折叠痕迹，在折叠缝隙两侧，α 相沿长度方向拉长，变形量比较大，远离缝隙区域，变形量相对较小。金相组织表明器物在铸造成型后经历过冷加工，然后折叠成为多层饰片（图版六九，2~4）。

3 青铜环 07SHⅡM11∶3

青铜环 07SHⅡM11∶3 出土于 M11 填土中。外表光滑莹润，呈翠绿色。以其端部纵向断面为观察面。金相组织为有孪晶的 α 相铸造后热加工组织（图版七〇，1~2）。

4 青铜饰件 07SHⅡM6∶4

青铜饰件 07SHⅡM6∶4 出土于 M6 填土中，石绿色，腐蚀严重。以纵向断面为观察面，由于自然腐蚀，金属结构已经显示出来，为铸造 α 相＋α＋δ 相组织，α 相优先腐蚀，在照片中呈现为灰色（图版七〇，3）。

5 青铜环 07SHⅡM22∶5

青铜环 07SHⅡM22∶5 出土于二次埋葬填土内。表面呈石绿色，断面为金黄色。倾斜横断面为观察面，显示为热加工组织，α 相晶界残留 α＋δ 相（图版七〇，4；图版七一，1）。

6 青铜片 07SHⅡM25∶3

青铜片 07SHⅡM25∶3 外表呈黑灰色泛绿。以纵向断面为观察面。金相组织为有孪晶的 α 相，含铅，晶粒和铅颗粒稍微变形，断面观察到滑移线，表明器物经过热加工，终锻温度在冷加工范围内，青铜片经过折叠锻打，层与层之间有明显的分界（图版七一，2~3）。

7 青铜环 07SHⅡM26∶25

青铜环 07SHⅡM26∶25 外表呈石绿色泛白，以端部纵向断面为观察面，断面呈金黄色，为带有孪晶的热加工 α 相，晶界有 α＋δ 相，边缘圆滑（图版七一，4）。

8 青铜环 07SHⅡM26∶11

青铜环 07SHⅡM26∶11 外观铜绿色泛黑。以端部纵向断面为观察面，为带有孪晶的热加工 α 相组织，含有铅（图版七二，1~2）。

9 青铜环 07SHⅡM15∶42

青铜环 07SHⅡM15∶42 外观为石绿色，以端部纵向断面为观察面，断面呈金黄色，为 α 相组织，晶界有少量的 α＋δ 相，黑色相为铅。铸造后经过热加工（图版七二，3~4）。

表1 双辽后太平遗址出土青铜器金相与工艺

器物	编号	金相组织	工艺	图版
铜块	07SHⅡM20：3	α相	铸造	六九，1
青铜片饰	07SHⅡM1：39	α相	铸造后折叠冷加工	六九，2~4
青铜环	07SHⅡM11：3	有孪晶的α相	铸造后热加工	七○，1~2
青铜饰件	07SHⅡM6：4	α相＋α＋δ相	铸造	七○，3
青铜环	07SHⅡM22：5	α相＋α＋δ相	铸造后热加工	七○，4；七一，1
铜片	07SHⅡM25：3	有孪晶的α相＋Pb	铸造后热加工、冷加工	七一，2~3
青铜环	07SHⅡM26：25	有孪晶的α相＋α＋δ相	铸造后热加工	七一，4
青铜环	07SHⅡM26：11	有孪晶的α相	铸造后热加工	七二，1~2
青铜环	07SHⅡM15：42	α相＋α＋δ相＋Pb	铸造后热加工	七二，3~4

三 扫描电镜－X射线能谱仪检测结果

本文采用扫描电镜－X射线能谱仪测定样品的化学成分，所用仪器为JXA－840扫描电镜和Oxford ⅠS－300能谱仪。检测结果见表2。

样品分为熔炼产物铜块和小件装饰物。

熔炼产物铜块07SHⅡM20：3面扫描测得基体含有1.91%锡，α相中心区富铜，边缘富含锡元素。晶界处以铅为主体元素（电镜1－1区中D），对应于金相照片中晶界处黑色区域。棱角分明的菱形（A点）或方块（C点）相主体成分为锡，分别含锡94.38%、94.99%；铜4.81%、4.12%。晶界处黑色相的主体成分为铅50.64%，铜35.14%。晶界处B点夹杂物分别含有铅59.15%、锡26.03%、铜10.27%。E点处含铜98.42%（图一，1~2）。

由成分分析可将所测青铜合金器物分为三种质地：

1. 铜铅合金

这类器物只有一片青铜片饰07SHⅡM1：39，扫描电镜检测结果表明，器物面扫描含锡量不足1%，含铅2.84%，A点含有53.88%铅，含氧14.44%（图二，1~2）。

2. 含锌或砷的铜锡合金及铜锡铅合金

青铜片07SHⅡM25：3为含锌的铜锡铅砷合金。扫描电镜面扫描1区含铜、锡、铅、砷含量分别为91.24%，2.62%，2.18%，3.73%，不含锌。面扫描2区铜、锡、砷含量分别为73.52%、1.96%、0.51%，锌22.01%。锻打中拉长的杂质相A区铜、锡、铅、锌、硫含量分别为8.65%、1.10%、38.31%、31.45%、19.54%。附近B区铜、锡、铅、锌含量分别为74.03%、2.36%、0.29%、22.67%。因此，器物中的锌是不均匀的，其金相组织与铜锌合金有共同之处，锌的存在可能是由于铜锌共生矿物性质所致（图三，1~3）。

本文所测青铜器样品或多或少都含有砷，含量比较高的器物有青铜饰件07SHⅡM6：4，两个区的面扫描数据显示分别含砷5.83%、6.55%，夹杂物含砷量高达16.55%（图四，1~2）。青铜片07SHⅡM25：3面扫描1区含砷3.73%，2区含砷0.51%。

表 2　扫描电镜检测结果

| 器物 | 编号 | 扫描位置 | 成分%（Element） | | | | | | | | | | | 合金性质 | 图 |
			Cu	Sn	Pb	As	S	Fe	Ag	Mo	Zn	Cl	O		
青铜块	2007SH II M20：3	1区面扫	95.93	1.91	1.62		0.17*					0.37		红铜	一1
		A	4.81	94.38	0.63*	0.18*									
		B	10.27	26.03	59.15	1.95	1.27					1.33			
		C	4.12	94.99	0.45*	0.26*	0.04*					0.15*			
		D	35.14	0.02	50.64	0.29	0.32*					13.59			
		E	98.42	0.50	0.43*	0.15*	0.10*					0.41			
		F	97.3		0.40*		0.04*					0.19*			
		2区面扫	95.32	0.11*		0.10*	0.16*					0.28	1.04		
青铜片饰	2007SH II M1：39	1区面扫	94.49	0.48*	2.84	0.30*						0.06*	1.84	铜铅合金	二1
		1区A	29.91	0.18*	53.88		0.7					0.89	14.44		二2
青铜片	2007SH II M25：3	1区面扫	91.24	2.62	2.18	3.73	0.30*					0.31*		铜锌锡铅砷合金	三1
		2区面扫	73.52	1.96	1.26	0.51	0.48				22.01	0.26			三2~3
		A	8.65	1.10	38.31	0.41*	19.54				31.45	0.54			三2
		B	74.03	2.36	0.29*	0.38*	0.13*				22.67	0.14*			三2
青铜饰件	2007SH II M6：4	1区面扫	88.29	4.43	0.17*	5.83	0.22	0.38				0.68		铜砷锡合金	四1
		A	70.54	9.88	1.00	16.55	0.02*	0.28*	1.17			0.56			四1
		B	94.44	2.44	0.14*	1.94	0.04*	0.26*	0.07*			0.68			四1
		2区面扫	86.43	5.19	0.03*	6.55	0.18	0.18*	0.8			0.63			四2
青铜环	2007SH II M22：5	1区面扫	94.28	3.79		0.52				1.42				铜锡●合金	五1

续表

器物	编号	扫描位置	成分% Cu	Sn	Pb	As	S	Fe	Ag	Mo	Zn	Cl	O	合金性质	图
青铜环	2007SH II M11：3	2区面扫	92.8	3.5	0.54*	1.17	0.27					1.71			五2
		1区面扫	90.64	7.66	0.57	0.16*	0.13*					0.45		铜锡铅合金	六1
		1区局部面扫	36.94	1.38	51.36	0.28*	7.3					1.88			六1
		1区A	89.74	7.22	1.57	0.35*	0.37					0.20			六2
青铜环	2007SH II M26：25	1区面扫	66.06	6.51	22.84	0.67	0.78	0.27*	0.24*			2.63		铜锡铅合金	七1
		A	9.58	0.73	84.84	0.18*	1.22		0.08*			3.37			七1
		B	86.73	7.19	1.19	0.94	0.14*		0.34*			2.75			七1
		2区面扫	87.3	8.07	3.08	0.58	0.23		0.07*			0.68			
		颗粒相	9.10		84.8	0.13*	3.17		0.42*			2.44			
青铜环	2007SH II M26：11	1区面扫	76.99	7.93	14.13	0.26*	0.51							铜铅锡合金	八1
		A	9.37	0.34*	88.76	0.03*	1.49								八1
		B	89.59	8.25	1.25	0.68	0.02*					0.21			八1
青铜环	2007SH II M15：42	1区面扫	85.28	12.36	0.59	0.6	0.38		0.46*			0.33		铜锡铅合金	九1
		A	7.28		91.38	0.15*	1.46					0.84			九2

● 扫描电镜－X射线能谱能仪检测含铅不足1%，但是金相观察器物含铅，为铜锡铅青铜合金。

青铜饰件07SHⅡM6∶4金相检测和电镜检测结果表明含铅量很低，但含砷量达到5.83%，属于铜砷锡合金。

3. 铜锡铅合金及铜铅锡合金

青铜环07SHⅡM22∶5、青铜环07SHⅡM11∶3电镜检测只含有不到1%铅，但是金相检测表明器物含有一定量的铅，属于铜锡铅合金（图五、六）。

除上述列举的器物外，其他器物含锡量在2.62%～12.36%之间，或多或少含有铅，结合金相观察分析属于铜锡铅或铜铅锡合金，此外，还有含量不等的砷、硫等元素，以多元素化合物形态存在于晶界处（图七～九）。

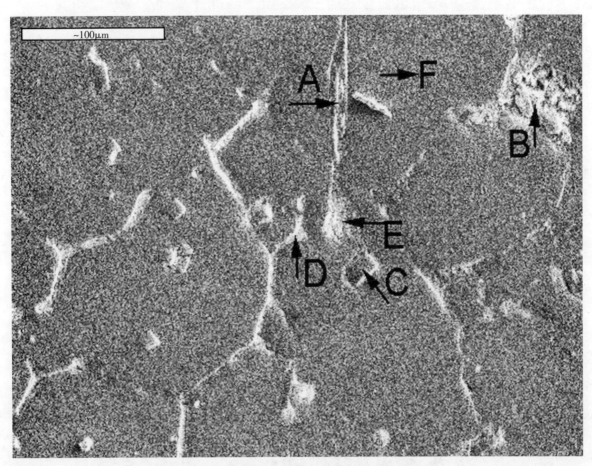

图一1　铜块07SHⅡM20∶3面扫描1区

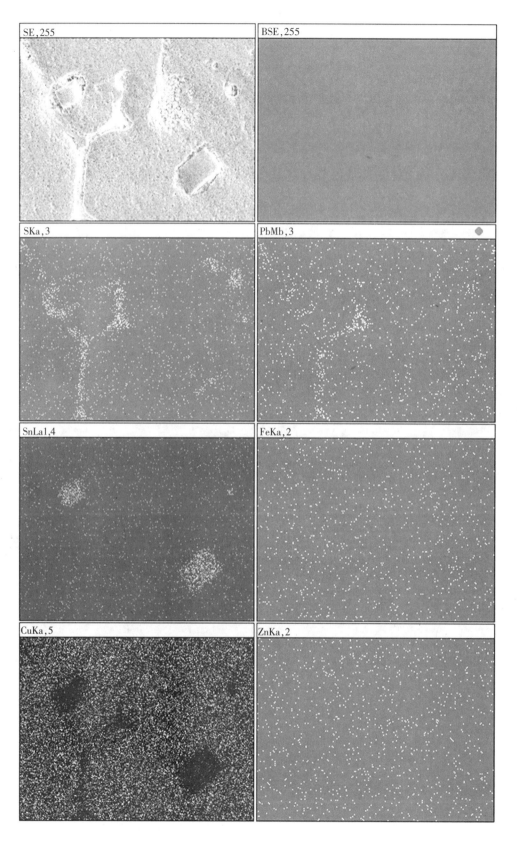

图一 2　铜块 07SHⅡM20：3 局部面扫描

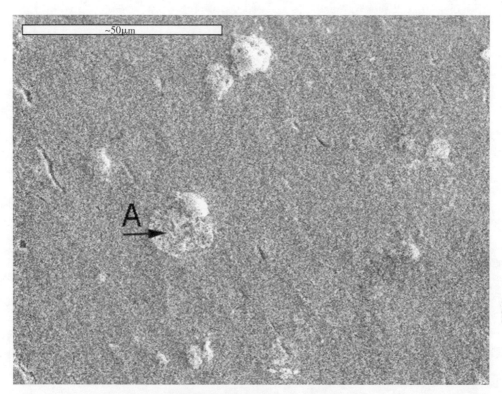

图二 1　青铜片饰 07SHⅡM1：39 面扫描 1 区

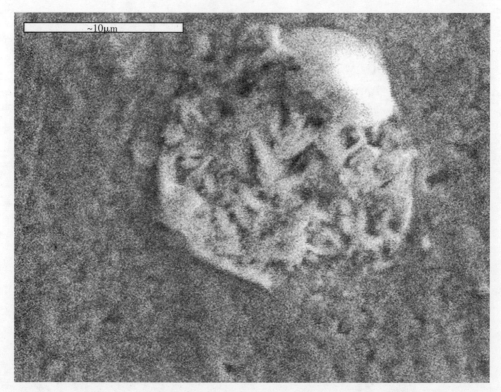

图二 2　青铜片饰 07SHⅡM1：39 之 1 区局部 A 相结构

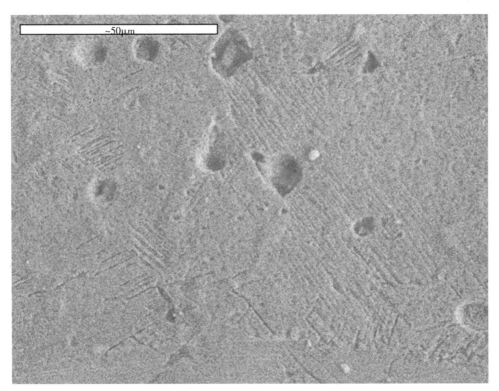

图三1　铜锌锡砷铅合金片 07SHⅡM 25∶3 面扫描 1 区

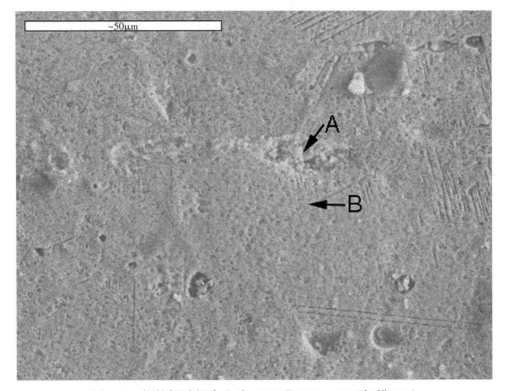

图三2　铜锌锡砷铅合金片 07SHⅡM 25∶3 面扫描 2 区

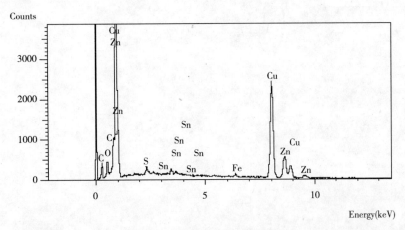

图三 3　铜锌锡砷铅合金片 07SHⅡM 25：3 面扫描 2 区谱线

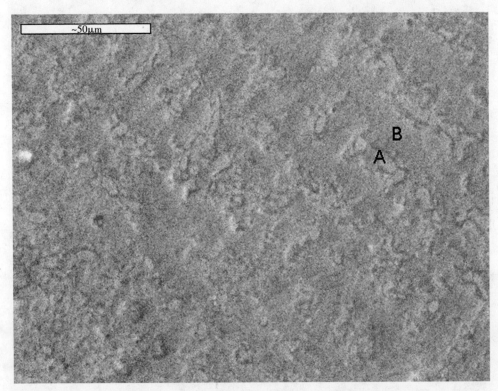

图四 1　青铜饰件 07SHⅡM6：4 面扫描 1 区

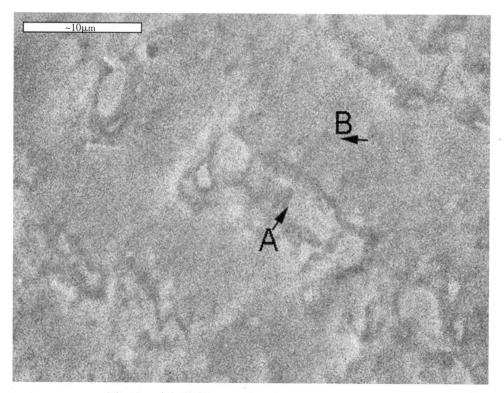

图四 2　青铜饰件 07SHⅡM6：4 面扫描 1 区局部

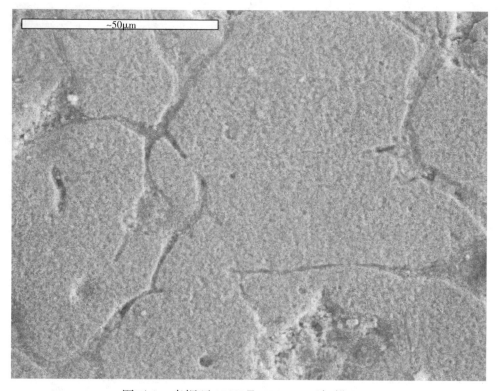

图五 1　青铜环 07SHⅡM22：5 面扫描 1 区

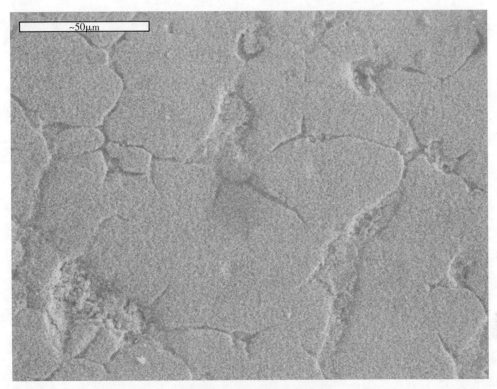

图五 2　青铜环 07SHⅡM22：5 面扫描 2 区

图六 1　青铜环 07SHⅡM11：3 面扫描 1 区

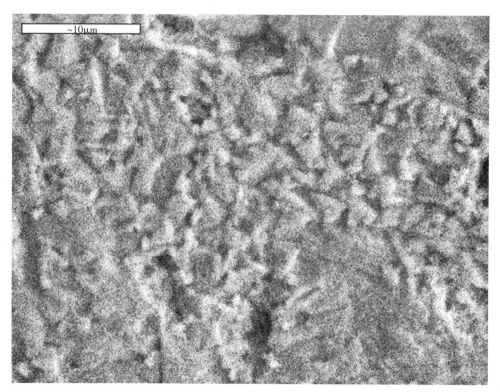

图六 2　青铜环 07SHⅡM11：3 面扫描 1 区 A 点微区

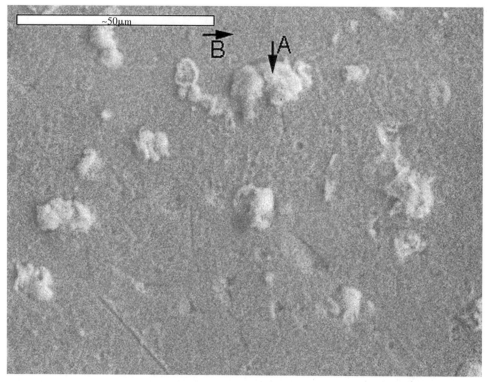

图七 1　青铜环 07SHⅡM 26：25 面扫描 1 区

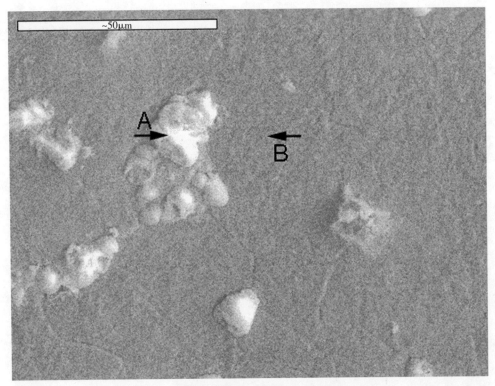

图八 1　青铜环 07SHⅡM 26：11 面扫描 1 区

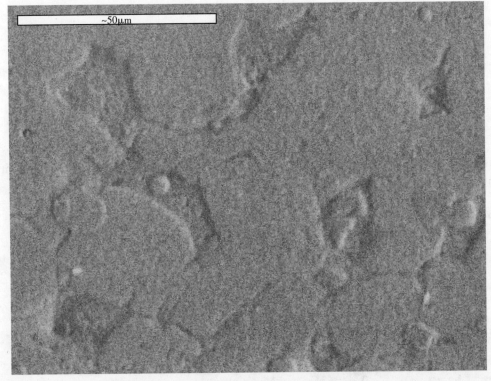

图九 1　青铜环 07SHⅡM 15：42 面扫描 1 区

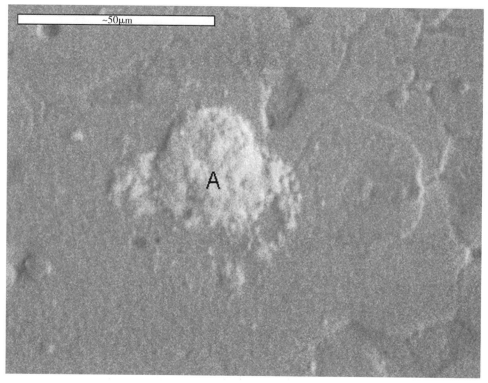

图九 2　青铜环 07SHⅡM 15：42 A 区

四　讨论

通过对双辽后太平遗址出土青铜器样品进行光学显微镜金相检测和扫描电镜－X 射线能谱仪成分测定，我们获得了一些重要信息：

1. 冶炼能力

铜块 07SHⅡM20：3 由冶炼的液态铜凝固而成，表明当地已经具有冶炼或熔炼铜的能力，与铜块共出刻划纹陶器，具有当地文化特征。M15 出土了数件陶范，其中手镯范 07SHⅡM15：56 与青铜手镯形制相同，这些陶范证实当地已经能够自行铸造器物。

2. 合金性质与工艺

青铜片饰 07SHⅡM1：39 为铜铅合金，铸造后采用冷加工成型。与其他青铜合金采用热加工不同。该器物所在 M1 出土的陶器具有压印篦点纹，属于白金宝文化属性。其他经过热加工的青铜合金器物所在墓葬共出陶器均为素面陶，属于当地特有的文化类型。但是由于这次检测 M1 只有一件样品，因此，冷加工成型工艺是普遍规律还是个例，还有待再考察。

本文检测样品中有含砷量不等的铜砷合金，青铜片 07SHⅡM 25：3 局部含有锌。鉴于其砷含量较低以及锌含量不均匀，所以砷、锌等元素有可能是使用了含有这些元素的矿物冶炼的结果。

3. 合金性能

根据现代合金理论，合金的机械性能与其合金成分、加工方法及热处理工艺相关。

　　理论上，含锡量低于15.8%的铜锡二元合金在平衡状态下冷却时，都应该得到单相的α固溶体，锡溶于α相中，合金的强度和硬度随着合金中含锡量的增加不断增大，但延展性约在含锡量 >5% 时开始下降，当锡含量大于15.8%时，铜与锡生成电子化合物δ相，硬而脆的δ相散布于基体中。但在实际铸造过程中，金属液并不是极其缓慢地冷却，如实际相图所述，含锡量达到6%时，便有δ相生成，合金由α相形和α+δ相构成，这种两相合金的性能要比单纯的α相高得多，无铅锡青铜含锡量为6%时塑性最好。

　　铅在铜及铜锡合金中的溶解度均极低，常以游离态铅粒散布于合金相中，浓度高时以枝晶形态存在于晶界，而且在合金中产生比重偏析。在锡青铜中加铅，可提高材料的抗磨性和切削性，但含量高时将大大降低合金的机械性能。W. T. Chase，T. O. Zieold 总结了中国青铜器合金成分与机械性能的关系，以图解的方式表达出来（图一○）[1]。铜锡铅三元青铜合金机械性能及合金成分的测量值与变量关系表明，不论加铅与否，铸造锡青铜总是以含锡量12% ~18% 时的强度为最大，该含锡量范围内含铅量小于8%，其抗拉强度都不会大幅度降低。含锡量为12% ~20% 时，加入小于6%的铅，延伸率接近直线，变化很小。现代铜锡合金及铜锡铅青铜合金（表3）ZQSn8 – 12 的延伸率相对于不含铅的 ZQSn10 并无大的变化，但屈服强度 σb 由 20 ~25kg/mm² 降至 15 ~20kg/mm²。

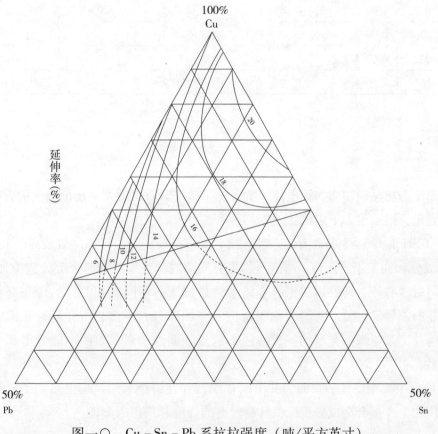

图一○　Cu – Sn – Pb 系抗拉强度（吨/平方英寸）

　　① W. T. Chase, T. O. Ziebold, 1978, Ternary Representation of Ancient Chinese Bronze Composition, Archaeological Chemistry – Ⅱ, Advances in Chemistry Series, American Chemical Society, Washington, DC. 302 – 305.

青铜的变形量对于合金的性能影响较大，加工锡青铜 QS6.5 - 0.4 的机械性能最高，屈服强度 σb 为 75kg/mm²，延伸率 δ 为 7.5% ~ 12%，布氏硬度 HB 为 160 ~ 180，远超过 10% 含锡量的铸造合金。

本文样品的成分检测表明，经热加工成型的青铜器物的含锡量在适合进行热加工的成分区间，与现代加工青铜成分比较一致，具有很好的机械性能。

表3　现代锡青铜合金机械性能①

合金	状态	成分%						σ_b kg/mm²	δ%	布氏硬度 HB
		Sn	Pb	杂质 小于	Cu	P	Zn			
ZQSn10	铸造	9.0 ~ 11.0		0.5	余量			20 ~ 25	3 ~ 10	70 ~ 80
ZQSn8 - 12	铸造	7.0 ~ 9.0	11.0 ~ 13.0	0.05	余量			15 ~ 20	3 ~ 8	0 ~ 120
ZQSn5 - 25	铸造	4.0 ~ 6.0	23.0 ~ 26.0	0.8	余量			14 ~ 18	6 ~ 8	55 ~ 65
QSn4 - 3	加工	3.5 ~ 4.5		0.2	余量		2.7 ~ 3.3	55	4	160
QSn4 - 4 - 2.5	加工	3.0 ~ 5.0	1.5 ~ 3.5	0.2	余量		3.0 ~ 5.0	60	2 ~ 4	160 ~ 180
QSn4 - 4 - 4	加工	3.0 ~ 5.0	3.4 ~ 4.5	0.2	余量		3.0 ~ 5.0	60	2 ~ 4	160 ~ 180
QSn6.5 - 0.4	加工	6.0 ~ 7.0		0.1	余量	0.3 ~ 0.4		75	7.5 ~ 12	160 ~ 180
QSn7 - 0.2	加工	6.0 ~ 8.0		0.3	余量	0.1 ~ 0.25				
QSn4 - 0.3	加工	3.5 ~ 4.5		0.1	余量	0.2 ~ 0.3		60	8.00	160 ~ 170

五　结论

本文利用光学金相显微镜和扫描电镜 – X 射线能谱仪对双辽后太平遗址出土的青铜器样品进行金相检测及成分测定，揭示出如下内涵：

1. 青铜块 07SH Ⅱ M20：3 中含有锡、砷、铅、硫等杂质，是由熔炼品位较高的氧化矿石获得。

2. 就合金成分和加工工艺而言，所测器物可分成为两种类型：铜铅合金铸造冷加工和铜锡合金、铜锡铅合金或同时含有锌、砷的铜锡铅合金铸造后热加工。不同工艺的样品所在墓葬的共出陶质器物之间也有明显的差异。但是，所测器物中铸造后冷加工只有一例，所在墓葬共出的其他青铜器未做金相检测，这种工艺与陶器类型的一致性还不能排除偶然因素，因而不能确定其与文化属性的不同存在直接关系。

3. 与具有后太平类型属性的素面陶共出的青铜器存在铸造缺陷，均由热加工最终成型。青铜器的含锡量与现代加工青铜合金成分接近，具有较高的强度和理想的塑性。

① 上海市机械制造工艺研究所主编：《金相分析技术》，第783 ~ 784 页，上海科学技术文献出版社，1987 年。

Abstract

Dongliao River which located in the Midwest of Jilin province is one of the main headstreams of Liao River. In 2007, a special archaeological investigation was conducted on the right bank of the lower reaches which aimed at understanding fully the distribution and cultural connotation of Bronze Age. This archaeological survey found many new sites of Bronze Age, and then we excavated several important sites of them.

Houtaiping Site is an important site in this region, and it is also the focus of this excavation. The site lies in the Houtaiping village, Dongming town, Shuangliao city, Jilin province, which located on the secondary tableland of Dongliao River, including settlement and cemetery. We excavated 69 relic units in these two places, such as tombs, house sites, ash pits, ash ditches with an area of 1200 square meters, and unearthed more than 1000 pieces of potteries, bronze wares, bone or horn artifacts, stone artifacts and so on, Among them, the Bronze Age remains represented by earthern – shaft and pit house is the main cultural characteristic of Houtaiping Site, which also is the widespread cultural period exists in many sites in downstreams of Dongliao River. In addition, it also contains a few of Late Neolithic Age, Han Dynasty, Liao and Jin Dynasty remains.

The pottery group represented by comb pattern pottery withBaijinbao Culture elements from Nenjiang River Valley. It is in the southern edge of the distribution of Baijinbao Culture which was known by far. And the combination representative of pot – shaped Ding and contracted neck baldish pottery pots has the local characteristics which represent for a new type of archaeological culture. In addition, in some other sites such as Dajinshan Site and Donggang Site, we have found some potteries which have the characteristic of Baoshan Culture. It provides an important clue for the researchers on further understanding the distribution and connotation of Baoshan Culture.

The survey and excavation is an important archaeological work in the west areas of Jilin province in recent years. It provides the reliable basis for confirm the Bronze Age archaeological culture attribute and supplementary the lack of time sequence of that area. It also provides new materials for research of the relationship of cultures between Liao River Valley and adjacent areas. It plays an important role and significance on research of the Bronze Age cultural situation of northeast, and sets up the archaeological culture benchmarking of Dongliao River Valley in different historical periods.

后　记

本报告由吉林省文物考古研究所负责编写，金旭东任主编，梁会丽、赵殿坤任副主编。报告编写的具体分工如下：

1. 文字部分。

前言：赵殿坤。

第一部分：

第一章：赵殿坤。

第二章第一节：梁会丽、宫运学；第二节：梁会丽；第三节：邵海波；第四节：崔志；第五节：梁会丽。

第三章：隽成军。

第四章：梁会丽。

第二部分：

第一章：梁会丽。

第二章：李丹。

第三章第一节：梁会丽；第二～六节：梁会丽（遗迹部分）、隽成军（遗物部分）。

第四～五章：梁会丽。

第三部分：梁会丽。

附表一：北京大学加速器质谱实验室、第四纪年代测定实验室；附表二：张敬雷；附表三～四：梁会丽；附表五：杨春。

附录一：张敬雷；附录二：杨春；附录三：贾莹。

2. 图片部分。

遗迹绘图：马洪、李丹、梁会丽、邵海波；遗物绘图：马洪；拓片：王昭；遗迹摄影：赵昕、梁会丽；遗物摄影：赵昕；图版编排：梁会丽、杨春、贾莹。

3. 统稿：金旭东。

此次调查发掘工作，得到四平市委、市政府、市人大和双辽市委、市政府、市人大、市政协的大力支持，得到遗址所在地乡镇人民政府和公安派出所的协助，得到吉林大学边疆考古研究中心多位专家学者的指点和参与，在此一并表示感谢。

本报告的编写得到吉林省文物考古研究所宋玉彬、王洪峰研究员，吉林大学边疆考古研究中心赵宾福、朱永刚、王立新教授，中国社会科学院考古研究所董新林研究员，东北师范大学历史文化学院傅佳欣教授等的帮助；部分石制品及骨角器的鉴定得到吉林大学边疆考古研究中心陈全家、汤卓炜教授的帮助。在此表示深深谢意。

编者

2011 年 11 月

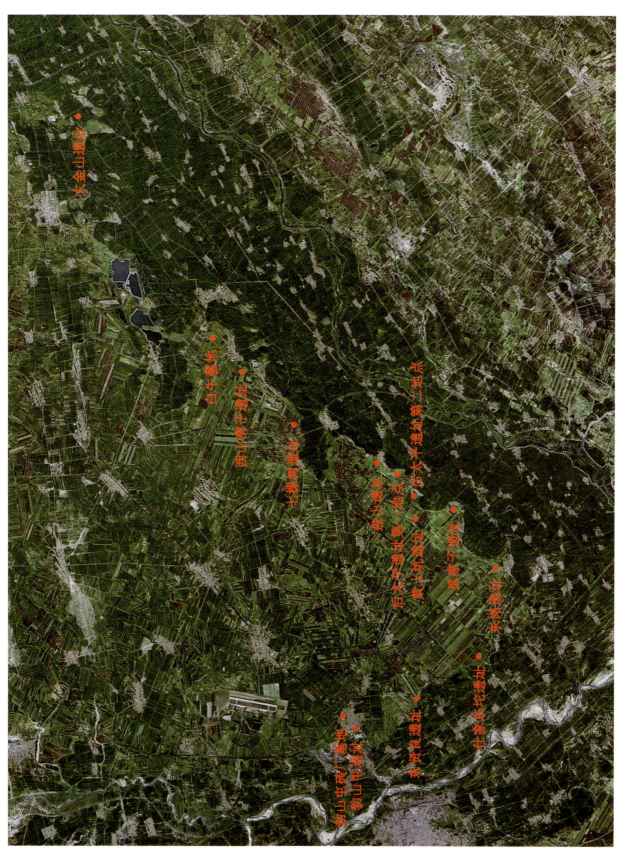

大金山遗址

白牛墓地

西山嘴子遗址

七棵树遗址

峦山遗址

后太平遗址第一地点

黄土坑遗址

后太平遗址第三地点

孤家子遗址

东树遗址

东贤良遗址

任家东坨遗址

勃山屯夜户墓地
勃山屯遗址

东辽河下游卫星影像

图版二

1. 后太平遗址第一地点

2. 后太平遗址第二地点

后太平遗址远景照

1. 壶形鼎（07SHⅡ征：2）

2. 壶形鼎（07SHⅡ征：1）

3. 壶形鼎（07SHⅡ征：8）

4. 多耳罐（07SHⅡ征：11）

5. 陶壶（07SHⅡ征：6）

6. 陶壶（07SHⅡ征：7）

调查采集陶器

1. 筒形罐（07SHⅡ征：3）

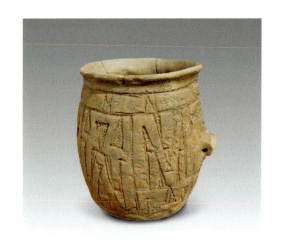

2. 筒形罐（07SHⅡ征：4）

3. 筒形罐（07SHⅡ征：5）

4. 陶壶（07SHⅡ征：10）

5. 单耳杯（07SHⅡ征：9）

6. 单耳杯（07SHⅡ征：12）

调查采集陶器

1. 陶壶（07SH Ⅱ 采：33）

2. 陶壶（84SBBM 采：6）

3. 陶壶（84SBBM 采：7）

4. 陶壶（84SBBM 采：5）

5. 三足罐（84SBBM 采：4）

6. 陶钵（84SBBM 采：3）

调查采集陶器

图版六

1. 刻划纹陶罐（07SHⅡ征：25）

2. 陶豆（07SHⅡ征：26）

3. 铜饰件（07SHⅡ征：27）

4. 陶盅（07SHⅡ采：3）

5. 铜刀（07SHⅡ征：15）

6. 铜镞（07SHⅡ征：13）

调查采集陶器、青铜器

1. 环状石器（84SBBY 采：2）

2. 锤斧（07SDT1 ②：1）

3. 石斧（84SHHX 采：2）

4. 枕状器（07SJ 征：1）

5. 石磨盘（84SD 采：1）

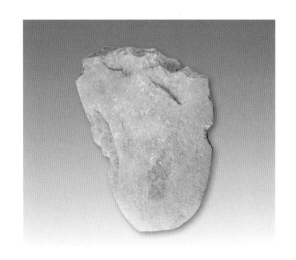

6. 石锄（84SDXL 采：2）

调查采集石器

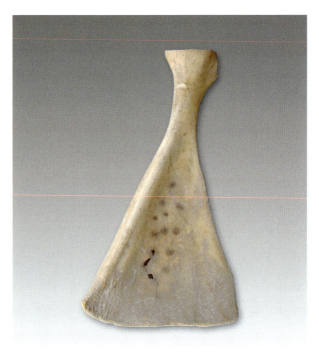

1. 卜骨（07SJT1 ② ： 2）

2. 卜骨（07SJT1 ② ： 5）

3. 角镞（07SJT1 ② ： 7）

4. 角镞（07SJT1 ② ： 8）

5. 骨针（07SJT1 ② ： 6）

大金山遗址出土骨角器

1.SPF1 全景（西南—东北）

2.SPF1 灶（东南—西北）

盘山遗址辽金时期房址

1. 陶瓮（07SPF1：1）

2. 陶网坠（07SHⅡ采：32）

3. 陶网坠（07SHⅡ征：20）

4. 铁镞（07SPG2：3）

5. 铁镞（07SPG2：2）

6. 铁镞（07SPG2：4）

采集、出土辽金时期陶器、铁器

1. 后太平遗址 I 区全景照（西—东）

2. 后太平遗址 II 区全景照（北—南）

后太平遗址发掘区全景照

1.M30（东—西）

2.M14（东南—西北）

后太平遗址Ⅱ区墓葬

1.M17（东南—西北）

2.M27（东南—西北）

后太平遗址Ⅱ区墓葬

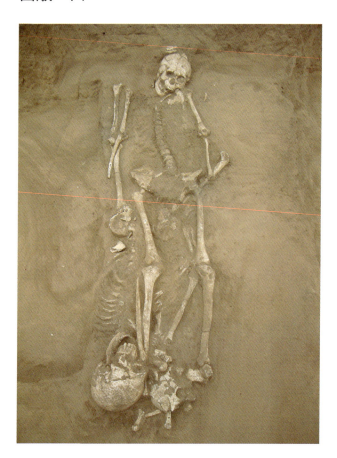

1.M32（东—西）

2.M1（西北—东南）

后太平遗址Ⅱ区墓葬

1.M24（西南—东北）

2.M33（东北—西南）

后太平遗址Ⅱ区墓葬

1.IF2（西北—东南）

2.IH2（北—南）

后太平遗址青铜时代房址及灰坑

1.IH5（南—北）

2.IH12（东—西）

后太平遗址青铜时代灰坑

1.鸡冠耳陶壶（07SHⅡH8：2）

2.鸡冠耳陶壶（07SHⅡH8：3）

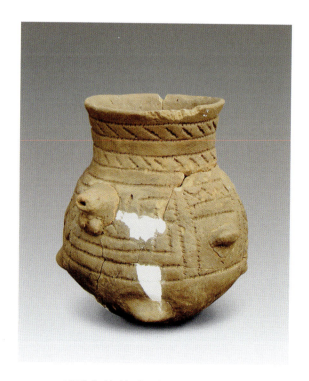

3.Aa型平底纹饰壶（07SHⅡM1：34）

4.Aa型平底纹饰壶（07SHⅡM12：12）

后太平遗址青铜时代灰坑及墓葬出土陶壶

1.07SHⅡM17：46

2.07SHⅡM3：6

3.07SHⅡM18：12

4.07SHⅡM4：5

5.07SHⅡM33：32

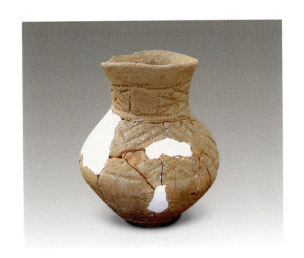

6.07SHⅡM24：30

后太平遗址出土 Aa 型平底纹饰壶

1.Aa型（07SHⅡM27：17）

2.Ab型（07SHⅡM2：36）

3.Ab型（07SHⅡM33：39）

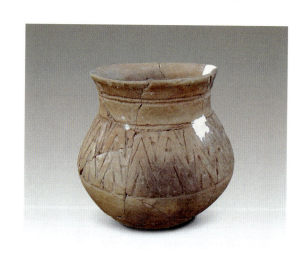

4.Ab型（07SHⅠF2：18）

5.Ab型（07SHⅡM19：4）

6.Bb型（07SHⅡM32：1）

后太平遗址出土平底纹饰壶

1.Ba型（07SHⅡM2：37）

2.Ba型（07SHⅡM4：4）

3.Ca型（07SHⅡM18：10）

4.Cb型（07SHⅡM31：4）

5.Cb型（07SHⅡM24：17）

6.Cc型（07SHⅡM12：10）

后太平遗址出土平底纹饰壶

1.刻划纹壶（07SHⅡM24：29）

2.杯口壶（07SHⅡM36：5）

3.圜底壶（07SHⅡM12：11）

4.带流壶（07SHⅡM4：7）

后太平遗址出土陶壶

1.07SHⅡM6：27

2.07SHⅡM6：22

3.07SHⅡM6：23

4.07SHⅡM6：26

后太平遗址出土 Aa 型长颈壶

1.07SHⅡM9：23

2.07SHⅡM9：22

3.07SHⅡM10：2

4.07SHⅡM15：45

后太平遗址出土 Aa 型长颈壶

1.07SHⅡM15：48

2.07SHⅡM15：52

3.07SHⅡM15：59

4.07SHⅡM15：54

后太平遗址出土 Aa 型长颈壶

1.07SHⅡM8∶1

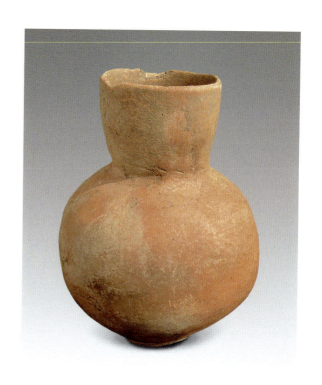

2.07SHⅡM22∶21

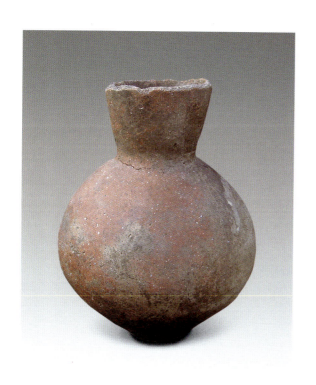

3.07SHⅡM25∶70

4.07SHⅡM25∶68

后太平遗址出土 Aa 型长颈壶

1.07SHⅡM29：3

2.07SHⅡM29：4

3.07SHⅡM26：74

4.07SHⅡM26：75

后太平遗址出土 Aa 型长颈壶

1.07SHⅡM33：38

2.07SHⅡM29：5

3.07SHⅡM36：34

4.07SHⅡM31：2

后太平遗址出土 Aa 型长颈壶

1.Aa型（07SHⅡM34：27）

2.Ab型（07SHⅡT14③：2）

3.Ab型（07SHⅡM30：7）

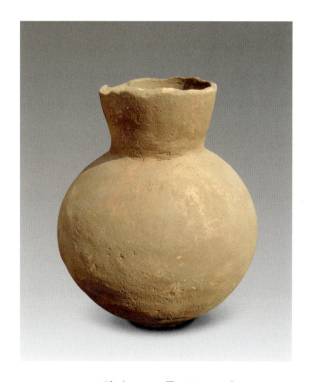

4.Ab型（07SHⅡM9：25）

后太平遗址出土长颈壶

1.Ab型（07SHⅡM17：141）

2.Ab型（07SHⅡM17：47）

3.Ab型（07SHⅡM16：44）

4.Ac型（07SHⅡM27：11）

后太平遗址出土长颈壶

1.Ac型（07SHⅡM9：10）

2.Ba型（07SHⅡM15：60）

3.Ba型（07SHⅡM26：97）

4.Ba型（07SHⅡM15：53）

后太平遗址出土长颈壶

1.Bb型长颈壶（07SHⅡM5∶17）

2.Bb型长颈壶（07SHⅡM25∶71）

3.Bb型长颈壶（07SHⅡM22∶57）

4.三角壶（07SHⅡM28∶25）

后太平遗址出土陶壶

1.B型（07SHⅡM6：25）

2.A型（07SHⅡM22：20）

3.A型（07SHⅡM25：69）

4.A型（07SHⅡM34：26）

后太平遗址出土钵口壶

1.Aa型（07SHⅡM9：11）

2.Aa型（07SHⅡM35：8）

3.Aa型（07SHⅡM37：1）

4.Ab型（07SHⅡM28：16）

后太平遗址出土粗颈壶

1.Ab型（07SHⅡM27：318）

2.Ac型（07SHⅡM4：9）

3.Ac型（07SHⅡM24：18）

4.B型（07SHⅡM4：8）

后太平遗址出土粗颈壶

1.B型粗颈壶（07SHⅡM14：1）

2.大口罐（07SHⅡM16：1）

3.大口罐（07SHⅡM15：61）

4.大口罐（07SHⅡM36：1）

5.双耳罐（07SHⅠG7：15）

6.双耳罐（07SHⅠG8：27）

后太平遗址出土陶壶、陶罐

1.A型（07SHⅡM7∶4）

2.A型（07SHⅡM12∶13）

3.A型（07SHⅡM1∶37）

4.B型（07SHⅡM1∶38）

后太平遗址出土筒形罐

1.壶形鼎（07SHⅡM27：12）

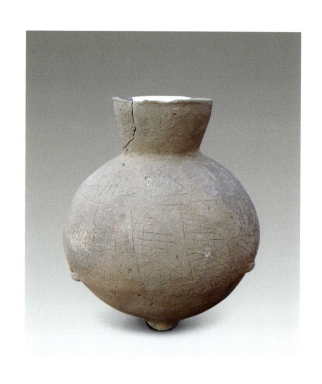

2.壶形鼎（07SHⅡM35：7）

3.陶鬲（07SHⅠF2：6）

4.陶鬲（07SHⅠG8：32）

后太平遗址出土壶形鼎、鬲

1.B型（07SHⅡM9：24）

2.B型（07SHⅡM31：5）

3.Aa型（07SHⅡM28：26）

4.Aa型（07SHⅡM26：78）

5.Ab型（07SHⅡM24：51）

6.Aa型（07SHⅠG7：16）

后太平遗址出土单耳杯

1.A型（07SHⅡM1：35）

2.A型（07SHⅡM6：24）

3.Ba型（07SHⅡM12：34）

4.A型（07SHⅡM20：1）

5.D型（07SHⅡM36：21）

6.Bb型（07SHⅠF2：23）

后太平遗址出土陶钵

1.C型钵（07SHⅡM31：3）

2.C型碗（07SHⅡM18：2）

3.A型豆（07SHⅡM35：2）

4.C型碗（07SHⅠF2：20）

5.A型豆（07SHⅡM28标：7）

6.B型豆（07SHⅠF2：5）

后太平遗址出土陶钵、陶豆

1.陶范（07SHⅡM15：56）

3.陶范（07SHⅡM15：46）

4.A型陶纺轮（07SHⅡM15：7）

2.陶范（07SHⅠF2：4）

5.C型陶纺轮（07SHⅡM19：1）

后太平遗址出土陶器

1.锤斧（07SHⅠH7：10）

2.石镞（07SHⅡM12：27）

3.石管串饰

4.石镞（07SHⅡM18：16）

5.石管串饰

6.玛瑙珠（07SHⅡM22：36）

7.石坠（07SHⅠF2：7）

后太平遗址出土石器

1.B型（07SHⅡM1：1）

2.B型（07SHⅡM3：1）

3.B型（07SHⅡM15：96）

4.B型（07SHⅡM29：2）

5.B型（07SHⅡM6：3）

6.B型（07SHⅡM34：23）

7.B型（07SHⅡM15：37）

8.A型（07SHⅡM15：38）

9.A型（07SHⅡM25：42）

后太平遗址出土铜镞

1.07SHⅡM1：3

2.07SHⅡM30：19

3.07SHⅡM32：9

4.07SHⅡM22：22

5.07SHⅡM9：4

后太平遗址出土铜刀

1A型铜环（07SHⅡM26：7）

2.A型铜环（07SHⅡM22：29）

3.A型铜环（07SHⅡT14③：3）

4.E型铜泡（07SHⅡT14③：3）

5.F型铜泡
（07SHⅡM26：33）

6.C型铜泡
（07SHⅡM30：5）

7.A型铜坠饰
（07SHⅡM1：30）

后太平遗址出土青铜器

1.Bb型铜泡（07SHⅡM28：18）

2.Aa型铜饰件（07SHⅡM24：2）

3.Ab型铜饰件（07SHⅡM15：51）

4.Ab型铜饰件（07SHⅡM 6：13）

5.C型铜饰件（07SHⅡM25：40）

6.B型铜饰件（07SHⅡM6：10、9）

后太平遗址出土青铜器

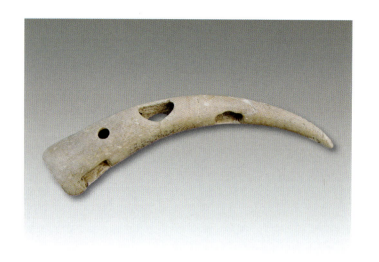

1.角镳（07SHⅡM26：59）

2.B型骨管（07SHⅡM6：16）

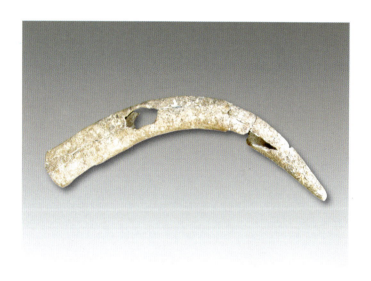

3.角镳（07SHⅡM17：49）

4.骨鸣镝（07SHⅠT0301①：1）

5.牙饰（07SHⅡM24：43）

6.A型骨纺轮（07SHⅡM26：48）

后太平遗址出土骨角器

1.骨板（07SHⅡM26：57）

2.A型骨锥（07SHⅡM9：44）

3.骨匕首（07SHⅡM24：42）

4.A型角锥（07SHⅠG7：5）

后太平遗址出土骨角器

1.角饰（07SHⅠG8：25）

2.角甲片（07SHⅠH2②：4）

3.A型角锥（07SHⅠH7：1）

4.蚌刀（07SHⅠH12：3）

5.骨镞（07SHⅠH2②：9）

后太平遗址出土骨角器

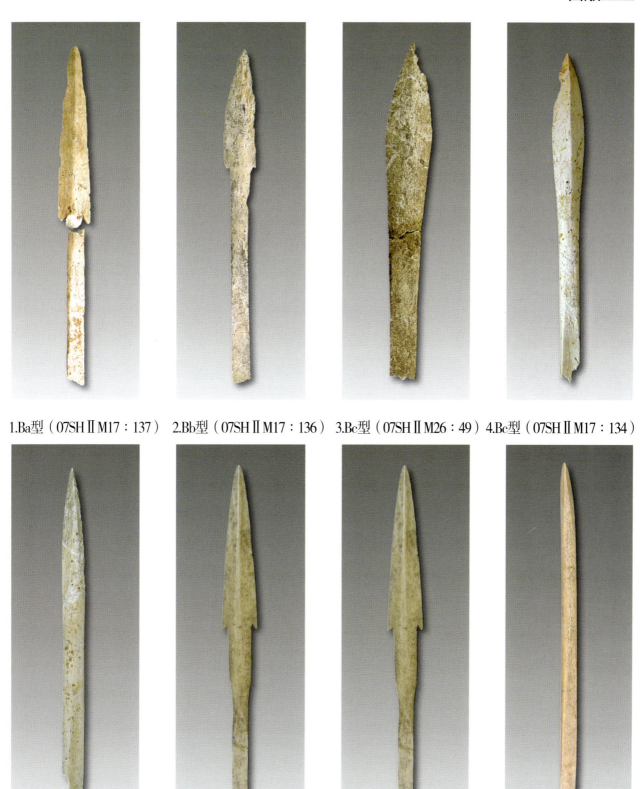

1.Ba型（07SHⅡM17：137） 2.Bb型（07SHⅡM17：136） 3.Bc型（07SHⅡM26：49） 4.Bc型（07SHⅡM17：134）

5.Ad型（07SHⅡM15：70） 6.Ba型（07SHⅠG8：30） 7.Bb型（07SHⅠH2②：1） 8.Ac型（07SHⅠG8：23）

后太平遗址出土角镞

1.Ba型（07SHⅡM15：83）

2.Da型（07SHⅠG7：18）

3.Db型（07SHⅠG8：21）

4.Da型（07SHⅠH8：1）

5.Ba型（07SHⅡM9：41）

6.Aa型（07SHⅡM15：58）

7.Db型（07SHⅠG7：11）

后太平遗址出土角镞

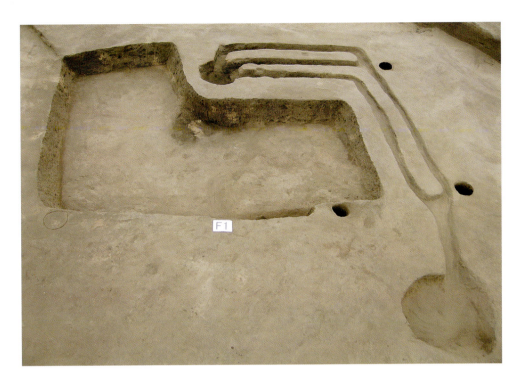

1. ⅡF1（东北—西南）

2. ⅠF1（西北—东南）

后太平遗址辽金时期房址

1. Ⅱ H1（南—北）

2. Ⅱ H2（西—东）

后太平遗址辽金时期灰坑

1. Ⅱ H7（西南—东北）

2. Ⅰ H4（西南—东北）

后太平遗址辽金时期灰坑

1.铜铃（07SHⅡT29②：1）

2.陶罐（07SHⅠH14：1）

3.铁钩（07SHⅡF1：2）

4.陶网坠（07SHⅡT9①：1）

5.铁刀（07SHⅡH1：3）

6.陶网坠（07SHⅡF1：3）

7.铁刀（07SHⅡT19②：1）

8.环状铁器（07SHⅡF1：1）

后太平遗址出土汉代、辽金时期遗物

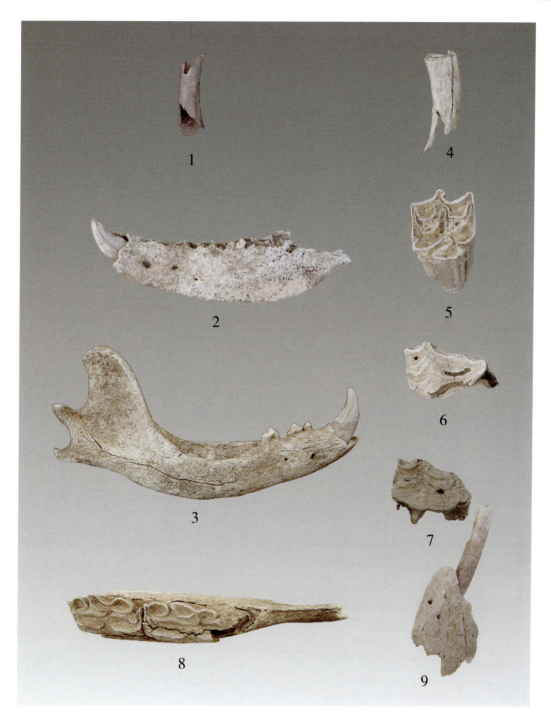

1.雉股骨（07SH Ⅱ M35：3）

2.狗左侧下颌骨（07SH Ⅱ M26：6）

3.狗右侧下颌骨（07SH Ⅱ M17：3）

4.马门齿（07SH Ⅱ M12：4）

5.马臼齿（07SH Ⅱ M18：3）

6.马臼齿（07SH Ⅱ M6：9）

7.马前臼齿（07SH Ⅱ M22：2）

8.马右侧下颌骨（07SH Ⅱ M25：15）

9.猪颌前骨（07SH Ⅱ M18：7）

后太平遗址第二地点动物遗存

1.猪上犬齿（07SHⅡM9：1）　2.猪上颌骨（07SHⅡM22：3）　3.猪右侧下颌骨（07SHⅡM22：4）

4.鹿第一趾骨（07SHⅡM18：4）　5.鹿臼齿（07SHⅡM25：3）　6.羊距骨（07SHⅡM22：7）

7.牛门齿（07SHⅡM18：1）　8.牛肱骨（07SHⅡM17：21）　9.牛臼齿（07SHⅡM25：2）

后太平遗址第二地点动物遗存

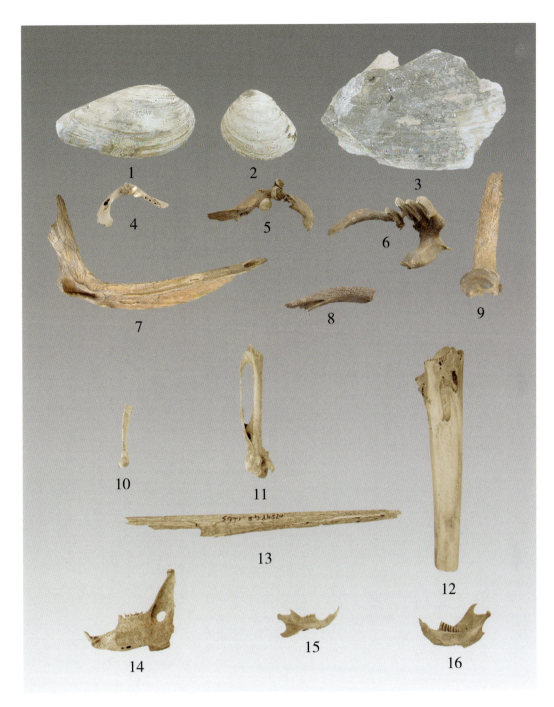

1.楔蚌（07SHⅠG8：1288）　　2.背角无齿蚌（07SHⅠG8：1287）　　3.闪蚬（07SHⅠG8：1289）

4.鲫鱼咽喉齿（07SHⅠH2：596）　　5.鲤鱼咽喉齿（07SHⅠH3：74）　　6.草鱼咽喉齿（07SHⅠH6：1）

7.鲶鱼咽喉齿（07SHⅠG8：1019）　　8.鲶鱼锁骨（07SHⅠH2：462）　　9.鲶鱼胸骨（07SHⅠG8：1159）

10.蛙肱骨（07SHⅠG8：8）　　11.雉掌骨（07SHⅠG8：1276）　　12.鸟尺骨（07SHⅠG8：1266）

13.鸟下颌骨（07SHⅠG8：1263）　　14.兔下颌骨（07SHⅠH2：66）　　15.仓鼠下颌骨（07SHⅠH2：764）

16.鼢鼠下颌骨（07SHⅠH2：738）

后太平遗址第一地点动物遗存

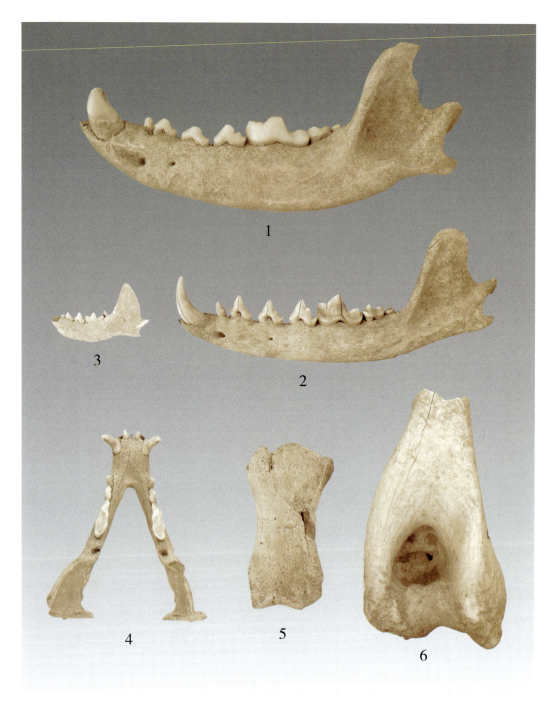

1.狗下颌骨（07SHⅠG8：295） 2.狐下颌骨（07SHⅠH2：41） 3.鼬下颌骨（07SHⅠG8：403）

4.狗獾下颌骨（07SHⅠH12：27） 5.马第一趾骨（07SHⅠF2：32） 6.猪肱骨（07SHⅠH3：10）

后太平遗址第一地点动物遗存

1.猪上颌骨（07SHⅠG8：288）　　2.马鹿角（07SHⅠG8：105）　　3.狍角（07SHⅠG7：131）

4.鸟掌骨（07SHⅠH10：54）　　5.貉头骨（07SHⅠG5：1）　　6.貉下颌骨（07SHⅠG5：3）

7.牛上颌骨（07SHⅠG4：4）　　8.烧烤痕

后太平遗址第一地点动物遗存

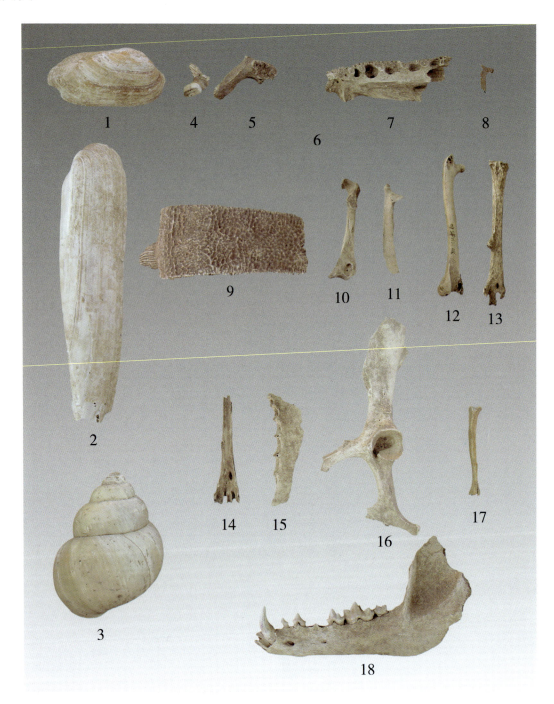

1.杜氏珠蚌（07SPH1：427）　　2.剑状矛蚌（07SPH1：422）　　3.中华圆田螺（07SPH1：415）

4.鲤鱼咽喉齿（07SPH1：384）　　5.草鱼咽喉齿（07SPH1：349）　　6.鲶鱼胸鳍（07SPH1：350）

7.乌鳢咽喉齿（07SPH1：342）　　8.蛙髋骨（07SPH1：387）　　9.鳖背甲（07SPH1：218）

10.雉喙骨（07SPH1：163）　　11.雉肩胛骨（07SPH1：159）　　12.雉股骨（07SPH1：116）

13.雉跗跖骨（07SPH1：174）　　14.鸟跗跖骨（07SPH1：173）　　15.鸟胸骨（07SPH1：180）

16.兔髋骨（07SPH1：279）　　17.仓鼠胫骨（07SPH1：123）　　18.貉下颌骨（07SPH1：57）

盘山遗址动物遗存

1.鼬趾骨（07SPH1：181）　2.狗獾下颌骨（07SPH1：58）　3.狍下颌骨（07SPH1：1）
4.山羊肩胛骨（07SPH1：95）　5.牛股骨（07SPH1：397）　6.啮齿类动物咬痕

盘山遗址动物遗存

1.鸟掌骨（07SJT1②：63）　　2.马胫骨（07SJT1②：147）　　3.猪下颌骨（07SJT1②：162）
4.牛下颌骨（07SJT1②：142）

大金山遗址动物遗存

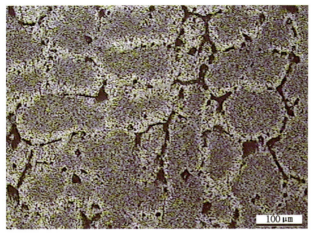

1.青铜块　07SHⅡM20：3铸造α相组织

2.铜片饰　07SHⅡM1：39断面折叠和
　晶粒变形情况

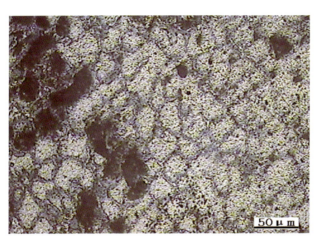

3.铜片饰　07SHⅡM1：39铸造α相变形
　较小区域晶粒形态

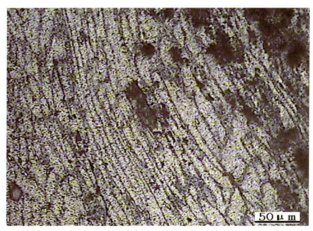

4.铜片饰　07SHⅡM1：39铸造α相变形
　较大 区域晶粒形态

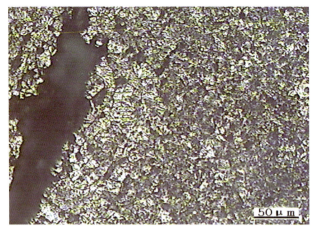

1.青铜环　07SHⅡM11：3带有孪晶的
　α相组织

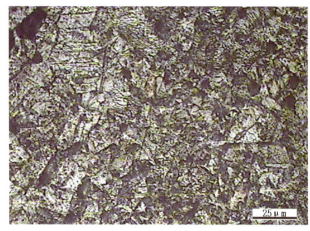

2.铜片饰　07SHⅡM11：3带有孪晶的
　α相组织

3.青铜饰件　07SHⅡM6：4铸造
　α相＋α＋δ相组织

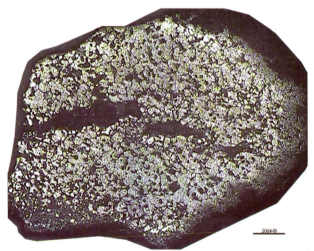

4.青铜环　07SHⅡM22：5断面折叠
　痕迹和组织形态

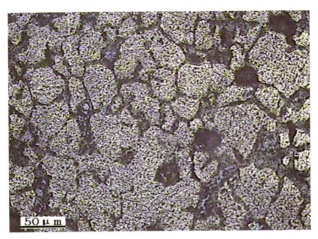

1.青铜环　07SHⅡM22：5热加工α相组织

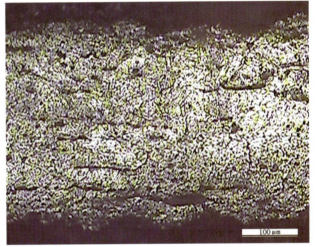

2.青铜片　07SHⅡM25：3带有孪晶的热加工
　＋冷加工α相组织

3.青铜片　07SHⅡM25：3带有孪晶的热加工
　＋冷加工α相组织

4.青铜片　07SHⅡM26：25带有孪晶的热加工
　α相组织

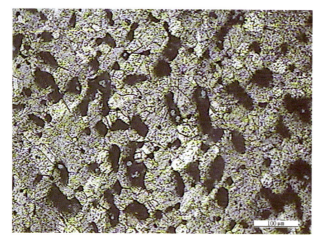

1.青铜环　07SHⅡM26：11带有孪晶的
　热加工α相组织

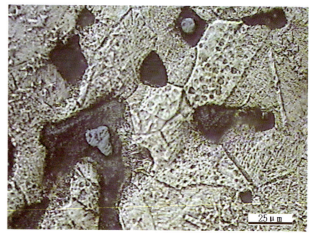

2.青铜环　07SHⅡM26：11带有孪晶的
　热加工α相组织

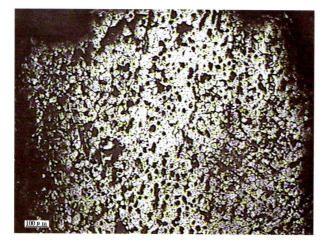

3.青铜环　07SHⅡM15：42铸造后热加工
　α相组织

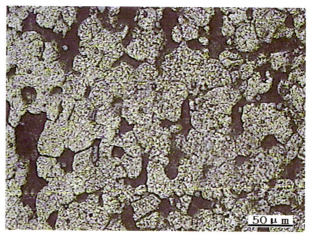

4.青铜环　07SHⅡM15：42铸造后热加工
　α相组织